Baselbieter Heimatbuch 23

Baselbieter Heimatbuch 23

Klang. Musik im Baselbiet in Wort, Ton und Bild

Herausgegeben von der Kommission
für das Baselbieter Heimatbuch

2001 VERLAG
des Kantons Basel-Landschaft

Kommission für das Baselbieter Heimatbuch:

lic. rer. pol. Robert Bösiger, Präsident
Yves Binet
Peter Bossart
lic. phil. Ruth Haener
lic. phil. Sibylle Rudin
lic. phil. Therese Schaltenbrand
Alby Schefer
Max Zoller

Redaktion und Lektorat:
Yves Binet

Chronik:
Hans Fischer

Umschlag:

«Notenblatt» aus der Partitur von George Gruntz' Werk: «Jazz Opera 75», Oper für Improvisierende. Auftragswerk des Théâtre de l'Opéra National (Paris Oper, Intendanz Rolf Liebermann); Libretto Peter O. Chotjewitz, komponiert 1972.

Graffiti von der Rückseite des an der Enisheimerstrasse stehenden Autogaragengebäudes mit den Abstellplätzen 22–28.
Fotos: Yves Binet, Basel. Herzlichen Dank an Urs und Miguel für Geduld und Hinweise.

Gestaltung: Albert Gomm SGD, Atelier für Buchgestaltung, Basel
Satz, Fotolithos, Druck: Offsetdruck Grauwiller Partner AG, Liestal
Einband: Buchbinderei Grollimund AG, Reinach

LOTTERIEFONDS BASEL-LANDSCHAFT
Diese Publikation wurde mit Mitteln aus dem Lotteriefonds ermöglicht.

ISBN 3-85673-109-1

Inhaltsverzeichnis

Konsumieren

Würdigung

Chroniken

Anhang

CD-Booklet

Vorwort

Ein Buch über Musik? Ja, warum eigentlich nicht.
Aber ein ganzes Buch ausschliesslich über Musik im Baselbiet und Musik aus dem Baselbiet? Mit Verlaub, an diese Idee haben wir uns in der Kommission für das *Baselbieter Heimatbuch* zuerst herantasten müssen. Doch mit jedem Gedankenschritt, mit dem wir weiter in das Thema vorstiessen, faszinierte uns diese Idee mehr. Was einigen von uns auf den ersten Blick vielleicht banal und schlicht zu unergiebig erschien, verkehrte sich schon bald ins pure Gegenteil. In Abwandlung des Baselbieter Liedes könnte man sagen (oder singen): «Von Blasmusik bis Hip-Hop, vom Jodel bis zum Blues ...»
Der Blick auf die schier unglaubliche Themen- und Stilfülle liess in uns rasch die ersten Zweifel aufkommen: Können wir überhaupt allem gerecht werden, was sich in musikalischer Hinsicht in unserem Kanton tut? Wo beginnen wir? Was gehört alles dazu, wo können und müssen wir etwas weglassen? Wenn man, zum Beispiel, nur schon alle Gesangvereine und Chöre im Baselbiet hätte auflisten und zu Wort kommen lassen wollen, hätte dies ein eigenes, stattliches Buch ergeben.
Dennoch haben wir uns zu diesem musikalischen Experiment zwischen Buchdeckeln entschlossen. Und dabei bewusst in Kauf genommen zu reduzieren, wegzulassen, unvollständig zu sein. Wir wollten weder ein Lexikon schaffen noch ein die Zeiten überdauerndes Standardwerk.
Genau wie das Buch selber kann die mitgelieferte CD nur eine kleine Auswahl aus dem immensen musikalischen Schaffen hier bei uns sein. So seien all jene Vereine, Bands, Komponisten und Komponistinnen, Musikantinnen und Musikanten, Sängerinnen und Sänger, die im vorliegenden Werk keine Erwähnung finden, an dieser Stelle offiziell und kollektiv um Vergebung gebeten.

Musik im Baselbiet. Musik aus dem Baselbiet. Ja, aber ...
... sollte nun jemand glauben, es handle sich ausschliesslich um volkstümliche oder blechmusikalische Klänge, dem ist womöglich etwas Wichtiges entgangenen. Die Tatsache nämlich, dass sich die Musik – lange vor der Ökonomie, Coca-Cola und Mc Donald's – der globalen Spielregeln bedient hat. Was Wunder, wird hier im Baselbiet ebenso astreiner Country zelebriert wie in den USA und

mindestens so leidenschaftlich «gerappt» wie seinerzeit in der Bronx – und heute fast überall auf der Welt.
Das erste Lied, an das ich mich bewusst erinnern kann, ist damals 1964 in englischer Sprache aus dem alten Radio meiner Eltern herausgequollen: «Downtown» von Petula Clark. Diese «Grenzenlosigkeit» dürfte es mitunter auch sein, die einen Teil der Faszination der Musik ausmacht.
Im Namen der Kommission möchte ich mich bei all jenen bedanken, die in irgendeiner Form zur Entstehung dieses Buches beigetragen haben; sei dies in organisatorischer, schreibender oder gestalterischer Hinsicht. Gedankt sei schliesslich auch dem Baselbieter Regierungsrat. Mit einem Beitrag aus dem Lotteriefonds hat er die Herausgabe dieses Buches erst ermöglicht.

Robert Bösiger

Kontext

Pio Pellizzari

Eine Musikgeschichte des Kantons Basel-Landschaft?

Eines gleich vorweg! Die im Titel gestellte «Frage» ist so nicht zu beantworten und zwar aus verschiedenen Gründen. Eine Musikgeschichte – wie eine Kulturgeschichte überhaupt – kann sich nicht nach politischen Grenzen richten, sie lebt ja von der Bewegung, dem Austausch und dem Einfluss von Fremdem. Eine solche Geschichte könnte man allenfalls auf grössere, geographisch geschlossene Regionen (zum Beispiel Talschaften) beziehen, aber auch nur, wenn sie nicht in der Nähe eines kulturellen, politischen und wirtschaftlichen Zentrums liegen, wie dies für den Kanton Basel-Landschaft zutrifft.

Es fehlt aber in der Schweiz ganz allgemein an Darstellungen der Musikgeschichte des Landes. Einzeldarstellungen gibt es zwar viele, bezogen auf grössere Städte oder Persönlichkeiten, aber einen umfassenden Überblick über die Musik in der Schweiz – zum Beispiel zur Zeit des Barock – sucht man vergeblich.

Die musikalische Tätigkeit im Baselbiet reicht sicherlich bis zur Gründung von *Augusta Raurica* zurück, vielleicht sogar darüber hinaus, aber davon ist uns nichts Greifbares bekannt. Im Amphitheater haben die römischen Besatzer Theater und musikalische Darbietungen nach griechischem Vorbild aufführen lassen, und zu verschiedenen Feierlichkeiten traten fahrende Musiker und Tänzer auf. Mit dem Zusammenbruch des Römischen Reiches und der Gründung eines Bistums in Basel im 4. Jahrhundert fand eine Verlagerung des musikalischen Lebens an das Rheinknie statt. Auf dem heutigen Gebiet des Baselbiets hat man sicherlich auch weiterhin musiziert; Volksmusik hat es immer gegeben und im 19. Jahrhundert entstanden auch auf dem Lande vor allem Männerchöre und Blasmusikvereine, die nebst dem musikalischen Zusammenspiel auch soziale Zwecke erfüllten. Die Musikgeschichte aber wurde vor allem in der Stadt Basel geschrieben.

Die Gründung der Universität verstärkte um ein Vielfaches die Bedeutung der Stadt Basel als kultureller Anziehungspunkt, war sie doch selbst in vielfacher Hinsicht sozusagen als Mäzenin tätig, indem sie Honorare an Musiker und Komponisten abgab und sogar eine Wohlfahrtseinrichtung für fahrende Musiker betrieb. Lehrer, Schüler, Komponisten und Virtuosen, alle zog es in die Stadt, auch die begabten Baselbieter.

Eine Musikgeschichte von Basel haben verschiedene Autoren geschrieben – wie beispielsweise Karl Nef mit «Die Musik in Basel. Von den Anfängen im 9. bis zur Mitte des 19. Jahrhunderts» –, aber sie konzentrieren sich in ihren Darstellungen auf die Stadt, das Baselbiet wird kaum erwähnt oder höchstens in Zusammenhang mit dem Leben in den Burgen auf den umliegenden Jurahöhen oder den ausserhalb der Stadt wirkenden Klöstern (zum Beispiel dem Marienkloster Schönthal).

Und trotzdem, einige interessante Informationen sind im Buch von A.-E. Cherbuliez «Die Schweiz in der deutschen Musikgeschichte» zu finden. Sein Werk ist zwar schon ziemlich in die Jahre gekommen (1932) und in vielen Bereichen auch veraltet, es ist aber nach wie vor auch eine kleine Fundgrube. Im 14. und 15. Jahrhundert besassen alle grösseren Schweizer Städte Pfeifer und Trommler, die meist in Zünften organisiert waren und zum Prestige der Stadt gehörten. Diese oft professionellen Musiker spielten an allen offiziellen, politischen und kirchlichen Anlässen auf – so wie heute viele Blasmusiken –, wurden für Feierlichkeiten aller Art engagiert und waren vielerorts auch für die Ausbildung des musikalischen Nachwuchses verantwortlich. Verwundern mag, dass auch Gelterkinden eine solche Stadt- und Ratspfeiferei besass.

Ein anderes historisches Denkmal stellt mit Sicherheit die Orgel von Johann Andreas Silbermann im Dom zu Arlesheim dar (1761), die heute unter den Spezialisten zu den wichtigsten Orgeln des Landes und darüber hinaus gezählt wird. Dazu jedoch Informationen zu finden, ist nicht ganz leicht, wenn man nicht vor Ort ist; anlässlich der Restaurierung der Orgel in den Jahren 1959 bis 1962 wurde ein kleines Heft publiziert und weitere Angaben sind wohl in den Archiven zu finden. Die Suche im Internet unter dem Stichwort «Arlesheim» beschert einem jede Menge Informationen über den Ort und seine Vereine, aber nichts über die Orgel. Erst nach langem Suchen – inzwischen ist die Homepage der 10-Meter-Schützen schon etliche Male aufgetaucht – stösst man auf eine italienische (!) Seite mit ausführlicher Beschreibung, Fotografien und technischen Daten, auf der das Instrument zu den wichtigsten Denkmälern der barocken Orgelbaukunst schlechthin gezählt wird.

Kaum jemandem ist Joseph Hartmann Stuntz (1793–1859) aus Arlesheim bekannt, der als Komponist und Dirigent sowohl der damaligen italienischen Kompositionskunst wie auch dem deutschen Musikleben zugewandt war und diese beide in bester Weise zu verbinden wusste (er schrieb Opern und Oratorien). Er soll sich aber auch eifrig dem aufblühenden Liedertafel- und Männergesang, wie er auch in der Schweiz gepflegt wurde, der Sinfonie und der Kantate gewidmet haben. Seine Ausbildung bekam er zuerst von seinem Vater, dann ging er nach München zu Peter von Winter und nach Wien, wo er bei Antonio Salieri studierte. Er reiste verschiedentlich nach Italien und brachte dort seine Opern zur Aufführung, unter anderem in Venedig, Turin und Mailand. Durch seine Tätigkeit als

Komponist und Dirigent an der Hofoper in München erlangte er einen beachtenswerten Ruf. Sein Leben und Werk haben einen kleinen Niederschlag in einem Werkkatalog gefunden und wurden in einer Dissertation von 1936 geehrt. Seither ist dieser musikalische Europäer aus dem Baselbiet in Vergessenheit geraten. Eine erneute Auseinandersetzung oder die Herausgabe des einen oder andern Werkes hätte er sicherlich verdient.

Musik auf dem Lande wird auch sehr schnell mit Volksmusik in Beziehung gesetzt; diese gab und gibt es auch im Kanton Basel-Landschaft. Die Volksmusik, die man heute hören kann, ist oft ein Gemisch aus verschiedenen Stilrichtungen, mundgerecht für den Massenverbrauch via Kabel zubereitet. Es gibt aber vermehrt auch wieder junge Musiker in der ganzen Schweiz, die sich einem besonderen, traditionelleren Stil verschrieben haben, diesen pflegen und aufführen, auch wenn er nicht typisch ist für ihre Region.

Die wohl ältesten handgreiflichen Zeugnisse einer Volksmusik im Baselbiet hat Hanny Christen (1899–1976) der Nachwelt hinterlassen. Die aus Liestal stammende Volkskundlerin interessierte sich schon sehr früh für das Brauchtum, die Sitten und Sagen ihrer Heimat. Besonders angetan war sie von der Volksmusik und den Musikern, die die traditionellen Melodien noch in unverfälschter Weise zu spielen wussten. Dieses Interesse weckte in ihr der Grossvater Jakob Christen, dessen Erinnerungen an das Brauchtum des Baselbiets die Grundlage ihrer Aufzeichnungen bilden. Ihre Sammeltätigkeit hat Hanny Christen dann auf die ganze Schweiz ausgedehnt und so wohl eine der grössten und wichtigsten Sammlungen zur Volksmusik zusammengetragen. Ihr Nachlass geriet nach ihrem Tod in einem Keller der *Universität Basel* in Vergessenheit. Erst kürzlich hat die *Gesellschaft für die Volksmusik in der Schweiz* diese Schätze zufällig «wiederentdeckt» und ist nun dabei, diese zu publizieren. Sie werden 2002 als «Schweizer Volksmusik-Sammlung» in 10 Bänden erscheinen.

Trotz der oben erwähnten Beispiele ist die Musikgeschichte des Baselbiets die Musikgeschichte der Stadt Basel; dies ist schon seit einigen Jahrhunderten so und für die letzten 50 Jahre besonders gültig. Diese Vermischung der Stadt- und Landkultur bewirkte vor allem den Verlust des typisch Ländlichen, ein Phänomen, das eigentlich für die ganze Schweiz zutrifft.

Die Städter sind aufs Land gezogen und haben zum Teil die Musikkultur der Stadt mitgebracht. Ersichtlich wird das zum Beispiel aus der Gründung neuer Chöre oder Instrumentalensembles mit ganz bestimmtem Repertoire, die an die Mitglieder oft hohe Erwartungen stellen, zumindest aber eine musikalische Grundausbildung verlangen. Vor allem aber drückt sich diese Tatsache in einer gesteigerten Erwartungshaltung an die Musikkultur auch auf dem Lande aus. Die Landbevölkerung wiederum geht in die Stadt zum Konzert, ins Theater, in die Oper oder an ein Open-Air-Festival ins Stadion.

Das Wenige, das den Landgebieten bleibt, wird hauptsächlich in einer Mehrzweckhallenkultur erledigt. Zwar kann eine Mehrzweckhalle für ein Dorf durchaus eine gute Einrichtung sein, durch die vieles erst möglich wird: der gleiche Saal zum Turnen, für das Dorffest, als Probesaal für verschiedene Vereine, für das Jahreskonzert der Blasmusik und etliches mehr ... Die entsprechenden Kompromisse – wie schlechte Akustik oder fehlende Spezialeinrichtungen auf der Bühne – nimmt man gerne in Kauf: besser dies als gar nichts. Leider wird der Bau einer Mehrzweckhalle von den politischen Verantwortlichen, deren kulturelles Engagement sich zwischen Linoleumboden und an der Decke hängenden Turnringen erschöpft, aber oft als kulturelles Alibi benutzt.
Andererseits wird heute auch auf dem Lande sehr vieles getan für ein engagiertes Kultur- und Musikleben. Vor allem in Schulen, die das Glück haben, von ihrer Aufgabe überzeugte Lehrkräfte zu haben, die der Musik besonders zugeneigt sind. Oder in Musikvereinen, die ihre Mitglieder weiterbilden und sich auch an neuere Repertoires wagen. Die Musik, die heute im Baselbiet gehört oder gespielt wird, unterscheidet sich in nichts von derjenigen aus der Stadt, sei dies nun klassische Musik, Jazz, Rock oder Pop. Zwei Institutionen sollen schliesslich besonders erwähnt werden: Das *Harmonium-Museum* von Liestal, das einzigartig ist für die Schweiz und eine der wichtigsten Harmoniumsammlungen Europas beherbergt; und dann das Akkordeonzentrum *AkkZent* in Sissach, das sich um alle Belange bemüht, die dieses Instrument betreffen, von der Erhaltung über die Geschichte und das Repertoire bis hin zur Ausbildung der Jugendlichen von heute.

David Wohnlich
Baselbieter Kulturleben
Versuch, über etwas nachzusinnen, das es nicht gibt

1. Der Kirschengraben

Der Veranstaltungskalender einer wahllos aus dem Stapel gegriffenen Wochenendausgabe einer bekannten Basler Tageszeitung nennt über 40 Veranstaltungen in Unterbaselbieter Gemeinden. Und ganze zwei (2!) in Oberbaselbieter Gemeinden – beides Ausstellungen. Dies legt die Existenz eines Kirschengrabens nah, der sich nicht – wie ab und zu behauptet – in der Nähe von Sissach befindet, sondern an den Aussengrenzen von Muttenz, Birsfelden, Arlesheim und Reinach.

Zunächst bestätigt die eigene Wahrnehmung diese Einschätzung. Wenn ich die Konzerte des jährlich willkommenen kleinen Festivals *Neue Musik Rümlingen* besuche, treffe ich die alten Kameradinnen und Kameraden aus den Basler IGNM-Konzerten (*Internationale Gesellschaft für Neue Musik*). Es ist ein bisschen so, wie wenn der Nationalrat seine Session ins Tessin verlegt – die gleichen Leute, die gleichen Gespräche, die gleiche Musik – nur das Gras ist grüner. Baselbieter Kultur ist das nicht; es ist ins Oberbaselbiet verlegte Basler Kultur.

In Gelterkinden gibt es jetzt das *Marabu*. Wenn man am Bahnhof ankommt, um dort eine Veranstaltung zu besuchen, trifft man junge Leute, stehend oder auf ‹Töffli›, die in Handys fragen: «Wo bisch?» Dann vereinbaren sie ein Rendez-vous: «Also, am zähni uffem Barrrfi.» «Barrrfi» mit Zungen-R. In Gelterkinden gibt es keinen «Barrrfi», ich hab mich erkundigt. Das *Marabu* gibt es. Dort treffe ich liebe Bekannte. Ich kenne sie von zuhause. Zuhause ist Basel. Gelterkinden ist Idylle. Gelterkinden ist schön. Rümlingen ist auch schön. Und auch Tenniken ist sehr schön, und Buus.

Ich lebe in der Kleinbasler Altstadt. Drei Häuser weiter liegt das *Hirscheneck*, das tut wie New Yorker Underground. Meine Schülerinnen und Schüler aus dem Oberbaselbiet kennen fast alle das *Hirscheneck*. Das *Marabu* kennen nur die aus Gelterkinden und die halten es meist für ein geschlossenes Kino.

Diesseits des Kirschengrabens, und wir wollen jetzt nicht darum streiten, wo er sich genau befände, wenn es ihn gäbe, ist Kultur urban. Jenseits des Kirschengrabens auch.

Die Dinge, sagte Karlheinz Stockhausen einmal, brauchen jemanden, dem sie zustossen können. Also stiess es mir bisher drei Mal im Leben zu, dass ich einen in einer Baselbieter Gemeinde ansässigen Chor dirigieren durfte. Einmal durfte ich sogar eine ganz grosse Kiste komponieren für alle Binninger Dorfvereine. So kommt man herum: Bezirkssängertreffen, dann das «Kantonale», einmal in Seltisberg. Die Männerchöre singen dann Hermann Sonnet und Max Mumenthaler, die Frauen singen Silcher und Schubert. Sie singen schön. Chorsängerinnen und -sänger sind oft kulturell interessiert, sie haben dann ein Theaterabonnement für das *Theater Basel* oder ein Abonnement für die *Allgemeine Musikgesellschaft* (AMG) *Basel*, ideale Ausleihgegenstände, die die gute Nachbarschaft erhalten.

Nicht, dass sie ungern nach Basel kämen, aber wenn «Theater» ist, können sie oft nicht. «Mustermesse» liegt terminlich günstiger, «Herbstmesse» auch, «Musical-Theater» auch. Da macht der typische Landbewohner sich fein für die Stadt: Holzkohlestaub (man hat ja einen Gartengrill) abgeklopft, Gummistiefel (man hat ja einen Kompost) durch *Bally*-Schuhe aus Korea ersetzt und mit dem Auto rein ins Vergnügen, auf Parkplatzsuche seinen Teil zu dem Umstand beitragend, der einen seinerzeit dazu bewogen hatte, aufs Land zu ziehen, wo man nicht im Verkehrslärm erstickt.

Der Hausarzt hat mir geraten, nicht immer so polemisch zu sein, es sei nicht gut für die Leber. Also werde ich jetzt sachlich: Ich wurde im Kleinbasel geboren, wuchs seit meinem zweiten Lebensjahr in Oberwil auf – damals war das noch ein Bauerndorf – und kehrte in den 70er Jahren ins Kleinbasel zurück. Als Kind gab es die Möglichkeit, Blockflöte spielen zu lernen. Ich habe sie in Anspruch genommen. Auch das Klavierspiel durfte ich lernen – in der Stadt. Es gab zwar einen Klavierlehrer, Herrn Knell, der mit einem alten *Peugeot* seine Unterrichtstour durch Oberwil machte – wie der *Migros*-Wagen oder Herr Schedler von der *Büchergilde Gutenberg*, aber Herr Knell war kein Oberwiler.

Heute gibt es gut organisierte Jugendmusikschulen, deren engagierte Leiterinnen und Leiter ihre oft als Teilzeit deklarierten 200-Prozent-Stellen mit sonnigem Gemüt und gratis gelie-

Wenn Baselbieter in die Stadt fahren und Baselstädter aufs Land – Stau auf der Rheinstrasse in Liestal.

ferten Ideen ausfüllen. Musik ist eben etwas Schönes und für diejenigen, die an den Geldhähnen sitzen, gibt es einen Unterschied zwischen Schönheit und Notwendigkeit. Für mich gibt es diesen Unterschied nicht. Wie sollte etwas mir je notwendig werden können, das nicht gleichzeitig schön wäre – und wie sollte es etwas Schönes geben können, das nicht notwendigerweise zu meinem Leben gehörte? Ich würde den Leiterinnen und Leitern der Jugendmusikschulen Spitzengehälter bezahlen, ihnen Assistenzen zur Verfügung stellen, sie in Milch und Honig baden. Wissen eigentlich die Eltern, die ihre Kinder in den Musikunterricht in einer Jugendmusikschule gehen lassen, was sie gemäss SMPV-Tarif (*Schweizerischer Musikpädagogischer Verband*) für eine private Unterrichtsstunde hinblättern müssten? Was in Tat und Wahrheit geschieht, ist, dass «Landschaft» zu einer Ausrede ausgewanderter Städterinnen und Städter geworden ist für finanzielle Enthaltsamkeit in kulturellen Angelegenheiten.

Landkultur gibt es entweder, weil es sie schon immer gab, dann sieht sie auch so aus und klingt auch so – es soll sie auch weiterhin geben, sie bringt und hält Menschen zusammen und macht die Herzen durchlässig für Schönes und Vertrautes. Aber es gibt keinen Grund, sich mit ihr analytisch zu beschäftigen, und auch keinen Grund, sie – ausser in Einzelfällen wie Jubiläen oder besonderen Projekten – finanziell zu unterstützen. Und dann gibt es die andere Landkultur, die es nicht schon immer gab und die dann auch entsprechend anders aussieht und anders klingt; es gibt sie, weil ein paar wenige Unverdrossene Ideen haben und Energie und Liebe. Dies sind die modernen Sisyphosse, die in schlecht oder unbezahlter Arbeit Jugendmusikschulen leiten, entsprechende Feste und Konzerte organisieren; Unverbesserliche, die Veranstaltungsräume erschleichen, mit List und Verhandlungsgeschick Fr. 2.50 Subvention von der Gemeinde ergattern, hie und da etwas vom Kanton, hie und da etwas von der *Kantonalbank* oder der *National-Versicherung*. Es sind Idealisten, die eine Vorstellung davon haben, was moderne Kulturpflege auf dem Land sein könnte, Menschen, die oft verstanden haben, dass Kunst selten kommentiert, viel häufiger vorausschaut.

Kunst ist immer avantgardistisch, weil sie Themen reflektiert, die für weniger künstlerische Naturen noch gar keine Themen sind, sondern vermeintliche Tatsachen. Kreative Menschen leben nicht neben der Welt oder – wie oft behauptet wird – «in ihrer eigenen Welt», sie leben vor der Welt. Natürlich nehmen sie wahr, «was der Fall ist» (für eine bestimmte philosophische Richtung ist dies ja schon die Welt), aber es bleibt nicht dabei. Gegebene Umstände werden nicht als gegeben akzeptiert, vermeintliche Unumstösslichkeiten werden – je nach Naturell – erst recht umgestossen oder immerhin dem Zweifel, der Vermischung ausgesetzt. Für Künstlerinnen und Künstler gibt es die Dialektik zwischen Kunst und Alltag nicht. Deshalb gehen die modernen Jugendmusikschulen von einem realistischen künstlerischen Konzept aus: Sie tragen die musikalische und musikpädagogische Wirklichkeit, die zunächst wohl immer eine urbane ist, in die Dörfer. Sie haben die Urbanisierung der Landschaft verstanden. Sie tragen die Nachteile der Landschaft: Karge Infrastruktur, magere Akzeptanz, Misstrauen (und damit Geiz) gegenüber allem, was keinen Weizen einfährt – und die Nachteile der Stadt: Hohe kulturelle Ansprüche, Forderung nach Qualitätsmanagement, Effizienz – und dies alles soll so gratis wie möglich sein.

3. «Titanic»

Das Riesenschiff Baselland, ein künstliches Produkt aus geographischer Grösse und dreist behaupteter Ländlichkeit, hat einen Eisberg gerammt: die Stadt Basel. Vielleicht war es auch umgekehrt, vielleicht ist Basel die «Titanic» und Baselland der Eisberg. Jedenfalls überfluten nun Menschen und Kultur die Decks. Sie atmen und schlafen auf dem Land und leben in Basel. Ein paar Jahre, vielleicht ein paar Jahrzehnte lang werden Oberbaselbieter Gemeinden ihre ländliche Pose noch behaupten können.
Das Misstrauen gegenüber urbaner Kultur gehört zum Konzept dieser Behauptung. Es ist die Bordkapelle, die fröhliche Unterhaltungsmusik spielt. Aber das Konzept wird brüchig. Jede Art von Kultur, die in Basel angeboten wird, wird von Landschäftlerinnen und Landschäftlern angenommen; das beginnt bei der Oper und endet im einschlägigen Kleinbasler Etablissement, vor dem man oft genug einen *Opel*-Kombi mit Hundenetzchen, «Baby an Bord»-Aufkleber und mit BL-Nummer parkieren sehen kann. Ich würde da aber keinen «Folder» von *Neue Musik Rümlingen* unter den Scheibenwischer stecken, bloss weil der Kunde von irgendwo dort her kommt. Landschäftler sind weder kulturell noch sozial von der Landschaft definiert. Sie wohnen einfach ausserhalb von Basel.
Die Abteilung «Kulturelles» an der Rheinstrasse in Liestal sieht all diese Dinge sehr wohl. Dass seinerzeit die *Arlesheimer Fabrik*, deren Erwerb durch den Kanton vom Stimmvolk abgelehnt wurde, eine hilfreiche Schnittstelle zwischen «Titanic» und Eisberg hätte sein können, ist wohl nicht einfach nicht verstanden worden – dieser Erwerb hätte bedeutet, dass urbane Kulturvorstellungen allmählich dort Fuss fassen, wo sie sich ohnehin längst aufhalten: Im Kanton Basel-Landschaft. Freilich hätte die Fabrik diese Tatsache anders thematisiert – nicht mit Kabelanschluss und mit walzmaschinengefertigten

schmiedeeisernen Lampen neben der Haustür, sondern mit dem, was viele neue Landschäftlerinnen und Landschäftler gerade eben nicht mitnehmen möchten aus der Stadt, aus der sie kommen: Die Kulturfabrik hätte die Landidylle durch ihr blosses Dasein in Frage gestellt. Und da sahen eben viele so genannte Landschäftler nur noch sieben rote Punkte!

4. Wie weiter?

Der Kanton Basel-Landschaft wird sich daran gewöhnen müssen, dass er nicht nur in wirtschaftlicher, sondern auch in kultureller Hinsicht mit dem Kanton Basel-Stadt verbunden ist. Die Lächerlichkeit der Kantonsgrenze offenbart sich im Birsfelder *ROXY* – hier tanzen die Hip-Hop-Freaks und spielt das *Blasorchester Baselland* und alle haben in den Städten gelernt und kein Mensch hält heute Birsfelden noch für eine Landgemeinde. Es ist eben ein bisschen wie 1989 in Deutschland: Die Grenze in den Köpfen ist längst gefallen; der Fall der geographisch existierenden Grenze ist überfällig – einzig Dünkel hält noch Grenzen aufrecht. Kunst, Musik braucht urbane Strukturen, deshalb findet sie vor allem in solchen statt. Stadt und Land – und das ist ja nicht nur in unseren beiden Halbkantonen so – verhalten sich zueinander wie Haus und Garten: Das eine ohne das andere ist undenkbar. Ich weiss nicht, ob es überhaupt noch irgendwo auf der Welt intakte Formen ländlicher Kultur gibt, deren Kennzeichen mündliche Überlieferung und regionale Begrenztheit in Mitteln und Ausdruck sind. In unserer Region entsprechen sie nicht den wirklichen Gegebenheiten, sondern – wenn es sie denn noch gibt – einer krampfhaft aufrecht erhaltenen Wahnvorstellung. Das ist ja in der ganzen Schweiz so: Ländlermusiker aus Steinen SZ tragen *Casio*-Armbanduhren, Jodlerinnen aus Adelboden schreiben einander bei der Konzertvorbereitung Post-it-Zettelchen, die sie in den auf dem Printer ausgedruckten Ablaufplan kleben: «Handy ausschalten!» Ich persönlich mag es allerdings, wenn während einer «Stubete» auf dem Land ein Handy losfiepst. Es zeigt, dass wir in einer urbanen Moderne leben – ein Umstand, den man nur ignorieren kann, wenn man vorher daran denkt, ihn aktiv auszublenden. Auch wenn man mit diesem Ausblenden – bewusst oder unbewusst – einen Prozess vorübergehend ausschliesst, dem man sich längst ausgeliefert hat.

Bildnachweis

Basellandschaftliche Zeitung, Liestal.

Alby Schefer

Orchideen und Disteln aus dem Musikkritiker-Gärtlein

Über längere Zeit hat Alby Schefer in verschiedenen Zeitungen und Zeitschriften Stil- und andere Blüten in Musikkritiken gesammelt und sie für das Baselbieter Heimatbuch zu einem bunten Strauss gebunden.

Kreissägeartige Gitarrenriffs voller Härte ...

Die Keyboards säuseln gelegentlich allzu sehr im Hall herum.

... aber ihr «Mr. Gorgeous» mit dem unvergesslichen «Ay-ay-ay-Refrain» gehört definitiv in die Kategorie inspiriert witziger Idiotie.

Mit dem Album beweisen sie auch einen ganz anderen Ehrgeiz: Nämlich den, als Englands führender Verwurster amerikanischer Einflüsse präsent zu sein.

Der geistreich sprühende Witz der «diebischen Elster» lockte neckisch aus den Bogenstrichen Glitzerndes.

Gegen Ende des Konzerts blitzten die Hörner immer majestätischer auf.

Garniert war das Ganze mit knatterndem Dampfhammer-Sound anstelle von «Ihr Kinderlein kommet» sowie einem straighten Rock-Schlagzeug-Gewitter anstelle von «Oh, du fröhliche» ...

... und die Musik robbte sich qualvoll voran.

Unsaubere Geigentöne zwirbeln hurtig durch den Raum, untermalt von glucksenden Flöten und hie und da von einem Paukengebumse – ein Brimborium cardinale!

Sibylle Rudin-Bühlmann

Und wenn mer wei rächt gmüetlig si, singt jede was er cha ...

Vom Ursprung des Baselbieterliedes

Vo Schönebuech bis Ammel,
vom Bölche bis zum Rhy ...

Wissen Sie, von wem der Text des *Baselbieterliedes* stammt und zu welchem Anlass es geschrieben wurde? Manche Baselbieter wissen vielleicht, dass das Lied von Wilhelm Senn verfasst wurde. Die Umstände allerdings, die den Autor dazu brachten, die heimeligen Verse zu schmieden, sind wohl weniger bekannt. Das Lied wurde nämlich nicht für einen offiziellen Baselbieter Anlass, ein kantonales Jubiläum oder ein Schützenfest verfasst und erlebte seine Premiere auch gar nicht in unserem Kanton.

Wilhelm Senn, 1845 in Liestal geboren, unterrichtete in Basel an der *Mädchensekundarschule* und war Mitglied eines Vereins, der sich «Baselbieter Chränzli» nannte. Dieser Verein war 1862 gegründet worden und bestand, mit Unterbrüchen, bis 1936. Er vereinigte Baselbieter, die in der Stadt lebten. Sie trafen sich alle zwei Wochen in einem der Basler Restaurants, die von einem Baselbieter geführt wurden. Dort widmeten sie sich der Lektüre verschiedener Zeitungen aus der alten Heimat und diskutierten die politischen Ereignisse, die vor allem in den Anfängen des Vereins – zur Zeit des «Revisionsgenerals» Christoph Rolle – recht turbulent waren. Sie organisierten Vorträge zu politischen, wirtschaftlichen, geschichtlichen oder literarischen Themen und liessen auch die Geselligkeit nicht zu kurz kommen. In guten Jahren begann das Vereinsjahr mit einer «Jahresfeier», bei der Theater gespielt, gesungen und getanzt wurde; im Frühjahr machten die Mitglieder dann einen Ausflug in den Baselbieter «Bluescht» und im Herbst lockte sie der Sauser in den rebenbewachsenen Heimatkanton. Im Winter schliesslich traf man sich zum Hasenpfeffer[1]. Eines dieser Hasenpfefferessen, nämlich dasjenige des Jahres 1887, bot Wilhelm Senn den Anlass, sein Talent, das er bereits 1884 mit einer Sammlung von Gedichten und Erzählungen unter dem Titel «Heimat und Volk» unter Beweis gestellt hatte, zu zeigen und dem Verein

Protokoll
des
Baselbieter-Chränzl

Geburtsort des Baselbieterliedes: Das «Baselbieter Chränzli».

ein Lied zu widmen. Der ursprüngliche Text des «Chränzli-Liedes», das die Mitglieder jeweils nach der Melodie des «Schwyzerhüsli»[2] zu singen pflegten, ist uns erhalten geblieben. Im Protokollbuch des «Baselbieter-Chränzli», das im Staatsarchiv aufbewahrt wird, bedauert der Aktuar J.H. Breitenstein-Gerber 1895 den Tod des Vereins-Mitglieds Wilhelm Senn und notiert den Text seines «Chränzli-Liedes»:

Vo Schönebuch bis Ammel, vom Belche bis an Rhy,
Lit frei und schön das Ländli, wo mir deheime si.
Das Ländli isch so früntlig, wenn alles grüent und blüiht.
Drum hei mer au keis Land so gern, wie eusers Baselbiet.

Es wechsle Berg und Thäli, gar friedlig mitenand,
Und über alles use, luegt mängi Felsewand.
Dört obe weide d'Härde, do niede wachst der Wi;
Jo schöner as im Baselbiet cha's währli niene si.

Die Baselbieterlütli si gar e flissige Schlag;
Si werche-n-und si webe, so vill e jede mag.
Die einte mache Bändel, die and're schaffe s'Feld,
Und all' si, wenn's e bitzli goht, gern lustig uf der Welt.

Chunnt öppe-n-ein cho chlage und seit, er lid so Not,
So teilt der ander mit im recht gern si Stückli Brot,
Und het er in sim Chemi gar Schwinigs noh derzue,
So haut er gschwind e Fätze-n-ab und beidi esse gnue.

Me seit vom Baselbieter und redt im öppen no,
Er säg blos «mir wei luege», er chönn nit säge «Jo.» –.
S'Mag si. – Doch thuesch in froge: «Witt du für's Recht istoh?»
Do heisst's nit, as me luege well, do säge-n-alli «Jo»!

S'isch wohr, mir Baselbieter, mir hei nes hitzigs Bluet;
Doch wenn der Zorn isch dusse, so si mer wieder guet.
Mer stosse-n-a und trinke, s'zürnt kein im andre nüt;
Mer hei der Friede grüsli gern, mir Baselbieterlüt.

Und d'Baselbieterfraue, die hei's grad au-n-eso;
Sie si schnell oben-use und bald au wieder froh.
Sie schimpfe, wenn ihr Mannli gar z'lang bim Schoppe sitzt;
Doch wenn er ufrecht heime chunnt, so isch dä Chib verschwitzt.

Und ziehie mer in d'Fröndi, sig's au blos Basel zue,
So lot is dusse mängist doch s'Heimweh schier kei Rueh.
Drum chömme mer ins Chränzli, do trifft me d'Landslüt a,
Und wenn mer wei rächt gmüetlig si, singt jede was er cha.[3]

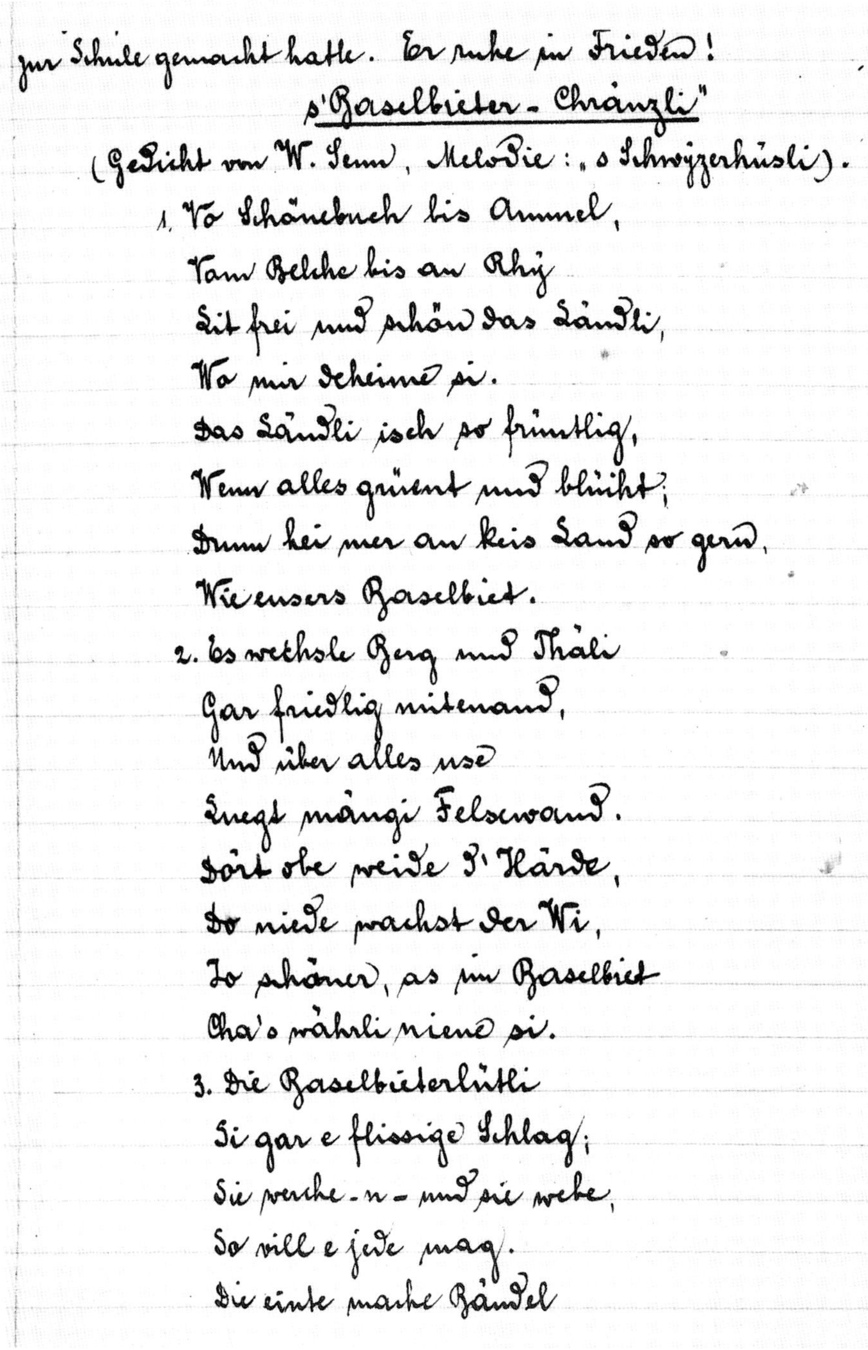
zur Schule gemacht hatte. Er ruhe in Frieden!

s'Baselbieter-Chränzli"

(Gedicht von W. Senn, Melodie: „s Schwyzerhüsli").

1. Vo Schönebuch bis Ammel,
Vom Belche bis an Rhy
Lit frei und schön das Ländli,
Wo mir deheime si.
Das Ländli isch so fründlig,
Wenn alles grüent und blüht;
Drum hei mer au kei Land so gern,
Wie ensers Baselbiet.

2. Es wechsle Berg und Thäli
Gar friedlig mitenand,
Und iber alles use
Luegt mängi Felsewand.
Dört obe weide d'Härde,
Do niede wachst der Wi,
So schöner, as im Baselbiet
Cha's währli niene si.

3. Die Baselbieterlütli
Si gar e flissige Schlag;
Sie werche-n-und sie webe,
So vill e jede mag.
Die einte mache Bändel

Die nach dem Tod Wilhelm Senns erstellte Abschrift des «Chränzli-Liedes».

1901 nimmt Arnold Spahr dieses Lied in den «Sonnenblick», einer bis in die 30er Jahre wiederholt neu aufgelegten Liedersammlung für die Schule, auf. Es trägt die Überschrift: «Baselbieterlied» und ist mit dem klein gedruckten Kommentar: «Volksweise aus Baselland, notiert von A. Spahr» und der Anweisung «gemütlich» versehen; am Schluss des Liedes wird Wilhelm Senn als Autor genannt.[4] Die im Zweivierteltakt gehaltene Melodie entspricht der heutigen Fassung und scheint vom Sonntagsschullied «Es het emol vor Zyte ...», beziehungsweise vom *Blaukreuz*-Lied «Mir möchte hälfe stryte» übernommen worden zu sein. Diese beiden Lieder werden in den zeitgenössischen Sammlungen ebenfalls als «Volksweisen» bezeichnet.[5] Spahr übernimmt nur vier der acht Strophen des «Chränzli-Liedes» – jene vier, die auch heute noch das offizielle *Baselbieterlied* bilden.

Der vom Liestaler *Landschäftler*-Verlag gedruckte «Sonnenblick» wird im Baselbiet zum Standardwerk für die Schulen. Arnold Spahr selber amtet als Gesangslehrer und langjähriger Dirigent verschiedener Männerchöre in Sissach, Basel und Liestal.[6] Damit lässt sich die relativ schnelle Verbreitung des Liedes und der Übergang vom «Lied der Heimweh-Baselbieter» zum *Baselbieterlied* erklären. Das Lied wird zur Kantonshymne schlechthin und überall dort angestimmt, wo Heimat ein wichtiges Element darstellt. So ist auch in den «Lieder-Texten» des Liestaler Banntags von 1922 das *Baselbieterlied* enthalten.

Eine wichtige Rolle für die Verbreitung des Liedes scheint auch der Kampf um die Wiedervereinigung gespielt zu haben, da es von den Verfechtern eines selbstständigen Baselbiets zum Kampf- und Bekenntnislied erkoren wurde.[7] 1932 erklingt an der Jahrhundertfeier der Kantonsgründung unter dem «Freiheitsbaum», einer in Liestal aufgestellten 26 Meter hohen Tanne, das *Baselbieterlied*. Als im Frühjahr darauf eine Volksinitiative eingereicht wird, mit dem Begehren, einen Wiedervereinigungsartikel in die Staatsverfassung aufzunehmen, erhält das *Baselbieterlied* eine Zusatzstrophe:

Wenn au vo Basel gschide,
sy mir doch gueti Fründ ...

mit dem Schluss:

Drum stosset a, dir Manne,
und singet in der Rund:
Getrennt sei unser beider Glück,
vereint nicht eine Stund.[8]

Auch in den 60er Jahren wird der Kampf gegen die Wiedervereinigung mit dem *Baselbieterlied* geführt. Wieder erhält das Lied eine neue Strophe:

Wenn si weder einisch stürme,
me sell zo Basel cho,
Do heissts ned mer wei luege,
es heisst aber au ned jo.
Mer achte Euse Nochber,
doch si mer gärn elei,
Drum wenn mer müend an d'Urne goh,
so stimmed bitte nei.[9]

Die Wiedervereinigungsfrage spaltet das Baselbiet während Jahrzehnten immer von neuem in zwei Lager. Das Lied wird auch heute noch an «Bannumgängen», «Maisingen» und an-

In der ersten Auflage des «Sonnenblick» …

… notiert Arnold Spahr das Baselbieterlied im Zweivierteltakt.

dern Volksfesten, meist in der von Spahr notierten Melodie, allerdings als Walzer, gesungen.[10] Zum Wandern wird der Text zur gänzlich andern Melodie eines Marschliedes gesungen. Von dieser Melodie habe ich bisher keine Notation gefunden.[11] Blasmusikvereine spielen das *Baselbieterlied* ebenfalls als Marsch: Die übliche Walzer-Volksmelodie wurde von Hans Buser im Viervierteltakt arrangiert. 1945 schrieb Jakob Walter eine Version des ursprünglichen *Baselbieterliedes* für gemischten Chor. Eine ganz andere Melodie, in dreistimmigem Arrangement, muss kurz nach der Jahrhundertwende entstanden sein. Sie stammt vom Komponisten Heinrich Grieder, dem als «Wintersinger Sängervater» bekannten Leiter mehrerer Männerchöre.[12] Diese Melodie wird jedoch heute kaum mehr gesungen.
Der Text hat sich im Laufe der Zeit nur wenig verändert: Heute «weben» die Baselbieter nicht mehr, sie «schaffen», oder der Wein wächst nicht «do niede», sondern «dört unde»; an Baselbieter Schulen wird manchmal auch der Kantonserweiterung Rechnung getragen:

Vo Roggeburg bis Ammel,
vom Bölche bis zum Rhy ....

Im Buch «s'Baselbiet» von 1996 ist die Kantonshymne wie folgt festgehalten:

Vo Schönebuech bis Ammel,
vom Bölche bis zum Rhy,
Lyt frei und schön das Ländli,
wo mir deheime sy.
Das Ländli isch so früntli,
wenn alles grüent und blüeht.
Drum hei mir au kei Land so lieb,
wie euser Baselbiet.

Es wächsle Bärg und Täli
so lieblig mitenand,
Und über alles use
luegt mängi Felsewand.
Do obe weide Härde,
dört unde wachst dr Wy;
Nei, schöner als im Baselbiet
chas wärli niene sy.

Die Baselbieter Lütli
sy gar e flyssge Schlag.
Si schaffe und si wärche
sovill e jede mag.
Die einte mache Bändel,
die andre schaffe's Fäld.
Doch alli sy, wenns immer goht,
Gärn lustig uff dr Wält.

Me seit vom Baselbieter
und redt ihm öppe noh,
Er säg nu «mir wei luege»,
er chönn nit säge «Jo».
Doch tuesch ihn öppe froge:
«Witt du fürs Rächt ystoh?»
Do heissts nit, dass me luege well,
do sägen alli «Jo»!

Ältere Leute, auf das *Baselbieterlied* angesprochen, schmunzeln und meinen, es gäbe da noch einen «unanständigen Vers», der eigentlich überhaupt nicht zum *Baselbieterlied* gehöre. Der Dichter oder die Dichterin des Verses sei unbekannt, aber die Frauen sängen ihn jeweils mit grossem Vergnügen:

Die Baselbieter Fraue
hei gar e hitzigs Bluet,
Si si schnell obenuse
und au schnell wieder guet.
Si schimpfe, wenn ihr Mannli
so lang bim Schoppe sitzt
Doch wenn er ufrecht heime chunnt,
denn isch der Chib verschwitzt.[13]

Damit können die Frauen nicht nur einen kleinen «Gingg» ans Schienbein der aufrechten Baselbieter Männer austeilen, sie haben auch noch eine weitere, unkonventionellere

Strophe des «Chränzli-Liedes» von Wilhelm Senn ins neue Jahrtausend gerettet.

Anmerkungen

1 Das «Chränzli» wird 1945 von Paul Suter: Baselbieter Chränzli und Baselbieterlied, in: «Baselbieter Heimatblätter», 10, 1945 Nr. 4, 441–446 ausführlich beschrieben. Ebenfalls 1945 erschien ein Abdruck des «Chränzli-Liedes» zum 100. Geburtstag von Wilhelm Senn im «Baselbieter Heimatbuch», Bd. 3, 134f.

2 I han es Hüsli ..., Volksweise, Text von Leonhard Widmer. Paul Suter: Ebenda, 445.

3 StABL, Vereine und Gesellschaften, B 4a, b.

4 In der 5. Auflage von 1912 wird der Titel mit einer Fussnote angemerkt: «Mitgeteilt von Jacques Strübin».

5 Paul Suter: Ebenda, 445f.

6 Historisch-Biographisches Musikerlexikon der Schweiz, Leipzig 1928.

7 Paul Suter: Ebenda, 444.

8 Eduard Strübin: Die Baselbieter Freiheitsbäume, in: «Baselbieter Heimatblätter», 39, 1974, Nr. 1, 396ff.

9 Mitgeteilt von Annarosa Schell, Liestal.

10 In einer für die Baselbieter Schulen abgegebenen Beilage zum «Schweizer Singbuch» ist das *Baselbieterlied* im Sechsachteltakt notiert. Mitgeteilt von Ernst Schaub, Läufelfingen.

11 Vielleicht meint Paul Suter diese Version, wenn er von einer leicht abgeänderten Melodie von «Wo Berge sich erheben ...» (mit Jodel) spricht, die im Militärdienst gesungen wurde. Ebenda, 446.

12 «Sonnenblick», 18. Auflage, Liestal 1934, 295. Historisch-Biographisches Musikerlexikon der Schweiz, Leipzig 1928.

13 Mitgeteilt von Marianne Rudin-Mohler, Lausen, Annerosa Schell, Liestal und Anna Wüthrich-Gysin, Gelterkinden. Spahr hatte in den 30er Jahren zu den vier offiziellen Strophen noch drei weitere Strophen des «Chränzli-Liedes» in den «Sonnenblick» aufgenommen. Aber ausgerechnet diejenige, die von den Baselbieter Frauen handelt, fehlt dort.

Bildnachweis

StABL, Liestal. Repro Felix Gysin, Mikrofilmstelle BL.

Orchideen und Disteln

Mit todernsten Gesichtern wurde gebimmelt, gefiedelt, gezüpferlet, Flöten gackerten auf, Posaunen furzten ...

... begann er seinen gesanglichen Sermon, sehnsüchtig wimmernd und orakelnd.

Österreich, ein Land, welches in süffigen Klischeevorstellungen eher als Mekka für Stehgeiger bekannt ist, hat einige progressive Musiker und Soundtüftler hervorgebracht.

... angetrieben vom «uteralen Beat» der afroamerikanischen Musik.

Das Ergebnis ist ein typisches Produkt europäischer Hochkultur: Kunstmusik! Sie lässt den Körper kalt. Intellektuelle Faszination allerdings ist garantiert.

... und der Sound schlägt Purzelbäume.

... hier handle es sich doch wohl weniger um eine Popsängerin als um eine entfesselte Furie, die über einer Faxmaschine improvisiere.

... wenn er nur sein Oktett auf ein Quartett reduzieren und dadurch auf die akustischen Weichspüler verzichten würde.

Er musste sein ganzes Potential aufbieten, um im supersonischen Geröll nicht unterzugehen.

Alby Schefer

Armin Brenner

Die Jugendmusikschulen in Baselland – eine Pionierleistung

Entwicklung der Musikerziehung in den letzten 50 Jahren

Nach dem Zweiten Weltkrieg haben im ganzen deutschsprachigen Raum – in Deutschland, Österreich und der Schweiz – Bestrebungen stattgefunden, die Grundlagen des Unterrichtes zu erneuern, ganz besonders auch im Bereich der Musikerziehung. Anstelle der patriotischen Gesänge, die den Nationalstolz stärken sollten, begann man, den künstlerischen Wert des Gesanges und der Musik überhaupt wieder zu entdecken und zu erkennen, welch zentrale Stellung die Musikerziehung im Rahmen der allgemeinen Erziehung einzunehmen hat. Auch in der Schweiz ist diese Einsicht gewachsen, mit der Konsequenz, dass in den 50er Jahren eine grosse Nachfrage nach den Ausbildungsplätzen an den Berufsabteilungen und an den allgemeinen Abteilungen der schweizerischen Konservatorien einsetzte. Auch an der *Musik-Akademie der Stadt Basel (MA Basel)* entstand für die allgemeine Abteilung (Musikschule) eine riesige Anmeldeliste mit bis zu 1000 Wartenden, und man hörte, «es sei zweckmässig, ein Kind gleich bei seiner Geburt anzumelden, damit überhaupt eine Chance bestehe, dass es später einmal berücksichtigt werde». Ums Jahr 1960 ersuchte die *MA Basel* den Kanton Basel-Landschaft um einen jährlichen Beitrag von Fr. 120 000.–, andernfalls sei sie nicht mehr bereit, Musikschüler aus Baselland aufzunehmen.

Der Basellandschaftliche Landrat zeigte sich bereit, die *MA Basel* mit einem jährlichen Beitrag von Fr. 120 000.– zu unterstützen. Gleichzeitig beschloss er, jährlich einen gleich grossen Betrag zur Förderung kultureller Bestrebungen im eigenen Kanton zur Verfügung zu stellen.

Entstehung und Entwicklung der Jugendmusikschulen (JMS) in Baselland

Das Baselbieter Stimmvolk hat mit deutlichem Mehr dem «Gesetz über die Leistung von Beiträgen zur Förderung kultureller Bestrebungen» vom 21. Februar 1963 zugestimmt. Damit wurde es möglich, in den Gemeinden, mit finanzieller Unterstützung des Kantons, Jugendmusikschulen aufzubauen. Durch positive Erfahrungen bereits bestehender Jugendmusikschulen in Birsfelden und Arlesheim ermutigt, entstanden in rascher Folge neue Jugendmusikschulen in Sissach, Gelterkinden, Liestal, Pratteln, Muttenz, Münchenstein, Binningen, Allschwil und Pfeffingen. Einige Jahre später nahmen die Musikschulen Reinach, Leimental, Aesch – seit 1976 gemeinsam mit Pfeffingen – und 1983 die JMS beider Frenkentäler den Unterricht auf. Die Gemeinden Füllinsdorf und Lupsingen führten eigene Jugendmusikschulen, wobei an diesen Schulen vorläufig nur die «Musikalische Grundschulung» und der Blockflötenunterricht durchgeführt wurden. Dass diese Jugendmusikschulen in unserem Kanton einem grossen Bedürfnis entsprachen, zeigt das rasche Wachstum der Schulen. Im Jahre 1975 – also nur 10 Jahre später – unterrichteten gegen 600 Lehrkräfte rund 11 500 Musikschüler und -schülerinnen.

Das Geheimnis des Erfolges der Basellandschaftlichen Jugendmusikschulen lag aber nicht allein im Gesetz vom 21. Februar 1963 und der darauf basierenden Kantonssubventionen – die schon nach wenigen feissen Jahren von 40 Prozent auf 30 Prozent und später auf 25 Prozent der subventionsberechtigten Kosten reduziert wurden – als vielmehr auf dem neuzeitlichen und bahnbrechenden Musikschul-Modell im Kanton Baselland. Man kopierte nicht einfach die Konservatorien in den grossen Städten, man suchte nach einem Schulmodell, das nicht nur Instrumentalunterricht anbot, sondern das gemeinsame Singen und Musizieren in den Mittelpunkt stellte und eine flächendeckende Sensibilisierung und Musikalisierung aller Kinder und Jugendlichen – und zum Teil auch Erwachsenen – aus allen Schichten der Bevölkerung, der stadtnahen wie der ländlichen, möglich machen sollten. Das Ziel war: Jedes Kind soll die Möglichkeit haben, in seinem Dorf oder in seinem Schulkreis eine qualifizierte musikalische Ausbildung zu erhalten. Der Zufall kam uns entgegen, als sich Frau Benzing-Vogt in einer stadtnahen Gemeinde im Baselbiet niederliess. Frau Irmgard Benzing-Vogt brachte aus Deutschland eine musikalische Ausbildung mit Schwerpunkt «Musikalische Grundschulung» für Schüler der 2. bis 4. Primarklasse und eine grosse Unterrichtserfahrung mit. Allerdings musste das für die Kinder des Ruhrgebietes – einer Region, die unter den rauchenden Kaminen der riesigen Schwerindustrie litt – entwickelte Unterrichtsprogramm für die eher ländlichen Verhältnisse umgearbeitet werden; dies gelang jedoch in kürzester Zeit.

Bereits im Schuljahr 1962/63 fand unter der Leitung von Frau Benzing-Vogt ein erster Pilotkurs zur Ausbildung von Lehrkräften in der Erteilung von musikalischen Grundkursen statt; er dauerte ein Semester und wurde von der Erziehungsdirektion des Kantons Basel-Landschaft subventioniert. Die Kursteilnehmer und -teilnehmerinnen rekrutierten sich aus musikinteressierten im Schuldienst stehenden oder ehemaligen Lehrkräften der Primarstufe – auch vereinzelten Kindergärtnerinnen – und einigen diplomierten Musikern und Musikerinnen. Die Begeisterung war gross und die neu geschaffene *Arbeitsgemeinschaft der Jugendmusikschulen Baselland*

1

Ob in einer kleineren oder grösseren Gruppe ...

(AGJM BL) sah sich erfreulicherweise gezwungen, neue und längere, intensivere Ausbildungskurse für zukünftige Lehrkräfte der Grundkurse an den sich vermehrenden Jugendmusikschulen durchzuführen. Um die vielen Aktivitäten zu koordinieren und den Aufbau der Jugendmusikschulen im Kanton Baselland zu ordnen, überzeugte der damalige Erziehungsdirektor Dr. Leo Lejeune den Landrat, bei der Erziehungsdirektion eine Abteilung «Musik und Musikerziehung, Jugendmusikschulen» zu schaffen und den Basler Musiker und Lehrer Armin Brenner, bisheriger Leiter der AGJM-Kurse, Gründer und Leiter der JMS Pratteln, als Abteilungsleiter zu berufen.

Nun erwachte das Interesse am Modell der Baselbieter «Musikalischen Grundschulung» und an den Ausbildungskursen auch in vielen anderen Kantonen (Aargau, Solothurn, Bern, Zürich und Kantonen der Ostschweiz). Es gab Jahre, in denen sich jeweils über 100 Interessentinnen und Interessenten aus der ganzen Schweiz bei der AGJM BL für diesen Ausbildungskurs meldeten und die Kurse – trotz strengerer Eintrittsprüfung – doppelt, dreifach und einmal sogar vierfach mit 88 Teilnehmern geführt werden mussten.
Als Frau Benzing-Vogt 1967 wieder nach Deutschland zurückkehrte, musste das Leiterteam neu zusammengestellt werden. Dies bereitete keine Probleme, war doch bei der Zusammenarbeit mit Frau Benzing-Vogt eine Reihe von Fachleuten herange-

2
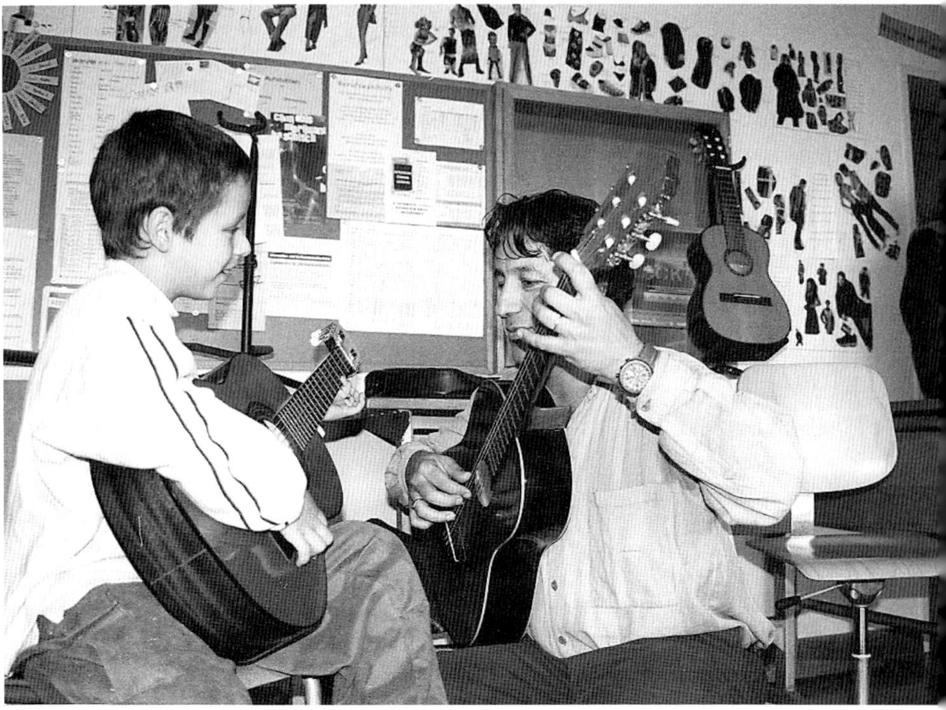

... oder in der Einzelstunde: Musikerziehung gehört zur Erziehung zum Menschen.

wachsen wie Christa Salathé, Marianne Kuttler-Bächle, Fritz Näf (der spätere Leiter der Grundkurse der *MA Basel*), Dr. Beat Raaflaub und andere mehr, die diese auf zwei Jahre ausgedehnten Ausbildungen auf einem beachtlichen Niveau weiterführten.

Ziele und Aufgaben der Jugendmusikschulen lassen sich wie folgt umreissen:

a) Die Musikschulen dienen der musischen Erziehung der Jugend und der allgemeinen Volksbildung, indem sie möglichst vielen Kindern die Musik nahe bringen, sie zur praktischen Ausübung und zum bewussten Hören anleiten,
– daher musikalische Früherfassung durch Grundkurse, der Besuch des Grundkurses ist Voraussetzung für die Zulassung zum Instrumentalunterricht.

b) Die Musikschulen wollen den aufwachsenden jungen Menschen befähigen, später an der Pflege der Musik, sei es der Hausmusik oder des Singens und Musizierens in Chören und Liebhabervereinigungen, aktiv teilzunehmen,
– daher Vermittlung der für das Singen und Musizieren notwendigen Fertigkeiten durch Instrumentalunterricht, Sing- und Spielkreise, gemeinsames Musizieren in Gruppen.

c) Schliesslich betrachten es die Musikschulen als ihre vordringliche Aufgabe, Musikbegabungen möglichst früh zu erkennen und so weit zu fördern, dass diese später einem Berufsstudium zugeführt werden können.

Aufbau der Jugendmusikschulen:

1. «Musikalische Grundschulung» für alle Kinder, auch wenn sie später kein Instrument erlernen wollen.
2. Instrumentalunterricht (Einzel- und Gruppenunterricht).
3. Von grösster Wichtigkeit ist das gemeinsame Musizieren. Dieses ergänzt den Instrumentalunterricht auf jeder Stufe: Sing- und Spielkreise, Ensembles, Chöre, Orchester, Kammermusik. Damit ergibt sich eine starke Ausstrahlung in das Musikleben der Gemeinden.

Ausstrahlung in die übrige Schweiz und ins Ausland

Nicht nur die «Musikalische Grundschulung» erwirkte grosse Aufmerksamkeit in der übrigen Schweiz, sondern die Idee und das Modell einer neuzeitlichen Musikerziehung für Kinder, Jugendliche und auch Erwachsene. Ende der 60er und Anfang der 70er Jahre schossen in der ganzen (deutschen) Schweiz die Jugendmusikschulen wie Pilze aus dem Boden. In unzähligen Referaten mit Demonstrationslektionen in allen Regionen der Schweiz wurden das neuzeitliche Baselbieter Jugendmusikschul-Modell vorgestellt und Fragen beantwortet. Bis heute ist dieses Modell von rund 400 Musikschulen in der ganzen Schweiz übernommen worden.

Verschiedene andere Impulse im schweizerischen Musikschul-Bereich sind von Liestal ausgegangen. So ist 1975 der *Verband Musikschulen Schweiz* (VMS) mit Sitz in Liestal gegründet worden. Gründungs- und langjähriger Präsident (1975–1992) war Armin Brenner, der damalige Leiter der Kulturabteilung der Erziehungs- und Kulturdirektion des Kantons Basel-Landschaft. Auch im europäischen Rahmen waren die Schweiz und Baselland beteiligt. 1973 erfolgte die Gründung der *Europäischen Musikschul-Union* (EMU), Armin Brenner war von 1975 bis 1981 Mitglied des Präsidiums und Vize- bzw. Präsident der EMU (auch heute noch hat die EMU ihren offiziellen Sitz in Liestal!). Die Baselbieter Musikschulen galten in ganz Europa als vorbildlich, dies nicht zuletzt wegen der sozialen Sicherheiten für Lehrkräfte und Angestellte der Musikschulen: Lohnausfallversicherung bei Krankheit, Unfall oder Schwangerschaft, leistungsfähige Vorsorgestiftung *Verband Musikschulen Schweiz/Schweizerischer Musikpädagogischer Verband* (VMS/SMPV), Krankenkasse für alle beruflich tätigen Musiker und Musikerinnen und deren Angehörige, die musikalischen Verbände und Institutionen in der ganzen Schweiz. Der Impuls dazu ging von Liestal aus, wo sich auch der offizielle Sitz befindet; vorbildlich war auch die neue Besoldungsordnung für Leiter, Leiterinnen und Lehrkräfte an den Basellandschaftlichen Jugendmusikschulen vom April 1973, die – mit wenigen Änderungen – nach wie vor in Kraft ist.

In der Zwischenzeit hat sich auch in grossen Städten mit traditionsreichen Konservatorien die Einsicht durchgesetzt, dass die im Kanton Basel-Landschaft zu Beginn der 60er Jahre erfolgte Erneuerung der Musikerziehung Früchte trägt, und dies nicht nur im ländlichen Kanton Basel-

Landschaft, und dass auch in der Stadt eine neuzeitliche Musikerziehung – in- und ausserhalb der öffentlichen Schulen – revolutionierend wirken könnte. Diese Einsicht hat schliesslich auch in der Stadt Basel Einzug gehalten. Erst 1977 haben die ersten Grundkurse in Basel-Stadt stattgefunden. Die Ausbildung der Lehrkräfte lag in den Händen eines Teils des früheren Baselbieter Teams. Eine gute Zusammenarbeit zwischen Basel-Stadt und Baselland war damit gewährleistet.

Die Musikschulen und die «Musikalische Grundschulung» sind heute in Baselland, in der ganzen übrigen Schweiz wie auch im europäischen Ausland nicht mehr wegzudenken und nehmen einen wichtigen Platz ein in der Musikerziehung und in der Erziehung zum Menschen.

Wenn Pestalozzi von der gleichwertigen Ausbildung von Kopf, Herz und Hand sprach, so meinte er damit Verstand zum Einen, Seele, Gemüt und Charakter zum Zweiten und den Körper zum Dritten. Seine Forderung betrifft auch die musikalische Ausbildung: «Wir haben kein Recht, das Kind von der Entwicklung einer einzigen Fähigkeit auszuschliessen, auch nicht derjenigen, die wir augenblicklich nicht als sehr wesentlich für seinen zukünftigen Beruf oder für seine Stellung im Leben betrachten.»

Bildnachweis

1 JMS Sissach, Sissach.
2 Sabina Droll, Gelterkinden.

Charles Schmidlin

Der Erweiterte Musikunterricht als Chance

In zehn Klassen des Kantons Basel-Landschaft wird die Musik als wirkungsvolles Arbeitsinstrument in vielen Bereichen des Schullebens fächerübergreifend eingesetzt. Damit sollen die Konzentrationsfähigkeit gesteigert, das soziale Verhalten gefördert, die Wahrnehmung geschult und die Motivation verbessert werden. Peter Bossart hat mit Charles Schmidlin gesprochen, der das EMU-Unterrichtsprinzip als Lehrer an der Primarschule Brislach bei seinen 1. und 2. Klassen anwendet.

Charles, wie kamst du dazu, Erweiterten Musikunterricht zu erteilen? Diese Unterrichtsform ist doch an den Schulen des Kantons noch eher selten anzutreffen?

Ich lasse schon seit vielen Jahren die Musik stark in meinen Unterricht einfliessen und leitete neben der Schularbeit jahrelang verschiedene Chöre. Nach einem Besuch durch den Schulinspektor, der voll hinter der Idee des Erweiterten Musikunterrichts steht, kam die anregende Frage: «Könntest du dir vorstellen, eine EMU-Klasse zu führen?» Die Antwort fiel mir leicht und die entsprechende Grundausbildung während den Sommerferien wurde sofort gebucht!

Und nun führst du eine EMU-Klasse. Was ist bei dieser Unterrichtsform anders?

In meiner Klasse werden bis zu vier Lektionen Musikunterricht pro Woche gelebt. Dafür fällt die Anzahl der Mathematik- und Deutschstunden etwas geringer aus. Für die Kinder entsteht also keine zeitliche Mehrbelastung! Der Grundgedanke ist nun, dass mit diesem Mehr an Musizieren nicht nur die Herzen der Kinder, sondern auch ihr Intellekt so nachhaltig angeregt, ihre Lernbereitschaft und Konzentrationsfähigkeit so stark gefestigt werden, dass sie den ordentlichen Schulstoff leichter, schneller und beweglicher aufzunehmen vermögen. Positiv fällt insbesondere auch auf, dass solche Klassen, wohl weil sie lernen, intensiv aufeinander zu hören, im Sozialverhalten feinfühliger werden.
Ich weiss, dass auch in anderen Klassenzimmern rege gesungen und musiziert wird, doch durch die offizielle Teilnahme am EMU kommen meine Schülerinnen und Schüler immer wieder zu Auftritten in der Öffentlichkeit, wo sie sich einerseits bewähren müssen, wo ihnen aber anderseits auch

Anerkennung in Form von Applaus zukommt. So konnte meine letzte Klasse an einem trinationalen Musikfest im *Europapark Rust* teilnehmen. Unser Auftritt zusammen mit je einer Klasse aus Ramlinsburg und Waldenburg war schon in der Vorbereitungsphase ein Erlebnis, wurde doch das Programm gemeinsam einstudiert und geübt. Die Schlussveranstaltung zusammen mit 3000 Jugendlichen aus Frankreich, Deutschland und der Schweiz war eindrücklich. Selbstverständlich haben die drei Klassen auf der Heimfahrt im Bus spontan angefangen zu singen, haben den Tag in einem Fest ausklingen lassen. Das heute verbreitete passive Konsumieren wurde überwunden, die bilderlastige Wahrnehmung, die auch auf der Unterstufe stark präsent ist, trat zu Gunsten einer exakten Wiedergabe und des Zuhörens in den Hintergrund. Solche Erlebnisse wirken sich auf alle schulischen Belange positiv aus!

Wird denn vor allem gesungen, oder arbeitest du auch mit Instrumenten?

Vielleicht besteht hier einer der grossen Unterschiede im Vergleich zu einer normal geführten Klasse. Ich habe in den letzten Jahren den instrumentalen Bereich kontinuierlich ausgebaut. In unserem Klassenzimmer steht ein umfangreiches Orff-Instrumentarium, das es mir ermöglicht, etwa an den Stabspielen (Xylophon, Metallophon, Glockenspiel) mit mindestens zwölf Kindern gleichzeitig zu arbeiten. Ausserdem besitzt jedes Kind eine «Minos»-, oder wie sie auch genannt wird, eine Orgelflöte.

Mit Joghurt-Bechern wird der «Sechseläuten-Marsch» rhythmisch begleitet, werden die Pferde, die um den «Böög» traben, imitiert.

Ein leicht zu spielendes, panflötenartig klingendes Holzinstrument, mit dem wir schon ab der 2. Klasse bis zu vierstimmige Kanons spielen können. Selbstverständlich singen wir auch viel, begleitet von der Gitarre oder vom Klavier.

Wie ist es denn um die Kosten des EMU bestellt?

Da ich den Unterricht als Klassenlehrer erteile, entstehen grundsätzlich keine Mehrkosten, was meine Person betrifft! Da es entscheidend ist, dass der Zugriff zu den Instrumenten jederzeit gewährleistet ist, muss ein Klassenzimmer derart ausgerüstet sein, dass spontan musiziert werden kann, also nicht in einen anderen Raum gewechselt werden muss. Der Kanton empfiehlt, einer EMU-Klasse den einmaligen Betrag von etwa Fr. 5000.– zwecks Ausrüstung des Klassenzimmers zur Verfügung zu stellen. Die Gemeinde Brislach hat grosszügig und unkompliziert einen solchen Kredit gesprochen. Um das Instrumentarium stetig erweitern zu können, erlaube ich mir auch, nach Aufführungen Kollekten einzuziehen. Man kann dabei immer auf eine grosszügige Unterstützung zählen!

Was sagen Eltern zu dieser Unterrichtsform? Befürchten sie nicht, die Kinder könnten in den Leistungsfächern zu kurz kommen, speziell im Hinblick auf Übertrittsprüfungen?

Diese Befürchtung könnte von kritischen Eltern angeführt werden. Auf der Unterstufe bin ich jedoch noch nicht mit den diversen Übertritts- und Selektionsverfahren konfrontiert. Immer wieder stelle ich fest, dass gerade auch so genannte leistungsschwache Kinder im Musikunterricht wunderbar aufblühen, dort eine tolle Bestätigung finden. Sehr früh, wenn die Kinder noch im Kindergarten sind, werden die Eltern schon im Rahmen eines Elternabends informiert. Auch wird Überzeugungsarbeit im Dorf und in der Region geleistet, indem wir Altersweihnachtsfeiern und Rorate-Gottesdienste mitgestalten oder auch an Aktivitäten der *Musikschule Laufental-Thierstein* teilnehmen. Den Eltern wird aufgezeigt, dass es nicht um die Aufzucht einer musikalischen Elite geht – das ist wichtig, wenn Mama und Papa spüren, dass die Musik vielleicht bei ihrem Kind nicht an allererster Stelle steht –, sondern vielmehr um eine breit abgestützte Unterrichtsform für jedes Kind. Wenn die Kinder dann – wie 1988 zum Beispiel – das Musical «E Guete» zusammen mit 120 anderen EMU-Schülern und -Schülerinnen begeistert aufführen, ist das die allerbeste Werbung innerhalb der Familien. Die Eltern merken, dass das Selbstwertgefühl der Kinder gefestigt wird, dass sie sich auf eine Bühne wagen und dabei vor grosser Kulisse bestehen müssen, dann aber auch den Dank für ihre Arbeit in Form von Applaus entgegennehmen dürfen. In grossen Gemeinden mit Parallelklassen, wie etwa an der *Sekundarschule Liestal*, können Eltern für ihre Kinder zwischen einer «Normal»- und einer Musikklasse wählen. Immer aber halte ich gegenüber den Eltern fest, dass niemand wissen könne, wie sich eine bestimmte Klasse, jedes einzelne Kind, ohne EMU entwickelt hätte.

Kannst du etwas mehr zu der praktischen Arbeit mit der Klasse sagen?

Wichtig ist, dass immer wieder neue, zwanglose musikalische Formen nahtlos in den Unterricht eingebettet werden. So beginnt der Schulmorgen im Advent etwa damit, dass wir die Klangstäbe in der Pentatonik wie Glocken erklingen lassen (Zitat des Schulinspektors dazu: «Massage für die Seele eines jeden Kindes!»). Oder die Kinder lehnen alle zusammen in einem zusammengeknüpften Tau und singen dazu eine indische Weise. Wer da am Seil zerrt oder sonstwie «dumm tut», stört alle Beteiligten via Seil und Lied – das ist direkt erfahrbar und wirksamer als jede geharnischte Ermahnung! Sich einfügen in ein Ganzes, aufeinander hören, fördert die Diskussionskultur. Aussprache, Reime, Verse und Atmung erfahren über das Liedgut eine Förderung. Im Turnunterricht bewegen wir uns mal zu langsamer, mal zu schneller, zu rhythmischer oder arhythmischer, mal zu leiser, lauter, schneller werdender, sich verlangsamender, harter und weicher Musik.

Das klingt alles ausserordentlich verlockend, und ich frage mich, wieso das Prinzip des Erweiterten Musikunterrichts nicht viel verbreiteter ist?

In den letzten Jahren entstanden an den Volksschulen – ergänzend zum Musikunterricht – überall gut besuchte private und kommunale Musikschulen. Sie entsprechen klar einem gesellschaftlichen Bedürfnis. Der «normalen» Schule jedoch – und dies wohl vor allem auf den oberen Stufen – droht das Musikalische abhanden zu kommen. In einer EMU-Klasse wird Musik nicht bloss als ein Fach unter vielen verstanden, sondern als eine Sprache, ein Werkzeug, ein Kommunikationsmittel für viele Situationen im Schulalltag. Ich höre immer wieder, wie Lehrpersonen die Befürchtung äussern, sie seien nicht mit der nötigen Fachkompetenz ausgestattet, um diesen Unterricht zu gestalten. Doch ein breites Kurs- und Weiterbildungsangebot ebnet wirklich allen Interessierten den Zugang zum EMU. Auch höre ich immer wieder: «Ich kann auch ohne offizielle Einbindung in die Strukturen des EMU viel musizieren!» Dies stimmt mit Sicherheit und wird auch so gehandhabt. Und doch – das Eingebettet-Sein in die Gruppe der EMU-Lehrpersonen und die Betreuung durch den kantonalen Fachexperten lohnen diesen oder jenen Mehraufwand allemal.

Charles, ich danke dir für das Gespräch.

Bildnachweis

Wochenblatt, Breitenbach.

Olivier Jaquiéry

Der Alltag eines Musiklehrers

Anhand der Beschreibung eines einzelnen Arbeitstages soll ein Einblick in das Leben und Arbeiten eines Musiklehrers gegeben werden, der schon seit gut 20 Jahren Kindern und Jugendlichen das Saxophonspielen ans Herz zu legen versucht. Angesichts der zahlreichen Freizeitbeschäftigungen der Schüler und Schülerinnen heutzutage eine nicht immer einfache Aufgabe. Doch Musik soll Freude bereiten, und jeder Fortschritt, jede Verbesserung, jede gelungene Probe bringen allen Beteiligten – und dem Lehrer in besonderem Masse – ansteckenden Spass und die Genugtuung, zusammen etwas erarbeitet zu haben, was auch anderen weitergegeben werden kann.

Am Morgen: persönliche und allgemeine Vorbereitung

Um 6 Uhr 45 stehe ich normalerweise auf, wobei ich im Winter mehr Mühe habe, aus dem Bett zu kommen, als im Sommer. Ich bin eben ein Jahreszeitenmensch. Kurz nach dem Wecker schrillt auch schon das Telefon. Am Apparat ist die Mutter einer Schülerin, die mir mitteilt, dass ihre Tochter wegen einer Grippe dem Saxophonunterricht am Nachmittag fernbleiben wird. Nach einem leichten Frühstück und der halbstündigen Lektüre von ein bis zwei Tageszeitungen beginnt mein eigentlicher Arbeitstag. Da ich morgens üblicherweise keinen Unterricht erteile, nutze ich diese Zeit für diverse Vorbereitungsarbeiten.

Heute habe ich meinen PC eingeschaltet, um ein Arrangement für vier Saxophone, zwei Klarinetten und Klavier fertigzustellen. Seit mehreren Jahren bediene ich mich zum Notenschreiben des Computers. Die neue Technik bietet den Arrangeuren und Komponisten viele neue, ungeahnte Möglichkeiten und erleichtert ihnen die Arbeit. Arrangieren und Bearbeiten ist eine Art nachkreative Tätigkeit und eine meiner Leidenschaften. Als junger Ensembleleiter war ich mit dem dürftigen Notenangebot in modernen Musikstilen unzufrieden und habe deshalb damit begonnen, selbst für Abhilfe zu sorgen. Es ist ungemein spannend, eine neue Bearbeitung auszuprobieren, ausserdem kann ich den Schwierigkeitsgrad der Stimmen dem Ausbildungsstand der Interpreten anpassen. Nach einer guten Stunde – die Partitur und die sieben Einzelstimmen liegen fertig im Drucker – kann ich meinen PC abschalten.

Es ist jetzt bald 10 Uhr. Bevor ich mich auf den Weg an den Arbeitsplatz mache, habe ich noch eine gute Stunde Zeit, um zu üben. Die Fertigkeit auf dem Instrument sollte man als Musiker möglichst täglich trainieren. Normalerweise starte ich mit gehaltenen Tönen und arbeite dann an einer Etüde oder einem Repertoirewerk aus dem klassischen Bereich. Zum Abschluss improvisiere ich meistens noch etwa eine Viertelstunde über diverse Jazzstandards. Falls ich in guter Stimmung bin, ist dies eine ganz und gar lustvolle Angelegenheit und motiviert mich für meine Aufgaben im pädagogischen Bereich.

Am frühen Nachmittag beginnt der Unterricht

Kurz nach 12 Uhr treffe ich in der Jugendmusikschule ein. Bis zum Unterrichtsbeginn verbleibt mir noch etwas Zeit, die ich mit der Einnahme einer kleinen Mittagsverpflegung verbringe. Um 13 Uhr ist es dann soweit, ich begrüsse meinen ersten Schüler. In der ersten Hälfte dieses Nachmittages betreue ich ausschliesslich Kinder im Primarschulalter. Die jüngsten unter ihnen sind neun bis zehn Jahre alt. Die Arbeit mit diesen «Kleinen» ist sehr abwechslungsreich und faszinierend zugleich.

Vor allem bei deren musikalischer Entwicklung beobachte ich riesige Unterschiede. Es gibt Kinder in dieser Altersstufe, die nach sechs Lektionen ein Ausbildungsniveau erlangen, das andere nach drei Semestern nicht erreicht haben. Man möchte davon ausgehen, dass vor allem die Begabung des Einzelnen über einen erfolgreichen Einstieg in den Instrumentalunterricht entscheide. Meine Erfahrungen zumindest widerlegen diese Meinung gründlich. Am besten behaupten sich Schüler und Schülerinnen, die Interesse zeigen, die Anweisungen effizient umsetzen können, die bei geringfügigen Problemen nicht aufgeben und die besonders beim täglichen Arbeiten von ihren Eltern unterstützt werden. Es sind aber auch diejenigen, die nicht nur brav ihre Aufgaben bewältigen, sondern neugierig sind im Ausprobieren und Experimentieren.

Josias*, der sich im Moment mit mir im Unterrichtsraum befindet, gehört entschieden nicht zur Spezies der vorher Erwähnten. Seine anfängliche Motivation ist seit einigen Wochen stetig am Abflauen. Heute allerdings scheint gar nichts mehr zu gehen.

Das Saxophonspielen im Quartett (hier in der Besetzung Tenor, Sopran, Alt, Bariton – v.r.n.l.) ermöglicht eine breitere Klangpalette und ergibt einen spannenden Sound.

Statt eines Tones hat er bisher nur warme Luft hervorgebracht. Ich bin etwas ratlos, entscheide mich dann aber, sein Instrument auszuprobieren und versuche, eine Tonleiter zu blasen. Es kommt nur Luft! Jetzt ist der Fall klar. Auf meine Frage, ob ihm das Instrument zu Boden gefallen sei, erwidert er, dass das wohl zutreffe. Aber nicht ihm, sondern seiner Mutter sei das Malheur passiert. Mir bleibt nichts anderes übrig, als sofort mit dem Reparateur eines Musikgeschäftes Kontakt aufzunehmen, um einen möglichst frühzeitigen Termin für die Instandstellung des Instrumentes zu vereinbaren. Danach informiere ich die Eltern von Josias über die von mir getroffene Massnahme.

Um 15 Uhr 30 habe ich eine 30-minütige Pause, die heute allerdings etwas länger ausfällt, da die nächste Schülerin ja mit einer Grippe im Bett liegt. Im Lehrerzimmer, wo ich mir jetzt einen Kaffee genehmige, treffe ich auf meinen Kollegen Maurice, den Keyboardlehrer. Wir unterhalten uns über die bald stattfindende Instrumentenmesse, die im Jahresturnus durchgeführt wird. Den achtjährigen Grundkursabgängern werden bei diesem Anlass anhand eines kurzen Musikbeispiels die einzelnen Instrumente vorgestellt. Später haben die Kinder Gelegenheit, diese im Beisein ihrer Eltern und der Lehrkräfte auszutesten, um sich bei der Wahl des Instrumentes, welches sie denn gerne erlernen möchten, besser entscheiden zu können. Ich mache die Beobachtung, dass sich die Kleinen mit ihren Wünschen meistens durchsetzen.

Manchmal mache ich mir auch Gedanken als Musikpädagoge. Zum einen ist man in gewisser Weise seinem Arbeitgeber sowie seiner Kundschaft verpflichtet und wünscht sich, die Schüler auf ein möglichst hohes Niveau zu bringen. Zum anderen muss man aber als Instrumentallehrer akzeptieren, dass alle freiwillig den Unterricht besuchen und dass die Eltern für einen nicht unwesentlichen Anteil der Kosten aufkommen und deshalb gewisse Erwartungen haben, was das im Unterricht herrschende Klima angeht. Musik soll Freude bereiten.

Oft dürfen Kinder und Jugendliche selber bestimmen, wieviel Aufwand, in Form von täglichem Üben, sie betreiben wollen. Der Vater eines Sekundarschülers hat mir einmal erklärt, als Hobby stehe das Saxophonspielen bei seinem Sohn erst an dritter Stelle.

Damals habe ich kurz leer geschluckt. Heute erschüttert mich das nicht mehr gross, schliesslich kann ich niemanden zu seinem Glück zwingen. Auf der anderen Seite gewinne ich immer öfter den Eindruck, dass von uns Musiklehrkräften Dinge erwartet werden, die niemals erfüllt werden können. Ich wünsche mir manchmal, ich hätte eine Methode entwickelt, die Fortschritte ermöglicht, ohne üben zu müssen. Bisher bin ich leider nicht fündig geworden. Das reine Lustprinzip ist auch für den Instrumentalunterricht kein Erfolgsmodell. Auf das in den letzten Jahren veränderte Lernverhalten der Kinder und Jugendlichen angesprochen, meint Frau Mechthild Cortesi-Zuppiger, ihres Zeichens Schulpsychologin im Kanton Zürich, in einem kürzlich erschienen Interview des *Tages-Anzeigers:*

«Die Schülerinnen und Schüler sind heute ausgeprägte Individualisten. Sie sind gewohnt, dass sie sehr viel Beachtung bekommen, und sie haben eine relativ geringe Frustrationstoleranz.» Als Gründe dafür gibt sie an, dass Eltern ihren Kindern (auf der Konsumebene) oft viel an Unterhaltung und Freizeitaktivitäten ermöglichen können. Kinder müssten sich selten einschränken und sich auch selten wirklich anstrengen.

Am Abend Kammermusik

Es ist jetzt 18 Uhr 45. Mein Arbeitstag geht, was das Unterrichten anbelangt, langsam dem Ende entgegen. In den nächsten 50 Minuten gebe ich eine Kammermusikstunde. Die vier Mitspieler des Saxophonquartetts haben sich im Musikzimmer eingerichtet und sind dabei sich einzuspielen. Die Leitung von Ensembles ist in vielerlei Hinsicht eine sehr anspruchsvolle Aufgabe für einen Musiklehrer. In meinem Fall bin ich auf mindestens vier Saxophonisten oder Saxophonistinnen angewiesen, die keine Anfänger mehr sind, niveau- und altersmässig zusammenpassen und die zudem bereit sind, an einem fixen Termin zu proben. Angesichts der kargen Zeitgefässe, die uns die Schule mit der kürzlich eingeführten Fünftagewoche übrig lässt, wahrlich kein leichtes Unterfangen.

Die zweite schwierige Aufgabe, die ich zu bewältigen habe, ist, den Spielern die Instrumente zuzuordnen, die ihnen nach meiner Auffassung wirklich am besten liegen. Das erfordert viel Überzeugungskraft, denn nicht jeder ist bereit, in einem Quartett mit der Besetzung Alt-, Alt-, Tenor- und Baritonsaxophon den Part des zuletzt erwähnten Instrumentes zu übernehmen. Die Handhabung dieses Instrumentes ist nicht schwieriger, doch der Transport kann wegen dessen Grösse und Gewicht Probleme aufwerfen. Erst wenn diese Rahmenbedingungen erfüllt sind, können wir loslegen.

Man fragt sich nun vielleicht: Wozu nur dieser Aufwand? Mit der Instrumentenvielfalt erhält man eine breitere Klangpalette – die Musik wird spannender und interessanter, oder wie es einer meiner Schüler einmal treffend ausgedrückt hat: «Ich mag den Sound des Saxophonquartetts.» Doch blenden wir nochmals zurück in die Probe. Die Stimmung ist locker und aufgestellt. Man ist konzentriert

bei der Arbeit. Die Werke, die ich mit den Jugendlichen einstudiere – «Oh Lady be good» von George Gershwin, «Blue Monk» von Thelonious Monk sowie ein «Bündner Schottisch», das ich vor ein paar Jahren bearbeitet habe –, finden grossen Anklang.
Heute geht es darum, die Stücke zur Aufführungsreife zu bringen, denn für nächste Woche ist ein Schülerkonzert angesagt. Meine Beachtung gilt deshalb speziell der Intonation und dem Gesamtklang, den korrekten Tempi und Rhythmen sowie den Einsätzen, die meistens von der ersten Stimme gegeben werden, und weniger der absoluten Texttreue, das heisst den falschen Tönen, die immer noch hie und da ertönen. Gegen Ende der Probe lässt die Konzentration etwas nach, da alle Beteiligten einen ziemlich anstrengenden Tag hinter sich haben. Doch mit dem Ergebnis bin ich zufrieden und teile dies meinen Schülern mit. Diese freuen sich auf ihren Einsatz und packen ihre Instrumente und Noten zusammen.
Die Melodien pfeifend, die sie eben noch gespielt haben, begeben sie sich in aufgeräumter Stimmung auf den Heimweg. Als ich ebenfalls nach Hause fahre, bleibt mir die Genugtuung, dass ich mit vier jungen Menschen etwas erarbeitet habe, das sie zu schätzen gelernt haben, womit sie aber vor allem einem Publikum Freude bereiten können.

Anmerkung

* Name geändert.

Bildnachweis

Ruth Morf, Aesch.

Alby Schefer

Wie aus Sonnentönen musikalische Begeisterung wächst

Das Erlernen des Geigenspiels ist nicht so einfach. Bei Dorothea Weber lernen es die Kinder über den spielerischen Umgang mit dem Instrument. – Nach Angaben von Dorothea Weber

Da im Estrich eine alte, noch knapp funktionsfähige Geige herumlag, war es klar, dass Dorothea, wie all ihre Geschwister vor ihr, das Geigenspiel zu lernen hatte. Erbost über diese Zumutung zerbrach die Kleine den Geigenbogen. Der Vater aber kaufte ihr einen neuen. «Aus Wut habe ich mir dann geschworen: Wenn ich schon Geige lernen muss, dann hör ich nie wieder damit auf!»

Zuerst wurde sie von einem Arbeitskollegen des Vaters unterrichtet, der ziemlich unangenehm roch, zudem rauchte und eher pädophil als pädagogisch wirkte. Nach einem traumatischen Erlebnis mit diesem «Geigenlehrer» entschied sich Dorothea für Stunden in Basel (sie wohnte damals in Olten).

Als sie erstmals in der Musik-Akademie auftauchte und noch nicht Bescheid wusste, führte Paul Sacher sie zu ihrer zukünftigen Lehrerin, Frau Nordmann.

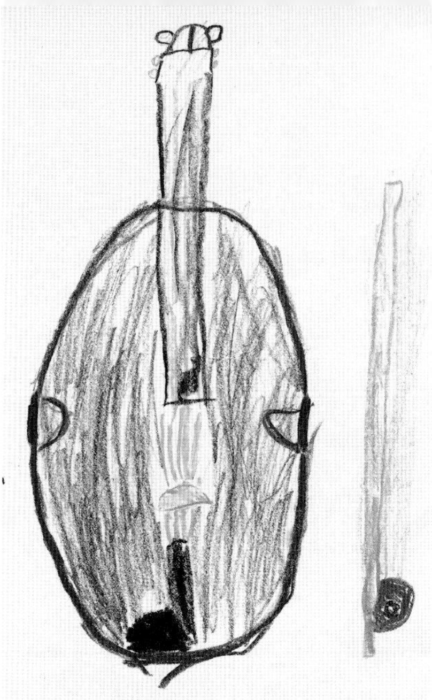

Die Kinder setzen sich im Unterricht auch zeichnerisch mit ihrem Instrument und dessen Möglichkeiten auseinander.

Nach einer Kindergärtnerinnen- und Logopädie-Ausbildung ging sie als Au-pair-Mädchen nach Paris. Die Geige konnte sie nicht mitnehmen. Von einem Nervenzusammenbruch genas sie erst, als ihr klar wurde, was ihr gefehlt hatte: Die Geige!
Später studierte sie bei Brenton J. Langbein. Bei Dorothea ging es weniger um musikalische Virtuosität als um ihre ICH-Findung; das bemerkte Langbein und unterrichtete dementsprechend. Immer klarer wurde, dass Dorothea Weber vor allem methodisch begabt war. Langsam baute sie neben ihrer Tätigkeit als Logopädin und Heilpädagogin ihren Geigenunterricht auf. Geprägt durch ihren Weg entwickelte sie ihren eigenen Unterrichtsstil. In Allschwil begann sie mit zwei Wochenstunden, langsam wurden es dann immer mehr.

Die Begegnung mit der modernen Streicher-Pädagogik, die in Lahr/Deutschland gelehrt wurde, überzeugte sie vollends und gab ihrem Unterrichtsstil eine entscheidende neue Tiefe. Die in Lahr unterrichteten Kinder spielten mit einer wundervollen Hingabe, mit einer Ernsthaftigkeit und mit grossartiger Ausdruckskraft. Genau das wollte Dorothea Weber auch vermitteln. Sie traf in ihrer Lahrer Zeit auf grossartige Kleinkinder-Musikpädagogen wie Matakas und Mantel, die sie auf ihrem Weg weiter bestärkten.

Versuch einer Methoden-Skizze

Ein erster Grundsatz für das Instrumenten-Lernen war Dorothea Weber schon früh klar: Kinder wollen nicht üben, sondern sie wollen spielen!
Sie bemerkte, zeitgleich mit ihrer Entdeckung der Anthroposophie, dass bildhafter Unterricht für die Kleinen das A und O ist. Es geht darum, die so wichtige, aber oft doch so öde Technikschulung zu «verstecken», – es galt, sie lustvoll zu beseelen.
Die tiefe Saite (G) ist als dunkler Ton die Saite, die braune Erdentöne von sich gibt. Die höchste (E) ist die Sonnensaite, auf ihr spielt man die Sonnentöne. Die D-Saite, die waagrecht gespielt wird, ist die blaue Wassersaite und die A-Saite die rote Herzsaite. Zum Spielen wird gesungen und rhythmisch gesprochen, die Texte sind frei erfunden, alles wird mit korrektem Bogenstrich begleitet. Parallel zum Musikmachen zeichnen die Kinder auch immer und arbeiten mit dem Körper. Alles wird mit Geschichten vermittelt, untermalt, umschrieben.

A
A
A
HOH
H
1
H
Hans
2
Cis
Cismeralda
Dornrösli
Esdstall

Töne sind Namen, beispielsweise ist das Cis die Cismeralda, das H ist der Hans im Glück, D das Dornrösli … Dazu gibt es Bilder von den Häusern, in denen diese Figuren leben, von der Hütte bis zum Schloss. Diese Bilder mit ihren Farben entsprechen den Notennamen, – nach diesen wird musiziert. So ist das Noten-Lernen gemütvoll und wird nicht intellektuell übergestülpt.
Erst dann kommt die schrittweise Ablösung von den Bildern hin zu den viel abstrakteren Notennamen. So wird ohne Druck, ohne falschen, vorpreschenden Ehrgeiz langsam und kontinuierlich gearbeitet. Die Kinder dürfen WERDEN, jedes kommt auf seine Weise und in seinem Tempo voran – und sie kommen voran!
Kinder sprechen auf diese Methode sehr gut an. Es sollen keine Meistergeigerinnen und -geiger produziert werden, sondern die Schüler und Schülerinnen sollen einen spielerischen, aber dennoch seriösen, tragfähigen Einstieg ins Geigenspiel erhalten. Das zu verwirklichen, dafür setzt sich Dorothea Weber mit aller Fantasie, mit allem Können ein.

Gesätes ernten

Natürlich werden die Kinder grösser, werden zu Jugendlichen. Auch diese unterrichtet Dorothea Weber mit Hingabe. Nun sind diese Jugendlichen allerdings bereits soweit geschult, dass sie technisch und musikalisch anspruchsvolle Werke spielen können. Wenn diese Stücke dann mit grossem Fleiss erarbeitet und mit grosser Hingabe und der nötigen Ernsthaftigkeit und Konzentrationskraft vorgetragen werden und die Ausdruckskraft der Geiger und Geigerinnen immer stärker wird, wird klar, dass die gute Saat aufgegangen ist und Früchte trägt.
Vorspielen soll keine nervenaufreibende Flatterveranstaltung sein. Grosse und Kleine spielen gemeinsam zu einem Thema wie zum Beispiel «Nachtmusik», «Feuerwerksmusik» oder «Der Himmel hängt voller Geigen». Auch eine «Lichterstunde» zur Weihnachtszeit bereichert das Jahr. Dabei ist das Soziale ebenso wichtig wie das Musikalische. Der Wettbewerbsgedanke wird nicht unterstützt: Jedes misst sich an sich selbst, schaut bei sich, ob es Fortschritte macht oder ob es stehengeblieben ist. So ist es auch möglich, dass eine fast gehörlose Jugendliche im Kammerorchester mitspielen kann.

Bildnachweis

Foto von Dorothea Weber zur Verfügung gestellt. Zeichnungen von Mira Elmer.

Jörg Gurtner

Ein Akkordeonzentrum im Baselbiet: Das AkkZent

Nicht einmal 150 Jahre hat das Akkordeon gebraucht, um die Welt zu erobern. Dabei hat es sich vom geschmähten Proletarier-Instrument zu einem anerkannten Konzertinstrument gemausert, für das heute eine Fülle von Solo- und Kammermusikliteratur zur Verfügung steht. Diesem «verlorenen Sohn» unter den Instrumenten ist im Jahre 2000 mit dem AkkZent in Sissach eine Art Denkmal gesetzt worden. Das AkkZent ist Informations- und Koordinationsstelle, Museum, Bibliothek, Archiv und Werkstatt in einem – eine kulturelle Stätte für das Akkordeon, die sowohl den Hochschulen wie auch der interessierten Öffentlichkeit zur Verfügung stehen soll.

Einführung

«Noch hat man nicht das Recht, die Leute zu töten, die dieses Instrument spielen, aber es ist zu hoffen, dass man es bald haben wird», sagt der Bourgeois in Honoré Daumiers Karikatur aus dem Jahre 1865. In solchen Worten drückt sich mehr aus als nur die Wut auf ein Instrument, das die Kontemplation im feinen Salon stört. Das Akkordeon, von dem hier die Rede ist, wurde Ende der 20er Jahre des 19. Jahrhunderts in Wien erfunden. Schnell verbreitete es sich zunächst in

1

ganz Europa, im Zuge der europäischen kolonialen Expansion setzte es sich dann auch weltweit durch. Sogleich wurde es in die jeweilige musikkulturelle Praxis integriert – nicht selten allerdings zum Nachteil traditioneller Instrumente und autochthoner Musizierweisen. Schon 1830 hörte man von Handorgeln in Paris, Mitte der 30er Jahre machte man in der Schweiz Bekanntschaft mit dem Akkordeon, 1836 hielt es in Thüringen Einzug, 1840 wurde im russischen Tula mit der Produktion begonnen.

Das Akkordeon war ein typisches Kind der aufkommenden Industrialisierung. Besonders auf die Unterklassen – diese waren ja vom Musikmachen nahezu ausgeschlossen – übte es einen speziellen Reiz aus, denn es vertrat ein radikaldemokratisches Anliegen: die Vision eines allgemeinen Musizierens jenseits sozialer Grenzen. So wundert es wohl niemanden, dass sich das Bürgertum angewidert abwandte, als zerlumpte Strassenmusiker und lärmende Wirtshausspieler sich seiner bemächtigten. Dies tat dem Siegeszug des Instrumentes allerdings keinen Abbruch. Unterdessen hatte es die Grenzen Europas hinter sich gelassen. Wo immer es im Gepäck europäischer Auswanderer, Missionare und Kolonialisten hinkam, wurde es von den Einheimischen aufgegriffen. Sei es bei den Cajuns in Louisiana, den Mexikanern in Texas, den Gauchos in Argentinien und Brasilien oder den Campesinos in Kolumbien – die traditionellen Klänge passten sich dem neuen Instrument an oder verschwanden zum Teil. Erst das Durcheinander im postmodernen Strudel der 1980er Jahre eröffnete dem Akkordeon neuen Spielraum. In New York nahmen sich John Zorn und Laurie Anderson – in London *Kahondo Style* und *Accordions Go Crazy* – des Instrumentes an. Die Ablehnungsfronten begannen sich aufzuweichen.

Ein Instrument des 20. Jahrhunderts

Worte des Komponisten Magnus Lindberg: «Das ausserordentlich grosse dynamische und klangliche Spektrum des Akkordeons, sein von der Beschaffenheit der Manuale herrührendes ‹virtuoses Potential›, seine harmonischen und polyphonen Möglichkeiten und die dem Bogen eines Streichinstrumentes vergleichbaren Charakteristiken der Balgführung machen es für mich zu einem enorm faszinierenden Instrument».

Eine wesentliche Voraussetzung für die veränderte Haltung von Komponisten dem Akkordeon gegenüber war eine bauliche Veränderung: das Einzeltonmanual für die linke Hand. Dieses erlaubt – im Gegensatz zum Standardbassmanual (dem akkordischen Manual) – ein tonhöhenrichtiges Spiel auch der linken Hand. Überhaupt hat das Akkordeon in den letzten 30 Jahren eine für ein junges Instrument ausserordentlich positive Entwicklung durchlaufen. Diese äussert sich in einer Fülle anspruchsvoller Solo- und Kammermusikliteratur, dem regelmässigen Auftreten bei renommierten Festivals wie zum Beispiel den *Salzburger Festspielen*. Ein lückenloses Angebot fundierten Akkordeonunterrichts von der Jugendmusikschule bis zum künstlerischen

Studium an Hochschulen ermöglicht mittlerweile einer jungen Generation von Akkordeonisten und Akkordeonistinnen eine traditionellen Instrumenten ebenbürtige Ausbildung. Seit 1995 nun hat das Akkordeon als Lehrdiplom-, wie auch Konzert- und Solistendiplominstrument an der *Musikhochschule der Stadt Basel* Einzug gehalten. Die Ausbildung im Hauptfach und in der Methodik wird dabei in Sissach durchgeführt.

Ausgangslage des AkkZent

Es gibt gesamtschweizerisch keine Informations- und Koordinationsstelle für das Instrument Akkordeon. In den letzten Jahrzehnten war das Akkordeon einem fortwährenden Wandel unterworfen. Diesen Wandel sichtbar zu machen und eine kulturelle Stätte für dieses Instrument zu schaffen, ist die Aufgabe des *AkkZent*. Das Zentrum gliedert sich in ein Museum, eine Bibliothek mit Archiv, eine Phonothek und eine Werkstatt für den Bau von Instrumenten, insbesondere die Herstellung des Balges. Das *AkkZent* besteht seit dem Jahr 2000 und soll noch weiter ausgebaut werden.

Zielsetzungen des AkkZent

Eine Zielsetzung des *AkkZent* ist das Sammeln und Erhalten von Instrumenten, von Notenmaterial und von Literatur; es soll die Funktion eines Archivs haben.
Weiter soll es die Entwicklung des Instrumentes von einst bis heute sowie die verschiedenen Spielweisen und Spieltechniken aufzeigen und den Bau von Instrumenten ermöglichen beziehungsweise illustrieren.

Des Weiteren will das *AkkZent* auch eine Stätte der Bildung, Information und Begegnung sein, die sowohl den Bedürfnissen der Schüler- und Studentenschaft und der Lehrpersonen als auch der interessierten Öffentlichkeit Rechnung trägt. Es unterstützt auch die *Musikhochschule*, indem es für das Hauptfach Akkordeon das nötige Ausbildungsmaterial zur Verfügung stellt. In seinen Räumlichkeiten finden auch Kurse und Workshops statt. Zudem sucht das *AkkZent* den Informationsaustausch mit dem *Kornhaus Burgdorf* und anderen ähnlichen Institutionen.

Museum

Auf einer Ausstellungsfläche von vorerst rund 120 Quadratmetern soll die Geschichte des Akkordeons von sei-

2

Fidel Socin

Bozen, Baujahr ca. 1864.

3
Severing Orgel
Baujahr ca. 1835. Total revidiert von Jörg Gurtner im Jahre 1982.

nen Anfängen bis in die Gegenwart rekonstruiert werden. Zu sehen sind bis jetzt 71 alte Instrumente verschiedener Bauweise und verschiedener Herkunft. Das älteste Akkordeon dürfte aus dem Jahre 1864 stammen. Das grösste Instrument ist eine *Dallapee* mit sechs Chören, Orgelpunkt, Quintmixtur und 32 Fuss-Registern im Bass wie im Diskant.

Bibliothek und Archiv

In der Bibliothek ist eine grosse Auswahl an Notenmaterial – vom pädagogischen Anfängerstück bis zum virtuosen Solokonzert – vorhanden: Stücke für Solo-, Ensemble- und Kammermusik, für Orchester, Standardbass und «Manual III», Originalkompositionen, Bearbeitungen und Lehrgänge, Volksmusik, U- und E-Musik. Des Weiteren sind Bücher und Plakate zu Bau und Geschichte des Akkordeons ausgestellt und es besteht schon eine kleine Sammlung von Fotografien, Tonaufzeichnungen und filmischen Dokumenten. Innerhalb der nächsten Jahre sollen die Werke in einem Archiv erfasst und auf dem Internet der Öffentlichkeit präsentiert werden. Auch die Vernetzung mit Partnerinstitutionen wie der *Landesphonothek* in Lugano und die Organisation eines Leihverkehrs sind in Planung.

Werkstatt

In der kompletten Werkstatt mit Werkzeug, Stimmapparat, Akkordeon-Bausatz und Bestandteilen kann einerseits gearbeitet und andererseits können dem Publikum die Entstehung eines Instrumentes und seine bautechnischen Eigenheiten gezeigt werden.
Mit Stolz darf das *AkkZent* die vollständige Einrichtung zur Herstellung eines Faltenbalges präsentieren – wohl als einziges Museum in der Schweiz.
Leider kann noch nicht alles vorhandene Material im *AkkZent* im vollen Umfang zugänglich gemacht werden. Die Ausstellungsfläche ist vorläufig noch zu klein. Das Rotationsprinzip soll eine möglichst grosse Themen- und Objektvielfalt ermöglichen. Auch ist die Besichtigung des Zentrums im Moment nur an speziellen «Tagen der

offenen Tür», die in der Tagespresse angekündigt werden, oder nach Anmeldung möglich. Das *AkkZent* ist immer noch im Aufbau begriffen und auf die Mithilfe interessierter Kreise angewiesen. Dank seiner Tätigkeit kommt aber schon jetzt eine junge Generation von Akkordeonisten und Akkordeonistinnen in den Genuss einer fundierten Ausbildung, und damit leistet das *AkkZent* einen bedeutenden Beitrag zu einer zukunftsorientierten Akkordeon- und Kulturförderung.

Anmerkungen

Adresse: AkkZent, Akkordeon-Zentrum, Jörg Gurtner, Kirchstrasse 11, 4450 Sissach.
Anmeldung: Jörg Gurtner, Neudorfstrasse 3, 5726 Unterkulm, Tel./Fax 062 776 20 86

Bildnachweis

1 Honoré Daumier: Etudes Musicales, in: Le Journal Amusant, Paris 1866.
2, 3, 8 Jörg Gurtner und AkkZent, Sissach.
4–7 Prospekt Hohner/Bugari Akkordeons.

4

5

6

7

8
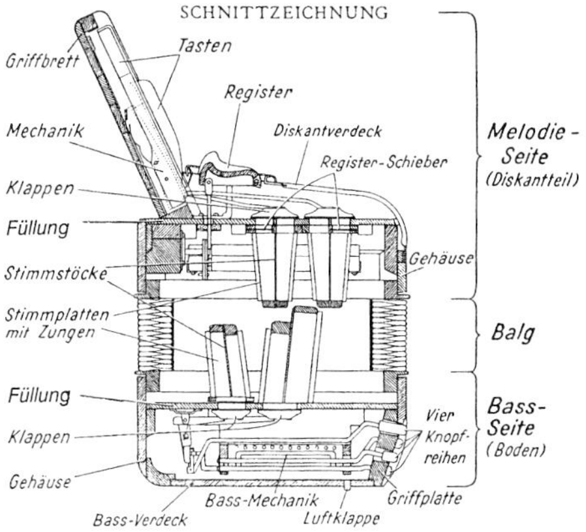

4

Das Anbringen der Hebelmechanik und der Tasten.

5

Das Justieren und Ausrichten der Diskanttastatur, zugleich die Befestigung der Klappen.

6

Das Verleimen und Abdichten der Balgkanten.

7

Stimmstock mit Stimmplatten, Stimmzungen und Tonkanzellen.

8

Querschnittzeichnung des Akkordeons mit Beschriftung der wichtigsten Bauteile.

Orchideen und Disteln

Dafür hatte er viel Sinn für Groteskes wie für die packende Wirkung der durchaus sportiv genommenen Schluss-Apotheose.

Selten war der Musiksaal so aus dem Häuschen!

… brachial wummerte der Bass.

Er erfüllte die Musik mit viriler Attacke und reichem Klang, ohne sie auf die glitzernde Aussenseite zu reduzieren.

… auch wenn diese untröstliche Musik in jeder Wohnung, in der sie erklingt, die Raumtemperatur senkt.

Er hauchte dem Stück mit seiner Hammond-Orgel die nötige Schäbigkeit ein.

… er fand im Finale zu einer faszinierenden jugendlichen Unschuld.

Beim Schlagzeug zeigen sich Elemente des instrumentalen Theaters.

… auf dem Niveau eines kompositorischen Bastelns mit käuflichen Antiksouvenirs.

Hier kippte der intellektuelle Dialog des Quartetts in blutleere Gedankenakrobatik über.

… wurde durch den Bläsersatz erschlagen.

Kritiker verweisen hartnäckig auf die hooligan-kompatible Schlichtheit des Textmaterials (Bier, Zigaretten und Mädchen).

Alby Schefer

Alfons Eschle

Geheimnis Theremin – ein Instrument «singt» ohne Berührung

In Laufen wohnt ein passionierter Tüftler, Sammler und Spieler verschiedener Instrumente, der wohl einer von sehr wenigen Schweizern ist, die ein Instrument allein durch die Bewegung ihrer Hände in der Luft spielen können. Wie der pensionierte Zahnarzt dazu kam, sich mit dem Theremin – einer lange vergessenen Erfindung eines russischen Ingenieurs aus der Zeit der bolschewistischen Revolution – zu beschäftigen, schildert er im nachfolgenden Beitrag.

Nach der üblichen herzlichen Begrüssung brannte es der Gastgeberin im solothurnischen Schwarzbubenland auf der Zunge: «Wisst ihr, was ein ‹Theremin› ist?» – «Wie bitte?» – «Theremin!» – «Nein, nie gehört.» – Wanda strahlte: «Herrlich, der Abend ist gerettet!»

Mit Spannung erwarteten wir das Ende des festlichen Mahls. Wanda bat uns vor den Fernseher. Jetzt wurde es noch spannender: bestimmt hatte es etwas mit dem Hobby der Gastgeberin zu tun, der Porzellanmalerei. Umso erstaunter waren wir, als uns aus dem Fernseher sphärische Klänge entgegen klangen, welche mit einem sichtlich konzentrierten «Zauberer» in dunklem Anzug im Zusammenhang zu stehen schienen. Er wollte uns offenbar vormachen, er beschwöre eine Kiste und zaubere die wundersamen Töne aus ihr heraus. Wir machten uns auf einen Abend voller Magie und Zaubertricks gefasst. Der alte Schwarzweissfilm liess uns vermuten, dass die Tricks wahrscheinlich nicht den heutigen technischen Möglichkeiten entsprechen würden.

Unsere Augen wurden jedoch zusehends grösser. Der Mann auf dem Bildschirm zauberte tatsächlich Töne aus einer Kiste, ohne diese irgendwie zu berühren. Daneben sah man einen Pianisten, welcher den «Solisten» einfühlsam begleitete. Das schien also ernst gemeint zu sein, jedoch waren wir überzeugt, dass es so etwas gar nicht geben konnte.

Unsere Ungläubigkeit blieb der siegesbewussten Gastgeberin nicht verborgen. Sie belehrte uns, dass der Zusammenhang zwischen dem vermeintlichen Zauberer und den seltsamen Klängen auf Tatsachen beruhe: «Der spielt wirklich in der Luft!» Unser Staunen nahm kein Ende.

1
Heute zaubert er selbst Töne aus der «Kiste» hervor: der Autor vor seinem Etherwave-Theremin.

Es handelte sich um den biographischen Film über einen ausserordentlichen Erfinder namens Lev Sergejewitsch Termen, einen russischen Physiker, welcher aus einer hugenottischen Adelsfamilie namens Theremin stammte. Der Film trug den Namen «Theremin – An Electronic Odyssee». Ein Film über einen genialen Menschen und seine Erfindungen. Es musste also stimmen: Da «wedelt» jemand konzentriert in der Luft herum, und es entstehen wunderschöne Melodien, genau nach Partitur.

Lev Termen – der Zauberer

Die Erfindung aus dem Jahre 1919 beruhte, wie so oft, auf einer zufälligen Entdeckung. Lev Termen war von Berufs wegen mit der damals jungen Radiotechnik beschäftigt, als er (zunächst lästigen) Pfeiftönen auf die Spur kommen wollte, die durch die Bewegung seines Körpers vor dem Radio zustande kamen. Als Cellist wiederum interessierte ihn alles, was auch nur entfernt mit Musik zu tun hatte. Der Entschluss war bald gefasst: daraus mache ich ein Musikinstrument. Ein Musikinstrument, wie es noch keines gibt. Es wird allerhöchste Töne von sich geben und ebenso allertiefste. Der Cellist träumte davon, den Bogenstrich nie mehr wechseln zu müssen, singen zu können, ohne Atem zu holen.
Der 1896 in St. Petersburg geborene Erfinder hatte bereits Erfahrung mit Erfindungen: Alarmanlagen, Rhythmusmaschinen, das Stroboskop und vieles mehr geht auf ihn zurück. In seinem selbst gegründeten physikalisch-technischen Institut mangelte es

nicht an Einrichtungen. Es mangelte aber auch nicht an so genannten «interessierten Kreisen», welche den stupenden Erfindergeist nur allzu gerne für ihre Zwecke einspannen wollten. So interessierte sich Lenin im Jahre 1922 intensiv für das «Termenvox», wie das Theremin damals genannt wurde. Über die Präsentation schrieb Lev Termen:
«Wir stellten das elektronische Musikinstrument und ein Klavier in Wladimir Iljitschs Arbeitszimmer. Ich spielte die ‹Etüde› von Skrjabin, den ‹Schwan› von Saint-Saëns und die ‹Lerche› von Glinka. Begleitet wurde ich von der Privatsekretärin W. I. Lenins, Lydia Alexandrowa Fotijewa. Dann spielte Lenin auf dem Termenvox die Melodie der ‹Lerche› selbst. Nachdem er unter stürmischem Applaus geendet hatte, wandte er sich an die Anwesenden: ‹Ich sage doch, dass die Elektrizität Wunder vollbringen kann. Ich freue mich, dass gerade bei uns ein solches elektrisches Instrument geschaffen wurde.› Auf seine Anordnung hin gab man mir eine Jahreskarte für die Eisenbahn, damit ich das neue Musikinstrument im ganzen Land vorführen konnte. Ich habe damals rund 180 Vorträge gehalten.»
Lev Termen wurde sodann nach Amerika geschickt, um dort die Überlegenheit der russischen Technologie zu demonstrieren. Mit grösstem Erfolg: Die Instrumente wurden hundertfach nachgebaut – es gab ganze Orchester bestehend aus lauter «Theremins». Die Instrumente mutierten zum Teil zur Form eines Cellos mit einem «Griffbrett», bestimmt eine willkommene Spielhilfe. Der Verzicht auf Berührung war demnach für den Physiker nicht vordringlichstes Merkmal seines Instrumentes.

2
Das hier vom «Meister» selbst vorgeführte Theremin in Cello-Form mit Griffbrett vermochte sich nicht durchzusetzen.

Leon Theremin in den Vereinigten Staaten von Amerika

Seine sensationellen Konzerte in der *Carnegie Hall* waren ein Hit. Neben dem Theremin entwickelte Termen weitere unglaubliche Erfindungen, unter anderen eine Alarmanlage gegen Kindesraub oder eine Farbfernsehanlage (im Jahre 1928!), mit welcher er von der höher gelegenen

3

Clara Rockmore, die bis heute bekannteste Virtuosin auf dem Theremin.

Etage seines Labors in Manhattan aus den unteren Raum überwachen konnte.

Unter seinen Schülerinnen und Schülern stach vor allem Clara Rockmore hervor. Sie verstarb 1998. Glücklicherweise hinterliess sie Tonaufnahmen (1987 aufgenommen), welche als CD im Handel erhältlich sind. Hier wird eindrücklich demonstriert, was eine Virtuosin aus dem seltsamen Instrument herausholen kann.

Mit einer unglaublichen Reinheit des Tons spielte diese Frau recht anspruchsvolle klassische Cello- und Violinstücke, indem sie die Hände zwischen zwei unscheinbaren Antennen derart bewegte, dass jene Klänge aus einem Lautsprecher ertönten, welche einer Frauenstimme oder je nach Tonhöhe einem Streichinstrument oder einer singenden Säge ähneln.

Theremin baute seine Erfindung noch aus. Er entwickelte eine Plattform, auf der man tanzend Klänge erzeugen konnte – verheiratete sich in der Folge mit einer Tänzerin und akklimatisierte sich in Amerika auch sonst recht gut, was offenbar der Regierung in seinem Heimatland nicht passte: Theremin wurde 1938 von den Sowjets gekidnappt und sieben lange Jahre in einem Straflager «umgeschult», worauf er im Auftrag der Regierung die berüchtigten Abhörwanzen und andere Abhörgeräte zu entwickeln begann. Es mag erstaunen, dass in keinem Lexikon der Name Theremin auftaucht – die Sowjets gaben als offizielles Todesjahr 1938 an. Das weitere Leben des Erfinders Theremin musste ein Geheimnis bleiben.

Und wie geheim ist nun das Theremin?

Wir wollten es genauer wissen: Als wir in der späten Herbstnacht nach Hause kamen, wurde als Erstes das grosse Lexikon konsultiert. Die Suche nach «Theremin» in allen möglichen Schreibarten blieb jedoch erfolglos. Also ab ins Internet, welches uns das Staunen ein zweites Mal beibrachte: 30 Internetseiten wurden angeboten, welche sich mit dem Instrument und seinem Erfinder befassten. Das war

1997. Drei Jahre später sind es bereits um die 53 000! Dies zeigt eindrücklich, dass das merkwürdige Musikinstrument offenbar eine Renaissance erlebt.

Auf welchem Geheimnis beruht nun die Funktionsweise des Theremins?

Das Prinzip ist schnell erklärt, für Laien jedoch nicht leicht zu verstehen: Der Ton aus dem Lautsprecher entsteht durch das als Schwebungssummer bekannte Prinzip der Überlagerung zweier hochfrequenten Schwingungen.

Was passiert nun, wenn der Instrumentalist vor dem «Kasten» sitzend oder stehend seine Hände bewegt? Links und rechts sind am Gerät zwei Antennen angebracht. Die rechte Antenne ist für die Tonhöhe verantwortlich, die linke für die Lautstärke. Mit der Annäherung der Hand oder eines andern Gegenstandes an eine Antenne wird ein Hochfrequenzgenerator beeinflusst, ein Phänomen, das jeder von uns auch heute noch bei kleinen Taschenradios feststellen kann. Wenn wir uns davor verschieben, wird die Sendung leiser oder wird von einem Rauschen überlagert, weil unser Körper die Abstimmung zwischen Sende- und Empfangsfrequenz durcheinander bringt. Im Gerät drin befindet sich ein zweiter Hochfrequenzkreis, dessen Frequenz aber konstant bleibt. Vergleicht jetzt die Elektronik im Inneren des Gerätes die beiden hohen Frequenzen, errechnet sie die Differenz zwischen den beiden. Diese Differenz ist die gewünschte Niederfrequenz, welche im Falle der rechten Antenne über den Verstärker und den Lautsprecher hörbar gemacht wird.

In Zahlen sieht die «Rechnung» so aus: Die Frequenz des veränderbaren

4

Ob es auch an unseren Musikschulen einmal Thereminstunden geben wird? Hier Lev Termen und die neunjährige Lydia Kavina, im Jahre 1976.

Oszillators beträgt etwa 257 bis 260 kHz, jene des konstanten 260 kHz. Die Differenz zwischen den beiden Frequenzen schwankt demnach zwischen 0 und 3 kHz, das sind also vor allem Frequenzen im hörbaren Bereich.

Für die Lautstärke, respektive die Dynamik, wird über eine horizontal angelegte linke Antenne nach dem gleichen Prinzip verfahren. Auch hier entsteht eine Differenzfrequenz, welche aber nicht als Audiofrequenz weiterverarbeitet wird, sondern gleichgerichtet und als so genannte Gitterspannung den Verstärker selbst, respektive dessen Lautstärke, kontrolliert.

Das Theremin in der Zeit der Keyboards?

Diese Frage nach der Zweckmässigkeit eines Pionierinstrumentes im 21. Jahrhundert ist berechtigt, sind doch heute – quasi als Nachkommen des Theremins – viel raffiniertere Synthesizer auf dem Markt. Das elektronische Grundprinzip des Theremins aber hat sich bis heute bewährt: auch heute noch funktionieren Tongeneratoren anhand des Überlagerungsprinzips.

Jedoch bleibt das Theremin das weltweit einzige Musikinstrument, welches ohne jegliche Berührung funktioniert. Und diese Eigenschaft macht die Apparatur zu einem sehr anspruchsvollen, ernst zu nehmenden Musikinstrument.

Unser Erlebnis im Schwarzbubenland hat sozusagen seine Früchte getragen. Als Künder vergangener Zeiten steht ein Theremin neuerer Bauart nun in der guten Stube und erfreut sich reger Bedienung. Es ist ein unvorstellbares Vergnügen, mit den Händen in der Luft zu singen – und dies mühelos über vier Oktaven. Es braucht allerdings – wie bei jedem Musikinstrument – einige Übung, bis das Ohr die Handbewegungen automatisch korrigiert, wie wir es vom Singen her gewohnt sind. Anstelle der Stimmbänder werden ganz einfach die Hände vom Ohr kontrolliert.

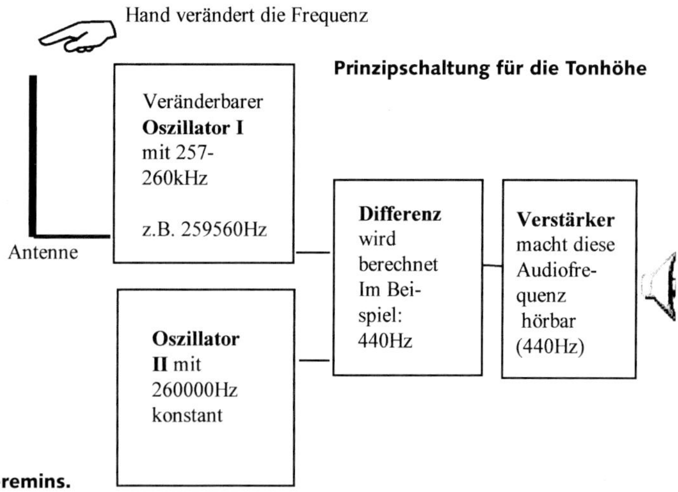

5

Die Funktionsweise des Theremins.

6

Die vermutlich letzte Fotografie von Leon Theremin aus dem September 1993. Am 3. November desselben Jahres ist er verstorben.

Äusserlich hat sich vieles geändert. Anstelle der Radioröhren, mit welchen damals die Oszillatoren konstruiert wurden, werden heute Transistoren, respektive integrierte Schaltkreise, verwendet, so dass die Ausmasse des Instrumentes heute sehr viel kleiner sind. Nur die Antennen haben aus praktischen Gründen ihre Form behalten. Bei verkleinerten «Taschenausgaben» sind aber auch diese miniaturisiert. Fabriziert werden die heute bekanntesten Marken-Instrumente in den USA. Die Kosten pro Instrument halten sich in Grenzen – Bausätze in verschiedensten Varianten können für eine Summe von 7 bis 200 US-Dollar pro Stück erworben werden.
Wer weiss, ob die Musikschulen der Nordwestschweiz nicht bald Thereminkurse anbieten?

Literatur

Albert Glinsky: Theremin – Ether Music and Espionage, University of Illinois Press, 2000.

Bildnachweis

1 Alfons Eschle, Laufen.
2 Aus: Glinsky, 214. Bild ursprünglich aus: Popular Science Monthly, 1932.
3 Aus: Glinsky, 216. Bild ursprünglich aus: Clara Rockmore Archive, International Piano Archives of Maryland, University of Maryland, College Park.
4 Aus: Glinsky, 285. Bild ursprünglich von Lydia Kavina zur Verfügung gestellt.
6 Aus: Glinsky, 274. Bild ursprünglich von Lydia Kavina zur Verfügung gestellt.

Komponieren

Komponistinnen und Komponisten aus dem Baselbiet reflektieren über ihre Arbeit

Christian Fluri

Komponistinnen und Komponisten aus dem Baselbiet reflektieren über ihre Arbeit

Vom Briefe-Schreiben zum Klang-Erfinden

Am Rande der Stadt Basel, des kulturellen Zentrums der trinationalen Region, in den zu Baselland gehörenden Agglomerationsgemeinden leben und arbeiten einige der wichtigen Komponisten der Region. Sie befruchten mit ihren Werken das Basler Musikleben und gehören der Basler Ortsgruppe der Internationalen Gesellschaft für Neue Musik, IGNM an. Doch nicht allein im Bereich der Neuen Musik, im Jazz, sowie in der Pop-, Rock- und Ländlermusik weist der Landkanton ein beträchtliches schöpferisches Potential auf. An dieser Stelle äussern sich elf Komponistinnen und Komponisten, die in ihrer künstlerischen Arbeit eigene, oft neue Wege beschreiten, zu ihrer schöpferischen Tätigkeit.

«Eine musikalische Vision realisieren», bedeutet für Heidi Baader-Nobs der Akt des Komponierens. Hans Wüthrich spricht von «Grenzen ausreizen, überschreiten. Spannendes, Neues schaffen, das bisher noch nirgends existiert hat und das – im Idealfall – die Wahrnehmung erweitert, vertieft, hinterfragt. Neue Perspektiven, neue innere Räume und Gestalten entdecken, Gebilde hervorbringen, die geistig herausfordern.»
Jazzer George Gruntz spricht schlicht von «Erfinden» und fügt an: «Der Kreativitäts-Imperativ des Jazz fordert die Erfindung.» Das gelte im Jazz sowohl für die schriftlich fixierte Komposition als auch für die Improvisation. So beschreibt jeder der drei Komponisten den Vorgang, ein Musikstück zu schaffen, anders. Dennoch gibt es einen gemeinsamen Nenner: Sie wollen mit ihrer Kunst etwas realisieren, was so bis anhin noch nicht existiert hat. Innovation ist ein Ziel ihrer künstlerischen Arbeit. Das gilt ebenso für viele ihrer Kollegen.

Der Blick auf die eigene künstlerische Arbeit

Daniel Ott – auch er einer, der erklärtermassen die Innovation anstrebt – bringt eine politische Dimension mit in die Produktion von Kunst: Er spricht vom Komponieren als einem «Sich-in-

Beziehung-Setzen zur ‹Welt›, zur (sozialen und politischen) Umwelt». Komponieren heisst für Ott zudem «Kommunizieren» – sich in Beziehung setzen zu den Interpreten, zum Ort und zum Raum, wo die Musik gespielt wird, zur Tradition, zu anderen Kunstsparten oder zum Alltag.
Roland Moser definiert seine Arbeit mehr über formale Aspekte: «Komponieren heisst für mich, so nah wie möglich an musikalische Phänomene herankommen, indem ich mit ihnen spiele, baue.» Und Robert Suter definiert: «Tonmaterialien (was immer man darin auch einbeziehen mag) so zusammensetzen, dass daraus ein als Musik bezeichenbarer Sinn entsteht.»
Für Kaspar Ewald gehört das Komponieren schlicht zum Leben: «Komponieren ist mein Beruf – eine Passion, die mich zwingt, mich permanent mit meinen Sehnsüchten zu befassen.» Seine Arbeit bestehe darin, sich täglich aufs Neue eine klare Sicht auf seine musikalischen Wünsche zu verschaffen und sie dann ausführbar, «konzentrierbar» zu machen. Dabei denke er stets an die Ausführenden, die Instrumentalisten und Sänger.
Auch George Gruntz geht es um Kommunikation. Hier spielt die für ihn wichtige Jazztradition mit hinein. Er betont als Jazzer ebenso die Interaktion zwischen Musikern: «Alle Jazzkomponisten schreiben hauptsächlich für ihr Umfeld. Das heisst: Ich erfinde Räume, in denen meine improvisierenden Kollegen – und natürlich ich selbst als Interpret – sich inspiriert und gefordert fühlen.»
Für Gerald Bennett, der – wie Hans Wüthrich und Kaspar Ewald – an der *Fachhochschule für Musik und Theater* in Zürich/Winterthur lehrt – ist Komponieren zwar nicht Alltag, aber konstitutiver Teil seines Musiker-Lebens: «Die wichtigste Möglichkeit, Musik zu machen».
Der Lehrer und Rockmusiker Urs Rudin komponiert, indem er mit bekanntem Material arbeitet. Er sucht nicht die Innovation, sondern will eine Musik schreiben, die gefällt und vom Publikum gleich nachvollzogen werden kann. Dabei trägt Rudin, der dem Rock, dem Soul und dem Blues verhaftet ist, den Rucksack der klassischen Ausbildung mit sich und setzt klassisches Musik-Material auch gern ein.
Im Komponier-Verständnis nahe stehen sich die Liedermacherin Bettina Schelker und der Ländlermusiker Urs Mangold: Schelker verarbeitet persönliche Erlebnisse und Eindrücke in Musik. Mangold ebenso. Komponieren heisst für ihn, «einen Brief in Noten schreiben». Der Meister auf dem «Schwyzerörgeli», der für den Unterricht zu komponieren begann, weil es an Übungsstücken fehlte, geht in seinen konzertanten Ländlern aber über das Briefe-Schreiben hinaus, versucht hier zu überraschen, der Ländlermusik neue Tore zu öffnen.

Elf Komponistinnen und Komponisten

Was heisst heute, Töne zu einem Stück Musik zusammenzusetzen, Musik zu kreieren? Dies wollte ich von elf Komponistinnen und Komponisten aus dem Baselbiet wissen – quer durch die musikalischen Gattungen. Und ich wollte von ihnen erfahren, was an Intention, an Emotionen, an Gedankengebilden, an Botschaften im Endprodukt «Komposition» steckt. Die elf Komponistinnen und Komponisten haben weit über die Region hinaus Anerkennung erhalten.[1] Ihre Reflexionen über die eigene Arbeit ergeben ein vielfältiges Bild des Komponierens im Baselbiet.

Heidi Baader-Nobs, Gerald Bennett, Roland Moser, Daniel Ott, Robert Suter und Hans Wüthrich stehen in der Tradition europäischer Kunstmusik und gehören mit zu den wegweisenden Komponisten der Region Basel. Sie bewegen sich weitgehend in den Gefilden freitonaler oder atonaler Musik und erkunden noch nicht vermessene musikalische Felder. Hans Wüthrich und Daniel Ott suchen zudem nach neuen Formen des Musiktheaters. Gerald Bennett, der zwischen 1976 und 1980 am *Institut de Recherche et Coordination Acoustique/Musique* eine Forschungsabteilung geleitet hat, beschäftigt sich seit Jahren intensiv mit elektro-akustischer Musik.

Kaspar Ewald ist ein Grenzgänger zwischen Neuer Musik und Jazz, zwischen europäischen und afroamerikanischen Traditionen. Er bringt eine komplexe, sich überlagernde Rhythmik in die Musik, sucht hier nach neuen Möglichkeiten. Der Pianist und Bandleader George Gruntz gehört zu den internationalen Grössen des Jazz und hat verschiedene Stilentwicklungen vom Hard Bop über den Free Jazz

1

Hans Wüthrich, 1937 in Aeschi bei Bern geboren, wohnt heute in Arlesheim. Neben Kompositionsstudium Promovierung in Germanistik, Philosophie und Musikwissenschaft. War Lehrbeauftragter für Linguistik an den Universitäten Basel und Zürich. Seit 1985 Dozent an der Musikhochschule Zürich/Winterthur. Unterschiedliche musiktheatralische Projekte, unter anderen «Genossin Caecilia» (1978, mit einer Drogensüchtigen erarbeitet), «Procuste deux étoiles» (1980/81) und «Happy Hour». Des weiteren Projekte für Orchester «netzwerke I und II», auch Kammer- und Chormusik, so «Glühende Übergänge in Rot, Orange und leuchtendem Blau» für Chor. Erhielt 1991 den Anerkennungspreis des Kantons Basel-Landschaft.

bis hin zum Funk mitgetragen. Er macht immer wieder mit neuen, spannenden Projekten auf sich aufmerksam – in jüngster Vergangenheit waren es mehrere Big-Band-Projekte. Bettina Schelker ist eine eigenständige Liedermacherin. Lange als Mundart-Ikone gehandelt, singt sie nun auf der Suche nach – für sie – neuen Ausdrucksmitteln auch auf Hochdeutsch und in anderen Sprachen. Keyboarder Urs Rudin leitete bis Mitte der 90er Jahre die Baselbieter Rockband *Baby's First Teddybear* und schrieb 1999 zur 750-Jahr-Feier Frenkendorfs als Festspiel die sinfonische Rockdichtung «Schauerburger». Der Klarinettist, «Schwyzerörgeli»-Spieler und Kontrabassist Urs Mangold – auch er Lehrer – ist Ländlermusiker und hat die Moll-Tonart in den Ländler eingeführt.

2

Gerald Bennett, 1942 in Engledwood, New Jersey (USA) geboren, wohnt heute in Muttenz. Seit 1964 in Basel, 1976 bis 1980 am Institut de Recherche et Coordination Acoustique/Musique (IRCAM) in Paris. Heute Dozent an der Musikhochschule Zürich/ Winterthur. Bennett arbeitet vorwiegend mit Elektronik. Einige Werke: «Textures of time» für Blockflöten-Trio (2000), «Vêpres Vénitiennes» für Tonband allein (1999), «Im Eismeer» ein Schumann-Stück für Tonband (1997), «YUME» für fünf Shakuhachi (1997), «Sestina» für zwölf Stimmen a capella (1996).

Material-Zusammensetzung und Suche nach Neuem

Das Un-Erhörte schaffen, die stete Entwicklung, das Vorantreiben der Form sind Grundsätze einer Position der Moderne. Dazu gehört auch das Bestreben, hinter die sich stets verändernden Wirklichkeiten zu sehen, deren Oberflächen aufzubrechen und ihr Inneres sichtbar, hörbar zu machen.

Das Wissen um die Vielschichtigkeit und Widersprüchlichkeit des Lebens sowie die komplexen Wirklichkeiten einer hochtechnisierten Gesellschaft forderten eine entsprechende künstlerische Ausdrucksweise. Zudem ist stete Weiterentwicklung der Kunstproduktion selbst immanent. Nach dem Zweiten Weltkrieg entwickelte sich in der Nachfolge Arnold Schönbergs und vor allem Anton Weberns die serielle Technik als Stil – neben der «musique concrète» und der von John Cage initiierten Aleatorik.[2]

Grosse Komponisten wie Luigi Nono, Giörgy Ligeti, Mauricio Kagel, John Cage und andere gingen dennoch ihre eigenen Wege. Die dogmatisch gesetzte Serialität erwies sich auch ein-

3

Urs Rudin, wohnt in Hölstein, ist Lehrer in Frenkendorf, studierte Klavier, war Keyboarder in der Baselbieter Rockband Baby's First Teddybear (Mitte der 80er bis Mitte der 90er Jahre), schrieb zum 750-Jahr-Jubiläum von Frenkendorf das Festspiel «Schauerburger», eine sinfonische Rockdichtung, komponiert heute vor allem im Auftrag: für Variétés etc.

mal als ausgereizt. Die Postmoderne behauptete in den 80er Jahren, dass es nach der Moderne nichts Neues mehr zu erfinden gebe, dass Neues allein durch die Kombination bestehender Formen zu schaffen sei. Das erwies sich als Gratwanderung. Sie endete oft genug mit dem Sturz in alte tonale Strukturen oder in die Beliebigkeit, brachte aber auch spannende Ergebnisse hervor.

Radikal von der Moderne her denkt Daniel Ott: «Die Suche nach dem Andern, dem Un-Denkbaren» gehört für ihn zum Komponieren. Neue Aufführungsformen, die sich zur Klanginstallation hin entwickelt haben, beschäftigen ihn. Für dieses neue (Klang-) Material sucht er jeweils eine geeignete neue musikalische Grammatik. Auch Bennett versteht Komponieren als eine Suche nach neuen Formen. Dies schon deshalb, «weil es keine überlieferten gültigen mehr gibt». Jedem seiner Stücke gibt er eine andere formale Gestalt. Die sich stetig verändernden Materialien der elektronischen und elektro-akustischen Musik bedingen dies mit. Das heisst nun nicht, dass er immer neue musikalische Grammatiken entwirft: «Ich fühle mich als Teil einer komponierenden Gemeinschaft und arbeite auch mit bereits bestehenden Grammatiken.» Das formal Neue besteht für ihn im Schaffen von musikalischen Zusammenhängen, wie sie bisher noch nie so hergestellt worden sind. Eine Beschränkung erfahren die Erfindungsmöglichkeiten in der Musik durch die Dimension der Zeit: «Jedes Stück ist einmal zu Ende», darüber hinaus finde keine Entwicklung statt.

«Das Neue ergibt sich aus der Entdeckerfreude»

Heidi Baader-Nobs sieht es als selbstverständlich an, dass ein Komponist alle Grammatiken kennt und mit ihnen auch arbeitet: «Ich verwende manchmal bestehende, aber eben auf eine eigene Weise.» So ergebe sich in der inneren Gestalt eines Werkes die formale Entwicklung; sie sei nicht das Resultat einer Suche. In der Gesamtform aber sucht Heidi Baader bewusst, Neues zu kreieren; sie, die die Grundstruktur teils auf mathematischen Kurven aufbaut und stets mehrere verdichtete Schichten übereinander legt.

Für Hans Wüthrich sind neue Formen die Konsequenz «einer Art Entdeckerfreude». Setzt er sich «intensiv und gleichzeitig spielerisch» mit einem Thema, einem Phänomen auseinander, das seine Neugier geweckt hat, «können – als folgerichtiges Resultat – neue Formen entstehen». Dabei arbeitet er jeweils «mit einer neuen, jedenfalls neu ausgerichteten, zumindest modifizierten Grammatik». Danach verlange jede neue Idee.

Bei Robert Suter bestimmt die Idee, bestimmt der Auftrag, ob er in einer Komposition neue Formen entwickelt oder auf bestehenden aufbaut. Er betont aber, dass man ohnehin nie zwei Mal das gleiche Stück schreibe. Er stellt generell das erfinderische Gestaltungsvermögen über die Bedeutung irgendeiner Grammatik.

Nicht gezielt nach neuen Formen streben Roland Moser und Kaspar Ewald, sie schaffen das Überraschende, das aufhorchen lässt, aus dem Spiel mit Gegebenem. Moser versucht, «scheinbar Selbstverständliches aus dem Gewohnheitsmässigen zu lösen, es neu zu sehen, frisch zu hören und dann andere Konsequenzen als die eingeübten daraus zu ziehen.» Ausgangspunkt für eine Komposition ist eine Idee, häufiger noch sind es «die Widersprüche zwischen zwei oder mehr Ideen», nie aber eine Grammatik. Es existiere auch keine verbindliche, dafür gebe es «Grunderfahrungen, zum Beispiel aus Körper und Sprache im Bereich des Rhythmus.»

4

Daniel Ott, 1960 geboren, stammt aus Liestal, lebt heute in Berlin. Pianist und Komponist. «Kurator Klang» im Schweizer Pavillon der Expo 2000 in Hannover. Interessiert an musiktheatralischen Projekten, auch an Projekten in der Landschaft. Einge Werke: «Klangkörperklang», Raummusik zur Architektur von Peter Zumthor (Expo 2000), «Ojota IV», Musiktheater für sieben Sängerinnen, zwei Schauspieler und vier agierende Musiker mit Texten aus «Gehen» von Thomas Bernhard (2000), «22/3», Raumkomposition für zwei Saxophone, drei Gitarren, zwei Kontrabässe und vier Schlagzeuger (1999).

Kaspar Ewald liebt generell das Spiel mit Formen – ob mit neuen oder mit bekannten. Er greift auch gern auf den grammatikalischen Kanon der Jazztradition zurück, entwickelt ihn jedoch weiter, bringt sich aber auch absichtlich in musikalische Situationen, «die es mir verbieten, auf den Jazz zu bauen». So zwingt er sich, «zu neuen Ufern zu gelangen».
Ganz zurückgekehrt zu Grammatiken, die auf die europäische Notenschrift bauen, ist George Gruntz. Was sich nicht damit ausdrücken lässt, sieht er heute «nahe beim ‹Chabis›». Dies, nachdem er früher oft eigene Notier-Methoden entwickelt hatte. Die neue Form, die für ihn zum Komponieren gehört, entwickelt auch er aus der Kombination, aus frappierenden Verknüpfungen von zum Beispiel Bebop-Patterns mit Rockelementen, Freejazz-Sequenzen und auch anderen Musiken.

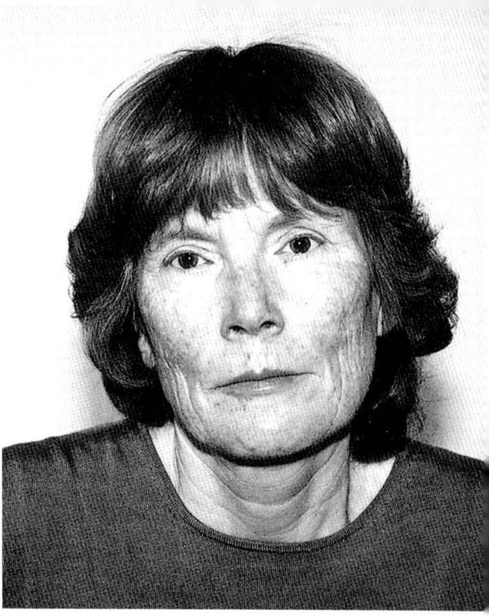

5

Heidi Baader-Nobs, geboren 1940 in Delémont, lebt in Allschwil. Zuerst serielle Kompositionen. Ab 1976 sind diese immer mehr durch graphische Formen bestimmt. Die neuesten Werke: «Quatuor à cordes II» (1999), «Fluctuation pour piano» (1998), «Duo für Hansheinz» (1996), «Spires pour violon seul» (1993), «Bifurcation pour tuba et piano» (1991).

Arbeit mit gegebenen Mustern und deren Weiterentwicklung

Bettina Schelker arbeitet oft mit «gängigen Songmustern» der Popmusik. In ihren Liedern steht der Text im Vordergrund, hier strebt sie nach neuen Ausdrucksmöglichkeiten und beackert dabei Felder, die ihr selbst noch unbekannt sind.
Urs Rudin will schlicht schöne Musik schreiben, die gefällt, die die Leute mitreisst. Er liebt Ohrwürmer, nutzt bestehende Grammatiken «in ziemlich konservativer Art». «Wenn man Mozart-Fan ist, macht man kaum innovative Musik.» Auch in der Popmusik zieht er das Konventionelle vor.
Ländlermusiker Urs Mangold sucht in den melodischen, harmonischen Wegen nach überraschenden Wendungen. In der Ländlermusik sei Entwicklung nur in einem engen Bereich möglich, die grossen Formen wie Walzer, Marsch, Polka et cetera sind vorgegeben. Auch die Grammatik ist fest. Dennoch geht Mangold gern über den Standardsatz hinaus, bringt eine auch dem Jazz entlehnte Interpunktion mit hinein.

Eine eigene Handschrift?

Mit dem Ende der seriellen Musik setzte sich weitgehend die These durch, dass es – in allen Musikarten – keine übergeordneten Stile mehr gebe, sondern nur noch Personalstile. Heidi Baader-Nobs bestreitet dies, und auch Roland Moser ist sich dessen nicht ganz so sicher: Dies müsse eine spätere Generation beurteilen.

Was ist dann aber ein Personalstil, eine persönliche Handschrift? Gibt es so etwas überhaupt? Oder sind die vielfältigen Stile nebeneinander doch überindividueller Art? Jeder, der im schöpferischen Bereich versuche, sich selbstständig zu betätigen, habe «eine mehr oder weniger persönliche Handschrift», ist Robert Suter überzeugt. Heidi Baader sieht es ähnlich, ebenso Daniel Ott: «So, wie ich Beziehungen zwischen Informationen, Inspirationen, technischen und örtlichen Vorgaben herstelle, würde kein anderer diese Dinge zusammenbringen.» Bettina Schelker sieht ihre Handschrift im stimmlichen Ausdruck, Urs Rudin im Mix von klassischen Harmoniefolgen sowie Melodiebildungen und konventionellen Rockstrukturen.

Gerald Bennett vergleicht die persönliche Handschrift mit der stets eigenen Art, wie sich ein Mensch zum Beispiel bewegt. Doch wendet er ein: «Wodurch die Handschrift zu charakterisieren ist, das weiss ich – gerade wenn es ums eigene Werk geht – nicht.»

Auch Moser ist überzeugt, dass nur Aussenstehende die Existenz einer persönlichen Handschrift feststellen können, und wendet ein: «Wenn Künstler sich um ihren persönlichen Stil kümmern, sind sie normalerweise schon dabei, sich selbst zu kopieren.» So mag es Moser auch nicht, auf eine Handschrift festgelegt zu werden. Kaspar Ewald sagt: Viel schlechte Musik entstehe, weil Komponisten krampfhaft nach Originalität und Eigenheit suchten, «die Handschrift entsteht von selbst, falls ein Mensch Stil hat».

6

Bettina Schelker, 28 Jahre alt, wohnt in Reinach, hat als Strassenmusikerin begonnen, machte sich als Singer/Songwriterin einen Namen, hat bei der Firma Polydor 1997 ein Album mit ihrer damaligen Band Polschtergruppe veröffentlicht. Im gleichen Jahr erschien «Prince des Neiges», ihr gross orchestrierter Song für das erste «Jugendkulturfestival» in Basel. Hat das eigene Label foundagirl gegründet. Seit 1999 konstante Triobesetzung. Ihre letzten CDs «Durst» (1999) und «Klischee» (2001).

7

Kaspar Ewald, geboren 1969 in Arboldswil, wohnt in Basel. War 1997 erster Stipendiat der Stiftung Christoph Delz. Versucht die Neue Musik mit der Rhythmik des Jazz zu verbinden. Einige Werke: «Wolken», für Chor und Ensemble, Musik für Rhythmsection, Sängerin und elf Bläser, «Grosse Nachtmusik» für Orchester (alle 2001), «Tarabangenspiel» für Quartett (2000), das Musical «Brambilla» (1997 bis 1999).

Wüthrich glaubt schon gar nicht an die Bedeutung einer eigenen Handschrift: «Erfindung und Bildidee haben Priorität vor der künstlerischen Handschrift», zitiert er den Ausstellungsmacher Harald Szeemann. Für Wüthrich steht – wie für die Komponisten John Cage oder Dieter Schnebel – die «zündende, innovative Idee» im Vordergrund.

Für viele ein «Klima der Offenheit»

Die elf Komponistinnen und Komponisten, die im Kanton Basel-Landschaft leben oder aus dem Baselbiet stammen, gewichten den Einfluss ihrer näheren Umgebung auf ihre Kunstproduktion unterschiedlich. Roland Moser aus Allschwil ist überzeugt, dass eine «Wirkung meiner Umgebung auf meine Arbeit» vorhanden sei, er sei sich ihrer aber nicht bewusst.

Eine Bedeutung für den Wohnsitz gerade der Komponisten der Neuen Musik hat die Nähe zur Stadt Basel mit ihrer lebendigen Gegenwartsmusik-Szene. Roland Moser, Heidi Baader-Nobs, Hans Wüthrich, Robert Suter und Gerald Bennett leben ja im unteren Kantonsteil, der Arboldswiler Kaspar Ewald sogar in der Stadt. Hans Wüthrich, der aus Aeschi (Bern) stammt und in Arlesheim wohnt, spricht von einem «Klima der Offenheit, Freiheit und Freizügigkeit» in der Region Basel, von einem «Umfeld, das kreative Prozesse begünstigt, unterstützt und darauf reagiert». Die in Allschwil lebende Jurassierin Heidi Baader erzählt von Begegnungen mit interessanten Leuten, die sie beeinflusst haben.

Hans Wüthrich und Roland Moser schätzen das Nebeneinander von Stadt und Land und die Nähe zu den Landesgrenzen. Wüthrich schwärmt von den «wunderschönen Landschaften» im trinationalen Raum. Roland Moser formuliert: «Ich wohne am Stadtrand, weil ich ein Stadtmensch, aber auch gern schnell draussen auf dem Lande bin. Die Grenznähe wirkt wohltuend.»

Ebenso braucht die Liedermacherin Bettina Schelker das Nebeneinander von Stadt und Land: die «Hektik und Unpersönlichkeit des Stadtlebens, um abzuschalten», und die «Ruhe und Besinnung» – die sie nur auf dem Land findet – für die kreative Arbeit.

Gerald Bennett erachtet es als wichtig, dass er sich in seinem Zuhause in Muttenz wohl fühlt. Doch zweifelt er, ob die Umgebung seine Musik beeinflusst: «Etwas, das sich so im Geistigen abspielt wie das Komponieren, ist nur bedingt äusseren (zum Beispiel geographischen) Einflüssen unterstellt.» Und doch wählte er die Region Basel aus beruflichen Gründen als Wohnsitz: Der US-Amerikaner erhielt nach seinem Studium in New Jersey ein Stipendium; damit wollte er am *Konservatorium Basel* Komposition studieren, an der Hochschule, an der neben anderen Leo Schrade und Pierre Boulez doziert hatten (er lernte sie in den USA als Gastdozenten kennen).

Auch der Rockmusiker Urs Rudin aus Frenkendorf glaubt, dass ihn als Person die Gegend, in der er aufgewachsen ist und wo er noch immer lebt, geprägt hat. Seine Musik aber basiere auf afroamerikanischen Wurzeln und sei von ihnen – und zudem von seiner klassischen Ausbildung – bestimmt.

Der Allschwiler George Gruntz – als Jazzmusiker ein stetig Reisender – bestreitet einen direkten Einfluss des Wohnortes auf seine künstlerische Arbeit: «Zum Komponieren brauche ich einen grossen Tisch.» Ausser der Freude an der Basler Trommel-Kultur biete ihm als Jazzer das Basler Umfeld nichts direkt Greifbares. Der Sohn eines «Multikulti»-Paars ist als Kosmopolit aufgewachsen, hat später in New York und Paris gelebt. Ebenso ist Robert Suter aus Binningen überzeugt, dass die Umgebung für seine Arbeit «ohne Bedeutung» ist. Ganz anders der Liestaler Daniel Ott,

Aussermusikalische Einflüsse

Viele musikalische Werke sind von aussermusikalischen Einflüssen geprägt. Das kann ein Text sein wie im Lied, das kann ein Programm sein, eine politische Absicht auch. Alle elf Komponisten und Komponistinnen erkennen in ihrer Arbeit aussermusikalische Einflüsse. Doch dies ist auch schon das Ende der Gemeinsamkeiten. Bei Bettina Schelker und Urs Mangold sind es persönliche Erlebnisse mit Menschen, in Landschaften. Dem Ländlermusiker gibt oft eine kleine Anekdote die Idee zu einem Stück oder ein Charakterzug der Person, die ihm den Auftrag gibt. Gemäss Auftrag arbeitet auch Urs Rudin: zum Beispiel dem für das Festspiel «Der Schauerburger» oder dem für eine Variété-Musik.

Heidi Baader-Nobs' Musik ist durch Werke der bildenden Kunst – quer durch die Kunstgeschichte –, manchmal auch der Literatur beeinflusst: «Starke Eindrücke, die ich durch Bilder erhalte, erscheinen wohl auf andere Art in meiner Musik wieder.» Vor allem Texte beeinflussen George Gruntz' Kompositionen, aber auch aussereuropäische Musiken, die er jedoch nicht kopiert, das wäre ihm ein Gräuel: Das «Basische» will er davon lernen und es als Jazzmusiker verwenden.

der heute in Berlin lebt: Für ihn – der den Sommer in der Zeit um das Rümlingen-Festival im Baselbiet verbringt – ist eine direkte Wirkung manifest: «Die Umgebung wirkt sich immer auf die Kunstproduktion aus.» 1997 komponierte er zum Beispiel das Stück «ojota I» für den Hornberg in Häfelfingen/Rümlingen und passte es dessen topographischen Gegebenheiten an.

Dem im Bauerndorf Arboldswil aufgewachsenen Kaspar Ewald schärften die Klänge auf dem Land die Hörsinne. Man nehme dort auch den Wechsel der Jahres- und der Tageszeiten mit ihrer Rhythmik stärker wahr als in der Stadt. «Ich glaube, dadurch einen starken zeitlichen Ordnungssinn entwickelt zu haben», der für die Rhythmik in der Musik konstitutiv ist. Dennoch erkennt Ewald in seiner Musik keinen direkten Einfluss seiner Umgebung: Dass er, mit seiner «romantischen» Ausgangslage, sich dem urbanen Jazz so verwurzelt fühlt, ist ihm gar schleierhaft.

Die Stücke des in Rünenberg lebenden Ländlermusikers Urs Mangold hingegen sind von der Landschaft geprägt. Er fühlt sich in ihr verwurzelt, er könnte nie in der Stadt leben. So manches Stück fällt ihm draussen ein.

«Aussermusikalische Einflüsse können stark auf Stücke einwirken», betont Bennett. Doch versucht er sie «so weit zu verarbeiten, dass sie in der Musik nicht mehr auffallen». Zum Beispiel prägen Inhalte und der Ton von Texten Kompositionen für Singstimme oder Chor. Ebenso verarbeitet Roland Moser in seinen Werken Aussermusikalisches komplett: «Aussermusikalisches provoziert im ‹Übersetzungsakt› neue musikalische Ideen». Abbildungen lehnt er grundsätzlich ab.

8

George Gruntz, 1932 in Basel geboren, Wohnsitz in Allschwil. Musikstudium in Basel und Zürich. Seit 1963 Profimusiker. Frühe Zusammenarbeit mit Rolf Liebermann und anderen Komponisten. Gruntz gehört zu den wichtigsten Jazzern der Schweiz, spielte mit vielen grossen Musikern des modernen und des Free Jazz. Viele eigene Projekte (u.a. mit Basler Trommlern). Seit den 70er Jahren stellt er mit wichtigen internationalen Solisten kontinuierlich seine Concert Jazz Band zusammen, für die er auch komponiert. Letzte CD: «Global Excellence».

Daniel Ott nimmt als Ausgangspunkt für eine Komposition «eine musikalische oder formale Fragestellung, einen politischen, gesellschaftlichen Vorgang oder einen Raum, einen Ort». Er hat eine Vorliebe für Musik im Freien und Musik in Bewegung. Beides hat er am Festival *Neue Musik Rümlingen* realisiert. Das Aussermusikalische wird bei ihm zu Musik. Dabei lehnt er sich an Joseph Beuys' weiten Kunstbegriff an: «Alles, was klingt, ist Musik, was nicht klingt und sich bewegt und sich rhythmisch verhält, ist ebenfalls Musik.»

Wüthrichs Musik ist durch aussermusikalische Aspekte wie die bildende Kunst, den Alltag, die Natur mit geprägt: «Ganz besonders interessieren mich biologische Prozesse. Spannend sind auch aktuelle philosophische und wissenschaftliche Theorien.» Doch sucht er noch immer nach der Form, die ihn die Anregungen aus letztgenannten Domänen fruchtbar in Musik umsetzen lässt: «Es ist schwierig, nach den Massstäben, die der vor kurzem verstorbene griechische Komponist Iannis Xenakis gesetzt hat.»

Kaspar Ewald kann die aussermusikalischen Einflüsse nicht konkret benennen, aber es sind das Drama, die Handlung, der Mensch auf der Bühne oder auf der Leinwand, die ihn interessieren: der Mensch, «der mit Feuer seine Geschichte erzählt, singt, den Pinsel oder die Feder führt, ebenso auch Auseinandersetzungen zwischen Menschen.» Und Robert Suter macht die aussermusikalischen Einflüsse abhängig «von der eigenen Absicht oder dem Wunsch des Auftraggebers».

Inspiration und Handwerk

Johann Wolfgang Goethe hat's schon gesagt und noch manch anderer Künstler bis hin zu Umberto Eco: Kunst entstehe aus 5 Prozent Inspiration und 95 Prozent Transpiration. Die meisten der befragten Komponisten lassen die Aussage jedoch so nicht gelten. Für Heidi Baader, Gerald Bennett, Roland Moser, Daniel Ott, Hans Wüthrich und Robert Suter durchdringen sich Inspiration und Hand-

9

Robert Suter, geboren 1919 in St. Gallen, wohnt heute in Binningen. War Dozent in Bern und Basel. Einige Werke: «Musikalisches Tagebuch Nr. 3. Nach Gedichten von Szymborska, Loerke und Neruda» für zwei Singstimmen und zehn Instrumente (1998), «La Scesa» für drei Klarinetten und eine Gitarre (1997), «A la recherche du son perdu» für Orchester (1993), «Neun Psalmen. Nach Texten von Thomas Bernhard» für mitteltiefe Singstimme und Klavier (1986).

werk, führt die Ausführung einer Idee wieder zu neuen musikalischen Ideen. Suter erachtet Idee, Vorstellungsvermögen und handwerkliches Können für die Realisation eines Kunstwerkes als gleichwertig. Heidi Baader spricht davon, dass es, um eine Inspiration in Musik umzusetzen, 100 Prozent Handwerk brauche, für die handwerkliche Arbeit aber wiederum 100 Prozent Inspiration. Bennett betont, dass die Arbeit an der Partitur selbst wieder zu neuen musikalischen Wegen inspiriere, jeder Detailentscheid sei ein künstlerischer Entscheid.

Und Wüthrich meint pointiert: «Wenn ich das Bedürfnis habe zu schwitzen, gehe ich lieber in die Sauna.» Komponieren bedeute natürlich intensive Arbeit: «Man muss besessen sein von dem, was man tut. Aber bei mir muss auch das ‹Ausarbeiten› mit Finden und Erfinden, mit Lust und Spiel verbunden sein.»

Ott verbraucht viel Zeit bei der Ideensuche. Er reist, wandert mit dem Skizzenbuch. Zu arbeiten beginnt er jedoch immer an beiden Polen: am Formalen, Handwerklichen und an der Idee, der Vision. Beide wirken aufeinander ein: «Im Idealfall kommen die beiden Pole im Verlauf der Arbeit zusammen: Erst dann ist diese ‹beendet›.»

Ebenso wenig sieht sich Moser als «Schreibknecht» seiner Eingebungen und Konzepte, er hält immer Fenster offen für spontane Einfälle. Er hält sich aber auch gerne an seine eigenen Spielregeln: «Damit provoziere ich geradezu Einfälle. Vermeintlicher Spontaneität ständig nachzugeben,

10

Roland Moser, geboren 1943 in Bern, lebt heute in Allschwil. Dozent in Winterthur und Basel. Befasst sich mit Vokalmusik. Schwerpunkt ist ein noch unabgeschlossenes Projekt mit Texten aus der Romantik. Weiterer Schwerpunkt ist die Kammermusik. Auseinandersetzung mit verschiedenen Ausprägungen von «Tonalität». Einige Werke: «Bild-Brechung» für Orchester (2001), «Last und Leichtigkeit und Schmerz, erzählende Chöre», Texte von Günter Herburger (1998), «Neigung» für Streichquartett (1969–1972), «Wal» für Orchester und fünf Saxophone (1980–1983), «Alrune» für Blockflöte solo (1979).

reproduziert nämlich zu 95 Prozent auch bloss das Gewohnte.»

Auch für Bettina Schelker besteht zwischen Inspiration und ausführendem Handwerk eine stete Wechselwirkung. Mangold und Rudin bereitet die Ausführung, das Schreiben der Noten, der Partitur schlicht Spass.

Für George Gruntz aber stimmt das Verhältnis, die Inspiration fülle das weisse Blatt noch nicht. Er erzählt vom Leiden vor dem «verflixten weissen Papier». Deshalb rät er seinen Studenten niederzuschreiben, was ihnen einfällt, «und sei es Käse», dies um den ersten teuflischen Schritt zu machen. Was man geschrieben hat, kann man wieder verändern. Aber «wenn's rollt, dann rollt's».

Vom Komponieren allein lässt es sich schwer leben

Vom Komponieren, vom Musikmachen allein lässt es sich kaum oder nur schwer leben – in einer ganz auf ökonomischen Nutzen ausgerichteten Gesellschaft. Ihr ist eine anspruchsvolle, verstörende und vergängliche (mit dem letzten Ton verklingende) Kunst – wie es Neue Musik ist – suspekt. Unsere sich im Mittelmass tummelnde Gesellschaft tut eine solche Kunst, die dazu noch Fragen nach der Menschlichkeit in unserer Gesellschaft und nach unserem denkerischen sowie emotionalen Vermögen stellt, gern verächtlich als elitär und nutzlos ab. Dabei liegt gerade ein Wert der Kunst in der Verweigerung des ökonomischen Prinzips vom möglichst hohen Ertrag bei möglichst geringem Aufwand. Komponisten haben heute nicht mehr die soziale und politische Bedeutung, die zur Pionierzeit der bürgerlichen Gesellschaft noch manche hatten. Das heisst natürlich nicht, dass Künstler damals generell gesellschaftlich Achtung erfuhren. Heute gehören kunstbegeisterte Mäzene – wie es Paul Sacher oder Hans Reinhart waren – zudem zu einer aussterbenden Spezies.

Von den elf Komponisten und Komponistinnen leben allein George Gruntz und Daniel Ott ganz vom Komponieren und Musikmachen. George Gruntz ist Jazzpianist und Bandleader, und er zählt die Improvisation im Konzert mit zur Komponierarbeit. Auch Daniel Ott ist noch als Pianist tätig. Gerald Bennett, Kaspar Ewald, Roland Moser und

11

Urs Mangold wohnt in Rünenberg, arbeitet als Primarlehrer. Spielt Klarinette, «Schwyzerörgeli» und Kontrabass. Unterrichtete Blockflöte, später auch «Schwyzerörgeli». Begann zu komponieren, weil es zu wenig Lehrstücke gab. Heute einer der wichtigen Ländlermusiker der Schweiz. Führte die Moll-Tonart in den Ländler ein. Zahlreiche Tanz- und Konzert-Stücke für Ländlerkappelle.

Hans Wüthrich verdienen ihren Lebensunterhalt als Dozenten an den Musikhochschulen in Basel und Zürich/Winterthur. Urs Rudin und Urs Mangold sind Lehrer, auch Bettina Schelker muss sich ihren Lebensunterhalt anderweitig verdienen. Heidi Baader-Nobs erklärt: «Ich verdiene mein Leben, indem ich für die Familie sorge.» Als Komponistin geniesse sie eine «Narrenfreiheit»: Sie darf komponieren, wann es sie und zu was es sie drängt.
Und Robert Suter merkt an: «Womit wir (Komponisten) auch immer den so genannten Lebensunterhalt verdienen; der Wille zur schöpferischen Tätigkeit ist eine einzigartige Bereicherung fürs Leben.»

Anmerkung

1 Einen Anspruch auf Vollständigkeit beansprucht meine Auswahl nicht, kann sie auch nicht. Das Schwergewicht liegt auf den Komponisten der so genannten ernsten Musik. Wie auch George Gruntz haben sie sich klar der Innovation verschrieben, sie versuchen, unbekannte Felder der Form, des Ausdrucks zu erforschen, deren Struktur und Mittel weiterzuentwickeln. Diesen «Erneuerern», die sich auf formaler Ebene intensiv mit der hochkomplex gewordenen Welt auseinander setzen, gilt mein besonderes Interesse. Das hat die Wahl der elf Komponisten und Komponistinnen mit Sicherheit geprägt, wobei auch der Zufall mitgespielt hat.

2 Die serielle Musik wurde zu Beginn der 50er Jahre entwickelt – in der Auseinandersetzung mit der Zwölftontechnik der *Neuen Wiener Schule*, vor allem dem Werk Anton Weberns, und mit dem Klavierstück «Mode de valeurs et d'intensités» (1949) des französischen Komponisten Olivier Messiaens. Die Zwölftontechnik schafft ein neues System jenseits der Tonalität, die auf der Vorherrschaft eines Grundtons beruht. Sie ersetzt die tonartliche Ordnung durch die Bildung von Tonreihen, in denen die zwölf Halbtöne der Oktave jeweils gleichwertig vertreten sind.
Die serielle Musik geht noch weiter: Die Reihe oder Serie als kompositorische Grundlage umfasst nicht nur die Tonhöhe, sondern ebenso die Tondauer, die Farbe und die Lautstärke. Das heisst, möglichst alle Strukturelemente einer Komposition werden durch die vorweg bestimmte Ordnung von Zahlen- und Proportionsreihen bestimmt. Karlheinz Stockhausen, Luigi Nono, Pierre Boulez und andere gehörten mit zu den seriellen Komponisten der ersten Stunde.
In der Aleatorik hingegen, deren wichtigster Vertreter John Cage ist, wird die Reihenfolge der einzelnen Teilstücke einer Komposition dem Zufall überlassen.
Die «musique concrète» – der Begriff wurde von Pierre Schaeffer geprägt – bezieht ihr Material aus Geräuschen, aus menschlichen und tierischen Lauten und Phonemen. Die Geräusche werden aufgenommen und zu Klangmontagen verarbeitet. Viele neuere Komponisten haben unterschiedliche Techniken miteinander verknüpft.

Bildnachweis

1 Claire Niggli, Basel.
2 Lucas Bennett.
3 Zur Verfügung gestellt.
4 Sven Ollmann.
5 Zur Verfügung gestellt.
6 Erwin Zbinden.
7 Nicole Zimmer.
8 Zur Verfügung gestellt.
9 Basellandschaftliche Zeitung, Liestal.
10 Zur Verfügung gestellt.
11 Zur Verfügung gestellt.

Interpretieren

Die Aufführung eines grossen Werkes für Chor und Orchester
Die Orchestergesellschaft Gelterkinden
Orchideen und Disteln
Chorleben im Baselbiet – (auch) ein Abbild der Gesellschaft
Stille I
Opernaufführungen am Gymnasium Oberwil
Volkstanzen
Anything goes
Stille in Musikstücken
Die instrumentale Volksmusik (Ländlermusik) im Baselbiet
«Uns verbindet mehr als der Banntag!»
Wie die Countrymusic ins Baselbiet kam
Jazz-Geschichte aus dem Leimental
Swing that thing
Stille II
Martina Achermann – die Jazzstimme aus dem Baselbiet
Lisette Spinnler: «Musik ist fast eine Art Religion für mich!»
Rock-Musikszene im Baselbiet
Junge Löwen, alte Hasen – aber nicht viel Neues
Als Teddybären noch im sowjetischen Fernsehen rockten
Im Waldenburgertal agiert eine aktive Hip-Hop-Szene

Georg Frey

Die Aufführung eines grossen Werkes für Chor und Orchester

Die Bevölkerung der Regio Basiliensis scheint sehr sangesfreudig zu sein, wenn wir die grosse Zahl von Chören betrachten. Zuerst denken wir da an die vielen örtlichen traditionellen Chöre wie Männer-, Frauen- und Kirchenchöre. Dann stellen wir eine erstaunliche Zahl von Oratorien- und Konzertchören und weiteren Chorgemeinschaften fest, die grosse Chorwerke aufführen und wenig Nachwuchssorgen zu haben scheinen. Auch unter den vielen Kirchenchören gibt es etliche, die genügend sängerisches Potenzial haben, um auch anspruchsvollere Werke singen zu können. Georg Frey, der während 26 Jahren den Kirchenchor Laufen leitete, berichtet über seine Erfahrungen bei der Arbeit mit einem Kirchenchor.

Im Laufental treffen sich alle zwei Jahre die Chöre sämtlicher katholischen Kirchgemeinden zum Fest des *Bezirkscäcilienverbandes*. Mittelpunkt ist das gemeinsame musikalische Gestalten eines Gottesdienstes mit einer Orgelmesse oder Motetten und Chorälen (lateinisch oder deutsch), gelegentlich auch einer einfachen Orchestermesse oder anderen Werken im Zusammenwirken mit dem *Orchesterverein Laufental-Thierstein* oder einer Bläsergruppe aus der Region. Als Verbandsdirigent war ich immer wieder angenehm überrascht, wie die ursprünglich zwölf, später noch zehn Chöre nach selbständiger Einstudierung mit nur wenigen gemeinsamen Proben jedesmal ein erfreuliches Resultat zustandebrachten. Natürlich stehen bei einer solchen Gesamtchoraufführung nicht das Ausarbeiten von Nuancen und grösste Einheitlichkeit der Gestaltung im Vordergrund; hier müssen immer wieder gewisse Abstriche gemacht werden. Das Ziel, in gemeinsamem Einsatz einen Gottesdienst musikalisch eindringlich zu gestalten, das Erlebnis des grossen Chorklanges (besonders für die wenig verwöhnten Kleinstchöre), dann aber auch das freudige Zusammenkommen aus allen Dörfern, all das sind Motivationsgründe, die nicht gering geachtet werden dürfen.
Jene Chöre, die über eine genügend grosse und in den einzelnen Stimmen ausgeglichene Sängerschar verfügen, können sich unter kundiger Leitung an anspruchsvollere Werke wagen.
Ich wurde gebeten, hier über die Möglichkeiten, Schwierigkeiten, Probleme und Ergebnisse bei der Einstudierung und Aufführung eines grösseren Werkes mit einem Laienchor zu

berichten, wobei die Messe in D-Dur von Antonín Dvořák im Zentrum stehen soll.

Wenn ein Kirchenchor eine Orchestermesse oder eine Kantate einstudiert, wird sofort ein grosser Unterschied im Vergleich zur Arbeit eines Oratorienchores offenkundig. Dieser trifft sich zu den Proben, um das nächste Konzertprogramm zu erarbeiten, möglicherweise überlappen sich zwei Programme in der Probenarbeit; auf jeden Fall ist eine grosse Konzentration im Probenbetrieb möglich. Davon kann ein Kirchenchor nur träumen. Er hat eine ganz andere Funktion. Nicht das Proben und Aufführen von einem oder zwei Konzertprogrammen pro Jahr sind seine Aufgabe, sondern das – wesentlich häufigere – musikalische Gestalten der Gottesdienste. In Zürich hatte ich noch die Zeiten erlebt, da der Chor nur gerade *einen* Sonntag pro Monat frei hatte. Traf es einmal im Mai fünf Sonntage plus Auffahrt plus eine feierliche Maiandacht, so gab es als kühne Neuerung zwei freie Sonntage. Wir sangen also «nur» noch vier- bis fünfmal im holden Monat Mai. Das wäre heute nicht mehr durchführbar, ja es wäre auch gar nicht erwünscht. Der Einsatz des Chores erfolgt selektiver und beschränkt sich gelegentlich auf die bescheidenere Rolle des mehrstimmigen Wechselgesanges zum einstimmigen Kirchenlied. Alle diese teils einfacheren, teils anspruchsvolleren Aufgaben im Verlaufe des Jahres verlangen gewissenhafte Vorbereitung.

Wird nun ein grösseres Werk, das eine bedeutend längere Vorbereitungs-

1

Konzert vom 24. April 1977. Beethoven: Messe in C-Dur; Joseph Haydn: Die sieben Worte des Erlösers am Kreuze. Orchestergesellschaft Biel.

zeit benötigt, geprobt oder gar neu einstudiert, so kollidiert dies immer mit der Vorbereitung der nächsten Einsätze. Fast generalstabsmässig muss geplant werden: Erstens wartet der nächste Gottesdienst, zweitens kommt in vier Wochen vielleicht ein schwieriger Messesatz, eine heikle Motette dran, drittens sind für einen kaum sieben Wochen entfernten Termin eventuell einige Wechselgesänge oder Choräle einzustudieren, viertens … wieviel Zeit bleibt jetzt noch für das Proben des neuen grossen Werkes?

Es wird nie möglich sein, alles optimal zu proben, und Zusatzproben sind heute je länger je mehr ein Terminproblem. Die Sängerinnen und Sänger reagieren sehr unterschiedlich auf dieses Hin- und Herdrängen in den Proben. Den einen ist es recht, dass es viel Abwechslung – auch in stilistischer Hinsicht – gibt, sie bekämen

eher den «Verleider», wenn man längere Zeit nur an einem Werk probte; sie runzeln höchstens die Stirne, wenn es einmal allzu stressig wird. Andere empfinden viel eher das Gehetzte eines solchen Probenbetriebes. Persönlich hätte ich mir oft mehr Zeit für ein gründlicheres Erarbeiten ersehnt.
An manchen Orten ist es erwünscht, dass auch der Kirchenchor von Zeit zu Zeit ein Konzert gibt. Die direkt Beteiligten wünschen es, aber auch der meist rege Zustrom von Zuhörerinnen und Zuhörern bestätigt dies.
Das Konzertprogramm wird vorwiegend aus Werken bestehen, die der Chor auch in Gottesdiensten singen kann, jedoch sind auch Kombinationen denkbar. So verbanden wir einmal in Laufen, wo wir etwa alle sechs Jahre ein Konzert aufführten, die C-Dur Messe von Beethoven mit mehreren Sätzen aus Haydns «Die sieben Worte des Erlösers am Kreuze». Die Beethoven-Messe sangen wir Jahre später im Festgottesdienst zum 75-jährigen Kirchenjubiläum, während Haydns Werk, obwohl ursprünglich für die Karfreitagsliturgie in der Kathedrale von Cádiz geschaffen, heute nicht mehr ohne weiteres liturgisch eingesetzt werden kann.
Nebst den oben erwähnten Chorverbandsfesten bieten auch Konzerte die Möglichkeit für das Zusammenwirken mit einem oder mehreren Chören. Als ich für ein Jubiläumskonzert 1987 mit dem *Gesangverein Liestal* Haydns «Jahreszeiten» einstudierte, regten die Liestaler an, der Laufener Chor möge doch auch mitsingen. So entstand ein stattlicher Chor von über 100 Stimmen. Der *Gesangverein*

2

Kirchenkonzert, 17. Mai 1981. Joseph Haydn: Messe in D-Dur, Nelson-Messe; Michael Haydn: Te Deum.

Liestal war in der Lage, das *Radio-Sinfonieorchester Basel* und renommierte Solisten zu engagieren, und Laufen kam so ebenfalls zu einer Aufführung dieses bedeutenden Oratoriums. Das dürfte für einen Kirchenchor schon an der äussersten Grenze des Machbaren sein und war nur möglich, weil sich die Vorbereitung über eine sehr lange Zeit erstreckte, so dass wir gleichzeitig unsere eigentlichen liturgischen Aufgaben gerade noch bewältigen konnten.

Das letzte grosse Werk, das ich mit dem Chor in Laufen erarbeitete, war die Messe in D-Dur von Antonín Dvořák (1841–1904) für Chor, Orchester und Orgel. All die Gedanken und Probleme, die ich vorhin erwähnt habe, gelten natürlich auch für diesen Fall. Anhand dieses Werkes möchte ich noch einige weitere Gesichtspunkte hervorheben.

Zunächst: Wie kommt man zur Auswahl dieser Komposition? Es ging darum, einen Festgottesdienst zum

25-jährigen Priesterjubiläum von Pfarrer Viktor Dormann musikalisch zu gestalten. Die Vorbesprechung ergab, dass man an zwei Feiern dachte, die eine eher für die Jungen mit Jugendchor, den entsprechenden Gesängen und der dazu passenden Begleitung, die andere eher im traditionellen Rahmen. So schälte sich die Möglichkeit einer Festmesse mit Orchester heraus.

Jetzt stellte sich sofort die auch finanziell wichtige Frage, was für ein Orchester spielen sollte, ein Amateurorchester, Berufsmusiker oder ein gemischtes Ensemble. Nicht nur der *Bezirkscäcilienverband*, sondern auch der Chor in Laufen sang mehrere Male mit der Begleitung des *Orchestervereins Laufental-Thierstein* oder mit einer Bläsergruppe aus der Region. Einige Werke waren speziell ausgewählt worden, weil sie von einem Amateurorchester mit vernünftigem Aufwand in guter Qualität gespielt werden können. Diese Lösung ist die kostengünstigste, aber meist auch nicht umsonst zu haben; denn da ein Laienorchester für Dirigentenhonorar, Notenmaterial etc. erhebliche Auslagen hat, ist es nur gerecht, wenn jene, die seine Dienste beanspruchen, wenigstens einen angemessenen Beitrag an diese Kosten leisten. Oft müssen zudem – vor allem bei den Bläsern – Zuzüger engagiert werden. Ein Amateurorchester kommt manchmal aus verschiedenen Gründen nicht in Frage. Zum einen muss ein solcher Orchesterverein lange voraus disponieren, und wenn er in der Nähe eines solchen Festtages ein eigenes Konzert plant, ist er nicht in der Lage, noch schnell eine zusätzliche Aufgabe zu übernehmen; zum andern sind gewisse Werke einfach zu schwierig. Da dieses Jubiläum ein besonders festlicher Anlass war, wurden die Mittel für ein Orchester mit Berufsmusikern bereitgestellt – zum Teil angespart durch besonders kostengünstige Aufführungen im Jahre vorher.

Nun kam die Wahl des Werkes. Aus der Epoche von Haydn, Mozart, Beethoven und Schubert hatten wir im Laufe der Jahre schon etwa zehn Messen gesungen. Jetzt sollte es einmal etwas anderes sein. Der Traum einer grossen Bruckner-Messe hätte den Rahmen unserer Möglichkeiten in verschiedener Hinsicht gesprengt. Da bot sich die Messe von Dvořák an: Ungefähr aus der gleichen Zeit wie Bruckner (1887 komponiert, 1892 Orchesterfassung), ein Werk aus dem faszinierenden slawischen Kulturkreis, ein farbiger Orchesterklang und doch nur mit mittelgrosser Besetzung. Nach des Komponisten Angabe mit oder ohne Solisten aufführbar, weist sie noch folgende Besonderheit auf: Nebst der späteren Orchesterfassung gibt es die ursprüngliche Fassung für Chor und Orgel, sodass auch einmal eine vollgültige Aufführung mit bescheidenerem Aufwand möglich wäre. Ein ganzes Bündel von Gründen unterstützte also diese Werkwahl.

Als nächstes galt es, das Orchester zusammenzustellen. Bis 26 Leute (die

3

Erste Notenseite der autographen Partitur von Antonín Dvořáks D-Dur Messe mit der Überschrift «Missa solemnis [?]» und der Datumsangabe «Prag, 24. 3.1892».

Missa
Andante con moto ♩ = 120
Oboi
Fagotti
Corni in D
Trombe in D
Tromboni
Bass Trombone
Soprani
Alti
Tenori
Bassi
Chorus
Ky-ri-e e-lei-son
Andante con moto M.M. (𝅗𝅥.) = 40.

meisten Berufsmusiker, einige Musikstudenten und einzelne bewährte Amateure) zusammen waren, brauchte es wohl gegen 100 Telefonanrufe. Für einen Festtag – Pfingsten, von freien Tagen umgeben! – erhält man viele Absagen: «Bin leider im Tessin.» Bis alle die zwei Orchesterproben mitmachen können, ergeben sich ebenfalls schwierigste Terminprobleme wegen anderweitiger Verpflichtungen, die vorgehen. Das ist ein beschwerlicher Weg, der jedoch eine persönlichere Zusammenarbeit ermöglicht. Dvořák setzt in seiner D-Dur Messe nebst den Streichern vier Holzbläser, sieben Blechbläser und Pauken ein. Es ist klar, dass gegenüber den sieben Blechbläsern unsere Streicherbesetzung mit je vier ersten und zweiten Geigen, drei Bratschen, zwei Celli und einem Kontrabass das absolute Minimum war, um wenigstens einigermassen zu einem Gleichgewicht zu kommen.

Über die allgemeinen Probleme bei der Arbeit mit dem Chor ist weiter oben schon einiges gesagt worden. Die Sängerinnen und Sänger gingen mit gespannter Neugier an diese ihnen noch wenig vertraute Musik heran. Alle Freude konnte jedoch nicht verhindern, dass es gelegentlich Durststrecken gab. Manche fragten sich besorgt: «Werden wir das heikle ‹Christe eleison› oder die harmonisch schwierigen Stellen im ‹Credo› bewältigen?» Eine grosse Hilfe, und für einen Kirchenchor mit laufenden Verpflichtungen wohl eine Notwendigkeit, sind Chor-Weekends. Dazu brauchte es keine grosse Überredungskunst von Seiten des Dirigenten. Das intensive und konzentrierte Üben, die Möglichkeit, ohne den üblichen Zeitdruck schwierige Details zu pflegen, die professionelle Begleitung am Klavier, aber auch das gesellige Zusammensein waren jeweils von grosser Begeisterung getragen. Solche Weekends gehören mit zu den Höhepunkten im Leben eines Chores. Auch der sonstige Probenbetrieb musste intensiviert werden. Sechsmal wurde der Chor in zwei Halbchöre aufgeteilt, die jeweils an zwei Abenden getrennt probten, um rascher vorwärts zu kommen. Im März fand das erste Weekend statt, im Mai, vierzehn Tage vor Pfingsten, das zweite. Dieses fand am Sonntag Nachmittag den krönenden Abschluss durch den Zuzug eines Streichquartetts (die Studenten aus unserem Orchester), wodurch der Chor einen Vorgeschmack des Orchesterklanges erhielt.

Für Chor und Dirigent sind natürlich die Proben mit dem ganzen Orchester zentrale und wichtige Ereignisse. Zwei Orchesterproben wurden uns ermöglicht (bei einfacheren Orchestermessen mussten wir uns mit einer Probe begnügen). Zuerst tritt jeweils die leidige Frage der Aufstellung von Chor und Orchester auf. Kaum eine Kirchenempore bietet optimale Platzverhältnisse, selten genug sind auch nur passable Lösungen möglich. In Laufen haben wir in der Breite recht viel, in der Tiefe viel zu wenig Platz. Chor und Orchester müssen also in einem schmalen Band in die Breite gezogen werden. Die Orchestermusiker sind unzufrieden, sie hören sich nicht wie gewohnt, der Chor ist auch unzufrieden – nur der Dirigent muss Opti-

4

Der Autor beim Dirigieren der D-Dur Messe von Antonín Dvořák an Ostern 2000.

mismus ausstrahlen mit den tröstenden Worten, für ihn sei schliesslich alles noch schlimmer. Im Verlaufe vieler Jahre lernt man mit diesen Problemen fertig zu werden und gewinnt Erfahrung im Finden von Lösungsmöglichkeiten. Dann muss in kürzester Zeit das in vielen Wochen Erarbeitete mit dem Orchester zu einem Ganzen geschmiedet werden. Auch hier bleiben wohl immer einige Wünsche offen.

Die Vorbereitungszeit wurde jäh traurig überschattet. An Ostern 1998 lag unser Organist Walter Hänggi schwerkrank im Spital, eine Woche später wurde er den Seinen entrissen. Ein Vierteljahrhundert hatte er den Orgeldienst in Laufen betreut, alle Höhepunkte und Schwierigkeiten miterlebt und mitgetragen. Sein ausgesprochener Sinn für nuancierte, farbenreiche Registrierung ist uns allen noch gegenwärtig. Die Betroffenheit war gross.

Nun mussten in aller Eile durch verschiedene Provisorien die Orgeldienste sichergestellt werden. Glücklicherweise gelang es, für die Dvořák-Messe mit Rolf Steiner einen ausgezeichneten Korrepetitor und Organisten zu engagieren, der die Begleitung der wichtigsten Proben und der Weekends sowie den Orgelpart an Pfingsten übernehmen konnte. Unmittelbar vor der Generalprobe am Pfingstsamstag erreichte uns die Nachricht, dass eine Chorsängerin am Vorabend abrupt verstorben war. So waren während des Jubiläumsgottesdienstes festliche Freude und nachdenkliche Betroffenheit aufs Engste verbunden.

An Ostern 2000 verabschiedete ich mich vom Chor. Dazu wurde mir grosszügig die Gelegenheit geschenkt, nochmals die Messe in D-Dur von Antonín Dvořák aufzuführen. Die Zusammenstellung des Orchesters war für Ostern noch schwieriger als für Pfingsten. Für die Musiker liegt Ostern inmitten von vier bis fünf freien Tagen, für einige mitten in den Frühlingsferien. Mit der Hilfe befreundeter und weiterer mir bekannter Musiker, die mich in bester Kollegialität mit Rat und Tat unterstützten, gelang es uns nach einer mehrwöchigen Zitterpartie, ein diesmal noch stattlicheres Orchester von 30 Berufsmusikern aufzustellen. Inzwischen war auch die Organistenstelle mit Richelle Bakovsky neu besetzt worden. Der Chor ruhte sich nicht auf den Lorbeeren aus. Es wurde erneut intensiv geprobt, mit zwei Weekends und wieder zwei Orchesterproben, um einiges im Vergleich zum letzten Mal noch zu verbessern. Beide Aufführungen waren für die direkt Beteiligten wie auch für viele Hunderte von Mitfeiernden ein eindrückliches Erlebnis. Man wird feststellen, dass hier weniger von der Musik die Rede ist als von der Arbeit an der Musik. Das Ziel dieses Beitrages ist nicht, eine musikalische Werkbesprechung zu liefern, auch nicht, den Wandel des Liturgieverständnisses in neuester Zeit, in dem eine solche Orchestermesse eher eine Ausnahme darstellt, zu diskutieren. Für beides ist das Baselbieter Heimatbuch wohl nicht das geeignetste Forum. Man hat mich vielmehr gebeten, an einem konkreten Beispiel aufzuzeigen, wie ein Baselbieter Chor, der aus Amateuren besteht, es schafft, ein bedeutendes Werk zu erarbeiten, welche (manchmal auch steinigen) Wege mit wechselnder Begeisterung zurückgelegt werden müssen, bis man endlich freudig das Ziel erreicht.

Keineswegs unglücklich bin ich, dass die Umstände dazu führten, dass diese Messe nicht für ein Konzert einstudiert wurde, sondern für ihren eigentlichen Zweck im Festgottesdienst. Dvořák hat nicht allzu viele kirchliche und geistliche Werke komponiert, er war aber ein tiefgläubiger Mensch. Freudig nahm er die Anregung auf, zur Einweihung der Kirche in Lužany eine Messe zu komponieren. Er schrieb dazu:

«Sehr geehrter Herr Rat und lieber Freund. Ich habe die Ehre, Ihnen mitzuteilen, dass die Arbeit (die Messe D-Dur) glücklich beendet ist und dass ich grosse Freude daran habe. Ich denke, es wird ein Werk sein, das seinen Zweck erfüllen wird. Es könnte heissen: Glaube, Hoffnung und Liebe zu Gott dem Allmächtigen und Dank für die grosse Gabe, die mir gestattete, dieses Werk zum Preise des Allerhöchsten und zur Ehre unserer Kunst zu beenden. Wundern Sie sich nicht, dass ich so gläubig bin – aber ein Künstler, der es nicht ist – bringt nichts solches zustande ...»[1]

Anmerkung

1 Zitiert nach: O. Šourek, Antonín Dvořák in: Erinnerungen und Briefe, Prag 1954, 116: Brief Dvořáks Anfang 1887 an Josef Hlávka, der Dvořák gebeten hatte, für die Einweihung der Kirche in Lužany eine Messe zu komponieren.

Bildnachweis

1 Fotostudio Imber, Laufen.
2 Kurt Hamann, Laufen.
3 British Library, Department of Manuscripts, London. Musikverlag Novello & Company Ltd. und Carus Verlag, Stuttgart.
4 Willi Imhof, Laufen.

Peter Gysin

Die Orchestergesellschaft Gelterkinden

Das Musikleben im Kanton Basel-Landschaft profitiert seit über 100 Jahren vom Wirken zahlreicher Vereine, die als Chöre, Orchestergesellschaften, Jodlerclubs und ähnliche Institutionen aktives und freudiges Musizieren von Laien, aber auch von Halb- und Ganzprofis ermöglichen.
Als Beispiel für Werdegang und Wirken einer solchen Vereinigung diene der folgende Beitrag von Dr. Peter Gysin-Grieshaber: Präsident der Orchestergesellschaft Gelterkinden, die heuer ihr 85-jähriges Bestehen feiert.

Gründung

Man schreibt das Jahr 1916, eben hat das neue Jahr angefangen. Mitten in der trüben Zeit des Ersten Weltkrieges probt ein junger, frisch zugezogener Lehrer mit musikalisch begeisterten Jünglingen aus Gelterkinden für einen ersten gemeinsamen Auftritt im klassischen Orchesterverband. Es ist Wilhelm Hiestand, selbst ein vortrefflicher Violin- und Klavierspieler. Viele seiner Musikanten kennen sich bereits gut aus dem hiesigen Fussballclub, wo sich praktisch die ganze Dorfjugend tummelt. Sie wollen einfach etwas Neues erleben. Für den 20. Februar 1916 hat der FC eine «Theater- und Konzertaufführung» angesagt. Kleine Theaterstücke sollen in bunter Folge mit Musikstücken abwechseln; am Anfang und am Schluss ist ein Marsch vorgesehen, gespielt vom neuen Orchester. Der Abend schlägt derart ein, dass man beschliesst, fortan zusammen zu bleiben.

Das musikalische Terrain im Oberbaselbieter Dorf war bereits gut entwickelt: 1833 wurde schon der Männerchor, 1870 der Musikverein (Blasmusik) gegründet. Einzelne der jungen Leute waren sehr gut ausgebildet, wie etwa Benjamin Gerster als Pianist: er wurde an der Gründungsversammlung vom 26. Februar 1916 zum ersten Präsidenten gewählt. Mit dabei war auch der später als Kunstmaler sehr bekannt gewordene Fritz Pümpin. Willy Hiestand, «[...] ein kleiner, schwerer, aber überaus kräftiger Mann mit ebensolcher Stimme in den Proben [...]», war also der eigentliche Initiant der Bildung des neuen Vereins. Er leitete die *Orchestergesellschaft Gelterkinden* zwölf lange Jahre bis 1928 mit unerschöpflicher Energie und begründete damit eine Institution, die das Dorfleben bis heute mitgestaltet.

Die finanziellen Mittel, vor allem für die teuren (Profi-)Zuzüger, waren damals bescheiden. Es musste auf «mehr oder weniger glückliche» Salonbesetzungen zurückgegriffen werden: damit kamen vermehrt Klavier und Harmonium zum Einsatz. Der Probenbesuch war bereits damals ein Problem. So beklagt sich der Dirigent in einem Brief vom Juli 1919 «über die grenzenlose Schlamperei einzelner Mitglieder, bei denen sich recht eigentlich eine Sucht herausgebildet hat, die Proben zu schwänzen». Grosse Auftritte wie Konzerte mit dem Männer- und Frauenchor hielten die Musiker bei der Stange.

Die OGG im Jahre 1916 (v.l.n.r.): Alfred Neuwirth, Hans Gallarini, Heinrich Straumann, Benjamin Gerster (Klavier), Hans Paur (ein junger Flötist), Willi Hiestand, Eugen Guldenmann, Paul Pfeil, Eugen Bürgin, Paul Zehntner, Fritz Pümpin.

Kommen und Gehen der Dirigenten

1928 bis 1932 hielt Alfred Moos aus Basel das von Hiestand erreichte Niveau. 1932 wurde erstmals ein Berufsdirigent angestellt: Hans Blümer, Schüler des berühmten Felix Weingartner, war Kapellmeister am *Stadttheater Basel* und konnte, bis zu seiner ehrenvollen Berufung ans *Landestheater Darmstadt,* bis 1934 verpflichtet werden. Er probte intensiv und dirigierte stets auswendig die nun original besetzten Stücke. Seine Konzerte seien überdurchschnittlich gut besucht gewesen, «hauptsächlich auch von jungen Damen: als grosser, schlanker, junger Mann sah er gut

aus, wenn er im eleganten Frack sein Orchester dirigierte», wie der langjährige Bratschist Walter Pümpin niederschrieb. Höhepunkt war 1933 ein grosser Auftritt mit Werken von Beethoven: seine fünfte Sinfonie und das Violinkonzert mit Rodolfo Felicani (Basel) als Solist. Nach zwei Konzerten mit den Berufsdirigenten Franz Loschelder und Ernst Beer übernahm 1937 Max Meyer aus Liestal den Dirigentenstab. Auftritte waren aber wegen des Aktivdienstes nur 1937 und 1938 sowie 1942 möglich. Die Absenzen wirkten sich auf die Motivation der Mitglieder negativ aus: man musste 1946 praktisch von neuem beginnen.

Dank des hiesigen Lehrers Paul Jenny (ab 1964 erster Jugendmusikschulleiter in Gelterkinden) und der nachmaligen Konzertmeisterin Elisabeth Breunlin, Violinlehrerin aus Sissach, war die Neuorganisation und eine Nachwuchsförderung vorerst durch Privatunterricht möglich. 1946 dirigierte Pierre Jacot, Lehrer in Gelterkinden, zwei Konzerte zum gelungenen 30-Jahr-Jubiläum. Ab 1947 waren immer Berufsdirigenten am Werk. Zunächst war dies Joachim von Frankenberg, aus Arlesheim, während sechs Jahren. Er suchte vor allem das Hintergründige in der Musik und «verlor sich dabei etwas gar viel in Détailproben». 1953 löste ihn der 22-jährige Rudolf Kelterborn aus Basel ab. Der energische, später sehr erfolgreiche Komponist führte dank seiner guten Literaturkenntnisse das Orchester zu neuen Taten. Erstmals wurde in Form von Serenaden im Freien musiziert. Der 1956 folgende Bruno Goetze, seiner Konzilianz wegen sehr beliebt, konnte leider nur zweimal mit dem Orchester auftreten, bevor er seinen Wirkkreis nach Bern verlegte. In der Region blieb er bekannt durch sein Dirigat beim *Orchester Liestal* 1970 bis 1977 und danach bis 2000 beim *Akademischen Orchester Basel*. 1958 übernahm der Ex-Lausner Hansjörg Furlenmeier, Basel, die Direktion, die zwölf Jahre dauern sollte. Er konsolidierte das nun grösser werdende Orchester. Als Höhepunkt sei das sehr gelungene Jubiläumskonzert im November 1966 – «50 Jahre OGG» – erwähnt, mit Werken von Mozart, Reger, Donizetti und Beethoven, dessen erstes Klavierkonzert die in Gelterkinden aufgewachsene Annekäthi Kopp – eine ausgezeichnete Solistin – interpretierte. Dieses Konzert wurde als Erstes überhaupt auf Schallplatten aufgezeichnet. Die 50-Jahr-Jubiläumsschrift verfasste der schon erwähnte Paul Jenny, der seit 1930 als Cellist im Orchester dabei war. 1969 bis 1975 wirkte wieder einmal ein veritabler Stadttheater-Kapellmeister aus Basel bei uns. Mit rheinländischem Schwung führte Harri Rodmann das Orchester an. Auch als Mozart-Konzertpianist trat er mit Erfolg auf und dank seiner Beziehungen hatten wir immer gute Gesangssolisten, wie zum Beispiel den Bassisten Herbert Simon, der lange in Rünenberg wohnte. Ein wunderbarer Arienauftritt in einer lauer Herbstnacht des Jahres 1970 bei der Gelterkinder Waldhütte, begleitet von unserem Dirigenten am selbst hintransportierten Klavier, bleibt in bester Erinnerung.

1976 gelangte der feinfühlige und als Pianist sowie Komponist bekannt gewordene Aargauer Jean-Jacques Dünki ans Dirigentenpult; später übernahm er eine Klavier-Meisterklasse an der *Musik-Akademie Basel*. 1979 folgte ihm der gebürtige Ungar Béla Gulyas, der uns mit pfeffrigem Temperament durch alle Bereiche der für uns spielbaren Werke vom Barock bis zur Moderne führte. Ende der 80er Jahre gründete er das *Neue Orchester Basel*, das er weiterhin mit Erfolg dirigiert.

Neuere Zeit

Der Dirigentennachfolger von Béla Gulyas seit 1990 heisst Meinrad Koch, ist in Basel aufgewachsen und bei Bern als Jugendmusikschullehrer tätig. Er stieg gleich mit Bravour ein in das schon von einer Spezialkommission vorbereitete Jubiläumsjahr 1991 – «75 Jahre OGG». Um den Weg in die Zukunft nicht zu verbauen, wagten wir uns an zeitgenössische Musik, die auch dem unvoreingenommenen Zuhörer Spass machen sollte. Im Mai 1991 war dies ein musikalisches Märchen nach Andersen – «Die kleine Meerjungfrau» von Urs Joseph Flury aus Solothurn –, glänzend unterstützt durch die *Ballettschule Medea Berger* aus Sissach. Beim Jubiläumsakt im September 1991 kamen drei Komponisten aus der Region zum Zuge. Es waren dies: Cornelius Buser (Mitglied der Gruppe *Quattro Stagioni* und in Gelterkinden wohnhaft) mit einer «Panflöten-Suite» (er fungierte gleichzeitig als Solist), der Ex-Dirigent Jean-Jacues Dünki mit einer «Fantasie über einen Gedanken von Mozart» sowie

Die OGG anlässlich der Einspielprobe zum Jubiläumskonzert vom 26. Mai 1991.

Dölf Kessler (Jugendmusikschule Sissach) mit «Tableaux Van Gogh». Die Jubiläumsschrift «OGG 1916–1991» wurde geschickt von Heini Weibel, unserem langjährigen Kontrabassisten, verfasst.

Da die Aufwände für die Konzertorganisation immer grösser wurden, beschlossen wir, von nun an Doppelkonzerte zu veranstalten, das zweite

jeweils in einem Nachbardorf. Damit kann auch der Kontakt zu weiterem Publikum verbessert werden, was in der heutigen schnelllebigen Zeit dringend nötig ist. Im letzten Jahrzehnt des Jahrtausends waren es Auftritte 1994 mit Schülern der Jugendmusikschulen aus Gelterkinden und Sissach sowie 1994 und 2000 mit dem exzellenten *Männerchor Gelterkinden* unter der Leitung von Dieter Hersberger, im Jahr 2000 fusioniert mit dem *Männerchor Ormalingen*. 1997 stand die Mitwirkung am grossen Schubertfest (200. Geburtstag) in Gelterkinden im Zentrum: «Unvollendete» Sinfonie, «Wanderer-Phantasie» (Solist: Felix Buchmann, Klavier) sowie Musik zum Schauspiel «Rosamunde» mit Chor aus *Oberbaselbieter Singkreis* und hiesigem Männerchor.

Probleme

Die Programme der 90er Jahre zeigen deutlich den beliebtesten Aufbau. Werke mit Chor haben am meisten

Zuhörer, weil diese sich direkt angesprochen fühlen und vielleicht einige Mitwirkende kennen. Reine Orchesterstücke müssen nach ihrer Attraktivität und ihrem Seltenheitswert ausgesucht werden. Alle bekannten Werke liegen gleich in mehreren CD-Aufnahmen und besser gespielt vor. Hier liegt die Schwierigkeit der musikalischen Direktion: die Spielbarkeit für ein Laienorchester muss genau geprüft werden, in Absprache mit Konzertmeister oder -meisterin, den Bläsern und dem Präsidenten oder der Präsidentin. Langjährige Amtsinhaber können von Vorteil sein, sofern die Kommunikationsfähigkeit und die Flexibilität gewährleistet sind. In Gertrud Weibel-Mundwiler hat die OGG seit 1976 eine sehr gute Konzertmeisterin (ohne eigentlichen Berufsabschluss).

Natürlich gibt es überall und immer wieder Hochs und Tiefs, persönliche Probleme und ein dauernd wechselndes Umfeld. Wichtig ist – wie in allen Vereinen – die Ausgleichsbereitschaft und -fähigkeit der Führungsleute. Dem Nachwuchs gehört das Hauptaugenmerk. Die Zusammenarbeit mit den Jugendmusikschulen (JMS) muss stimmen; eine spezielle Kommission ist dafür zuständig. Wir müssen zwar die jungen Musiker in ihre weiteren Ausbildungsregionen (mit anderen Orchestern) ziehen lassen, hoffen aber auf deren Rückkehr. Einfach zu spielende Werke sollten in die Programme eingebaut werden. Mit dem bekannten Musikmärchen «Peter und der Wolf» von S. Prokofieff zum Beispiel können ganz direkt alle Schüler der Unter- und Mittelstufe angesprochen werden, und zwar für alle Instrumente. Wichtig bei der Spielerrekrutierung sind auch die zugezogenen, potentiellen Wiedereinsteiger

Der Dirigent Meinrad Koch anlässlich der öffentlichen Probe vom 28. Mai 1994.

und Wiedereinsteigerinnen, die ihr Instrument nicht verstauben lassen wollen. Diese gilt es früh zu erfassen. Die Publicrelations-Aktivität muss dauernd ausgebaut werden, sogar bis zur eigenen Homepage im Internet. Die beste Propaganda bleibt jedoch die «Mund-zu-Mund-Propaganda», was alle bestätigen können. Der Nachwuchs ist immer ein Dauerbrenner, Sorgen kennen wir zurzeit in Gelterkinden wenige. Prinzipiell sind wir hier, zuhinterst in der Provinz, auf alle angewiesen. Interessant ist, dass die Frauenquote sich seit den 50er Jahren laufend verbessert hat. Vor dem Zweiten Weltkrieg war auch die OGG eine reine Männergesellschaft. Heute findet sich vor allem bei den Violinen eine deutliche Mehrheit von Frauen. Ein weiteres Problem sind die Finanzen, denn die Ausgaben sind speziell bei der Produktion klassischer Musik sehr hoch, weil man auf Berufsmusiker angewiesen ist. Es braucht genügend Passivmitglieder und Gönner sowie treue Sponsoren. Erfreulicherweise werden auf Anfrage durch den Staat Defizitgarantien geleistet; daneben gibt es auch Private, welche Gagen oder Unterstützungsbeiträge übernehmen, wie zum Beispiel im Juni 2001 der «Europäische Musikmonat Basel» für eine Uraufführung.

Schlussgedanken

Musik ist eine Sache des Herzens, auch für andere Herzen und darüber hinaus eine internationale Sprache. Sie spricht alle Menschen in allen Stimmungen an. Persönlich bringt das Gruppenerlebnis – als Ausgleich zum Alltags- und Arbeitsleben – den Mitwirkenden sehr viel, und sie bleiben erst noch in Übung. Ebenso ist der soziale Kontakt nötig und hilfreich. Es ist wichtig, dass die Musikalität bei allen Menschen möglichst früh geweckt wird. Besser als durch reines Zuhören können durch eigene Aktivität (Singen oder Spielen) diese Gefühle und Talente angesprochen und die Fertigkeiten entwickelt werden, die später aktiv in einem Verband eingesetzt werden können. Friedrich Nietzsche, der bekannte Philosoph, der auch in Basel lehrte, hat mehr als Recht, wenn er sagt: «Ohne Musik wäre die Welt ein Irrtum.»

Anmerkung

Einzelne Zitate stammen aus: OGG [Hg]: 75 Jahre Jahre Orchester-Gesellschaft Gelterkinden (1916 bis 1991) – Festschrift, Gelterkinden 1991, verfasst von Heini Weibel, Gelterkinden.

Bildnachweis

Orchester-Gesellschaft Gelterkinden.

Orchideen und Disteln

Im Hintergrund versuchte sich der Keyboard-Virtuose an einer akustischen Wiedergabe der Luftschlacht um England.

... und im Schluss-Allegreto den immerhin diskutablen Versuch, Schubert als Vorläufer eines dekadent-morbiden Fin de Siècle zu deuten.

Das Spiel ist von ausgereifter Vollkommenheit, die es Kritikern regelmässig schwer macht, ein Bogenhaar in der Streichquartett-Suppe zu finden.

Er hat sie wütend mit psychedelischen Gitarrenmoränen zugedeckt.

... und prügelhart donnert die Doppelpauke.

Ihre Stimme ist kehlig, bricht vibrierend, sobald sie sie ausnutzt.

Der Auftritt ist intim, erinnert an enge, verrauchte Clubs irgendwo abseits in den rastlosen Gassen des ‹Quartier Latin›.

Die Rhythmen pochen schleppend wie ein kranker Herzmuskel.

Wer unsere Musik niedlich findet, hört nur die «Blupp-und-Zirp-Ebene» heraus.

Gezielte Hornstösse deuten auf Erregung und Entschlossenheit.

Sibelius' «Tapiola» war dem Orchester etwas ledern geraten.

Musik wie Lava, wie glühende Lava zwischen den Klippen der Tradition.

Der pianistische Frühdrill ist noch deutlich hörbar.

Alby Schefer

Paul Schorno

Chorleben im Baselbiet – (auch) ein Abbild der Gesellschaft

Sie kommen und sie gehen, die Chöre. Woran liegt es, dass zum Teil alteingesessene Chöre aufhören mussten oder grösste Mühe haben, zu überleben, dass aber gleichzeitig andere, oft jüngere Chöre sich über einen grossen Zulauf erfreuen? – Das folgende «Gespräch am runden Tisch» kann einige Fragen beantworten.

Im Verlaufe des Gespräches fiel ein Sprichwort, das früher ein oft zitiertes geflügeltes Wort war: «Wo man singt, da lass dich ruhig nieder, denn böse Menschen haben keine Lieder.» Darüber schmunzelte auch der Sängerveteran, aber dass der junge Mann sich hier vor Lachen fast kugelte, ärgerte das bestandene Mitglied eines ehrenwerten Männerchors.

Er war es denn auch, der dem so belustigten Kollegen, der vor Tagen den Austritt aus dem Chor gegeben hatte, vorwarf, dass er, wie viele andere junge Menschen, die Verpflichtung regelmässiger Probenbesuche scheuen würde: «Ihr wollt euch überall nur selbst verwirklichen und zu jeder Zeit nach Lust und Laune tun und lassen, was euch beliebt. Ihr kümmert euch keinen Deut darum, für eine Gemeinschaft da zu sein und Verantwortung zu tragen.»

Die Zeichen der Zeit nicht erkannt

Der so Angesprochene nahms gelassen und meinte seinerseits, dass manche Chöre es verpasst hätten, neue Strömungen aufzugreifen und sich mit ihnen auseinanderzusetzen oder selber Initiativen zu entwickeln. «Ihr habt schlicht und einfach die Zeichen der Zeit nicht erkannt und büsst das nun, indem die Jungen ausbleiben.» Bevor der Gesprächspartner, nennen wir ihn Fritz, darauf antworten konnte, fuhr der Junge, Christian mit Namen, unbeirrt fort: «Euer Liederrepertoire ist veraltet. Da müsste ausgemistet werden. Warum nur schreiben so wenig moderne Komponisten Werke für die Chorliteratur? Weil ihr sie in keiner Art und Weise ermuntert. Ihr habt zum voraus Angst, die Lieder nicht singen zu können und zu wollen.»

Sich vor Verallgemeinerungen hüten

Das war der Augenblick, als der dritte Mann, bezeichnen wir ihn als Moderator und Vermittler, eingreifen wollte, denn Recht hatten irgendwie beide. Dass es jüngeren Menschen heutzutage oft schwer fällt, regelmässig nicht nur die Proben zu besuchen, sondern auch die Gottesdienste, in

denen gesungen wird, erleben vor allem die Kirchenchöre.
Da muss viel Aufwand betrieben werden, neue Mitglieder zu gewinnen. Zum Beispiel mit Hausbesuchen bei potentiellen Sängerinnen und Sängern, – für weitere unkonventionelle Ideen und Vorschläge wären und sind die Vereinspräsidenten dankbar. Vor voreiligen Zustandsschilderungen des Baselbieter Chorlebens muss allerdings gewarnt werden. Jedes Dorf und jeder Verein hat da so seine eigene Geschichte.

1
Der Kirchenchor Ettingen anlässlich eines Konzerts im November des Jahres 2000.

Ein gut funktionierendes Vereinsleben in einer Gemeinde kann von einer andern Gemeinde nicht ohne weiteres kopiert werden, weil ähnliche Voraussetzungen fehlen. Als der Moderator erfreuliche Beispiele von Chören in Gelterkinden, Rünenberg, Aesch, Liestal erwähnte, – dann wusste er, dass es noch bedeutend mehr aufzuzählen gäbe.

Chöre und Sänger

Ende September 2000 wies der *Chorverband Baselland* folgende Mitgliederbestände auf: 32 Männerchöre mit insgesamt 819 Sängern, 19 Frauenchöre mit 420 Sängerinnen und 16 gemischte Chöre mit 458 Sängerinnen und Sängern. Dazu kommen noch zwei Jugendchöre mit je 40 Mitgliedern.
Die Zahl der Vereine beträgt somit 69 mit zusammen 1737 Sängerinnen und Sängern.
Die Verschiebungen gegenüber dem Vorjahr sind minim: Bei den Vereinen eine Zunahme um 1, bei den Sängerinnen und Sängern eine Abnahme um 9 Aktive.

Aber da meldete sich wieder Christian zu Wort: «Ich weiss von einem Freund, der Mitglied des *Regio Chors Binningen* ist, dass dieser Verein eine eigene Homepage im Internet hat, was natürlich toll ist, um an die jungen Leute heranzukommen. Zudem kann es sich dieser Chor leisten, Interessenten, die hier mitsingen wollen, sogar abzuweisen oder ihnen vorerst einen Stimmbildungskurs zu empfehlen. Auch der *Bo Katzman Chor* braucht sich nicht über Mitgliedermangel zu beklagen. Von den 250 Sängerinnen und Sängern sind bei den Proben stets zwischen 160 bis 180 anwesend, wobei manche, die aus andern Kantonen kommen, zwei, drei Stunden Fahrt auf sich nehmen. Zudem werden Sängerinnen und Sänger, die 60, 70 Jahre alt sind, keineswegs ausgeschlossen. Sie sind noch voll dabei, treten jedoch nicht mehr unbedingt bei den Konzerten auf.»

Fritz fuchtelte mit den Händen, aber Christian war nicht zu bremsen: «Zudem ist die Entstehung des *Bo Katzman Chors* ein Megabeispiel dafür, wie sich etwas Kleines, ein kreativer Kern zu etwas Grossem entwickeln kann, besitzt man nur eine Idee und den notwendigen, unbeirrbaren Willen, eine Vision in die Realität umzusetzen.»

Da es jetzt plötzlich längere Zeit still war, fügte Christian noch dies an: «Eine Voraussetzung könnte möglicherweise darin bestehen, dass man das ‹Dörflidenken› aufgibt und über seinen Schatten springt. Dafür wird der Mutige vielleicht mit einer Lobby belohnt, die findet, dass das neu Entstandene eine ideelle und finanzielle Unterstützung wert ist.»

2

Der Bo Katzman Chor in Aktion.

Bo Katzmann Tour 1999.

Fusionieren und Kräfte bündeln

Fritz kam sich etwas überfahren vor, blieb aber sachlich: «Deine Beispiele sind recht und gut, aber sie lassen sich in dieser Art nicht überall verwirklichen. Das Baselbiet ist nun einmal ein Kanton mit vielen kleinen Gemeinden und mit Strukturen und Mentalitäten, die etwas behäbiger und konservativer sind als in grösseren und stadtnahen Agglomerationen oder in der Stadt selber. Es ist ja auch nicht so, dass sich gar nichts bewegen würde. Die Probleme sind greifbar und werden erkannt. Über Lösungen wird nachgedacht, diskutiert und verhandelt. Von Peter, einem Arbeitskollegen weiss ich, dass der *Männerchor Augst* und der *Arbeiterchor Pratteln* vorerst gemeinsame Proben durchführen, um sich gegenseitig beschnuppern zu können. Wenn alles zufrieden stellend verläuft, dürfte es zur Fusion kommen. Diskussionen wird es über den neuen Namen des Vereins absetzen, auch über das zukünftige Lokal, in dem geprobt werden soll und über weitere Details mehr.»

«Ein durchaus exemplarisches Beispiel», rief jetzt der Moderator aus, «eines, das für die Zukunft bei manchen dörflichen Vereinen mit personeller Schwindsucht ein Akt der Notwendigkeit sein wird. Nicht zuletzt deshalb, weil sich sonst kaum mehr qualitativ ansprechende Sängerfeste und Wettbewerbe organisieren lassen. Blosse Feld-, Wald- und Wiesenfeste interessieren die Jungen, aber auch das Publikum schon gar nicht mehr. Andernfalls bleibt für einen serbelnden Verein nichts anderes übrig, als fürs Erste zu pausieren und die Kasse, Akten und Dokumente, das

3

Der Arbeiterchor Pratteln anlässlich seines 75-jährigen Jubiläums im Jahr 1997.

4
Der gemischte Chor Diegten.

Notenmaterial und anderes mehr auf der Gemeindeverwaltung zu deponieren. Dies vielleicht in der Hoffnung, dass später Bürgerinnen und Bürger einen Neubeginn wagen. Denkbar ist auch, dass bei einem stark überalterten Verein ein Veteranenchor es ermöglicht, dass sangeswillige Frauen und Männer weiterhin regelmässig ihrem Hobby frönen können, ohne Leistungsdruck und besondere Anforderungen (unter Umständen nach Geschlechtern getrennt). Im Weiteren sind noch andere Ideen denkbar, solche, die jetzt nicht vorgestellt werden können, weil es sie noch gar nicht gibt. Zum Beispiel spartenübergreifende Verbindungen, Singen

Zum Nachdenken Anlass geben etliche, dem Jahresbericht der Schweizerischen Chorvereinigung (SCV) entnommene Feststellungen, die im Januar 2001 von Jean-Pierre Salamin, dem Zentralpräsidenten der SCV niedergeschrieben wurden. Unter der Rubrik «Ausblick» heisst es:
«Nachlässigkeit in Bezug auf Termine, wenig Respekt gegenüber den Organisatoren von Veranstaltungen, aber auch gegenüber verantwortlichen Organen der SCV.
- wenig sichtbare Anstrengungen, neue Mitglieder anzuwerben mit dem Ziel, die Chöre zu verjüngen und neu zu beleben.
- Schweizerisches Gesangfest: wenig Echo in der Öffentlichkeit, mit Ausnahme der Konzerte am Abend.
  Schwache Medienpräsenz im Vergleich zu Anlässen der Jodler, Pfeifer und Tambouren, Blasmusik.
- Schwaches Engagement der Chöre gegenüber Aktionen wie ‹Musique Espérance›»

unter Einbezug anderer Elemente von Sprache, Bewegung, einfachen Instrumenten und Ähnliches mehr.»

Soziale und gesellschaftliche Funktion

Fritz signalisierte Einverständnis und den Wunsch, reden zu dürfen: «Du hast bereits ein Beispiel genannt für das, was nie ausser Acht gelassen werden darf: die gesellschaftliche und soziale Funktion eines Chors, ob Männer-, Frauen- oder gemischter Chor, ob gross oder klein, bedeutend oder weniger bedeutend. Du hast ja als Beispiel den Veteranenchor erwähnt. Im Übrigen soll und darf im Vordergrund stehen, dass Chorgesang Qualität bedeutet, Leistung, Nachwuchsförderung und Auftrittsmöglichkeiten. Aber in Anlehnung an das vorhin Gesagte wird alles zusammengehalten durch etwas, das Mitmenschlichkeit heisst und meint: die Überwindung egoistischen Verhaltens zugunsten einer Gemeinschaft, mit der in Freude und Heiterkeit etwas erreicht werden soll.»

In diesem Zusammenhang ist eine Passage aus dem Jahresbericht 1999 der *Knabenkantorei Basel* (KKB) interessant. Dirigent Beat Raaflaub schreibt da: «Ich sage den Leuten in meinen Dirigierkursen stets: ‹Wer einen Jugendchor leitet, muss einfach wissen, dass 80 bis 90 Prozent der Arbeit unmusikalischer Natur sind. Dies ist übrigens auch bei Erwachsenen nicht anders, nur ist das Verhältnis zugunsten der Musik verschoben.›»

«Im Klartext heisst das», resümierte der Moderator, «dass ein Dirigent, der eine hohe Qualitätsstufe beim Gesang erreichen will, nicht nur fachlich hervorragend ausgebildet sein muss – er soll auch über charakterliche und menschliche Eigenschaften verfügen, die bei den Sängerinnen und Sängern ankommen, sie motivieren und überzeugen.»

Die Erwähnung der *Knabenkantorei* lenkt unseren Blick auf die Jugendchöre und darüber hinaus auf die Gesangsförderung bei Jugendlichen und in den Schulen. Letzteres ist allerdings ein besonderes, ein weites Feld und soll hier nicht abgehandelt werden.

Unüberwindbare Nachwuchssorgen haben Elitechöre in dieser Sparte kaum, obwohl im erwähnten Jahresbericht zwei Sätze aufhorchen lassen. Zitat: «In der KKB herrscht akuter

5

Chor und Orchester des Collegium Musicum Basel und der Oratorienchor Baselland anlässlich einer Aufführung der «Schöpfung» von Joseph Haydn im Dom zu Arlesheim.

Folgerungen aus den zitierten Ausblicken:

Lasst uns aktiver durchs Leben gehen, auch im musikalischen Bereich unseres Landes. Erwähnt unsere Anwesenheit bei jeder Gelegenheit, schlägt bei jedem Fest in unseren Dörfern oder Städten eine gesangliche Komponente vor. Wertet all das aus, mündlich, durch Ankündigung der Konzerte (wenn möglich alljährlich) in den Lokalzeitungen. Weiterbildungskurse durch die Lokalmedien (Lokalradio- und Fernsehen). Vergessen wir nicht, dass die Aufstockung der Mitgliederbestände Hand in Hand geht mit der Erneuerung des Repertoires und der Verpflichtung von gut ausgebildeten, dynamischen Dirigentenpersönlichkeiten!

Mangel an Tenören. Nur noch wenige Sänger nehmen die besonderen Herausforderungen der höchsten männlichen Gesangsstimme an.»

Diese Klage kommt uns bekannt vor und sie ist im schlimmsten Fall die Ursache dafür, dass ein Männerchor musikalisch nicht mehr voll funktionsfähig erscheint.

Nachdem Christian kurz erwähnt hatte, dass die stimmliche Ausgeglichenheit der gemischten Chöre ein Thema für sich wäre, verwies er auf etwas seiner Meinung nach Wichtiges, das bis anhin nie erwähnt wurde, das Geld: «Heutzutage wissen die Menschen doch, dass ohne ‹Cash› nichts läuft. So sind die Jahresbeiträge für Aktive und Passive fast durchwegs zu niedrig. Die Leute müssen zur Kenntnis nehmen, dass beispielsweise ein guter Dirigent seinen Preis hat, und dass ein toller Unterhaltungsabend, der viel Publikum anlocken soll, etwas kostet.»

Kantonales Chorförderungsmodell für Konzertchöre

Als wäre er in der Schule, streckte Fritz die Hand hoch: «Das wissen die Baselbieter durchaus. Dass für Kultur nicht so rasch Geld locker gemacht wird, das allerdings lässt sich nicht verschweigen. Aber es gibt durchaus Gemeinden, die ‹ihren› Chor finanziell unterstützen, etwa wenn ein Jubiläum oder ein besonderes Projekt ansteht. Noch besser haben es Spitzen-, genauer gesagt Konzertchöre: da existiert beim Kulturamt des Kantons dank Niggi Ullrich, dem Chef des Amtes, ein Chorförderungsmodell. Klar, dass da nicht alle davon profitieren, aber es kann ein Anreiz sein, Ehrgeiz zu entwickeln und sich dafür einzusetzen, dass Menschen den Gesang, das aktive Singen und Mitdabeisein neu entdecken.»

Und weil dies dem Moderator am Herzen liegt, wollte er es nicht unterdrücken, nachfolgendes Votum an die Gemeindebehörden zu richten: «Motiviert, aktiviert und unterstützt Lehrerinnen und Lehrer, auf dass sie die Kinder über den Schulalltag hinaus erreichen, mit ihnen Konzerte geben, dass sie mit Erwachsenenchören zusammen auftreten und das kulturelle Leben der Gemeinde bereichern, – zur Freude aller und vor allem der Kinder selber.»

Fusion der beiden kantonalen Chorverbände

Der Moderator behielt das Wort und seine Rede wurde schon fast geheimnisvoll: «Wenn schon vom Fusionieren und dem Bündeln von Kräften die Rede ist, darf verraten werden, dass

---

Hinweis auf eine Publikation

Aus Anlass des 150-jährigen Bestehens des Kantonalvereins Baselland erschien im Jahre 1992 eine 133 Seiten starke und reich bebilderte Jubiläumsschrift mit interessanten Aufsätzen, vorwiegend über die Entwicklung des Chorgesangs in unserem Kanton. Die durchwegs lesenswerten Beiträge verfassten Ernst Schweizer, Ernst Möri, Fritz Buess, Max Benzinger, Ruth Hostettler, Peter Stöcklin, Peter Hügin und Günter Mattern. Zu beziehen bei Fritz Buess, Fabrikweg 14, 4460 Gelterkinden, Tel.: 061/981 14 12.

mit Bedacht und Vorsicht Annäherungen der beiden kantonalen Chorverbände in die Wege geleitet wurden. Emil Kessler, der Präsident der *Baselbieter Chorgemeinschaft* nimmt an, dass, wenn Einigkeit erzielt werden kann, der Zusammenschluss im Jahr 2003 Realität sein könnte.»

Aber auch hier gilt es natürlich, kleinkarierte Abwehrhaltungen und zeitfremdes Besitzstanddenken zu überwinden. Ein vereinigter Chorverband könnte, klug strukturiert und auf bereinigte Ziele hin ausgerichtet, das Chorwesen mittel- und längerfristig beleben und verlebendigen.

In diesem Sinne braucht kein Fazit der fragmentarischen Äusserungen an den Schluss dieser Betrachtungen gestellt zu werden: Den Ton angeben sollten jetzt die Dirigentinnen und Dirigenten, Sängerinnen und Sänger, Vereinspräsidentinnen und Vereinspräsidenten!

Bildnachweis

1 Zur Verfügung gestellt von Annemarie Schlatter, Ettingen.
2 Zur Verfügung gestellt von Armin Fischli, Birsfelden.
3 Foto E. Meyer, Pratteln. Zur Verfügung gestellt von Paul Gass-Flury, Pratteln.
4 Zur Verfügung gestellt von Hans Häfelfinger, Diegten.
5 HR + P Clerc – Fachfotografen, Basel. Zur Verfügung gestellt von Ernst Zbinden, Binningen.

Stille I

Über den weiten Feldern Nebelschwaden. Ganz hinten am Waldrand ein Bauer, der mit dem Traktor über die Felder tuckert, den Pflug im Schlepp. Ein paar Krähen flattern müd und schwer vom abgeernteten Maisfeld hinüber zum Nussbaum; ihr grobes ‹Krah› zerbricht die dumpfe Stille. Der Nebel aber dämpft alle Geräusche, macht sie weniger scharf, rundet sie, weicht sie auf:

Dies ist die Stunde des Jubelgesangs

Die Natur, du kannst das deutlich vernehmen – nicht übers Ohr, es ist nichts Akustisches ... – spielt ihre Symphonie. Ohne Instrumente, ohne Klangquelle überhaupt, säuselt sie fern im vielstimmigen Orchester und Chor. Akkorde sind im Ackergrund verborgen, Wohlklang im Gebüsch. Der vielstimmige Gesang der Bäume, der Farben, der Gräser, der Lüfte und Wolken und Winde. Doch nur Eingeweihte können all dies hören, nur Menschen, die nicht immerfort schwatzen, plappern und diskutieren, die nicht mit «Walkmännern» am Gürtel und Lautsprechern im Ohr durch die Gegend stapfen. Menschen, die nicht nur durch die Natur rasen, die sie nicht bloss nutzen, sondern mit ihr eins werden und auf sie zu hören versuchen. Das gelingt nicht immer, aber es ist möglich. Hör mal genauer hin!
Stille, die klingt – das ist doch ein Widerspruch, wirst du sagen. Es gibt eben noch vieles auf dieser Erde, das wir für unmöglich halten, das nicht bewiesen werden kann. Stille klingt wirklich, weil sie eine Saite in mir anrühren kann. Stille, die Kraft gibt. Mit Stille kann man nicht die Zeit totschlagen wie beispielsweise mit Musik. Stille kann überall sein, aber viele haben Angst vor ihr, denn die Stille kann überwältigen. Darum so viel Lärm und Betriebsamkeit. Stille bringt mich zu mir, dorthin, wo ich im Lärm nicht sein kann, höchstens noch im Tanz oder im intensiven Musizieren ...

Alby Schefer 2000

Jürg Mosimann

Opernaufführungen am Gymnasium Oberwil

Ein Vierteljahrhundert lang schon werden am Gymnasium Oberwil Opern aufgeführt, von Schülern und Berufsmusikern unter Anleitung der Lehrerschaft. Das ist ein kleines Wunder in einer Zeit, in der viele resigniert über die Konsumhaltung von Jugend und Gesellschaft jammern.
Jürg Mosimann, seit Gründung des Gymnasiums Musiklehrer, Fachvorstand und Leiter des Schülerchors berichtet im folgenden Text über die Arbeit an der letzten aufgeführten Oper: «En passant Lenz» von David Wohnlich.

Agazzari – Bernstein – Cavalieri – Gluck – Händel, Händel, Händel – Kodaly – Monteverdi – Offenbach – Orff – Purcell, Purcell – Stravinsky – Traetta – Wohnlich, Wohnlich, Wohnlich, Wohnlich: das ist die Liste der Komponisten der szenischen Werke – meist Opern –, die der Chor des *Gymnasiums Oberwil* in den letzten 24 Jahren aufgeführt hat. So weit gespannt der Bogen zwischen beispielsweise der «Rappresentazione di anima e di corpo» von Emilio di Cavalieri im Jahr 1600 und den vier Kompositionen des zeitgenössischen Basler Musikers David Wohnlich auch ist – einige Leitgedanken ziehen sich durch alle Aufführungen: Der Chor spielt jeweils die Hauptrolle, damit die Schülerinnen und Schüler – teils freiwillig, teils im Rahmen ihrer Ausbildung im Maturprofil M (= Musik) dazu verpflichtet – und die Lehrkräfte und ehemaligen Schülerinnen und Schüler – sie in jedem Fall freiwillig – im Zentrum eines Projekts stehen. Doch die Solistenrollen übernehmen meist professionelle Sängerinnen und Sänger; oft haben sie als Lehrkräfte der schuleigenen Musikabteilung einen Bezug zu ihr. Das Unternehmen «Oper Gymnasium Oberwil» ist also nicht ein reines Schüler- und Schülerinnenunternehmen, sondern im Sinn des Auftrages eines Gymnasiums führt es zu den Quellen, zu den Wurzeln der professionellen Betätigung – so wie die so genannten wissenschaftlichen Fächer zum wissenschaftlichen Arbeiten hinführen.

Dieser Weg von der alltäglichen Schüler- zur Musiktheaterwelt ist lang. Bei der letzten Aufführung, der Uraufführung der Oper «En passant Lenz» im Februar 2001, betrug er rund vier Jahre: Vor vier Jahren haben wir uns entschieden, Georg Büchners Fragment «Lenz» über den zwischen

Genialität und Wahnsinn taumelnden Dichter Jakob Michael Reinhold Lenz zum Ausgangspunkt eines solchen Wegs zu machen. Hubert Thüring und Michael Kohlenbach, ehemalige Schüler des Gymnasiums und promovierte Germanisten und Philosophen, verfassten daraufhin ein Libretto für eine Oper. Sie hielten sich an Büchners Text und die historischen Quellen, aber transponierten Lenz' Wanderung durch die Vogesen und dem Wahnsinn entlang in die heutige Lebenswelt. Keine platte Aktualisierung: Lenz' Leben am Abgrund bleibt schwer zu verstehen, ja letztlich für die Sänger und Sängerinnen, die Schauspieler und Schauspielerinnen sowie für das Publikum unzugänglich. David Wohnlichs Musik desgleichen: Das ad-hoc-Orchester, der Chor und die Solistinnen und Solisten arbeiten mehrere Monate lang schwer an der modernen, expressiven Musik. Dazu kommt, dass nicht nur der musikalische Ausdruck, wofür ich zuständig bin, sondern auch die Choreographie stimmen muss: Andres Hunziker, ebenfalls ein Lehrer der Schule und erprobter Regisseur, studierte diesen Teil ein. Der Chor braucht Bewegungsfreiheit und Aktionsraum. Die herkömmliche Unterteilung der Schulaula in einen grossen Saal und eine verhältnismässig kleine Bühne gaben wir deshalb schon von Anfang an auf: Die Bühne zieht sich über den halben Saal hin. Wir können weniger Zuschauerinnen und Zuschauer einladen, aber diese sind näher am Spiel, ja oft mitten drin.

Sicher von Vorteil ist es, dass Komponist und Librettisten in der Nähe sind

Harmonie zwischen Chor und Solist (Jean-Jacques Knutti als Lenz).

und an Proben teilnehmen: Die Schüler und Schülerinnen erleben, wie das Stück auf seine Uraufführung hin immer noch weiter entwickelt wird. Aber das schwierige Text- und Musikmaterial fordern Kraft: Einmal mehr geraten vor allem die Schülerinnen und Schüler, die ja neben der Oper noch den Schulunterricht zu bewältigen haben, an den Rand ihrer Kräfte. Zwar werden sie teilweise vom Unterrichtsbesuch dispensiert – aber dass sie in elf Schulfächern den Anschluss nicht verpassen dürfen, das kann man ihnen nicht abnehmen.

Mit der Zeit werden auch die Solistinnen und Solisten – meist professionelle Sängerinnen und Sänger – in die

Proben einbezogen. Sie und der Chor müssen sich musikalisch, choreographisch und im Ausdruck aufeinander ab- und einstimmen. In dieser Phase erleben die Schüler und Schülerinnen die originale Seite einer der Gesangskunst gewidmeten Berufstätigkeit. Sie überwinden Berührungsängste und erkennen die harte Arbeit, die hinter einem scheinbar selbstverständlichen Auftritt im Theater steht. Auch die übrige Vorbereitung – Budget, Beleuchtung, Bühnenbild, Requisiten, Kostüme, Programmheft, Billettverkauf, Presseinformation, Buffet – erfordern viel Arbeit: Die langjährige Tradition und die Treue der Mitwirkenden stellt bei diesen weitverzweigten Arbeiten eine grosse Erleichterung dar. Denn die Termine drängen und auf die Generalprobe und Premiere hin wachsen Druck und Stress. Jedes Jahr kommt es zu Unsicherheiten, Unzufriedenheiten, Spannungen und Krisen. Sie zu überwinden, erfordert von allen Beteiligten die volle Kraft und die Zuversicht, dass die lange Arbeit sich lohnen wird und die vielen konzeptionellen Überlegungen zu einer gelungenen Aufführung führen werden.

Auch dieses Jahr durften wir vom 8. bis 11. Februar vier gelungene und von der Kritik gerühmte Aufführungen präsentieren – alle ausverkauft. Natürlich wäre es schön, noch mehr Zuschauerinnen und Zuschauer mit unserer Aufführung zu beschenken. Aber nach vier Abenden ist erfahrungsgemäss bei den Laienmitgliedern des Ensembles die Limite erreicht, die Kraft weg und wird das Bedürfnis nach Schlaf und Ruhe übermächtig. Mit letzter Kraft werden die Aula geräumt, die Zuschauerbühne demontiert, die Requisiten versorgt oder entsorgt, die Kostüme und geliehenen Gegenstände zurückgebracht – und mit den letzten Mitteln werden die Rechnungen bezahlt und die Abrechnung erstellt. Ohne Idealismus, Gratisarbeit und ohne die Unterstützung durch die Schule, die Abteilung «Kulturelles» der *Erziehungs- und Kulturdirektion des Kantons Basel-Landschaft* sowie die Sponsoren ist eine Aufführung mit diesem Anspruch finanziell nicht denkbar.

Aber ebenfalls undenkbar ist sie ohne Schülerinnen und Schüler – und wer von ihnen an einer oder mehreren Aufführungen teilgenommen hat, findet seinerseits, dass die Schule ohne solche Extraereignisse nicht denkbar ist: Nach unseren Umfragen bei den ehemaligen Schülerinnen und Schülern sind Opern-, Konzert- und Theateraufführungen diejenigen Ereignisse während der Gymnasialzeit, die sich am stärksten in der Erinnerung einprägen und die gleichzeitig am positivsten beurteilt werden. Und das Urteil der Schülerinnen und Schüler wird von Rektor Werner Baumann geteilt:

«Die grossen musikalischen Aufführungen an unserer Schule verschlingen immer viel Energie (nachdem ich mehrmals mitgemacht habe, weiss ich das), aber sie setzen auch grosse Kräfte frei. Die Beteiligten lernen dabei immer wieder Dinge, die heute oft schwer zu vermitteln sind: dass Anstrengung sich lohnen kann, dass harte Arbeit zu Befriedigung führen kann, dass Ernst und Vergnügen nicht notwendigerweise Gegensätze sind, dass Kultur Spass machen kann, ohne dass sie zur Spasskultur werden muss. Damit erwerben sich die teilnehmenden Schüler und Schülerinnen Erfahrungen und Kompetenzen, die sie auf ihrem weiteren Weg in den verschiedensten Bereichen brauchen können. Und wir tragen zu ihrer Bildung bei. Die Aufführungen sind daher ein wesentlicher Bestandteil unserer Arbeit als Schule.»

Nicht jedes Jahr findet eine Oper statt, sondern etwa jedes zweite. Aber in den Zwischenjahren wird die musikalische Kontinuität durch das Einstudieren eines Konzertes – auch wieder mit einem aus Schüler- und Lehrerschaft zusammengesetzten Chor und Solistinnen und Solisten – aufrechterhalten. Teile des

Der Chor als Zuschauer (v.r.n.l.) Christa Mosimann als Mme O., Sebastian Mattmüller als Oberlin, Jean-Jacques Knutti als Lenz und (im Hintergrund) Cornelia Wermelinger als Friederike; Christa Mosimann, Sebastian Mattmüller und Cornelia Wermelinger sind die Lehrkräfte für Sologesang am Gymnasium Oberwil, Jean-Jacques Knutti ein ehemaliger Schüler.

Repertoires tragen wir auch auf Konzertreisen (Augsburg, München, Salzburg, Nürnberg, Hamburg) oder bei anderen Schulanlässen vor. Hier wiederum die Liste der Komponisten und Werke seit 1977: Bruckner, «Messe in C» – Carissimi, «Jephta» – Charpentier, «Messe de minuit» – Eisler, «Gegen den Krieg» – Frauenberger, «Messe» – Haydn, «Missa in tempore belli», «Missa St. Aloysia» – Koutnik, «Gloria» – «Missa Criolla» – Mozart, «Missa brevis» – Pergolesi, «Stabat Mater» – Rossini, «Messe solennelle» – Saint-Saëns, «Oratoire de Noël» – Schubert, «Frauenchöre».

Bildnachweis

Hugo Jäggi, Burg.

Marianne Imhof-Rudin

Volkstanzen

Volkstanzen drückt Lebensfreude aus, kann Gesellschaftsschichten verbinden und fördert den interkulturellen Austausch. Wie steht es damit im Baselbiet? Wo finden wir das «tanzende Volk» und welchen Aktivitäten geht es nach?

Heute zählen wir im Baselbiet etwa 200 Volkstänzerinnen und Volkstänzer, die in einer Trachtengruppe oder einem Volkstanzkreis aktiv sind. Daneben existieren diverse Institutionen, wie zum Beispiel Senioren-Tanz- oder -Turngruppen, die auch regelmässig dem Volkstanzen frönen, aber vor allem ausländische Tänze berücksichtigen. Mein Artikel konzentriert sich auf die Aktivitäten der Trachtengruppen.

Früher haben dem Tanzvolk wohl vorwiegend Vertreter des Bauernstandes angehört; heute finden wir alle Berufsstände vertreten: Bäcker, Krankenschwestern, Lehrerinnen, Studenten, Handarbeitsseminaristinnen, Ärzte, Schreiner, Hausfrauen – die Tanzbegeisterung macht vor keiner Berufsgruppe Halt; allerdings sind die Männer leider noch leicht untervertreten.

Was wird getanzt?

Alte, traditionelle Tänze gibt es bei uns und allgemein in der Schweiz wenige. Die Volkstanzpionierin Hanny Christen (1900–1976) gab 1943 ein Heft mit alten, von ihr gesammelten Baselbieter Melodien und Tänzen heraus. Ausser zwei schweizerischen Tanzbüchlein gab es damals noch nicht viele Unterlagen, an die man sich halten konnte. Die Tanzformen und -figuren waren relativ einfach und die Auswahl bescheiden. Mit den Interlaker «Unspunnenfesten» von 1955 und – vor allem – 1968 beginnt dann aber in der Schweiz ein eigentlicher Volkstanzboom. Viele kreative Köpfe wollen ihre Ideen von neuzeitlichen Tänzen zu Papier und unter die Leute bringen. Dies hat zur Folge, dass in der ganzen Schweiz viele Tanzneuschöpfungen wie Pilze aus dem Boden schiessen. Wie überall, bestätigt sich auch hier, dass Quantität und Qualität nicht gleichzusetzen sind. Das stetig wachsende Angebot an Volkstänzen erschwert zunehmend das gemeinsame Tanzen mit Tanzfreudigen aus den verschiedenen Regionen. Dem versucht die *Schweizerische Volkstanzkommission* entgegenzuwirken, indem sie in ihren Tanzleiterkursen Empfehlungen für ein Grundtanzprogramm abgibt.

Zudem wurde eine einheitliche Terminologie zum Schreiben und Lesen der Choreographien ausgearbeitet. So sind die Tänze, im Gegensatz zu früher, sehr genau und unmissverständlich dokumentiert.

Rhythmen

Zu den schweizerischen Volkstanzrhythmen gehören:
- Walzer
- Ländler (schneller Walzer)
- Mazurka
- Schottisch
- Polka
- Marsch

Am beliebtesten, sowohl bei den Tanzenden als auch beim Publikum, ist der Schottisch. Er ist attraktiv, weil er sich schnell und in den Choreographien oft mit vielen Drehungen präsentiert. Am gefühlvollsten und deshalb nach meinem Empfinden am schwierigsten zu tanzen, ist die Mazurka, ein langsamer Dreivierteltakt.

Die Regionen der Schweiz zeigen im Tanz ihren unterschiedlichen Charakter. So tanzt ein Appenzeller Paar beispielsweise mit kleinen Schritten, die Füsse flach am Boden und in enger Tanzhaltung, während sich ein Paar aus der Romandie eher hüpfend und schwungvoll fortbewegt. Heute schauen die Tanzgruppen darauf, dass sie bei Tänzen aus anderen Landesgegenden diese Eigenheiten beibehalten.

Aktivitäten der Tanzgruppen

Alle Gruppen begehen ihre vereinseigenen Anlässe. So führt fast jede Trachtengruppe alljährlich oder im Zweijahres-Turnus ihren Heimatabend durch, um sich dem interessierten Publikum zu zeigen.

Oft gilt das Maisingen und -tanzen als Höhepunkt im Vereinsjahr. Es wird gesungen und getanzt und auch die Kindertanzgruppen – wo solche bestehen – erfreuen mit ihren Darbietungen die Zuschauer. Als Abschluss folgt der traditionelle «Bändeltanz» um den Maibaum. Die roten und

1

Auftritt der kantonalen Tanzgruppe an der «Chornschüüre-Stubete» 1995 in Liestal.

2

Kinder der Trachtengruppe Liestal zeigen das Netz des Bändertanzes (1987).

weissen Bänder werden um den Stamm der Tanne geflochten und netzartig gespannt. Anschliessend wird das Ganze wieder elegant gelöst, vorausgesetzt, dass jeder Tänzer und jede Tänzerin die Schritte beherrscht und sich nie in der Richtung irrt.
Ein Teil der Baselbieter Volkstänzer ist über die eigenen Gruppenanlässe hinaus aktiv. Dank der Offenheit der Baselbieter gegenüber Tänzen aus allen Landesteilen, ist das Repertoire sehr vielseitig und somit können sie auf den Tanzbühnen der verschiedenen Regionen gut mithalten. So trifft man sie an Volkstanzbällen in der ganzen Schweiz, sei es in Zürich, Bern, Chur, Genf oder im eigenen Kanton – in Reinach oder Zwingen. Die Baselbieter freuen sich in Zürich, dem grössten dieser Bälle, über die *Oberbaselbieter Ländlerkapelle* als Ballmusik.

Einzelne Trachtengruppen unternehmen immer wieder Reisen ins nahe oder ferne Ausland, sei es für Auftritte oder zur Teilnahme an internationalen Festivals.
In den zwölf Trachtengruppen unseres Kantons, die der *Kantonalen Trachtenvereinigung* angeschlossen sind, wird vorwiegend gesungen, getanzt und Theater gespielt. Neun davon haben eine Tanzgruppe, die den Schweizer Volkstanz pflegt. Die Tracht wird nur für Auftritte und spezielle Anlässe getragen. Die älteste Trachtengruppe ist diejenige von Sissach (1926 gegründet), danach folgen die Trachtengruppen von Liestal (1932) und des Laufentals (1936, damals noch der bernischen Trachtenvereinigung angeschlossen). Jüngstes Mitglied ist der *Volkstanzkreis Reinach* (1983).
Das Repertoire aller Gruppen beinhaltet alte, so genannte traditionelle aber auch neue Schweizertänze und einige wenige ausländische Tänze. Der *Volkstanzkreis Reinach* pflegt als einziger Verein ausgiebig Tänze aus aller Welt (z.B. aus Deutschland, Frankreich, England, Tschechien, den USA, Israel). Wenn Not am Tänzer oder der Tänzerin ist, hilft man sich gerne über die Vereinsgrenzen hinweg aus, was in einigen andern Kantonen undenkbar wäre.

Trachtengruppen im Kanton Baselland, die eine Tanzgruppe haben:

Gruppe	Gründungsjahr	Anzahl Tänzer	Alter in Jahren	Anzahl Kinder	Alter in Jahren
Trachtengruppe Sissach	1926	23	28–64	15	4–12
Trachtengruppe Liestal	1932	28	24–70	60	4–14
Trachtengruppe Laufental	1936	21	22–64	21	4–11
Trachtengruppe Muttenz	1946	23	36–63	12	7–13
Trachtengruppe Pratteln	1947	11	27–72	15	4–12
Trachtengruppe Leimental	1961	20	13–67	–	–
Trachtengruppe Gelterkinden	1962	15	36–58	15	6–12
Trachtengruppe Waldenburgertal	1981	36	14–68	40	4–14
Volkstanzkreis Reinach	1983	25	40–76	–	–

Stand Januar 2001

Kantonale Aktivitäten

Die Kantonale Tanzleitung gibt an etwa fünf Abenden im Jahr das in schweizerischen Kursen Gelernte an die Tanzleiterinnen und Tanzleiter der Ortsgruppen weiter.

3

Trachtengruppe Gelterkinden am Nürnberger Altstadtfest im September 1993.

4

Open-Air-Auftritt der kantonalen Tanzgruppe am World Folkfest in Springville (Utah) im Juli 1996.

Für alle Tanzfreudigen wird jedes zweite Jahr ein kantonaler Tanzsonntag organisiert. Ein Tag lang wird getanzt – Bekanntes und Neues, Leichtes und Schwierigeres. Rund 100 Personen nehmen jeweils daran teil, wobei Mitwirkende aus der ganzen Schweiz anzutreffen sind.

5

Die Trachtengruppe Gelterkinden tanzt in den Strassen von Bonn anlässlich der 2000-Jahr-Feier der Stadt im Jahre 1989.

Speziell zu erwähnen sind drei Anlässe der vergangenen Jahre, an denen jeweils Mitglieder verschiedener Trachtengruppen des Kantons beteiligt waren:

- 1988: Neben neun anderen Nationen aus aller Welt, Teilnahme am *Internationalen Folklorefestival* in Fribourg mit diversen Auftritten in der Altstadt. 16 Paare tanzen an einer Galavorstellung unter dem Tanzleiter Peter Ott (Tecknau) ein aus seiner Feder stammendes «Baselbieter Potpourri».
- 1996: Teilnahme einer 24-köpfigen Tanzgruppe am *World Folk Fest* in Springville, Utah, USA. Eine Woche lang bestreitet sie jeden Abend ein anderes Programm – im Rahmen eines Open Airs – vor Tausenden von Zuschauern. Baselland als Vertreter der Schweiz inmitten von zwölf Nationen aus aller Welt. Ein grossartiges Erlebnis!
- 1998: Am *Eidgenössischen Trachtenfest* in Bern können die Trachtentänzer des Kantons zusammen mit den Kantonen Aargau, Basel und Solothurn einen grossen Erfolg feiern. Die Nordwestschweiz brilliert mit einem Potpourri, dargeboten von 120 Tanzpaaren! Die Choreographie dazu ist auf Initiative der Schreibenden entstanden und zusammen mit den anderen Kantonen ausgearbeitet worden. Der zur Verfügung stehende Platz wird nicht wie üblich mit verschiedenen Kreisen gefüllt, sondern optimal genutzt, indem auf Linien, Diagonalen, kleineren und grösseren Kreisen im Wechsel getanzt wird. Zwischenapplaus und eine «Standing Ovation» sind die Belohnung.

Nachwuchs

Sieben Trachtengruppen haben das Glück, eine Kindertanzgruppe in ihrem Verein zu haben. In den letzten Jahren sind leider die meisten zahlenmässig geschrumpft, trotzdem hat die Trachtengruppe Liestal als grösste, nach wie vor noch etwa 60, die *Trachtengruppe Waldenburgertal* knapp 40 und die *Trachtengruppe Laufental* etwa 20 Kinder.

6

Kantonaler Kindertanzsonntag am 16. Juni 1996 in Pratteln.

Bei den Kindern ist nicht das Erstreben von Perfektion gefragt, sondern das Vermitteln der Freude an der Bewegung zu Musik. Dazu eignen sich ausländische Melodien und Tänze sehr gut. Im Kindergartenalter lieben es die Mädchen und Buben während des Tanzens zu singen. Vorführungen mit Kindertanzgruppen erfreuen sich grosser Beliebtheit. Vor allem die Kleinsten gefallen wegen ihrer Natürlichkeit. Grössere Kinder setzen sich manchmal selbst einem gewissen Druck aus und wirken dadurch nicht mehr ganz so locker. Sie sind jedoch in der Lage bereits anspruchsvollere Tänze zu präsentieren.

Jedes zweite Jahr führt eine Trachtengruppe für alle Kinder des Kantons einen Tanzsonntag durch.

Leider sind die Teenager in allen Gruppen untervertreten. Das Freizeitangebot ist heute sehr gross und Volkstanzen hat bei dieser Altersgruppe kein gutes Image. Um die Jugendlichen dem Volkstanz zu erhalten, ist man bestrebt, sie möglichst früh in eine Erwachsenen-Tanzgruppe zu inte-

grieren. Zudem wird die Bildung einer kantonalen Jugendtanzgruppe ins Auge gefasst.

Die Ausstrahlung der Volkstänzerinnen und Volkstänzer ist ebenso wichtig, wie die Genauigkeit der Schritte und die korrekten Figuren. Wenn sich die Freude in den Gesichtern der Tanzenden widerspiegelt, lebt der Tanz und der Funke kann auf das Publikum überspringen, was hoffentlich immer wieder neue Mitglieder anspricht.

Bildnachweis

1 Eugen Schwarz, Oberdorf.
2 A. Schell, Liestal.
3 K.Rudin, Lausen.
4 R. Weber, Reinach.
5 K.Rudin, Lausen.
6 B. Zumbrunnen, Gelterkinden.

Sabina Droll

Anything goes

Graffitis, DJs, «Breaks» und «Dresscode» – Internationale Tanzformen im Baselbiet

Tanz war und blieb bis in unsere Zeit ein Ausdruckmittel für menschliches Empfinden – eine Sprache von Körper, Geist und Seele. Heute erfüllen tänzerische Bewegungen einerseits therapeutische Funktionen als Variante nonverbaler Kommunikation, andererseits gelten sie als Kunstform. Als urmenschliches Ritual sind sie sogar als Verständigung zwischen Kulturen zu verstehen. Ob wir zurück zu den Wurzeln tanzen oder losgelöst vom Erdgebundenen in die abstrahierte Welt schweben oder ganz einfach aus purer Lust den ganzen Körper bewegen – heute ist alles möglich.

Mit dem Wandel der Musik ändern sich auch die Tanzformen. In diesem Sinne haben – wie überall auf der Welt – die verschiedenen Tanzstile auch im Baselbiet Fuss gefasst:
Samba, Rumba, Cha Cha Cha, Paso Doble, Jive, Rock 'n' Roll, Disco-Swing, Boogie Woogie, Lindy Hop, Tango, Foxtrott, Quickstepp, Slowfox, Stepptanz, Rhythm Tap, Jazztanz, Funky Jazz, Hip-Hop.
Viele dieser neueren Tanzformen haben ihre Vorfahren in Afrika oder in Südamerika, wo Tanz ursprünglich in Form von Fruchtbarkeits-, Toten-, Initiations-, Waffen-, Jagd-, Licht- oder Feuertänzen Bestandteil von Magie und Kult war.
Mit den Sklaven gelangte auch die afrikanische Musik in die Neue Welt und hat dort andere Ausdrucksvarianten gefunden. Von Latein- oder Nordamerika wurde sie schliesslich nach Europa exportiert.

Filme – Transfer internationaler Tänze

Wichtige «Importeure» internationaler Tanzformen sind denn auch Filme. Durch sie wird der Transfer internationaler Tänze begünstigt. So haben unter anderen «Saturday Night Fever», «Westside Story», «Grease» sowie «Flashdance» das tänzerische Geschehen auch bei uns beeinflusst. Furore machten sicher «Dirty Dancing» und der Kubafilm von Wim Wenders «Buenavista Social Club». Mambo und Salsa erfreuen sich immer grösserer Beliebtheit; gewisse Tanzschulen wurden förmlich davon überrollt.

Noch im letzten Sommer lagen diese Tänze, allen voran der Salsa (und auch der Salsa-Gruppentanz für mehrere Paare) voll im Trend – auch im Baselbiet. Erotischer, direkt aus den Hüften getanzter rauer Hip-Hop auf dem Parkett gibt's schliesslich im neusten Streifen «Save The Last Dance» von Thomas Carter. «Was diesem Film den entscheidenden Kick verpasst», so schreibt die Journalistin Maya Künzler, «ist die Musik von *R&B, Lucy Pearl, K-Ci and JoJo* sowie die choreographierten Tanzsequenzen, die ein geglücktes multikulturelles Selbstverständnis aufzeigen.»

1
Mit gekonnten (kostümierten) Auftritten beschworen die Mitglieder der Gelterkinder Tanzarena am unvergessenen Wiener-Walzer-Abend in Tecknau Opernballstimmung.

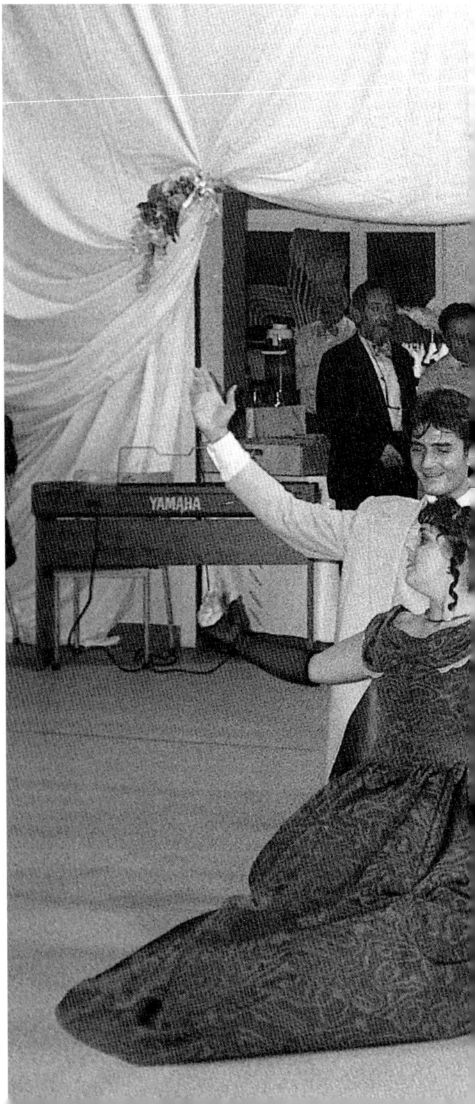

Wie sieht die Baselbieter Tanzlandschaft aus?

Wenn wir die gegenwärtige Tanzszene im Baselbiet betrachten, gilt es vorerst, zwischen klassischen Tänzen (Ballett, Wiener Walzer, Englisch-Walzer), einheimischem Volkstanz und allen modernen, multikulturellen Ausdrucksformen zu unterscheiden.
Dem Volkstanz widmet das vorliegende Buch eine separate, spezielle Betrachtung.
Komplexer wird die Betrachtung der grossen Vielfalt modernster Tanzströmungen (Hip-Hop verbunden mit Graffitis, House, Breakdance, DJ-ing, Elektro-Boogie etc.), ihren Ursprüngen und ihren Nebenerscheinungen. Die Schnelllebigkeit des Tanzgeschmacks unter den tanzenden Jungen – sie wechselt manchmal von Monat zu Monat – trägt dazu bei. Lokale, die heute «in» sind, sind morgen «out». Gruppierungen, die sich spontan bilden, lösen sich ebenso schnell wieder auf. Aus diesem Grunde lässt

die moderne Tanzszene im Baselbiet keine umfassende Präsentation zu. Dennoch wurde versucht, den Besonderheiten der zeitgenössischen «Jugendbewegung» in unserem Kanton nachzuspüren.

Wer, wie, was, wo kommt in unserem Kanton wirklich in Bewegung?

Eine Umfrage zeigte, dass Frauen und Männer ab 30 Jahren einfach «Freude am Tanz» als Motivation für ihre Freizeitbeschäftigung angeben, während die Jüngeren etwas differenzierter im «New Dance» eine «körperliche Befreiung» sehen, die «Schönheit der Bewegung», die «Macht des tänzerischen Ausdrucks», die «szenischen Möglichkeiten» und den «Abbau von Aggressionen durch intensive körperliche Bewegung» schätzen.

In der Gelterkinder Heimatkunde von 1965 hiess es noch:

«Getanzt wird nur bei besonderen Anlässen (Mattenfesten, Vereinsabenden), in geschlossenen Gesellschaften, bei Hochzeiten, gelegentlich an Markttagen, allgemein während der Fasnacht. In den letzten Jahren hat die Gemeindestube durch

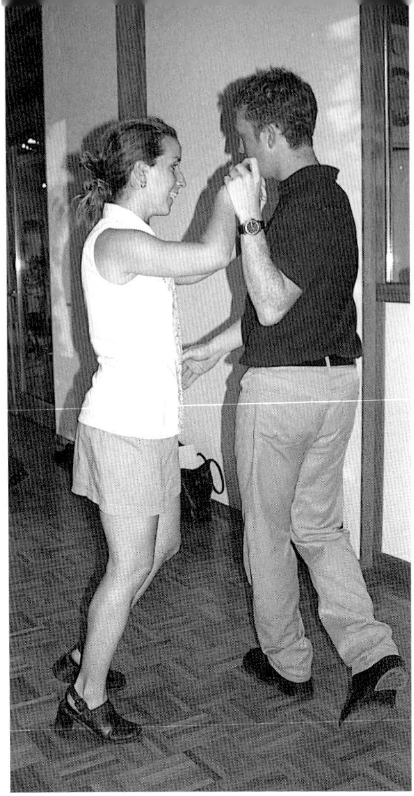

2
Rassiger Salsa ist – auch im Baselbiet – noch immer en vogue ...

öffentliche Tanzabende den jungen Leuten Gelegenheit zu diesem Vergnügen geboten ...»
Tanzmöglichkeiten gibt es auch heute noch. Verteilt über den ganzen Kanton, jedoch mehrheitlich in Tanzschulen, schwingen Erwachsene, Jugendliche und Kinder das Tanzbein. Ebenso haben die klassischen Tänze (Wiener Walzer, Englisch-Walzer, Foxtrott, Slowfox etc.) Anziehungskraft, sowohl für Ältere als auch für Jüngere. Letztere wissen den Englisch-Walzer wieder zu schätzen, zumal die Popmusik gelegentlich Lieder im Dreivierteltakt aufweist. Jazztanz, Funky Jazz, klassisches Ballett, afrikanischer und orientalischer Tanz werden mehrheitlich von Tanzschulen, Gymnastikstudios oder Fitnesszentren in der Region angeboten. Die Kurse werden vorwiegend von Frauen besucht.
Übrigens veranstaltet die *TANZ ARENA Gelterkinden* so genannte «sommerTANZwochen». Geschäftsführer Kurt Strub konstatiert:
«Zukünftig zählt der Tanzsommer zu den wichtigsten Eckpunkten unserer Tanzschule. Erste positive Auswirkungen haben sich bereits gezeigt. Taufrische junge Leute oder arrivierte Tänzer und Tänzerinnen aus der Region sowie aus den Kantonen Basel, Solothurn, Aargau und Luzern treffen sich zu diesen Intensivwochen, respektive zu den Workshops, um vom breiten Angebot diverser Stilrichtungen zu profitieren. ‹Jekami› heisst die Parole, Rhythmusfreude die Devise.»
Viel Musik, Tanzen, Plaudern und Überraschungen gibt es in regelmässigen Abständen auf den Tanz-Partys, ebenfalls durchgeführt von der *TANZ ARENA*. Auch hier ist eine breite Öffentlichkeit zugelassen, das heisst, Leute aus dem ganzen Baselbiet. Daten können den jeweiligen Zeitungsinseraten entnommen werden.
Abgesehen von «Big Partys» für ein breites Publikum an Tanzschulen, kommt es in der Region seltener zu öffentlichen, grossen Tanzanlässen; es sei denn, nach einer Delegiertenversammlung eines Chortreffens, bei organisierten Festen durch lokale Turnvereine, bei Gesangsfesten, kantonalen Musiktagen, Oldies-Discos , Veranstaltungen der *Pro Senectute Baselland* oder durch privat organisierte Tanzveranstaltungen. Einen Sommernachtsball oder gar ein Tango-Festival gibt's im *Mittenza* in Mut-

tenz. Plakate oder Anzeigen in Zeitungen weisen jeweils darauf hin.

Für viele unvergesslich bleibt der grosse «Wiener Walzerabend», der vor fünf Jahren in Tecknau Tänzer und Tänzerinnen jeden Alters erfreute. 300 Eintrittskarten waren zu diesem feierlichen Anlass innert wenigen Tagen verkauft.

Baselbieter Ballerinas der klassischen Richtung – sie stammen aus der *Tanz- und Bewegungsschule Liestal* – brillierten kürzlich zum zweiten Male mit ihren vielgelobten Balletteinlagen auf der Fricktaler Bühne bei den Operettenaufführungen von Lehars «Lustiger Witwe».

Liebhaber der fünf klassischen Standardtänze, fahren nach Basel ins *Plaza* oder in Dancings der Kantone Aargau und Solothurn.

3

Auch klassisches Ballett ist in unserem Kanton nach wie vor gefragt. Junge Mädchen lernen dabei elegante Körperhaltungen. Knaben hingegen sind in den Ballettstudios eher selten zu finden.

Seniorentanz kommt jeden zweiten Mittwochabend im Restaurant *Hard* in Birsfelden zu Stande. Natürlich trifft man auch jung gebliebene Senioren in den Discos der umliegenden Kantone.

Sehr beliebt bei den Baselbieterinnen mittleren Alters sind:

- *Modern Dance* – sozusagen ein Körpertraining mit Grundelementen aus Modern, Jazz, Gymnastik, Placement und anderen Richtungen.
- *Meditativer Tanz* – Körper und Geist werden mit elementaren, ruhigen Bewegungen verbunden, die es der «Tänzerin» erlauben, loszulassen, ihre Mitte zu finden und Kraft zu schöpfen. Das bewusste Erleben gibt Raum für Entfaltung des Eigenen.
- *Orientalischer Tanz* – Mit schönen und sinnlichen Bewegungen ist der Bauchtanz verbunden mit dem ewig Weiblichen, nämlich mit dem Ursprung der Fruchtbarkeit.
- *Flamenco* – prägende Rhythmen, spezifische Fuss- und Körperarbeit, zusammen mit der Musik sprechen

von Glück und Schmerz, Liebe und Tod.
Alle diese Kurse werden in Tanzschulen unterrichtet. Da und dort resultiert daraus – nebst der Stärkung der eigenen Persönlichkeit – ein öffentlicher Auftritt der Teilnehmenden.

Und zu was tanzt unsere Baselbieter Jugend?

Fangen wir bei den Jüngsten an: Diverse Tanz- und Bewegungsschulen oder Tänzerinnen (in privatem Rahmen, die sich damit ein Zubrot verdienen) offerieren Kinderkurse. Zum Beispiel «Tap Kids», ein Rhythmusunterricht, der die Grundelemente des Broadway-Step und des Rhythm-Tap beinhaltet. «Girl & Boy Ballett» mit kreativem Tanz (ab 5 Jahren) und klassisch Ballett für Kinder (ab 7 Jahren). Beliebt ist der «Kids Dance Mix» (7 bis 11 Jahre) sowie der «Teens Dance Mix» (12 bis 14 Jahre), «Breakdance Kids» (12 bis 15 Jahre), «Hip-Hop Kids», aber auch Kinderjazz und Tanztheater. Regionale Kindertanzgruppen für Ballett wie auch für Volkstanz, respektive Trachtentanz werden ebenfalls besucht. Die Tanzschulen treten bei Jubiläumsanlässen auch öffentlich auf – oder an «Demonstrationsabenden» nach Kursabschluss. Für solche Veranstaltungen sorgt neben anderen regelmässig die *Tanz- und Bewegungsschule Liestal*, sowie das *Tanzstudio Katapult* in Laufen.
In schöner Erinnerung bleibt der offiziell ausgeschriebene Anlass «Die fürchterlichen Fünf» in der *Kuppel* in

4
Ein temperamentvoller Ausdruckstanz ist der Flamenco: stampfender andalusischer Rhythmus der südspanischen Folklore.

5

Die bekannten Knocking Boots, eine semiprofessionelle Baselbieter Hip-Hop-Gruppe, präsentieren sich hier vor – eng mit ihrer spezifischen modernen Tanzkultur verbundenen – Graffiti.

Basel, den die Tanzpädagogin Jeannine Onori, zusammen mit den Kindern ihres Jahreskurses «Tanztheater» im September 2000 durchführte. Die Hip-Hopper, ebenfalls vom *Tanzstudio Katapult* in Laufen bieten ihre Produktionen zum Teil bei Gewerbeausstellungen, Geburtstagen, Jubiläen, usw. an

Während sich Mädchen gern im klassischen Ballett oder im Jazz-Ballett üben, wenden sich Burschen eher den akrobatischen Tanzsportarten wie etwa Capoeira und Breakdance zu.

Zwar steckt das Ballett nach Aussage von Fachleuten in einer Krise, dennoch sind die Ballettschulen in Baselland gut ausgelastet. Ballett als Kulturphänomen wird überleben – sich aber ändern, erkranken, gesunden – und so immer auch unsere Gesellschaftsstrukturen widerspiegeln.

Soloformen des Hip-Hop stehen bei Jugendlichen an erster Stelle

Im 20. Jahrhundert trat auf dem Gebiet des Kunsttanzes neben dem klassischen Ballett der Ausdruckstanz auf und wurde somit zum Träger für einen eigenständigen, von musikalischen Bindungen und akademischer Positionslehre freien Tanz. Wegweisend wirkten hier Isadora Duncan, Rudolf von Laban und Mary Wigman.

Generell aber stehen bei unserer Baselbieter Jugend zum heutigen Zeitpunkt die verschiedenen Solo-Formen des Hip-Hop an erster Stelle. Die Musik entstand in den schwarzen Ghettos amerikanischer Grossstädte. Der Hip-Hop ist nicht einfach eine Stilrichtung der Musik. Zu seiner Kultur gehört nämlich eine ganze Menge, unter anderem die Graffiti. Anfang der 60er Jahre formierte sich in zahlreichen verslumten Quartieren amerikanischer Grossstädte Strassengangs, die mit auf Mauern und Hauswänden gemalten «Tags» ihren Unmut manifestierten. Vordergründig ging es darum, sich im Konkurrenzkampf mit anderen Banden Geltung und Raum zu verschaffen. Der tiefere Sinn dieser «Tags» lag wohl im Streben nach Aufmerksamkeit in einem durch Hoffnungslosigkeit, Verzweiflung und Verwahrlosung geprägten Milieu. Aus den anfänglichen Kritzeleien entwickelte sich eine eigentliche Kunstform, welche sich von den amerikanischen Grossstädten ausgehend, auf Wänden, Mauern und Eisenbahnzügen weltweit ausbreitete. Die Hip-Hop-Gruppe *Rap Attack* formulierte es folgendermassen:
«In einem Zeitraum von fünf Jahren entwickelten die ‹Crews› den Hip-Hop. Denn solange niemand in New York, Amerika oder dem Rest der Welt irgendetwas über die so genannten schwarzen ‹Ghettos› wissen wollte – diesen unaussprechlichen Orten extremer städtischer Verwahrlosung – war es dem neuen Stil gestattet, sich in Ruhe zu einer eigenständigen Strassenbewegung zu entwickeln, deren Existenz nur durch einen Aspekt ihrer Kultur auch sichtbar wurde: Graffiti.»

6

Mandala heisst dieses Spiel zwischen Körper und Geist, choreographiert und getanzt von den «Tanzfrauen» der Tanz- und Bewegungsschule Liestal.

Ende der 60er Jahre begannen Diskjockeys (DJs) wie beispielsweise der Jamaikaner *Kool Herc* auf den Strassen und in Parks von Harlem und der Bronx ihre mobilen «Sound Systems» einzurichten, wobei sie die Elektrizität der Strassenlaternen anzapften. Mit lauter Funkmusik und lockeren Sprüchen zogen sie das Publikum in ihren Bann. Die neuen Diskjockeys sahen

ein Lied nicht mehr als untrennbare Einheit, sie mixten vielmehr aus Teilen verschiedener Musikstücke ihr eigenes. Zusätzlich wurden Unterbrüche, so genannte «Breaks», eingeführt. Wichtig für einen Diskjockey, einen so genannten «MC» (Master of Ceremony), war, dass er das Sprücheklopfen und den Sprechgesang beherrschte, also schnell und rhythmisch sprechen konnte. Damit war die Grundlage für eine neue Musik geschaffen, den Rap.

1977 organisierte Russell Simmons in Manhattan Rap-Shows, die Hip-Hop erstmals auch für Besucher ausserhalb des Ghettos zugänglich machten.

Eine wichtige Figur für den Rap ist auch *Afrika Bambaataa*, der die Organisation *Zulu-Nation* gründete, die als positiver Gegenpol zur – besonders Anfang der 70er Jahre grassierenden – Ganggewalt wirken sollte. Alle Mitglieder der *Zulu-Nation* glauben an «Freiheit, Gerechtigkeit, Gleichheit, Wissen, Weisheit und Verständnis».

Mit der Fusion von Hip-Hop und Jazz Anfang der 90er Jahre ging der musikalische Hip-Hop neue Wege. Verschiedene Gruppen griffen auf die Musik von Louis Armstrong, Dizzy Gillespie und John Coltrane zurück. Dank Gruppen wie *Public Enemy* und

Anthrax etablierte sich der Hip-Hop nun auch in Europa; musikalisch auf der Hip-Hop-Linie taten sich in Deutschland als erste *Die Fantastischen Vier* hervor. Wie zuvor in Amerika setzte nun auch in Europa ein Hip-Hop-Boom ein.
Die tänzerische Entsprechung des Hip-Hop ist der Breakdance. Er fand den Einzug in die Hip-Hop-Bewegung über die für die Rapmusik typischen Pausen, die so genannten «Breaks». Während diesen «Aussetzern» verlässt das Schlagzeug seinen Grundrhythmus und übernimmt die Führung – die Tänzer nutzen diese nonverbale Perkussionseinlage dazu, den Rhythmus mit ihrem Körper darzustellen.
In den Anfängen des Breakdance war es verpönt, den Tanz zu lehren. Die Tanzbegeisterten lernten durch Beobachtung. Zu Hause wurde geübt, vielleicht eine kleine Abänderung eingefügt, damit es nicht nach plumper Imitation aussah. Wie die verbale Schlagfertigkeit ermöglichte auch der Tanz, eine akzeptable Position im sozialen Gefüge zu erlangen. Der mutige Solotanz im Kreise des versammelten Publikums wurde mit Anerkennung belohnt. Eine weitere Parallele des Tanzens zum verbalen Schlagabtausch sind die so genannten «Battles» (Schlachten). Die Tänzer lieferten sich Wettkämpfe, welche die Ausschreitungen auf der Strasse ablösten. Aus den Strassengangs wurden «Crews», die sich gegenseitig das Publikum streitig machten. Noch heute heisst das Treffen der besten Breakdancer «Battle of the year».
Laut tönende «Ghettoblasters» und auf der Strasse tanzende Jugendliche, die vom umstehenden Publikum angefeuert werden, sind bei uns in der Region nur selten anzutreffen. Ansätze einer festen Hip-Hop-Szene können im Waldenburgertal und in Liestal um den Rapper Raphael Flury alias *MC Poet* sowie im Unterbaselbiet beobachtet werden. Aus verständlicherweise anonym bleibenden Kreisen, war zu vernehmen, dass es im Baselbiet auch gewalttätige «Breakgruppen» gibt.
In der Region wird heute der Tanz vor allem in Tanzschulen gelehrt. Um möglichst viele Modeströmungen aufzunehmen, verpflichten sich auch die Tanzschulen des Baselbiets sowohl der Moderne als auch der Tradition. Daraus entstehen dann vielfältige Kursprogramme (Hip-Hop, House, Electro Boogie, Breakdance, Popping, etc.).
Der Breakdance ist ein sehr körperintensiver und akrobatischer Tanz. Die Vermarktung der Kleider durch Markenhersteller mit aggressiven Werbekampagnen, führt zu einem obligaten «Dresscode», der oft die finanziellen Mittel der Jugendlichen übersteigt. Viele der jungen Frauen, die sich in unserer Region zu Hip-Hop-Musik bewegen, vermeiden die akrobatischen Einlagen am Boden – bringt Breakdance doch viele blauen Flecken und Muskelkater mit sich.
Zu Hip-Hop wird aber auch in Jugendzentren «gebreakt». Ein be-

7

Renate Hug, Bewegungspädagogin SBTG – im Spannungsfeld zwischen Improvisation, Freiraum, strikter Choreographie und Komposition.

sonders passionierter «Break-Tänzer» ist der 12-jährige Cagri Can aus Pratteln, der die 5. Primarklasse besucht und seit zwei Jahren ein «angefressener» Breakdancer ist. Alby Schefer aus Muttenz hat ihn interviewt:

Cagri, wie und dank wem hast du den Breakdance kennen gelernt?

Mein älterer Bruder ist schon länger ein begeisterter Dancer, der auch zuhause wie wild übt. Ich wollte ihn nachahmen und merkte schnell, dass mir das sehr gut gefällt und dass ich Talent dazu habe. So habe ich auch andere Jungs getroffen und konnte von allen viel lernen. Es werden immer mehr.

Was fasziniert dich an diesem Tanz?

Also natürlich sieht das Ganze gut, ja sogar toll aus; ich habe Freude, meinen Körper elegant und virtuos zu bewegen. Es gibt etwa 20 Figuren (Tricks) in verschiedenen Schwierigkeitsgraden, die man zuerst einzeln lernt und dann zusammenhängt. Natürlich gefällt mir auch die Musik, zu der man tanzt.

Wo liegen die grössten Schwierigkeiten beim «Breaken»?

Man muss elegant bleiben. Beim «Airtrack», einer der schwierigsten Figuren, muss man sich schraubenförmig und blitzschnell drehen können – das braucht schon allerhand Können und Beweglichkeit: eigentlich ist es

8

Übung macht den Meister – der 12-jährige Cagri Can trainiert einen der rund 20 Breakdance-«Tricks».

eine Art Akrobatik, die sehr viel Körpergefühl verlangt.

Gibt es Klubs oder sonstige Vereinigungen, wo man das «Breaken» lernen und trainieren kann?

In Basel gibt es ein grösseres Zentrum, wo man sich trifft. Wir kommen meist im Jugendhaus zusammen zum Trick-Zeigen und zum Üben. In Pratteln sind es vorwiegend junge Ausländer, die «breaken».

Hip-Hop wird auch da und dort als Freifach in Schulen angeboten. Was daraus resultiert, zeigt das Beispiel von Rümlingen. Fasziniert vom Film «Dirty Dancing» übte die Lehrerin Iris Tresch ihre Tanzschritte- und Tanzfiguren während den Pausen auf dem

9

Eigentlich ist Breakdance eine Art Akrobatik, die sehr viel Körpergefühl, Können und Beweglichkeit verlangt.

Schulhof. In der Folge versammelte sich eine interessierte Schülerschar um sie herum, bewunderte Treschs Soloperformance und freute sich darüber. Schneller als erahnt, war somit der Grundstein zu einer eigenen Tanzgruppe gelegt. Tanz als Freifach wurde ins Schulprogramm der Berufswahlklasse Rümlingen aufgenommen. Schliesslich entstanden daraus die *Knocking Boots* . Nach und nach mutierten die erfolgreichen *Knocking Boots* zu einer bekannten Show-Tanzgruppe mit Auftritten in der Region, ja sogar im In- und Ausland.

Bis zum heutigen Tag wird regelmässig geübt und zwar in der Turnhalle der *Heilpädagogischen Tagesschule* im Schulhaus Tannbrunn in Sissach. Nebst der eigentlichen Show-Gruppe trainiert Iris Tresch eine Anfänger- und eine mittlere Gruppe – junge Leute im Alter von 14 bis 21 Jahren aus Diegten, Gelterkinden, Tenniken, Zunzgen.

Im Gespräch mit Iris Tresch wird ihre Leidenschaft für diese Art zu tanzen spürbar. Für sie ist das Leben sowieso ein Tanz. Ganz wichtig ist ihr, dass die Jugendlichen eine sinnvolle Freizeitbeschäftigung haben und nicht auf der Strasse herumlungern, schreibt Christa Bausinger in der *Volksstimme*. Denn für die Schullehrerin gehört Hip-Hop zum Sport und ist nicht ein «Gehopse im Takt von lauter Musik».

Frau Tresch glaubt aber auch, dass gegenwärtig all jene Tänze, die akrobatisch-athletische Voraussetzungen erfordern, weniger gefragt sind, weil sich auch in jugendlichen Kreisen gewisse Ermüdungserscheinungen und eine Zurückhaltung vor körperlichen Leistungen manifestieren.

Nach Aussagen befragter Burschen und Mädchen aus Liestal, dem Waldenburgertal und dem Diegtertal wird ausser in den Räumlichkeiten von Tanzschulen und Fitnesszentren in folgenden Lokalen zu Hip-Hop, Rock, Funk, House, Trance oder Jungle getanzt:

- *Z7* in Pratteln ist eine kleine Konzerthalle und erst noch abwechslungsreich. Dort heizen die jeweiligen Musikgruppen so richtig ein.
- *Spriesse-Bar*, Pratteln.
- *Moskito*, Liestal.
- *CH*, Sissach (ab 20 Jahren).
- Diverse Open Airs in der Region, zum Beispiel in Waldenburg, Allschwil, Schupfart (AG).
- *Roxy*, Birsfelden.
- *Kuppel*, Basel.
- *Babalabar*, Basel.
- *Sommercasino*, Basel – sozusagen die regionale Metropole des Hip-Hop. Hier hat sich einst die Hip-Hop-Gruppe *Bee4Real* mit dem Musical «Gleis X» einen Namen gemacht.

Eine andere Ausdrucksform für Jugendliche bietet der Techno. Von den einen als Brutstätte inoperabler Ohrenschäden verschrien, von anderen heiss geliebt, werden die dröhnenden Techno-Rhythmen, bei «Street-Parades» in Grossstädten, aber auch in Baselbieter Tanzlokalen zelebriert. Die Verquickung von Techno mit «satanischen» Ideologien ist umstritten. Sicher ist, dass Techno eine der extremsten und weltumfassendsten Varianten internationaler modernster jugendlicher Musik- und Tanzformen ist oder wie ein Jugendlicher schwärmt: «Techno verbindet die Welt!»

«Hurricane-Nights» halten Einzug

Befragt man Jugendliche im Alter von 13 bis 17 Jahren auf offener Strasse oder in Parks, beklagen sich die meisten darüber, dass ihnen im Baselbiet, vor allem im Oberbaselbiet, kaum Lokalitäten zur Verfügung stehen – und dies trotz leer stehenden Fabrikgebäuden. Auf die Frage hin, warum es ihnen denn so wichtig sei, Räumlichkeiten zu haben, antworten die meisten, dass Kurse an einer Tanzschule ganz schön ans Portemonnaie gingen. Im Übrigen sei der Zutritt ins *CH* in Sissach erst ab 20 Jahren erlaubt.

Umso mehr freuen sie sich über Tanzveranstaltungen durch lokale Turnvereine. Tatsächlich scheinen die so genannten «Hurricane-Nights» im Oberbaselbiet Einzug zu halten.

Nebst DJs aus der Region legen hier bekannte DJs aus der ganzen Schweiz zu diesen Techno-Partys auf. Sage und schreibe 1400 Partygäste besuchten am 8. und 9. April 2001 die dritte «Hurricane-Night» in Hemmiken, organisiert vom örtlichen Turnverein. Auch wenn klassische «Raver» im Latex-Dress fehlten, wurde zwei lange Nächte durchgetanzt und geschwitzt. Ob Rock 'n' Roll, Techno oder Hip-Hop: 3500 Scheiben hatten die «Jockeys» im Sortiment. Denn an den zwei Abenden war für die richtige Party-Stimmung allerlei gefragt: Von *Mr. President* über Eros Ramazotti bis hin zu *Police*.

Zusammenfassend kann gesagt werden: Überall dort, wo in unserer Region mit intensiver Freude und Leidenschaft getanzt wird – ob von semiprofessionellen Show-Gruppen oder Amateuren –, entsteht tänzerische Erfüllung. Und was unsere Jugend anbelangt: Es ist ihr Vorrecht, immer wieder nach neuen Bewegungsvarianten zu suchen. So bleibt alles im Fluss – wie unsere Ergolz. Anything goes!

Anmerkungen

Der Bericht über Ursprünge des Hip-Hop stützt sich auf eine Studie von Corinne Bähler. Ihre Quellen sind:

- Kurt Rohrbach: Hip Hop, Techno, Heavy Rock, 1996, Institut für Didaktik populärer Musik, D-21436 Oldershausen.
- Friedrich Neumann, Jens-Uwe Welge: Hip Hop, 1996, Institut für Didaktik populärer Musik, D-21436 Oldershausen, Druckhaus Mölln.
- Gabriela Zutter, Rachel Tinguely: Diplomarbeit «Hip Hop – eine Subkultur im Wandel», 2000, Institut für Sport und Sportwissenschaften, Universität Bern.
- Homepage: www.b-boys.com

Bildnachweis

1 Zur Verfügung gestellt.
2 Sabina Droll, Gelterkinden.
3 Zur Verfügung gestellt.
4 Sabina Droll, Gelterkinden.
5 Zur Verfügung gestellt.
6 Zur Verfügung gestellt.
7 Peter Tschan, Basel.
8 Alby Schefer, Muttenz.
9 Alby Schefer, Muttenz.

Stille in Musikstücken

Grosse Komponisten haben in wundervollen Musikstücken die Stille eingebaut. Die zerdehnten Landschaften des Nordens, dargestellt mit langen, ganz langsam gespielten Melodien, bringen mich dazu, ganz dabei zu sein, genau wahrzunehmen, und beglücken mich zutiefst.
Solche Musikstücke atmen, sie hecheln nicht durch ihre akrobatisch zu bewältigende Melodik, nein, sie atmen. Jeder Ton lässt dem anderen Platz, sich zu entfalten. Töne werden durch die Ruhe, die sie ausstrahlen, dreidimensional, kristallklar. Nacheinander gespielte Töne werden im Klangraum zu Akkorden verbunden. Sergiu Celibidache, der weltberühmte Dirigent, hat die Langsamkeit in der Musik wieder salonfähig gemacht. Er dirigierte – aus voller Überzeugung, dass Töne und Akkorde atmen und sich entfalten können müssen – viele Musikwerke wesentlich langsamer, als dies andere Dirigenten tun – und siehe da: Die Stücke strahlen nun Wärme und Profil aus, werden körperlich und berühren den Zuhörer zutiefst. Töne, die wirklich klingen und ausklingen dürfen, strömen Ruhe und Stille aus, obwohl ein ganzes Orchester in grosser Lautstärke spielt. Ich höre ganz zentriert zu, bin ganz da, voll ergriffen von den Schwingungen, von der Gewalt der Stille.

Alby Schefer 2000

Urs Mangold

Die instrumentale Volksmusik (Ländlermusik) im Baselbiet

Eine persönliche Stellungnahme

Die Ländlermusik ist nicht am Aussterben. Auch wenn sie nach einem Boom in den 80er Jahren wieder ein bescheideneres und marginaleres Dasein fristet. Nach einer gewissen Schwemme steht heute vor allem Qualität im Vordergrund. Auch im Baselbiet erobern musikalisch hochqualifizierte und innovative Kleinformationen das Terrain. Dies ist die grosse Chance für die Volksmusik: die noch immer recht starren Formen neuen Einflüssen zu öffnen und so auch die Aufmerksamkeit des inzwischen sehr breit interessierten Publikums zu erobern.

Einleitung

Die wilden 60er Jahre

Krieg in Vietnam, erste Mondlandung, Stundentenbewegungen, Jugendkrawalle, Tausende von Hippies am *Woodstock-Festival*, Hochkonjunktur, Beginn des Computerzeitalters, Faszination am Fortschritt in Wissenschaft und Technik, sprunghafter Anstieg des Handels mit Rauschgift, Nationalstrassenbau, die *Beatles* beherrschen die Hitparaden, zunehmende Dominanz der elektronischen Musikinstrumente ...

Im Baselbiet beginnt die Zeit der vielen Dorffeste und im Kopf des Gelterkinder Tierarztes Erich Roost reift der Gedanke, eine Ländlerkapelle zu gründen als eigenen Beitrag zum Dorffest in seinem Wohnort.

Überblick 1970–2000

Die Gründung der Oberbaselbieter Ländlerkapelle

Unser Kanton hat keine grosse Ländlermusiktradition. Im Vergleich zu den ländlichen Bergregionen ist er eine volksmusikalische Diaspora. Roosts Suche nach geeigneten Musikanten gestaltete sich deshalb schwierig und harzig. Wohl gab es einige wenige Musikanten, welche gelegentlich in teils festen Formationen ihre Auftritte bestritten. Die meisten waren in der Umgebung von Basel zu finden. Viele dieser Musikanten stammten ursprünglich aus dem Bernbiet oder der Innerschweiz, arbeiteten bei der SBB, der PTT oder in der chemischen Industrie und spielten natürlich die Musik aus ihren Herkunftsgegenden. 1971 war es dann aber so weit: Auf vielen Umwegen, dank hartnäckiger

Ausdauer und mit einer rechten Portion Glück hatte Erich Roost seine Musikanten beisammen. Alle dachten an einen einmaligen Auftritt am Gelterkinder Dorffest.
Als 17-jähriger Gymnasiast mit schulterlangem Haar fand ich auch Aufnahme in Roosts Ländlerkapelle. Die Volksmusik hatte mir von klein auf gefallen. Sie war stets mit Gemütlichkeit verbunden. Vor meinen Schulkameraden hingegen hütete ich diese Vorliebe und mein Mitwirken in einer Ländlerkapelle wie ein grosses Geheimnis. Ich wollte nicht ausgelacht werden, denn Ländlermusik wurde abschätzig als «Hudigägeler» tituliert und Ländlermusikanten galten als Vertreter einer reaktionären Generation.

1

«Schwyzerörgeli»-Quartett Lushübel aus Hölstein.

Die Ländlermusik wird akzeptiert

Das dreitägige Dorffest wurde für mich zu einem eindrücklichen Jugenderlebnis. Eigentlich hoffte ich insgeheim, dass ich von den Mitschülern nicht erkannt würde. Aber die unerwartet vielen positiven Bemerkungen über unsere Musik schmeichelten mir doch sehr. Überrascht hat mich vor allem auch das Interesse vieler Kinder an meinem «Schwyzerörgeli». Dieses Instrument schien eine besondere Anziehungskraft auszustrahlen. Viele Eltern erkundigten sich bei mir, wo man ein solches «Örgeli» kaufen und spielen lernen könne. Noch konnte ich nicht weiterhelfen.
An diesem Dorffest entstanden noch weitere Kontakte. Wir wurden gefragt, ob wir nicht bereit wären, auch an anderen Festen aufzutreten. Ohne überlegen zu müssen, sagten wir natürlich freudig zu und waren erstaunt über die grosse Nachfrage. Es schien ein enormes Bedürfnis nach Ländlermusik zu herrschen. War es wirklich die Musik? Ich meine nein, sondern eher das ganze emotionale Umfeld, die Klischeevorstellungen von der «guten alten Zeit», also eine gefühlsmässige, unbewusste Reaktion auf den Zeitgeist der 60er Jahre.

Der Siegeszug des «Schwyzerörgelis»

Eine regelrechte Welle der Begeisterung erfasste Anfang der 70er Jahre die Volksmusik in Amerika und Europa. Diese als «Folk» bezeichnete Bewegung stampfte auch in der Schweiz verschiedene Folkfestivals aus dem Boden: z.B. auf der Lenzburg, auf dem Gurten, im Wenkenpark. Im

Schlepptau der Gitarre wurden zahlreiche Musikinstrumente wieder Mode, die jahrzehntelang als altväterisch gegolten hatten und im besten Fall ein exotisches, kümmerliches Dasein fristeten: Dudelsack, Drehleiher, Zither, Hackbrett und das «Schwyzerörgeli». Dieses Ende des 19. Jahrhunderts erfundene, also relativ junge Instrument erlebte von 1920 bis 1935 seine eigentliche Blütezeit, kam dann aber nach dem Zweiten Weltkrieg als Folge der Vorliebe für Jazz und Schlagermusik ausser Mode und Gebrauch.

Das «Schwyzerörgeli» erlebte eine nie erwartete Renaissance und einen regelrechten Siegeszug quer durch die Schweiz und machte nicht einmal vor der Nordwestecke unseres Landes halt. Obwohl «Örgeli»-Bauer wie Pilze aus dem Boden schossen, konnte die Nachfrage nach diesem typisch schweizerischen Instrument nicht gedeckt werden. Lieferfristen von mehreren Jahren waren üblich. Es verwundert deshalb nicht, dass sogar «Schwyzerörgeli made in Italy» importiert wurden.

Weil sich die Verantwortlichen der Baselbieter Jugendmusikschulen weigerten, den «Schwyzerörgeli»-Unterricht anzubieten, versuchten die Spielwilligen, dieses Instrument entweder im Selbstunterricht oder bei einem der wenigen Spieler zu lernen. Manches Kind musste so auf eine Ausbildung auf dem «Örgeli» verzichten, sei es, weil sich in seiner Umgebung kein Lehrer fand oder weil die Anschaffung eines «Schwyzerörgelis» (ab 3000 Franken) den finanziellen Rahmen der Eltern sprengte.

Ländlermusikboom in den 80er Jahren

Auch vor den elektronischen Medien machte das immer grösser werdende Interesse an der Ländlermusik nicht Halt. Zu besten Sendezeiten flimmer-

2

«Schwyzerörgeli»-Grossformation Tschoppenhof aus Diegten.

ten Wysel Gyrs volkstümliche Abendsendungen über den Bildschirm: «Gala für Stadt und Land» und «Eusi Musig». Auch am Schweizer Radio kamen die Liebhaber der einheimischen Musik auf ihre Rechnung: Der Liestaler Radiomann Marcel Wunderlin betreute seine eigene Sendung «E Chratte voll Platte». Schallplattenproduzenten erkannten ebenfalls die Zeichen der Zeit und produzierten vermehrt volkstümliche Tonträger. Ein eigener Tonträger gehörte quasi zur Standardausrüstung einer Ländlerkapelle. Die Qualität spielte anfänglich noch keine Rolle, denn gekauft und gesendet wurde fast alles. Die Verbreitung durch die Medien war die beste Reklame für die Volksmusik. Sie wurde richtiggehend salonfähig bis hinauf in gesellschaftlich gehobenere Schichten. So war zum Beispiel die *Oberbaselbieter Ländlerkapelle* an Empfängen von Bundesräten, der Königin von England, an der Ausstellung *Grün 80* und so weiter dabei. In dieser Zeit wurden im ganzen Baselbiet verschiedene Ländlerkapellen gegründet. Die Mitgliederzahl des *Verbands Schweizerischer Volksmusikfreunde* (VSV) stieg in der Zeit von 1970 bis 1980 sprunghaft in die Höhe – von 200 auf über 600.

Qualitätssteigerung

In Form von so genannten «Stubeten» (meistens in einem Restaurant) bot der *Verband Schweizerischer Volksmusikfreunde* eine öffentliche Auftrittsplattform für sämtliche Ländlerkapellen. Die meist noch jungen Formationen machten davon Gebrauch. So entstand eine gesunde Konkurrenz; man wollte sich ja keine Blösse geben und bereitete sich entsprechend seriös auf solche Anlässe vor. Zudem führte der Verband auch Weiterbildungskurse für Bassgeige, «Schwyzerörgeli» und Klarinette durch. Von diesem Angebot profitierten sehr viele Musikanten und in zunehmendem Masse auch Musikantinnen.

Dies bewirkte eine deutlich hörbare musikalische Qualitätssteigerung. Aber auch das Überangebot von Tonträgern hatte seine positive Seite. Die Käufer wurden kritischer und folglich mussten die Musikanten in den Studios ihr Bestes geben.

Die Wirtschaftskrise in den 90er Jahren

Bereits 1990 begannen die Musikanten zu spüren, dass es der Wirtschaft nicht mehr so gut ging. Immer öfters wurde von Veranstaltern über die Gage für den Auftritt diskutiert. Kapellen wurden teils mit reduzierter Besetzung angestellt oder mussten ihr Engagement sogar an eine günstigere Formation abtreten. Die oft beleidigenden Begründungen waren: «Ihr spielt ja nur Ländlermusik» oder «Ihr benötigt keine Verstärker»! Gleichzeitig begannen die Zuhörer an den offiziellen «Stubeten» zu schwinden. Man wollte sparen und ging nicht mehr so oft in den Ausgang. Der *Verband Schweizerischer Volksmusikfreunde* sah sich gezwungen, die bisher fast monatlich durchgeführten Treffen zu halbieren. Auch Wirte, welche in Eigeninitiative gelegentlich den Gästen Ländlermusik angeboten hatten, verzichteten jetzt aus finanziellen Überlegungen darauf.

3

Appenzeller-Streichmusik Birkenbaum aus Hersberg.

In Fachzeitschriften wurden Occasion-Instrumente, hauptsächlich «Schwyzerörgeli», zu Tiefstpreisen angeboten. Es wurden keine überrissenen Liebhaberpreise mehr bezahlt. Die «Schwyzerörgeli»-Hersteller konnten schneller liefern und versuchten, durch eine Qualitätssteigerung doch noch am schrumpfenden Markt teilzuhaben.

In diesen Jahren hängten mancher Musikant und manche Musikantin das Instrument an den Nagel. Einigen davon war der Aufwand zum Üben doch zu gross, einige waren musikalisch überfordert oder untalentiert, andere fanden keinen Anschluss an eine Formation oder entschieden sich einfach für irgendetwas anderes. Im Jahr 2000 waren aber erfreulicherweise doch noch mindestens 25 mehr oder weniger feste Formationen im Baselbiet aktiv.

Musikalisches

Stilrichtungen, Instrumentierung und Repertoire

In der Schweiz unterscheidet man grob vier Stilrichtungen: Appenzeller, Berner, Bündner und Innerschwyzer Stil. Einen Baselbieter Stil kennt man nicht. Die wichtigsten Unterschiede liegen in der Instrumentierung, dem Basis-Repertoire und der Begleittechnik. Die meisten Musikanten hegen eine Vorliebe für einen dieser Stile und suchen sich zum Zusammenspielen gleich oder ähnlich gesinnte Kameraden.

4

Kapelle Rubin-Getzmann-Buser aus Zunzgen.

Als Folge des «Schwyzerörgeli»-Booms in den 80er Jahren wurden in unserer Region sehr viele «Schwyzerörgeli»-Formationen gegründet. Die meisten davon pflegen den hauptsächlich von den *Schmid-Buebe* geprägten Berner Stil mit der Standardbesetzung: drei «Schwyzerörgeli» und Bass. Zum Repertoire gehören nebst überlieferten Tänzen publikumswirksame «Föxli», Tangos, volkstümliche Schlager und Stimmungsmusik.

Einige wenige haben sich dem Innerschwyzer und dem Bündner «Örgeli»-Stil verschrieben: zwei «Schwyzerörgeli» und Bass. Sie interpretieren Kompositionen z.B. von Res Gwerder, Josias Jenny und Peter Zinsli.

Ländlerkapellen mit Klarinetten als melodieführende Instrumente sind in unserem Kanton nicht so häufig. Von der Besetzung her (eine bis drei Klarinetten, ein oder mehrere «Schwyzerörgeli» und Bass) sind diese Formationen dem typischen Bündner Stil zuzuordnen. Die Repertoire-Schwerpunkte liegen bei Komponisten aus dem Bündnerland (z.B. Carlo Simonelli, Domenic Janett), aus der Innerschweiz (z.B. Kasi Geisser) oder auch bei einheimischen Komponisten (z.B. Erich Roost, Urs Mangold, Arnold Rubin, Ruedi Getzmann).

Weil das Akkordeon bei uns eher schwach vertreten ist, gibt es folglich auch nur wenige Vertreter des «runden» – und des «konzertanten» – Akkordeon-Stils: zwei Akkordeons, Kontrabass mit oder ohne Klavier. Ebenfalls schwach vertreten ist das Saxophon.

Spezielle Besetzungen

In den vergangenen Jahren wurde in der gesamten Schweiz versucht, die Ländlermusik zu verändern. Einerseits war dies das Verdienst einer jüngeren Generation, welche sich nicht mehr nur stur und hörig an traditionellen Formen und Vorbildern ausrichtete, sondern mutig eigene Ideen verfolgte und ausprobierte. Andererseits war es auch das Fernsehen, welches um Zuschauergunst und Einschaltquoten kämpfte, das attraktiv und unterhaltsam sein musste und mit seinen volkstümlichen Sendungen eine möglichst breite Masse ansprechen wollte. So wurde landauf und landab viel mit andern Musikstilen experimentiert (z.B. Ländlerkapelle kombiniert mit Streichorchester oder mit Dixieland-Formation) oder mit, für Ländlermu-

5

Mundharmonika-Quartett Mikados aus Pratteln.

sik, ungewohnten Instrumenten (z.B. E-Bass oder Banjo).
Im Baselbiet war es die *Sissecher Holzmusig*, welche dank ihrer Experimentierfreudigkeit mehrmals zu Auftritten in Wysel Gyrs Sendung «Gala für Stadt und Land» eingeladen wurde und in Kombination mit Jazz, mittelalterlichen Instrumenten oder mit Fasnachtscliquen spielte. Es verwundert deshalb nicht, dass heutzutage gelegentlich Ländlermusik mit Piccolo, E-Bass oder mit Banjo dargeboten wird.
Von der Besetzung her nicht gerade alltäglich sind die Grossformationen. In ihnen trifft sich Jung und Alt, mischen sich blutige Anfänger mit richtigen Könnern. Das dominierende Instrument ist wiederum das «Schwyzerörgeli», garniert mit Bassgeige und zum Teil mit Klarinetten.
Nicht vergessen werden dürfen die Mundharmonikaspieler. Weil sich ihre Besetzung für Tanzmusik weniger eignet, sind sie eher bei konzertartigen Auftritten anzutreffen. Dort finden sie jeweils dank ihrer Professionalität grossen Anklang.
Eine einzige Formation, *Birkenbaum* aus Hersberg, hat sich in unserer Gegend der Appenzellermusik verschrieben und interpretiert mit zwei Geigen, einem Cello, einem Kontrabass und dem typischen Hackbrett traditionelle und neuere Melodien aus dem Appenzellerland.

Nachwuchs und Nachwuchsförderung

Das häufig freiwillige, riesige Freizeitangebot rund um Basel und in den grösseren Gemeinden ist für unsere Jugend äusserst attraktiv. Es wundert mich deshalb immer wieder, dass es trotzdem noch Junge gibt, welche sich für die in weiten Kreisen mit klischeehaften Vorurteilen belastete Ländlermusik interessieren, sich auf einem Instrument – meistens dem «Schwyzerörgeli» – ausbilden lassen, intensiv üben, sich in Gruppen zusammenschliessen, öffentlich auftreten und Verantwortung übernehmen. Die Anzahl zeigt eher sinkende Tendenz oder – mit einer rechten Portion Optimismus betrachtet – stagniert.
Die meisten der schätzungsweise 40 Schüler werden von privater Seite unterrichtet. Nur die Jugendmusikschule beider Frenkentäler hat das «Schwyzerörgeli» seit 1990 im Ausbildungsangebot. Davon machen zurzeit 20 Kinder Gebrauch.

6

Oberbaselbieter Ländlerkapelle aus Rünenberg (erweiterte Bündner Besetzung).

Oft sind es Jugendliche, deren Eltern oder Elternteile in einer Trachtengruppe oder in einem Jodlerklub mitmachen oder aber selbst in der Volksmusik aktiv sind. Nur wenige kommen auch aus Familien ohne diesen soziomusikalischen Hintergrund. Sie kommen manchmal auch einem starken Wunsch (bis Zwang) der Eltern nach. Spätestens im Teenager-Alter drehen sie dann verständlicherweise der Volksmusik den Rücken. Eine weitere Hürde ist bei vielen der Antritt einer Lehre, welche – manchmal auch nur vorübergehend – einfach zu viel Zeit beansprucht.

Von Verbandseite her, wurde stets wieder die Nachwuchsförderung forciert. Der Aufwand ist gross, der Ertrag eher gering. Die volkstümliche Welle ebbt unaufhaltsam ab. War sie wohl nur eine Modeströmung?

Kultureller Stellenwert

In den letzten Jahren hat sich herausgestellt, dass sich nur musikalisch hochqualifizierte oder von den Ideen her innovative Formationen längerfristig auf dem volksmusikalischen Parkett halten können. Mangelhaftes musikalisches Können oder leeres extravagantes Auftreten werden weder von Fachkreisen noch von einer breiten Öffentlichkeit auf die Dauer ernst genommen. Direkte Folge der Qualitätssteigerung und des damit zusammenhängenden Imagegewinns, den die Volksmusik in den 80er und 90er Jahren erfahren hat, ist unter anderem die Vergabe des *Kulturpreises des Kantons Baselland* an die Branche der Volksmusik oder auch der vermehrte Kontakt zwischen Vertretern der Volksmusik und Vertretern von anderen, bereits etablierten Musikstilrichtungen, wie die des Jazz. Doch gesamthaft gesehen fristet die schweizerische Volksmusik im Baselbiet nach wie vor ein marginales Dasein. Grosse Fördergelder werden von der öffentlichen Hand nur selten gesprochen. Als Beispiel für eine schöne Ausnahme sei die Vergabe des «Chirsipfefferpreises» der UBS an den Schreibenden erwähnt.

Ausblick

Zukunftsvision

Obwohl der Boom der 70er und 80er Jahre verebbt ist, obwohl viele gute Formationen um attraktive Auftrittsmöglichkeiten kämpfen müssen, scheint mir die Sache der Volksmusik nicht verloren. Nach wie vor zieht es junge Leute zu den traditionellen Volksmusikinstrumenten. Sie machen einerseits reine, traditionelle Volksmusik, gehen dann aber andererseits auch freier und ungezwungener damit um. Die Kombination von Altem und Neuem bietet heute den Volksmusikschaffenden ein kaum auszuschöpfendes Experimentierfeld. Neue Rhythmen, ungewohnte Harmoniefolgen, Kombinationen mit Instrumenten aus verschiedenen Stilrichtungen lassen Interessierte aufhorchen. Dank dieser neuen Freiheit erhält jede Formation heute die Möglichkeit, sich auf eine höchst individuelle Art und Weise zu profilieren. Das Verweben von Alt und Neu gibt der Volksmusik eindeutig ein Gepräge von lebendiger, von authentisch gelebter Musik.
Dies ist derzeit die Chance für unsere Volksmusik: Wenn das Aufweichen der starren Fronten, das andernorts schon vielfach stattgefunden hat, auch in der Volksmusik vermehrt einen Niederschlag findet, dann werden weiterhin junge Leute diesen Kulturzweig pflegen wollen. Die Volksmusik wird sich fest verankert in der heutigen Zeit gesund und stark weiterentwickeln und wird als solche dann auch von einer breiteren Öffentlichkeit als eindeutig förderungswürdig erkannt werden.

Bildnachweis

1 Jörg Züller, Liestal.
2 Dorli Lauber, Seltisberg.
3 Samuel Bohtz, Oberwil.
4 Robert Pfister, Böningen.
5 Bruno Häfliger, Selzach.
6 Bruno Häfliger, Selzach.

Robert Bösiger

«Uns verbindet mehr als der Banntag!»

Im Gespräch mit dem Sänger Florian Schneider und dem Alleinunterhalter Peter Niederhauser alias Bobby Solo

Der eine, Florian Schneider, hat sich unter anderem einen Namen gemacht als «Phantom der Oper». Der andere, Peter Niederhauser, ist in seiner Freizeit als Alleinunterhalter Bobby Solo unterwegs. Auf den ersten Blick haben diese zwei Oberbaselbieter keinerlei Gemeinsamkeiten. Auf den zweiten Blick indes zeigen sich zahlreiche Parallelen. – Robert Bösiger hat die beiden zu einem Gespräch an einen Tisch gebeten.

Robert Bösiger: Ihr kennt Euch gegenseitig?

Bobby Solo: Seit genau einer Woche.* Ich war am *Liestaler Banntag*. Jemand sagte, der Florian Schneider sei auch da. Ich sagte, komm zeig mir den, ich habe demnächst ein Interview mit ihm. Und so wurde ich zu ihm geführt.

Florian Schneider: Für diesen *Liestaler Banntag 2001* habe ich ein Lied geschrieben. In dieser Situation war ich sehr froh, Bobby kennen zu lernen, jemanden also, der von Musik etwas versteht. Bobby hat mir sofort sängerische Unterstützung geben können.

Bobby Solo: Ja, ich habe die zweite Stimme dazu gesungen, weil ich früher im Männerchor auch zweite Stimme gesungen habe.

Sehe ich das richtig, du, Florian, hast den Liestaler «Banntäglern» Noten ausgeteilt?

Schneider: Ja, aber nur die erste Stimme. Aber es braucht schon Leute mit einem geübten Musikgehör, so wie Bobby eben. Deshalb hat es sofort reicher geklungen mit seiner Stimme.

Das Lied war ein Erfolg?

Schneider: Ich glaube ja.

So könnte sich dein Lied also gut zu einem Banntags-«Traditional» mausern …

Schneider: Vielleicht. Das Lied beschreibt den *Banntag* in Liestal so, wie man ihn erlebt – natürlich in einer etwas gerafften Form. Am meisten Freude hätte ich, wenn sich im nächsten Jahr noch jemand an dieses Lied erinnern könnte.

Bobby Solo: Also mir hat das Lied sehr gefallen. Ich bin sicher, dass es Aufnahme finden wird in der nächsten Auflage des *Banntag*-Liedbüchleins der Bürgergemeinde Liestal.

Schneider: Ich finde es schön, wenn ich auf diese Weise eine kleine Spur hinterlassen kann. Musik ist mein Metier, und deshalb, so meine ich, sei es eine Ehrenpflicht, etwas in dieser Richtung beizusteuern. Andere schreiben wunderbare «Rottenberichte», und wieder andere bereiten für uns jedes Jahr die besten Würste zu, die man sich im Wald nur wünschen kann.

Name: Peter Niederhauser
«Künstlername»: Bobby Solo
Wohnort: Böckten
Geburtsdatum: 14. März 1946
Gelernter Beruf: Elektromechaniker
Heutige Berufsausübung: technischer Leiter des kantonalen Altersheims, Liestal
Zivilstand: verheiratet, drei Kinder
Hobbies: Musik machen, Fasnacht, Schiessen, Rebbau, Turnen, Tanzen, gut Essen
Kann vom Musikmachen leben: Nein

Es macht den Anschein, als sei euch beiden dieser Liestaler Banntag sehr wichtig ...

Bobby Solo: Mich beeindruckt, dass an diesem Tag alle gleich sind, ob sie nun Regierungsräte oder gewöhnliche Leute sind. Man kommt sich näher. Auch wenn man nur als «Tschamauch» teilnimmt.

1

Wie er leibt und lebt: Bobby Solo.

Name: Florian Schneider
«Künstlername»: Florian Schneider
Wohnort: Oberbaselbiet
Geburtsdatum: 7. September 1959
Gelernter Beruf: diplomierter Opernsänger
Heutige Berufsausübung: Sänger
Zivilstand: «glücklich geschieden», Tochter Mina mit Lebensgefährtin Stefanie
Hobbies: gemütlich haben, «kein Sport»
Kann vom Musikmachen leben: Ja

2
Ständig neue Projekte im Kopf: Florian Schneider.

Schneider: Der *Banntag* ist so etwas wie eine lebendige Bekanntschaftsbörse. In meinem Metier bin ich angewiesen auf sehr viele Kontakte. Man erlebt die Leute in einer ungezwungenen Atmosphäre. Ich habe schon sehr gute Kontakte herstellen können an solchen *Banntagen*, die über Jahre hinaus hielten. Kurz: Ich stehe total auf den *Banntag* – und zum *Banntag* in der bestehenden Form.

Bobby, brauchst du auch ein solches Beziehungsnetz für deine Musik?

Bobby Solo: Durch meine Musik hat sich ein sehr grosses Beziehungsnetz ergeben. Wo ich hingehe, bin ich der *Bobby Solo*. Das freut mich immer.

Beide seid ihr auf Publikum angewiesen. Bei Florian Schneider kommen die Leute mit voller Absicht und womöglich von weit her, und sie greifen tief ins Portemonnaie, um ihn zu sehen und zu hören. Auf Bobby Solo treffen die Leute vielleicht eher zufällig, dann nämlich, wenn sie in ein Lokal gehen, wo er zufällig spielt. Ich habe den Eindruck, ihr zwei seid in zwei ganz unterschiedlichen Welten zuhause.

Schneider: Ich bin voll und ganz der Überzeugung, dass der Beruf des Unterhalters seit jeher den gleichen Gesetzmässigkeiten unterworfen ist. Es sind nämlich alles Menschen, die vor andere Menschen hinstehen und sich produzieren, um diese zu unterhalten. Das Prinzip des Unterhaltungsgeschäfts ist immer wieder das gleiche: Jemand hat den Mut und das Know-how, sich vor ein Publikum zu stellen und es mit seinen Möglichkeiten zu unterhalten. Da spielt es keine Rolle, ob der Unterhalter auf einer Bühne steht oder in einer Beiz musiziert. Punkt.
Auf uns beide übertragen heisst das: Das, was Bobby macht, gleicht dem, was ich tue sehr stark. Uns verbindet mehr als der *Banntag*, wir kommen aus der gleichen Gilde.

Bobby Solo: Im Grundsatz sehe ich es ähnlich wie Florian. Wir unterscheiden uns beim Publikum. Meines ist klein, seines ist gross. Am liebsten trete ich in einer Waldhütte auf, vor 25 «glatten Cheiben». Florian hat ein grösseres Publikum, er muss das auch, weil er Profi ist. Ich hingegen bin ein totaler Amateur, ich kenne keine Noten und spiele nach dem Gehör. Trotzdem ist es gemütlich, und vor allem live und urchig.

Für meinen Begriff vereinheitlichst du nun etwas stark, Florian. Ihr zwei unterscheidet euch doch ganz klar in jener Dimension, die man gemeinhin Qualität nennt.

Schneider: Ich möchte – und muss – gut von meiner Arbeit leben können, sonst müsste ich etwas anderes tun. Heute arbeite ich an Projekten, in die viele auch sehr bekannte Künstlerinnen und Künstler (wie zum Beispiel *Nubya*) involviert sind. Wenn man wie ich plötzlich als Initiant und Organisator 15 oder 20 Leute beschäftigt, dann muss etwas dabei herausschauen. Ein Unternehmen, dem ich zum Beispiel eine wirklich gute Show mit zahlreichen Mitwirkenden zusammenstelle, kommt ein solcher Abend eben relativ teuer zu stehen. Wir sparen an nichts, weder am Licht noch am Ton, und schon gar nicht an musikalischer Präsenz. Qualität hat nun mal seinen Preis.

Heisst dieses Streben nach Qualität zwangsläufig auch, dass du nie ohne Equipment, Band und Licht irgendwo auftreten würdest?

Schneider: Doch, doch. Ich habe schon sehr oft ohne irgendwelche technische und personelle Unterstützung gesungen. Erst kürzlich habe ich in der Dorfkirche für jemanden gesungen, der sich das Leben genommen hat. Solche Momente können viel inniger und viel schöner sein als ein bezahltes Engagement.

Hat es dich, Bobby Solo, in all den Jahren nie gereizt, einmal die höheren Sphären der Kunst zu erreichen?

Bobby Solo: Eigentlich nicht. Ich liebe meinen Beruf. Das Musikmachen war immer eine Freizeitbeschäftigung – und das soll auch so bleiben.

Wie oft bist du unterwegs?

Bobby Solo: Früher mehr. Heute dürften es drei bis vier Auftritte monatlich sein. Im Dezember sind es wohl an die zehn Mal.

Schneider: 50 Auftritte im Jahr. Das ist aber ein guter, edler Durchschnitt.

Bobby Solo: Manchmal sind es aber auch ganz kleine Auftritte. Da haben mir einmal zwei kleine Kinder telefoniert, die ihren Eltern auf den Geburtstag eine Musik schenken wollten. Als Gage stellten sie mir ihr ganzes Sackgeld in Aussicht. Dieser Anruf war so herzig. Und so bin ich eben an diesem Abend den Kindern zuliebe nach Buus spielen gegangen, natürlich gratis. Solche Erlebnisse sind so schön und geben einem so viel, dass man immer wieder gerne daran denkt.

Was verdient man an einem durchschnittlichen Abend als Alleinunterhalter?

Bobby Solo: Ich mache es ja nicht des Geldes wegen. Am teuersten habe ich mich schon einmal für 800 Franken verkauft. Das war in Basel vor einer grossen Gesellschaft. Aber das ist die Ausnahme. Normalerweise verlange ich zwischen 300 und 500 Franken. Die allermindeste Vereinsgage im Dorf ist immer 1 Franken – denn was nichts kostet, ist nichts wert!

So etwas wie ein undankbares Publikum, hast du das auch schon erlebt?

Bobby Solo: Dies hängt von den Auftrittsarten ab. Bei sogenannten Background-Auftritten irgendwo an einer Gewerbeausstellung oder an einem Tag der offenen Türe kommt es häufig vor, dass man nicht sonderlich beachtet wird und erwünscht ist. Wenn ich bei Geburtstagen, zum Beispiel, aufspiele, wechselt das Publikum nicht, und ich kann voll darauf eingehen. Ich muss immer darauf bedacht sein, nicht zu laut zu sein. Und mit meinen Witzen darf ich auch niemanden verletzen. Da braucht es etwas Fingerspitzengefühl.

Schneider: Ein undankbares Publikum, das kenne auch ich: In Liestal bin ich einmal im Rahmen einer Wohltätigkeitsveranstaltung für krebskranke Kinder aufgetreten. Eine gute Sache zwar, aber es war trotzdem frustrierend: Brechend laut war es im Zelt, das Publikum trank Bier und ass Wurst mit Pommes frites – und niemand hörte zu.

Habt ihr euch gegenseitig schon einmal live erlebt?

Schneider: Nein, ich habe ihn noch nie erlebt.

Bobby Solo: Und ich habe *Florian Schneider* nur am Fernsehen gesehen und gehört.

Als «Phantom der Oper» hast Du ihn nie erlebt?

Bobby Solo: Leider nein.

Florian, für die meisten Leute bist und bleibst du das «Phantom». Ist das eine Hypothek?

Schneider: Vielleicht. Aber eine, die sich nach und nach abtragen lässt mit anderen Rollen und Leistungen. Mit Dingen auch, die ich interessanter finde, weil sie aktueller sind. Aber grundsätzlich ist es gar nicht so schlecht, in dieser «Phantom»-Schublade zu stecken. Es hat mir viele Türen geöffnet. Offenbar hat das «Phantom» bei den Leuten einen bleibenden Eindruck hinterlassen. Ich werde auch weiterhin, sofern man das will, Lieder aus dem «Phantom» singen. Sollte aber eines Tages meine Freundin kommen und sagen, sie könne das «Music of the night» nicht mehr hören, dann werde ich es nie mehr singen ...

Die Stones singen ihr «I can get no satisfaction» oder ihr «Brown sugar» immer noch ...

Schneider: Letzthin sass ich mit *Polo Hofer* bei einem Glas Wein. Auf meine Frage, ob er denn die «Alpenrosen» immer noch singen könne, sagte er: «Lueg Flöru, Gschäft isch Gschäft.» Und er hat Recht. Wenn die Leute das «Music of the night» haben wollen, so sollen sie es haben. Immerhin haben wir einen Meilenstein gesetzt: An 750 Vorstellungen haben

wir 770 000 Zuschauerinnen und Zuschauer erreicht. Das hat es hierzulande noch niemals gegeben. Das macht schon etwas stolz.
Zum Stück stehe ich nach wie vor. Aber ich würde ihm nicht mehr nachrennen. Mir ist es mittlerweile viel wichtiger, hier im Baselbiet zu sitzen und von hier aus Projekte anzugehen, die viel interessanter sind.

Aber wenn nun eine bekannte deutsche Bühne kommt und dich – nur dich – als «Phantom» verpflichten möchte?

Schneider: Meinetwegen in zehn Jahren. Und wenn sie einige Tausend Franken pro Abend bezahlen.

Bobby, wie gross war dein Rekordpublikum?

Bobby Solo: Etwa 600 Personen. Da bin ich furchtbar erschrocken, weil meine zwei Lautsprecher überfordert sind bei einem solch grossen Publikum. Irgendwie gings. Vielleicht auch, weil das Publikum Erbarmen hatte. Wie gesagt, am liebsten trete ich in einer Waldhütte auf. Vor einem kleinen, aber begeisterungsfähigen Publikum.

Mir fällt plötzlich eine grosse Gemeinsamkeit bei euch beiden auf: Ihr seid beide stark mit dem Baselbiet verwurzelt. Ihr seid hier aufgewachsen, ihr arbeitet hier. Sind für dich, Florian, unser Kanton, unsere Region nicht zu klein?

Schneider: Überhaupt nicht. Ich blicke nur von einem Projekt zum nächsten. Und wenn dieses Projekt obendrein im Baselbiet stattfinden kann, bin ich zufrieden. Derzeit die grösste Herausforderung stellt für mich die Organisation des nächsten Open Airs in Liestal statt. Für mich ist es unglaublich befriedigend, dort, wo ich «zu Hause» bin, etwas auf die Beine zu stellen. Das ist mir viel mehr wert, als für eine anonyme Masse in Hamburg oder London zu singen, wo ich keinen einzigen Menschen kenne. Hier im Baselbiet, wo ich meine Wurzeln habe, möchte ich etwas bewegen.
Im Moment besteht mein Traum darin, im Rahmen des *Eidgenössischen Turnfestes 2002* im Baselbiet zwei Aufführungen zu geben. Ein brandneues und bisher nicht aufgeführtes Musical – geschrieben von Jeff Turner und David Mc Kay – hat das Leben von Johann August Sutter aus Rünenberg zum Inhalt. Dieses Musical soll, sofern alles klappt, mit grosser Besetzung und grossem technischen Aufwand, am 17. und 18. Juni 2002 in Bubendorf uraufgeführt werden.

Bobby Solo: Das wäre eine tolle Sache. Vor allem auch für das Baselbiet. Ich fände es schade, wenn man dieses Musical nur zwei Mal aufführen würde.

Schneider: Wir werden sehen. Apropos Turnfest: im Hinblick darauf habe ich das offizielle Festlied schreiben dürfen. Dieses Lied – eigentlich ein Popsong – soll dem Fest auch eine musikalische Identität geben. Mein Ziel ist es, ein Gefühl zu vermitteln, das jenseits der vaterländischen «Patrioten-Tümelei» liegt.

Stimmt der Eindruck, dass du dich in den letzten Jahren etwas entfernt hast von der Klassik. Wir hören den Florian

3
Hie und da greift Bobby Solo auf die musikalische Hilfe von Leo «Banz» Ebnöther zurück.

Schneider immer mehr als Pop- und Rocksänger.

Schneider: Ich singe schon lange keine Opernpartien mehr, und auch Schubertlieder singe ich nur noch unter der Dusche. Vor etwas mehr als zehn Jahren hatte ich eine schlimme Stimmkrise. Ich war erkältet und musste trotzdem zuviele verschiedene Dinge gleichzeitig machen: neben einer Operette, zwei Opern und einem Rockmusical habe ich alle sechs Kantaten des Bach-Weihnachtsoratoriums gesungen. Alles miteinander und alles in der gleichen Woche. Nur mit Technik konnte ich mich einigermassen über das Schlimmste hinweg retten.

Später dann, als die Stimme wiederhergestellt war, habe ich mir die Frage stellen müssen, was ich eigentlich mit meinem sängerischen Leben anfangen soll. So habe ich mich entschlossen – ich weiss noch genau, es war im Stadtpark von Wiesbaden – künftig im Charakterfach zu arbeiten. Deshalb nämlich, weil sich ein Charaktertenor alles leisten darf, was er will. Er darf auch einmal «wüst» klingen. Das war dann der Abschied vom reinen Belcanto. Wo kann man am extremsten singen? Was bietet die extremste Herausforderung? Natürlich das Musical, im speziellen das Rockmusical. Erst nach diesem persönlichen Entscheid ging es wirklich bergauf mit mir.

Nach der «Phantom»-Zeit in Basel wurde es immer wichtiger für mich, die eigenen Projekte zu verfolgen. Ich wollte vor allem Dinge tun, ohne dass mir jemand Vorschriften macht.

Also ist es eher unwahrscheinlich, dass man dich dereinst wieder in einer (vorgeschriebenen) Rolle im Basler Musical Theater sehen wird?

Schneider: Nein, so absolut möchte ich dies nicht sagen. Dem *Basler Musical Theater* fühle ich mich nach wie vor sehr verbunden. Sollte es sich um eine gute und interessante Produktion handeln, würde ich selbstverständlich mitmachen. Im Übrigen geht es mir nicht darum, nun alles zu streichen, was von aussen her kommt. Aber ich möchte nur noch das tun, was mir wirklich Spass macht. Und im Moment macht es mir am meisten Spass, Auftrags-Lieder zu schreiben, diese zu produzieren und auch aufzuführen.

Florian hat von einer Stimmkrise gesprochen. Du, Bobby, kennst auch solche Probleme?

Bobby Solo: Wenn ich heiser bin, dann singe ich nicht. Oder ich singe etwas tiefer. Meine Hauptstimme ist die Handorgel. Ich habe auch schon schlecht geklungen, vor allem nach drei Tagen Fasnacht oder einem Dorffest.

Schneider: Hast du kein Mikrophon, damit du deine Stimme etwas schonen kannst?

Bobby Solo: Doch, schon. Aber man merkt es trotzdem, wenn die Stimme nicht in Ordnung ist. Mein Publikum aber nimmt es mir nicht übel, auch wenn es für einmal etwas rauher tönt als üblich.

Was treibt euch beide eigentlich dazu, euch vor Publikum zu produzieren?

Bobby Solo: Mich treibt die pure Freude am Musikmachen. Und, dass wir gut ankommen beim Publikum. Ich liebe es auch, das Publikum musikalisch abzutasten. Wie sind die Leute drauf, welche Bedürfnisse haben sie, wie weit kann ich sie motivieren, mitzusingen? Damit die Leute auch singen können, verteile ich ihnen Blätter mit den Liedertexten.

Schneider: Ich mache Musik, weil ich gar nichts anderes wirklich kann. Ich bin quasi gezwungen dazu.

Wenn du, Bobby, mit deinem Publikum singst, erreichst du letztlich mehr als ich, wenn die Leute mir zuhören. Du gibst den Leuten einen bleibenderen Eindruck. Vielleicht deshalb, weil sie schon zehn Jahre nicht mehr gesungen haben. Vielleicht auch deshalb, weil immer irgendwo jemand wie ich gewesen ist, von dem sie glaubten, er könne es besser. Die Leute sind zu reinen Musikkonsumenten geworden. Mit mir will doch kein Mensch singen!

Damit bist du enttarnt, Florian. Du hast das Banntags-Lied nur deshalb geschrieben, damit wieder mal jemand mit dir singt …

Schneider: Das ist wohl richtig. Am *Banntag* singen alle mit. Das ist doch schön. Ihr glaubt es nicht, aber an Weihnachten singe ich allein unter dem Tannenbaum. Wisst ihr eigentlich, wie frustrierend das ist? Da hat man eine ganze Familie um sich, und niemand – ausser Onkel Hans – singt noch mit.

Florian Schneider und Bobby Solo einmal zusammen auf ein und derselben Bühne – ein Ding der Unmöglichkeit?

Schneider: Wenn Bobby mal in einer Beiz spielt, und ich bin zufällig auch dort, dann werden wir ganz sicher ein Lied zusammen singen.

Wie sehen eure Pläne für die Zukunft aus?

Schneider: Mich beschäftigen derzeit das zweite Open Air in Liestal und – wie gesagt – die Aufführungen im Rahmen des *Eidgenössischen Turnfestes* im Baselbiet im Jahre 2002. Darüber hinaus wird es mit der Zeit wieder einmal eine CD mit verschiedenen Liedern geben. Das Repertoire bewegt sich irgendwo zwischen Rock und Pop.

Kann man dich, lieber Bobby, eigentlich auch auf Tonträgern hören?

Bobby Solo: Nein, den *Bobby Solo* kann man nur live sehen und hören. Dafür 100 Prozent live – was heutzutage ja selten genug ist.

Schneider: Hör mal, Bobby, ich zeige dir, wie so was geht. Du solltest unbedingt eine CD von dir haben, das kostet nicht alle Welt. Denn du kannst ja alle Instrumente selber spielen, und singen tust du auch noch selber. Wenn du diesen Tonträger hast, kannst du bei jedem Auftritt, den du machst, einige Exemplare verkaufen. Die Leute haben dann auch zuhause noch eine Freude an dir, und du verdienst etwas dabei. Ich werde dir dabei helfen.

Bobby Solo: In den nächsten fünf Jahren werde ich endlich meinen eigenen Rhythmus-Automaten in Betrieb nehmen. Damit geht allerdings ein Teil meiner Originalität verloren.

4

Hat sich auf Charaktertenor spezialisiert: Florian Schneider.

Wie wäre es, wenn du mit jemandem zusammen auftreten würdest, als «Bobby Duo», sozusagen …

Bobby Solo: Das geht nicht. In früheren Jahren habe ich mit jemandem zusammengespielt. Eines Tages habe ich meinen Kollegen schon ziemlich angeheitert zu einem Auftritt abgeholt. Kaum waren wir dort, war mein Kollege nicht mehr vom Bierhahnen wegzubringen. Von diesem Tag an, war ich der glückliche Alleinunterhalter. An der «Chilbi» in Kaiseraugst jedoch spiele ich jeweils mit meinem Freund Leo Ebnöther zusammen. Denn er hat eine alte Bierkiste und einen Teppichklopfer. Dabei lässt er den Deckel der Kiste im Takt fallen und schlägt zugleich mit dem Teppichklopfer auf die Kiste. Aber das ist schon die Ausnahme.

Wovon träumt ihr?

Bobby Solo: Einen Traum hätte ich noch: Ich möchte einmal zusammen mit einem Freund am Strand von Gran Canaria oder in der Karibik ein kleines Beizchen mit Schweizerkreuz aufmachen und dort etwas Musik machen. Der Kollege kocht und ich mache Musik. Das wäre schön. Und die Heimweh-Schweizer könnten sich hie und da in eine Oase der Gemütlichkeit zurückziehen.

Hast du ähnliche Auswanderungspläne, Florian?

Schneider: Niemals. Weg aus dem Baselbiet? Das kann ich mir nicht vorstellen. Zehn Jahre habe ich aus dem Koffer gelebt. Auf ein solches Leben kann ich getrost verzichten.

Florian Schneider, Bobby Solo, besten Dank für das Gespräch.

Anmerkungen

* Das Gespräch fand am 28. Mai 2001 in Sissach statt.

Bildnachweis

1 Zur Verfügung gestellt.
2 Dänu Boehmle.
3 Zur Verfügung gestellt.
4 Zur Verfügung gestellt.

Peter Gisin, Bill Bohn

Wie die Countrymusic ins Baselbiet kam

Peter Gisin und Bill Bohn, die beiden Begründer und Herzstücke der weitherum beliebten und bekannten Country Pickers, erzählen uns über ihre erste Berührung mit ihrer Musik, über ihre Musikerlaufbahn und über ihre Band, die 35 Jahre lang Bestand hatte.

Peter Gisin berichtet über seine Zeit in den USA

1960 – das Jahr meiner ersten Reise in die USA und natürlich nach Nashville. Nicht nur die Idee eines jungen Zeichenlehrers, nach gerademal 15 Monaten im Schuldienst ein Gesuch um eine zweiwöchige Verlängerung der Sommerferien einzureichen, war verwegen, sondern auch die Idee, ausgerechnet in die USA zu reisen, in einer Zeit, als ein Dollar etwa 4 Franken und 25 Rappen kostete.

Damals war ein «Swissboy» im Mekka der Countrymusic etwas Besonderes, jedenfalls kannte man mich in Nashville fast überall, wo «Country People» waren. Immer wieder einmal verfolgten mich Leute mit ihren Autogrammbüchern; mit Marty Robbins, Porter Wagoner oder mit Skeeter Davis sass ich plaudernd im Café, Hank Snow grüsste quer über die Strasse: «Hi Pete», und ich zurück: «Hi Hank, how are ye?». Jim Reeves liess mich bei sich zuhause sogar seine ganze Western-Garderobe ausprobieren.

Zur *Grand Ole Opry* hatte ich freien Zutritt via Künstlereingang und bei den diversen Radiostationen war ich ohnehin immer wieder anzutreffen, mit oder ohne Abmachung für ein Interview. Eine unglaublich eindrückliche Zeit, die nicht wiederholbar ist.

Nun gut, bei meiner Rückkehr in die Schweiz brachte ich nicht nur 100 LPs (inzwischen grösstenteils Raritäten) als Grundstock meiner Plattensammlung mit, sondern auch die Überzeugung, dass sich mit Sicherheit auch in der Schweiz Countrymusic verbreiten und auf die Bühne bringen lässt. Gleichgesinnte waren schon bekannt, es brauchte also nur noch den zündenden Funken …!

Bill Bohn erzählt von den Vorbedingungen für eine Verbreitung der Countrymusic in der Schweiz und Europa und macht uns mit der Bandgeschichte der Country Pickers bekannt.

Der Zweite Weltkrieg hat Europa nicht nur politisch und wirtschaftlich verändert, sondern auch im kulturellen Bereich neue Impulse gebracht. Die Stationierung von amerikanischen Soldaten in Deutschland und der gleichzeitige Aufbau des amerikanischen Soldatensenders AFN *(Ame-*

rican Forces Network) mit Stationen in Frankfurt, Stuttgart, München ... liess eine ganze Fülle von Musik aus der «Neuen Welt» über Europa hinwegrauschen. Besonders die Jungen fühlten sich durch diese neuen Sounds angesprochen. Ich war damals 16 Jahre alt und wie fast alle meine Kollegen hörte ich Tag und Nacht AFN. Nebst Popmusik, Swing und Oldtime Jazz gefielen mir besonders die Hillbilly-Songs im «Melody Round Up», einer Sendung, die ich erstmals 1946 hörte.

Musikfilme im Kino

Es war die Zeit der Doppelvorstellungen mit zahlreichen Westernfilmen mit Gene Autry, Roy Rogers, *The Sons Of The Pioneers* und vielen andern. Die schönen, romantischen und zum Teil auch etwas schnulzigen Songs der singenden Cowboys hatten es mir angetan und bedeuteten für mich den zweiten Kanal, der mich immer mehr zur Hillbillymusic führte, zu der Musik, die über Begebenheiten aus dem amerikanischen Alltag der alten und der neuen Zeit erzählte: über die Pionierzeit, den Eisenbahnbau, das Leben der Cowboys, über Gefängnisaufenthalte und natürlich über Liebesgeschichten jeglicher Schattierung.

Der Kreis erweitert sich

Ungefähr 1950 traf ich einige junge Leute, die ebenfalls an den AFN-Hillbilly-Sendungen ihren Gefallen hatten und regelmässig «Hillbilly Guesthouse», «Hillbilly Reveille», «Stickbuddy Jamboree» und jeweils am Samstagabend die *Grand Ole Opry*-Sendungen anhörten. Zu diesem Kreis gehörte auch Charles «Chuck» Steiner, der vor allem die Texte und Melodien von Hank Williams senior liebte. Da man Hillbilly-Schallplatten zu jener Zeit in der Schweiz überhaupt nicht kaufen konnte, begann «Chuck» mit den ersten Direktimporten aus den USA. Es war begreiflicherweise jedes Mal ein Festtag, wenn wieder eine Plattensendung eintraf. Im Jahr 1956 gründeten dann «Chuck» Steiner, Rolf Oswald und ich den ersten schweizerischen Country-Fanclub, *The Ole Hillbilly Drifters*, der bald weltweite Kontakte knüpfte und uns dank Verbindungen zu deutschen Countryfans im Raume Stuttgart Gelegenheit gab, AFN-Studios und amerikanische Country-Shows zu besuchen.

So begann alles: «Bill & Pete» anfangs der 60er Jahre (links Bill Bohn, rechts Peter Gisin).

Und jetzt wird in die Saiten gegriffen

1956 lernte ich Peter Gisin kennen und wir versuchten Hillbilly-Songs zu singen und mit unsern zwei Gitarren zu begleiten. Am 30. Oktober 1960 fand im Restaurant *Greifen* in Basel erstmals in der Schweiz ein öffentliches Country-Konzert statt. Wir bauten unser Repertoire aus und hatten bald an Vereinsabenden und anderen Anlässen zahlreiche Auftritte unter dem Namen «Bill & Pete, the two Cowboys singing original Hillbilly-Songs».

Zwei Jahre später stiess Rudolf Dettwiler zu uns, ein ehemaliger Schüler von Peter Gisin, der sich intensiv mit dem Banjo befasst hatte. Er liess sich aus England ein fünfsaitiges Bluegrass-Banjo kommen, damals fast ein exotisches Instrument. In Amerika bestellte er dazu einige Literatur – und so lernte Ruedi autodidaktisch das Bluegrass-Picking. Er war damals wohl der erste 5-String-Banjospieler der Schweiz. Wir musizierten von nun an als Trio und nannten uns fortan *The Country Pickers*.

Zuerst war der Boden steinig ...

Wir übten intensiv und lernten viele neue Songs, aber Beruf und Familie hatten für uns in den 60er Jahren Vorrang und so ergab sich ein Unterbruch, vielleicht auch forciert dadurch, dass die Countrymusic, wie man diesen Musikstil jetzt (statt Hillbilly) nannte, bei uns noch keine so hohen Wellen schlug.

Anfangs der 70er Jahre wurden die *Country Pickers* wieder aktiver. Am Stadtfest 1977 in Basel hatten wir grossen Erfolg. Das machte uns Mut, denn zugleich wurde die Countrymusic immer populärer. Das Publikum begann zu den Veranstaltungen zu strömen, amerikanische Stars kamen in die Schweiz (Emmylou Harris, Bobby Bare, die *Bellamy Brothers* und andere).

... danach ging's aufwärts.

Der Sohn unseres Banjospielers, Pablo Dettwiler, stiess 1983 zu uns und spielte den Bass. Die Band war nun komplett und die *Country Pickers* gewannen immer mehr Freunde und Fans.

Als am 1. November 1983 auch in der Nordwestschweiz die Lokalradios zu senden anfingen und die Radiostationen Spezialisten für die verschiedenen Sendegefässe brauchten, packten wir die Gelegenheit beim Schopf und präsentierten jede Woche die allseits beliebte Sendung «Country-Special», – die einzige Special-Sendung übrigens, die bei *Radio Raurach* (inzwischen *Edelweiss*) von Anfang an und bis heute ohne Unterbruch gesendet wurde und wird. Paolo Dettwiler und Peter Gisin waren auch bei *Radio Eviva* tätig: Paolo im «Bluegrass-Special» und Peter in der Sendung «Country Oldies».

Wandel und Erfolge

Paolo begann 1985 amerikanische Mandoline zu spielen und setzte auch die Gitarre und seinen Gesang vermehrt ein. Martin Jüni wurde deshalb neuer Bassist, zwei Jahre später abgelöst durch Hanspeter Gasser und danach durch Vera Efler-Merath. Peter Gisin wechselte in der Folge von der Gitarre endgültig zur «Dobro» und zur «Autoharp», was schliesslich zum typischen *Country Pickers*-Bluegrass-Sound führte. 1992 verliess Ruedi Dettwiler nach 30 Jahren die Band und wurde durch Hermann Merath gut ersetzt; so gut, dass in der neuen Zusammensetzung an der «Swiss Country Music Award Show 93» in Zürich der erste Preis in der Kategorie «Akustische Bands» gewonnen werden konnte.

1994 heimsten die *Country Pickers* am *Glaibasler Charivari* zusammen mit einer Pfeifergruppe mit dem speziell arrangierten Bluegrass-Klassiker «Duelling Banjos» grossen Erfolg ein. An diesem Auftritt spielte der zusätzlich engagierte «Fiddler» Andreas Wäldele erstmals mit den *Country Pickers*, und ab dann bestand die Band aus sechs Mitgliedern.

Produktionen

Es war im Jahr 1986, als ein alter Traum der *Country Pickers* in Erfüllung ging: Man produzierte die erste Schallplatte «Happy Days». Als «Plattengötti» stellte sich der Jugendkollege «Chuck» Steiner zur Verfügung und die Plattentaufe wurde zu einem

Die Country Pickers um 1987. (v.l.n.r.)
Hinten: Pete Gisin, Bill Bohn, Ruedi Dettwiler.
Vorne: Hanspeter Gasser, Paolo Dettwiler.

unvergesslichen Ereignis. Die Band war im Aufwind und der Bekanntheitsgrad wuchs weit über die Region hinaus. Sie nahm an Country-Festivals im In- und Ausland teil und galt als gute, solide Country- und Bluegrassband.

Zum 30-jährigen Bühnenjubiläum von Bill und Pete anno 1990 nahm man unter dem Titel «East to West» eine CD/MC auf. Die Titelnummer auf dieser Einspielung stammt von «Banjomann» Ruedi Dettwiler. Bei dieser Einspielung spielten verschiedene Gastmusiker mit, der Sound war so noch voller und variantenreicher.

Das Ende vom Lied

Aus ganz verschiedenen Gründen entschloss man sich, die Band «sterben» zu lassen. Nach 36 Jahren wurde die in der Region fest verankerte Band zu Grabe getragen, allerdings nicht ohne noch einen Höhepunkt draufzusetzen: Ende März 1996 war das Bahnhofbuffet gerammelt voll von erwartungsfrohen und still trauernden Zuhörern und Zuhörerinnen. Das Schlusskonzert wurde ein grandioser Erfolg und die Herzen sowohl der Fans als auch der Musiker wurden schwer.

Aber so wie es in einigen Songs heisst, welche die *Country Pickers* spielten: alles geht vorüber … alles hat ein Ende. Und aufhören soll man ja bekanntlich auf dem Höhepunkt und nicht erst, wenn man von der Bühne runtergepfiffen wird.

Bildnachweis

Von den Autoren zur Verfügung gestellt.

Paul Libsig

Jazz-Geschichte aus dem Leimental

Die Old Jazz Combo

Wer die Entstehung der Old Jazz Combo erzählen will, muss weit zurück blicken. Es ist eine Geschichte aus dem Leimental. Sie begann lange bevor die Band aus der Taufe gehoben wurde. Ohne diese Vorgeschichte gäbe es sie nicht.

Anfänge in Oberwil

Vier vom Rock and Roll und vom Jazz begeisterte Freunde im Alter von 16 und 17 Jahren aus Oberwil gründeten gegen Ende der 50er Jahre die erste Jazzband im Leimental. Gründungsmitglieder waren Urs Aeby an der Klarinette, Jürg Düblin am Schlagzeug, Paul Libsig am Banjo und Peter Zumthor an der Trompete. Wir alle waren durch Plattenaufnahmen aus der Sammlung von Ralph Lanzberg, dem damaligen Scharführer der Jungwacht, für Jazzmusik sensibilisiert worden. Er begeisterte uns «Jungwächter» für den Jazz.

Als wir mit «Musikmachen» begannen, entsprach die Wahl des persönlichen Instruments nicht unbedingt den Wunschvorstellungen jedes Einzelnen. Urs Aeby hatte eine Klarinette, ich ein Mandolin-Banjo. Peter Zumthor und Jürg Düblin machten unter sich aus, wer welches weitere Instrument lernen sollte. Wir waren allesamt blutige Anfänger. Im Notenlesen war ich Analphabet – und bin es bis heute geblieben.

Der erste Auftritt – mit nur einem Stück

«When the Saints go marching in» war unser erstes Jazzthema, das wir so schlecht und recht spielen konnten. Es ist schon ein verblüffender Zufall: Während ich diese Geschichte schreibe, – es ist der 31. Dezember 2000, 11 Uhr 05 – singt gerade Louis Armstrong in einer historischen Aufnahme auf dem TV-Sender *3sat* dieses wohl unsterbliche Jazzstück.

Den ersten öffentlichen Bühnenauftritt mit unserer damals noch namenlosen Band wagten wir in der Turnhalle des Wehrlin-Schulhauses in Oberwil zum Auftakt eines Jungwacht-Abends. Wir konnten nur dieses eine Stück «When the Saints …». Voller Enthusiasmus spielten wir als Zugabe dasselbe Stück noch einmal.

Wie Roger Frei zu seinem Spitznamen «Fats» kam

Was in jenen Jahren eine echte Jazzband sein wollte, musste einen Jazzkeller haben. In unzähligen Arbeitsstunden richteten wir an der Konsumstrasse – in einem der ältesten Häuser von Oberwil – unseren Jazzkeller ein. In der Folge vergrösserte sich die Band. Guido Haefliger aus Oberwil kam als Saxophonist dazu. Roger Frei stiess als Pianist zu uns. Er war der einzige «Auswärtige». Wegen seiner ausgeprägten Spielweise mit der linken Hand – nach der Art von Fats Waller –, gaben wir ihm den Spitznamen «Fats», der ihn wohl zeitlebens begleiten wird. Mit der Zeit legten wir uns den Namen *Middle Road Sextet* zu.

Mit diesem Namen schufen wir einen Bezug zum ersten Probelokal der Band in der ehemaligen *Schreinerei Zumthor* in Oberwil. Die Schreinerei liegt an der mittleren der drei durch das Leimental führenden Strassen.

Unsere musikalischen Fortschritte waren an den Partys in unserem Keller zu hören. Nur handverlesene, mit gedruckter Band-Karte ausgestattete Gäste hatten Zutritt. Um unser Jazzlokal nicht in Verruf zu bringen, achteten wir streng darauf, dass drinnen nicht geschmust wurde.

Jamsessions im Kronen-Saal in Oberwil

Selbstbewusst geworden, organisierten wir an Sonntagnachmittagen hin und wieder Jamsessions mit Amateurmusikern aus der Basler Jazzszene. Diese Sessions wurden kurzfristig mit ein paar Telefonanrufen angesagt. Die spontanen Anlässe, von denen wir als Anfänger musikalisch sehr profitierten, fanden im *Kronen*-Saal oder im *Schwanen*-«Säli» in Oberwil statt. Mit der Zeit begann es zu kriseln im *Middle Road Sextet*. Es gab unterschiedliche Auffassungen, welche Stilrichtung man einschlagen sollte. Peter Zumthor legte die Trompete zur Seite und lernte Kontrabass spielen. Ich wechselte vom Banjo auf die Trompete. Jeder von uns nahm Musikstunden bei einem bestandenen Amateur-Jazzer in Basel. Das führte zu vermehrten Kontakten zur Basler Jazzszene. Wir getrauten uns auch, da und dort bei einer Jamsession einzusteigen. So etwa im damals bestehenden Jazzlokal am Parkweg, wo wir unter anderem auch mit dem kürzlich verstorbenen Jazz-Klarinettisten und Radiomacher Peter Wyss und anderen Basler Jazzgrössen «mitjammen» durften.

Unsere musikalische Weiterbildung konnte aber das Ende der Band nicht

Die Old Jazz Combo im Jahr 1992, festgehalten durch den Leimentaler Künstler Lukas Düblin. Von links: Jürg Moser, b; Urs Aeby, cl; Hansruedi Roth, bjo; Peter Aeby, dr; Paul Libsig, tp; Christian Heydrich, tb.

aufhalten – das *Middle Road Sextet* löste sich auf. Die Berufsausbildung und die Rekrutenschule spielten dabei auch eine Rolle.

Einzelne Kollegen blieben der Jazzmusik treu und fanden in anderen Bands Anschluss. Als Bassist kam Peter Zumthor, der heutige Star-Architekt, in verschiedenen Formationen gross heraus. Roger Frei wurde so etwas wie ein Jazz-Vater in der Region – in dessen wechselnden Formationen unzählige Amateur-Jazzer mitspielten. «Fats» tritt auch heute noch als Trompeter mit eigener Band auf.

In der namenlosen Bottminger Anfänger-Jazzband des Posaunisten Mathias Kunz konnte ich einsteigen. Aus dieser Band entwickelte sich später die heute noch existierende *Tympanic Jazzband*, die sich in der Region Basel einen guten Namen erspielt hat. Während vieler Jahre spielte ich in dieser Band als Trompeter mit.

Die Gründung der Old Jazz Combo

Zu meinen musikalischen «Lehr- und Wanderjahren» gehört auch ein mehrjähriges Engagement in der Lörracher Band *Schlyfschtei Stompers*, bei der ich bis zu ihrer Auflösung im Jahr 1979 mitspielte.

Nach dem Deutschland-Abstecher gründete ich 1979/80 mit zum Teil langjährigen Musiker-Kollegen in Oberwil die *Old Jazz Combo* – eine neue Leimentaler Jazzband mit Urs Aeby an Klarinette und Saxophon, Peter Aeby am Schlagzeug, Hansruedi Roth am Bass, Peter Hersberger an der Klarinette, Christian Heydrich an der Posaune und Urs Sumpf am Banjo.

«Mister Acker Bilk» gab der Band die Ehre

Trotz personeller Mutationen im Laufe der Jahre und anfänglich spärlicher öffentlicher Auftritte, etablierte sich die Band allmählich in der Jazzszene der Region. In den ersten rund zehn Jahren ihres Bestehens trat die *Old Jazz Combo* fast nur an Privatanlässen auf.

Es war für die Band eine besondere Ehre, als Bernard Stanley Bilk, der berühmte Klarinettist und Bandleader aus England – genannt «Mister Acker Bilk» –, sich mit seinem Posaunisten Michael Cook ins Schloss Bottmingen zu einer Jamsession mit der *Old Jazz Combo* bemühte.

Zum Jubiläum eine CD und die Gründung eines Fan-Clubs

Zum Jubiläum «20 Jahre Old Jazz Combo» liess die Band ihre erste CD in der aktuellen Besetzung produzieren: Christian Heydrich, Posaune;

Die Old Jazz Combo im Jahr 2000. Von links stehend: Jürg Moser, b; Gaby Müller, cl, sax; Paul Libsig, tp; Christian Heydrich, tb. Sitzend: Wolfgang Schönauer, dr, wsb; Albert Schefer, bjo, voc. Die Band posiert hier für ihre Jubiläums-CD.

Paul Libsig, Trompete (Bandleader); Gaby Müller, Klarinette und Saxophon; Jürg Moser, Kontrabass; Albert Schefer, Banjo und Gesang; Wolfgang Schönauer, Schlagzeug und Waschbrett.

Die CD produzierte der ehemalige Bassist und spätere Banjospieler der Band, Hansruedi Roth aus Oberwil. Die Live-Aufnahmen entstanden an der traditionellen Jazz-Matinée im Oberwiler *Rössli* am 30. Januar 2000. An diesem Anlass hob der Oberwiler Herbert Gutzwiller einen Fan-Club aus der Taufe.

Die *Old Jazz Combo* feierte im Herbst 2000 ihr Jubiläum mit einer «Street-Parade» auf der Hauptstrasse in Oberwil und einem Konzertabend zusammen mit der *Tympanic Jazzband* und den *Hot Shots*, einer Nachwuchsband aus dem Oberwiler Musikverein. Der Anlass fand selbstverständlich im Leimental statt – im «Pöstli» in Oberwil.

Bildnachweis

Bilder vom Autor zur Verfügung gestellt.

Alby Schefer

Swing that thing

Die Georgy's Big Band spielt den hinreissenden Sound der ausgehenden 20er Jahre: Swing in Grossformation. Von Grosseltern-Romantik darf man keinesfalls reden, ist diese Musik doch fast ohne Unterbrüche seit ihrem Entstehen aktuell geblieben und wird gerade heute auch von Jüngeren wieder entdeckt. – Nach Angaben von Jörg Rickenbacher und George Bielser

Geschichten um Bandgründungen sind oft verflochtene, verwobene Stories um Zufälle, Begeisterung, Begegnungen und den tief verwurzelten Wunsch, gemeinsam einem Idol nachzueifern oder einem Stil zu frönen, der gerade aktuell ist oder – und das ist seltener –, um etwas ganz Neues miteinander zu erarbeiten.

Im Falle der *Georgy's Big Band* liegen die tieferen Gründe im Dunkeln, man möchte keine grosse Geschichte darum machen. Die Band entstand, weil sich zwei angefressene Big Band-Fans zufällig an einer militärischen Inspektion trafen: George Bielser und der Pianist Heinz Berger. Vorgängig gab es schon ein Tanzorchester unter Bielsers Leitung, man spielte auch einige Swingnummern, doch der richtige Sound war das noch nicht. Besonders die Musik von Glenn Miller war es, von der Bielser begeistert war.

1975 spannten die beiden Musiker zusammen und gründeten die Big-Band, 1976 begann man zu proben, monatlich einmal, mit zwölf Mann. Das swingtypische Ternär-Feeling lernt man natürlich kaum in der Knabenmusik – deshalb musste man lange daran arbeiten, damit es nicht mehr marschmusikmässig, sondern jazzig klang. Das bedeutete, dass man, trotz aller Notenkenntnisse, die ersten Stücke fast Takt für Takt, manchmal sogar Ton für Ton lernen musste. Uff, war das eine harte, aber ungemein bereichernde Zeit, in der die Musiker auch zu einer Einheit verschmolzen. Natürlich gab es hie und da Wechsel in der Band, aber nie brach der Gesamtsound dadurch auseinander.

Es wurde also ernsthaft gearbeitet, Titel um Titel kam dazu, es begann zu swingen ... und gut ein Jahr später war man bereit für den ersten Auftritt.

Erster Auftritt bei den Römern

Im April 1977 fand im Curia-Keller in *Augusta Raurica* ein Jazzkonzert statt, wo die Big Band erstmals öffentlich als «Einlage-Orchester» zum Zuge kam. Der Erfolg war überwältigend. Nun wurde die Band noch ausgebaut,

Von der Tanzband in den frühen 70er Jahren ...

... zur erfolgreichen, weit herum bekannten Georgy's Big Band.

um den Sound noch voller werden zu lassen. Bald waren 20 Musiker beisammen, und geprobt wurde jetzt wöchentlich. In einem Pratteler Schulhaus fand man ein Probelokal – schliesslich braucht so eine Band Platz – und nun wurde noch intensiver gefeilt, diskutiert und gejazzt. Zuerst wollte man mit der Band nur Konzerte bestreiten, aber bald schon wurde sie auch als Tanzband für Bälle engagiert, und es machte allen Spass. Das Repertoire, das bisher aus Stücken von Glenn Miller, Benny Goodman, Duke Ellington und Count Basie bestand, wurde erweitert; man begann Tanzrhythmen aus Südamerika und andere bekannte Stilrichtungen zu pflegen, und mittlerweile ist die *Georgy's Big Band* ein begehrtes Ballorchester geworden.

Das heutige Orchester spielt in folgender Besetzung: fünf Saxophone, vier Posaunen, fünf Trompeten und vier Musiker in der Rhythmusgruppe mit Bass, Gitarre, Piano und Schlagzeug. Auch eine Sängerin gehört zur Band; früher war das Regina Günthard, und als diese dann Profi wurde, löste Lilo Aeby sie ab.

Das Tanzrepertoire besteht heute aus etwa 150 Nummern, und für Konzerte hat man so um die 50 Stücke bereit. Aufgetreten ist man schon vielerorts, meist in grossen Ballsälen in Basel, Zürich, Interlaken, Chur, auf dem Bürgenstock, auch in Deutschland und Frankreich.

Die allermeisten Musiker sind heute, nach fast 25 Jahren, noch immer dabei – das spricht für die gute Stimmung und die Verbundenheit untereinander. Und im Jahr 2002 wird das 25-jährige Jubiläum gefeiert.

Bildnachweis

Fotos von George Bielser zur Verfügung gestellt.

Stille II

Es gibt die graue Stille,
wo die Bleischwere
in die Ferne sich weitet
und gelangweilt
in der Schwebe hängt;
dann die bläuliche Stille,
in der ein leises Zittern
sich zu regen beginnt;
dann die aquamarine Stille,
wo schneckenträge Nebelschlieren
die dunkler schimmernde Tiefe umwölken;
... und die rote Stille,
die vor Hitz zu glühen scheint,
aber dennoch kühl distanziert bleibt,
die lockt mit ihrem stummen Ruf
und gleichzeitig abweist
durch ihr verwobenes Gewusel.
Dazu die schwarze Stille,
hie und da durchbrochen
von einem Rascheln und Zischeln
oder einem Kauzenschrei,
des Totenvogels Gemurre.
Die weisse Stille flockt und tupft
schwebend hernieder,
sie schluckt, was tönen möcht
und breitet stumpfes, leeres Hallen.
Totenstille hat keine Worte – sie ist.
Sie bleibt, bis Blattgrün spriesst,
bis Jugend rufend drängt.
Die Angstesstille
drückt im Magen,
sticht im Kopf,
jagt das Herz –
ist dumpfes Ahnen und Zittern,
ist Zagen und Hoffen auf eine Wende.
Dann die frei gewählte Stille,
die hart dich quält,
weil nicht mit ihr zurecht du kommst;
man hat sie fruchtbarer erwartet,
tiefer,
bildender,
ausufernder –
aber durch die anfängliche Stille

kommen Gedanken herein
und zerfressen sie.
Die beglückendste Stille ist die laute Stille:
Um dich herum brodelt und zischt es,
es flackert und kracht,
es quietscht und tobt –
doch dein Innerstes ist unberührt von alledem.
Du bist aber nicht etwa tot – oh, nein –,
du bist hellwach, doch der Lärm, die Lautheit,
kann nicht zu dir vordringen,
weil du ganz woanders bist.
Nichts berührt dich, was aussen;
du bist Stille,
unerschütterlich –
da ist nur das Wesentliche.

Alby Schefer 2000

Fernando Fontanilles

Martina Achermann – die Jazzstimme aus dem Baselbiet

Auch als Tänzerin, Choreografin, Leiterin eines eigenen Aerobic- und Fitnesscenters und Lehrerin für Aerobic und Stepptanz hat sie ihren Weg gemacht. Doch seit 1993 hat das Singen – von Jazz-Standards vor allem – im Leben von Martina Achermann wieder den zentralen Platz erobert: zusammen mit ihrem Lebensgefährten, dem Bassisten Fernando Fontanilles hat sie das Martina Achermann Quintett gegründet.

Ein zierliches vierjähriges Mädchen steht auf der Bühne eines Davoser Hotels und singt den dazumal hochaktuellen Song «Downtown» in selbst zusammengereimtem «Kinder-Englisch». Es wird von seiner Mutter, einer professionellen Pianistin, und deren Band begleitet. Das Publikum, in dem sich viele Kinder befinden, ist begeistert. Tags darauf bringt dasselbe Mädchen seinem jungen Publikum das Lied samt eigens kreierter Choreografie bei. So begann vor nun 36 Jahren der Werdegang von Martina Achermann als Sängerin, Tänzerin, Choreografin und Lehrerin.

Was sie in der Zwischenzeit auf diesen Gebieten geleistet hat, ist erstaunlich. Umso mehr wenn man bedenkt, dass die heute in Zunzgen lebende Jazzsängerin «so nebenbei» als allein erziehende Mutter eine mittlerweile 20-jährige Tochter grossgezogen und gleichzeitig während vielen Jahren selbstständig ein Geschäft geführt hat. Die Musik wurde ihr sozusagen in die Wiege gelegt. Ihre Mutter Ilse Achermann war, wie schon erwähnt, Pianistin. Martina begleitete sie schon als Kind auf Tourneen und kramte fleissig in ihrer Plattensammlung. Die amerikanische Jazzsängerin Nancy Wilson hatte es ihr besonders angetan. Vor dem Spiegel – und mit Mutters Bühnenperücke auf dem Kopf – sang sie ganze Platten von ihr auswendig mit. Im Alter von 14 Jahren wurde sie dann erstmals von ihrer Mutter als Sängerin für einen abendfüllenden Auftritt mitgenommen. Bis zu Ilse Achermanns Tod im Jahre 1998, standen Mutter und Tochter unzählige Male und bei unterschiedlichsten Anlässen zusammen auf der Bühne.

Doch nun zurück zum kleinen Mädchen: Martina ist ein von Energie überbordendes Bewegungsnaturell. In ihrem Geburtsort Kassel erhält sie im Alter von vier Jahren erstmals klassischen Ballettunterricht. Mit sechs Jahren fängt sie an intensiv zu turnen. In dieser Zeit folgt sie ihrer Mutter von Deutschland nach Luzern. Ein Jahr später zieht sie mit ihrem Vater

Multitalent Martina Achermann blickt zuversichtlich in die Zukunft.

René Achermann und Mutter Ilse nach Basel; mit zwölf Jahren dann weiter nach Reinach ins Baselbiet. Im Alter von 14 Jahren muss sie aus gesundheitlichen Gründen mit dem Kunstturnen aufhören, fängt dafür aber mit Jazzballet und Stepptanz an. Gleichzeitig debütiert sie am *Theater Basel* im Ersatzchor, in dem sie fünf Jahre lang mitwirken wird. Sie tritt auch in verschiedenen Musicalproduktionen in Nebenrollen auf.
Im Jahre 1978, als 18-jähriger Teenager also, tritt sie als Gesangssolistin erstmals mit einer anderen Band als der ihrer Mutter auf. Das Küken wird nun auch musikalisch langsam aber sicher selbstständig.
Inzwischen hat Martina Achermann während 22 Jahren ihr Können und ihr Talent als Sängerin in Jazzclubs, bei Festivals, in Musicals sowie bei Cabaret- und Studioproduktionen unter Beweis gestellt.
Doch damit nicht genug. 1981 eröffnet sie, nachdem sie sich in den USA als Aerobictrainerin hat ausbilden lassen, in Basel ein Aerobic- und Fitnesscenter. Sie wird damit zur ersten Aerobic-Trainerin der Schweiz. Die Nachfrage ist gelinde gesagt enorm und die Wartelisten für Schüler und Schülerinnen entsprechend lang. Während zwölf Jahren ist sie dort sowohl Leiterin als auch Lehrkraft für Aerobic und Stepptanz. Mit einigen ihrer Schülerinnen gründet sie eine Showtruppe, die *Dance Center Ilse & Martina Achermann Aerobic Showtruppe*, für die sie die Choreographie erarbeitet. 1993 gibt sie schliesslich ihre Tätigkeiten im Aerobic- und Fitnesscenter auf.
Im selben Jahr stellt sie mit ihrem jetzigen Lebenspartner, dem Kontrabassisten Fernando Fontanilles, ein eigenes Quintett auf die Beine. Im *Martina Achermann Quintett* kann sie sich als Sängerin genau jenem Repertoire zuwenden, das sie schon als kleines Mädchen so liebte: dem Standard-Jazz-Repertoire.
Ihre Begeisterung für diese vitale Musik, die für sie so bestimmend war und ist, gibt Martina nicht nur auf der Bühne weiter. Seit 1995 teilt sie ihr Wissen und Können Schülerinnen und Schülern der *Jazzschule Basel* mit, auf dass sich der Jazzgesangsvirus weiterverbreiten möge.

Bildnachweis

Vom Autor zur Verfügung gestellt.

Yves Binet

Lisette Spinnler: «Musik ist fast eine Art Religion für mich!»

Schon im Alter von 18 Jahren spielt sie mit ihrer ersten Formation Alfred and his Purple Dogs im Z7 als Vorgruppe von Maceo Parker. Heute singt die 24-jährige bereits im Rahmen der grossen Jazz-Festivals – in Basel, Bern, Montreux und Zürich. Lisette Spinnler wird als Versprechen für die Zukunft gehandelt. Doch sie selber bleibt realistisch. Wo sie auftritt, erntet sie begeisterte Kritiken und heimst Nachwuchspreise ein. Trotzdem lässt sie sich nicht unter Erfolgszwang setzen. Sie weiss genau, was sie will und was sie nicht will.

«Die fleissigsten Beamten kommen aus Rhäzüns.» Ich stehe an der Tramstation und betrachte gerade ein Werbeplakat auf der gegenüberliegenden Strassenseite. Ich muss schmunzeln und antworte in Gedanken: «Und eine der besten Schweizer Nachwuchs-Jazzsängerinnen kommt aus dem Baselbiet!»

Dann schüttle ich den Kopf. So kann man unmöglich einen Artikel beginnen. Das wäre dann wohl doch ein bisschen dick aufgetragen. Und doch ist die Versuchung da, in meiner fiktiven Einleitung zu einem noch nicht geschriebenen Artikel sogar «die Beste» zu schreiben, «die beste Nachwuchs-Jazzsängerin ...». Das klingt gut. Wenn schon Behauptungen aufstellen, dann doch lieber gleich schamlose. Und einiges spricht ja durchaus dafür, dass ich Recht habe.

Das erste Mal

Als ich sie zum ersten Mal hörte, hatte ich noch keine Ahnung, was mich erwartete. Der Name Lisette Spinnler sagte mir nichts. Kein Wunder. Ich war und bin kein Kenner der Schweizer Jazz-Szene. Doch als ich Lisette Spinnler an diesem Abend in der *CaramBar* in Basel singen hörte, wusste ich schon nach wenigen Tönen, dass sie mehr als gut war. Dass sie um einige Klassen besser war als alle, die ich im Laufe dieses öffentlichen Prüfungsabends der Jazzschule gehört hatte.

Was macht eine gute Sängerin aus? Es ist mehr als die Stimme. Mehr als Technik. Es ist etwas Unfassbares. Seele vielleicht. Emotion, die nicht künstlich heraufbeschworen wird, sondern beiläufig zu entstehen scheint. Eine Art Echtheit vielleicht, Intensität. In Musik verwandeltes Leben.

1

Lisette Spinnler weiss genau, was sie will und was sie nicht will.

Ihr Gesang berührte mich. Ich war begeistert. Sie strahlte eine unglaubliche Energie aus und schien völlig im Gesang aufzugehen. Vor allem sang sie mit solch selbstverständlicher Leichtigkeit, dass man gar nicht daran dachte, auf etwas anderes zu achten als den reinen Ausdruck. Die Technik war verinnerlicht, unhörbar. Und auch nach dem kurzen Auftritt blieben ihre Begeisterung und ihre Intensität ansteckend.
An diesem Abend beschloss ich, einen Artikel über sie zu schreiben.

Das Gespräch

Einige Wochen später sitzen wir an einem runden Holztisch. Ich habe sie eingeladen. Wir haben zusammen gegessen. Im Hintergrund läuft Jazzmusik, die «Songbook»-CD von Cassandra Wilson. Immer wieder unterbricht sie das Gespräch und weist mich begeistert auf Besonderheiten in bestimmten Songs hin:
«Hast du den Sprung gehört? Als würden die Musiker plötzlich über eine Schanze setzen, dann weisst du einen Moment lang nicht mehr, wo du bist, dann landest du wieder und es geht ganz normal weiter ... so etwas finde ich spannend!»
Oder sie erwähnt ein paar Musiker und Musikerinnen, die auf der Platte mitspielen, erzählt, mit wem sie sonst noch so spielen, was ihre Spezialitäten sind. In mehreren Stücken hört sie sich einzelne Takte bis zu zehn Mal hintereinander an und versucht, mit Händen und Füssen den genauen Rhythmus zu erfassen. Dazwischen beantwortet sie geduldig meine Fragen.
Sie hat am Nachmittag drei Stunden am Stück am Klavier gesessen. Ich frage sie, ob alle Schülerinnen und Schüler der Jazzschule das Klavierspiel beherrschen müssten.

«Ja, alle, die an die Jazzschule gehen, müssen Klavier spielen lernen. Ausser denen, die ohnehin Klavier spielen. Die müssen ein anderes Instrument nehmen, können aber wenigstens wählen. Und die Schlagzeuger, die müssen daneben zwei Instrumente nehmen: Klavier und Vibraphon. Sie schliessen dafür aber früher ab. Vibraphon schon nach zwei Jahren, das Klavier nach drei. Aber wenn du Gesang machst, dann schliesst du erst am Ende der vierjährigen Ausbildung mit einer Pianoprüfung ab, also nicht irgendwann vorher.» Das Klavierspielen ist sehr wichtig für sie. Viele Sänger und Sängerinnen begleiten sich selbst. «Ich bin auch viel am Piano. Ich will das entwickeln. Rachelle Ferrell zum Beispiel, begleitet sich eben auch selber am Piano.»
Ich will noch einmal auf die Prüfung in der *CaramBar* kommen, bei der ich sie zum ersten Mal live gehört habe. Ich erzähle ihr, ich hätte den Eindruck gehabt, sie habe auf einem viel höheren Niveau gesungen als die anderen Schüler und Schülerinnen, die ich gehört hätte. Ob ihr das auch so vorkomme. «Ich muss ehrlich sagen, ich glaube, das klassische Singen hat mich enorm weiter gebracht, die gute Stimmbildung.» Sie erzählt, im Alter von nicht ganz 17 Jahren – damals sei sie noch an der *Diplommittelschule* (DMS) gewesen – habe sie eine klassische Gesangsausbildung an der Musikschule Sissach angefangen. Vier Jahre lang, bei Beatrice Voellmy. «Das ist es vielleicht, was es mir manchmal etwas leichter macht. Die Stimmbildung. Das Klassische. Das gibt dir eine Grundlage. Die Stimme ist viel dehnbarer. Das ist einfach das A und O. Ein Sportler kann auch nicht einfach so an die Wettkämpfe gehen, der muss auch täglich trainieren und seine Muskeln dehnen … alles braucht eben sehr viel Pflege!»
Ich frage nach, ob denn auch die Möglichkeit bestehe, noch während des Studiums an der Jazzschule eine solche Stimmbildung sozusagen nachzuholen. «Also ich habe es ja vorher und woanders gemacht. Aber klar, es gibt auch an der Jazzschule ein Stimmbildungs-Angebot. Man kann das also auch dort lernen, seit neustem.»
Noch einmal komme ich auf den Prüfungsabend zurück. Mich nimmt eben schon Wunder, wie Lisette mit dieser besonderen Situation fertig wird. Ich frage sie, ob das nur mein Eindruck gewesen sei, dass man sie irgendwie anders behandelt habe als die anderen. Ich äussere sogar den Verdacht, man nehme sie bei solchen Prüfungen vielleicht deshalb so oft am Schluss – was sie mir erzählt hat –, weil sie nicht so gestresst sei, das Singen einfach geniesse.
«Ja? Hast du das so empfunden? Das habe ich mir nie so überlegt, aber es kann schon sein. Ich weiss nicht warum, aber ich habe mit vielen Lehrern und Lehrerinnen ein kollegiales Verhältnis, hatte ich auch schon früher. Das ist auch toll. Aber die sind ja auch offen für so etwas, denn sie sind selbst erst um die 35 Jahre alt. Teilweise sind die Schüler und Schülerinnen auch älter als die Lehrerinnen und Lehrer. Es ist eben auch so, dass ich viele Lehrer schon vorher privat gekannt habe, von gemeinsamen Gigs

und so. Da ist ein kollegialer Umgang ganz normal.»

Leider gebe es immer wieder Leute, die das störe. Aber das finde sie seltsam: «Und irgendwie interessiert es mich nicht. Ich will einfach ich selber sein, an diese Schule gehen und meine Musik machen, fertig! Ich habe ziemlich Mühe mit solchen Dingen. Ich finde das schade.»

Bernhard Ley, der Leiter der *Jazzschule Basel,* sehe in ihr möglicherweise schon eine Art Aushängeschild, aber in einem positiven Sinne: «Er gibt mir zum Beispiel sehr viele Gigs und er hat es mir auch ermöglicht, bei einem Wettbewerb ein Stipendium von 15 000 Franken zu gewinnen. Das habe ich alles dank ihm bekommen. Und ich schätze das natürlich sehr.»

Natürlich fänden das nicht alle toll, führt sie aus. Es gebe immer Schüler und Schülerinnen, die fänden, er müsste ihnen auch mehr Gigs geben, das sei ungerecht. Sie habe solche Reaktionen auch schon am eigenen Leibe erfahren. Aber sie versuche, da nicht dazwischen zu stehen. Fast etwas niedergeschlagen sagt sie: «Ich mache einfach, was ich kann, und bin einfach ich selbst.»

Ich stelle fest, dass die Verteilung von Gigs ja wohl nicht demokratisch erfolgen könne, dass die betreffende Person der Sache gewachsen –, dass sie schlicht und einfach gut genug sei müsse.

Lisette scheint einverstanden zu sein, fügt dann aber doch hinzu: «Weisst

Lisette Spinnler Quartett:

Lisette Spinnler, vocals
Oliver Friedli, piano, arrangements
Patrick Sommer, bass
Andreas Hoerni, drums

Contact:

Oliver Friedli,
Jurastrasse 41
CH-4053 Basel
Tel: 061 362 08 61
e-mail: ofriedli@datacomm.ch,
LSGroup@gmx.ch

2

«Singen ist fast so etwas wie Tai-Chi, etwas wie Religion, etwas Tänzerisches.»

disconnected:

Joachim J. Flueck, drums
Frank James Affolter, guitar
Beni B. Hägler, bass
Lisette Spinnler, vocals
Ollie Wendt, sax
Chruzi Wyss, sax

Contact:
J.J. Flueck
Turnacker 9
CH-4566 Halten
Tel: 032 675 24 30,
mobile: 079 360 76 51
e-mail: jj@disconnected.ch
Web: http://www.disconnected.ch

du, Konkurrenz und solches Zeug vertrage ich nicht so gut. Ich habe etwas Mühe damit. Diesen Teil des Musiklebens mag ich überhaupt nicht. Neid oder Feindseligkeiten ganz allgemein verunsichern mich sehr. Oder sie nehmen mir die Freude.» Sie schweigt lange. «Das ‹Ellenbögeln› finde ich total mühsam, ehrlich!»
Dann plötzlich ein Begeisterungsschrei: «Oh, genial! Genau diesen Song (‹Little one I'll miss you›) muss ich für mein Diplom haben. Ich muss ihn noch analysieren und habe ihn schon überall gesucht! ... Und ‹Autumn nocturne› ist auch drauf! Das glaube ich nicht! Super, bin ich heute Abend hierher gekommen! ... Also, nicht nur deswegen!» Sie lacht. «Moment, ich muss schnell zuhören ... ich kenne den Song, aber die machen ein anderes ‹Intro› ... Super. Das ist super arrangiert.»
Ich räume das Geschirr weg, während Lisette konzentriert vor sich hin zählt, mit den Fingern schnippt und ab und zu mitsingt.

Als ich zurückkomme, frage ich sie, ob Cassandra Wilson für sie eine besondere Bedeutung habe.
«Ja, vor allem, was den Aufbau der Songs angeht und den ‹Mood›, den sie hat, und auch die Percussion ... Das interessiert mich alles sehr. So etwas würde ich unbedingt gerne in eine Band einbringen. Ins Quartett wahrscheinlich.» Sie schweigt, hört einen Moment zu. «Das ist so schwerelos, als würde man im Weltraum schweben. Und diese Sparsamkeit. Ach, ist das ein geiler Song. Das ist genau das. Genau solchen Sound möchte ich machen. Das ist schön. In der Art, so oben gespielt. Das Tempo ist so schön.»
Plötzlich sieht sie mich an: «Aber jetzt brauchst du wohl noch so ein bisschen persönliches Zeug. So, warum ich Jazzmusik mache und so?» Sofort frage ich sie mit gespielt beflissenem Ton: «Warum singen Sie?»
Sie lacht: «Ja, genau das! Oder nicht?» Ich versichere ihr, wenn sie auf diese Frage eine Antwort habe, dann solle sie gleich mal loslegen.
«Waill Gott äs sso woulltäh!» Sie lacht. Ich frage, ob ich das so schreiben solle. Sie verneint, wägt ab, sucht nach Worten. «Ja, es ist eben schon etwas wie eine Religion, auf eine gewisse Art. Die Musik. Das Singen in der Musik. Man kann sehr viel ...» Sie ist etwas verlegen und gleichzeitig sehr ernst. «Sehr wichtig ist für mich: Musik ist etwas Neutrales. Darum liebe ich sie so. Ich muss auch nicht in ein Büro und etwas vertreten, sondern ich vertrete eigentlich mich selbst. Und die Musik. Und in den Texten ... auch da kann man etwas

aussagen, und es hören einem Menschen zu. Das ist das Schöne dran. Und es ist sehr, sehr befreiend – darum mache ich gerne Musik.»
Ich frage nach, wie sie überhaupt auf das Singen gekommen sei, ob sie – wie man das so oft höre – schon während ihrer Kindheit in Wittinsburg gewusst habe, dass sie Sängerin werden wolle. «Nein, ich habe einfach immer gern gesungen, von klein auf. Und Freddy – mein Vater – hat jeden Abend gesungen und Gitarre gespielt und dabei immer eine Geschichte erfunden. Und wir haben auch viel Musik gehört, das ist schon so. Und dann war ich früher auch noch in einem Singkreis in der Primarschule.»
Später folgt dann eben die klassische Ausbildung und mit 18 Jahren die erste Band mit dem verrückten Namen *Alfred and his Purple Dogs*.
«Wir haben sehr viel in der Region gespielt, Songs wie ‹Stoop down Baby› oder ‹Son of a Preacher Man› zum Beispiel. Gospel oder Soul. Aber auch Rock. ‹Cocaïne› zum Beispiel. Aber eigentlich waren wir wohl am ehesten eine Rhythm-and-Blues-Band. Einmal haben wir sogar im *Z7* als Vorgruppe von Maceo Parker gespielt.»
Lisette fängt an, auf einem Blatt Papier aufzuschreiben, wo sie mit ihren Formationen schon überall aufgetreten ist. Vor allem mit ihrem *Lisette Spinnler Quartett* mit Oliver Friedli am Klavier, Patrick Sommer am Bass und Andreas Hoerni am Schlagzeug. Es ist eine lange Liste von beeindruckenden Namen: das *Jazz By Off Beat*-Festival und *Em Bebbi sy Jazz* in Basel, die Jazzfestivals von Bern, Montreux und Zürich, und natürlich

3
Lisette Spinnler während eines Gigs mit der Funk-Soul-Pop-Band disconnected in der Grabenhalle, St. Gallen.

der *Bird's Eye Jazz Club* und das *Atlantis* in Basel.
In Zürich und in Montreux gewinnt Lisette mit ihrem Quartett im Sommer 2001 gleich zwei Mal hintereinander einen Wettbewerb, wobei der Gewinn des ersten die Bedingung war, um überhaupt am zweiten, dem «Montreux Jazz Chrysler Award 2001» teilnehmen zu können. Letzteren gewinnt die Formation denn auch gleich, und die Jury unter dem Patronat von Quincy Jones schreibt unter anderem: «The jury enjoyed Lisette's singing very much. She has a very personal and warm voice and [Oliver Friedli's, yb] arrangements are exquisite! Lisette (she is a very young singer and still studying) will be awarded

to perform as Guest Star with leading Swiss Jazz Ensembles during one year including promotion.»
Lisette: «Ich habe natürlich auch in vielen Jazzclubs gesungen und mit verschiedenen Formationen, aber das kann ich ja nicht alles angeben. Ich schreibe nur die grossen Festivals auf, dann lesen es die Leute auch eher, denn es interessiert ja niemanden zu wissen, in welchen kleinen Hudigäägeler-Clubs ich gespielt habe – übertrieben gesagt.»
Angesichts des doch recht grossen Erfolges in den letzten beiden Jahren, frage ich Lisette, wie sie die Zukunft sehe, ob sie ihr Angst mache. Vor allem nimmt mich Wunder, ob sie sich je vorgestellt hat, wie es sein könnte, wenn sie plötzlich in der *Migros* oder im *Coop* beim Einkaufen erkannt würde, wenn sie also plötzlich kein so genannt normales Leben mehr hätte.
«Nein, das habe ich mir noch nie überlegt.»
Ich frage nach: «Noch nie? Wie das sein könnte? Wie gut du bist oder sein könntest oder sein willst, und was passieren könnte, wenn du so gut würdest, wie du sein wolltest?»
Lisette lacht: «Ich habe mir noch nie überlegt … also, ich habe mir natürlich schon überlegt, was einmal werden könnte. Aber nicht im Sinn: Wie berühmt könnte ich mal werden. Um das geht es mir gar nicht. Das ist etwas, das du dir dann überlegen kannst, wenn es eintrifft, wenn du langsam da rein kommst, plötzlich da drin bist – das merkst du ja wohl mit der Zeit, oder?» Ich nicke, obwohl ich natürlich nicht die blasseste Ahnung habe. «Und dann probierst du es eben aus. Die Frage für mich ist mehr das Reisen und das ständige Auftreten! Das habe ich mir schon überlegt, ob ich das überhaupt aushalten würde, denn da habe ich schon gewisse Erfahrungen gemacht! Im Januar habe ich zum Beispiel zwölf Gigs gesungen! Und es waren sehr viele Hochzeiten dabei, oder mal diese Gesellschaft, mal jener Verein … Dann hast du also sieben solche Gigs und vielleicht noch vier, fünf andere. Und das macht einen mehr kaputt, als dass es so toll wäre. Da fängst du manchmal um 19 Uhr an zu spielen und kommst gegen 5 Uhr in der Frühe erst wieder nachhause. Und dann immer Dinge wie: ‹Könntet ihr bitte etwas leiser spielen? Könntet ihr bitte das und das spielen? Könntet ihr nicht bitte dies und das, und ein wenig mehr da nach hinten und die Verstärker etwas leiser drehen? Das Essen? Ach ja, da ist uns ein Fehler passiert, könntet ihr nicht vielleicht im Keller irgendwo …?› Weisst du, was ich meine? Oder: ‹Da hinten ist eine Garderobe, könntet ihr nicht, denn wir können euch nicht bei der Gesellschaft … ja, das wäre toll.› Das ist schon ziemlich mühsam – nicht unbedingt das Musikerinnenleben, von dem ich träume.»
Ich frage nach, was denn eine Alternative sein könnte. Dass es ja wohl als Berufssängerin etwas schwierig sei, wenn sie diesen «Kleinkram» nicht machen wolle, denn dann könne sie ja nicht überleben.
«Genau, es geht um finanzielle Sicherheit, darum, dass die Unabhängigkeit gewährleistet ist. Denn an diesen so genannten kleinen Gigs verdienst du, nicht an den grossen An-

lässen. Bei den Festivals, wo viele Leute kommen und dir die Leute auch wirklich zuhören, da verdienst du nichts. Vielleicht 70 Franken Spesen! Ich weiss nicht, von wann an sie uns etwas bezahlen würden. Aber als wir damals von der Schule aus dort waren, bekamen wir einfach die Reisespesen zurück. Wir haben nie mehr bekommen. Das sind eben so Einstiegs-Gigs, die man machen kann und die absolut toll sind und bei denen man sich auch präsentieren kann. Und zum Beispiel beim *Jazz By Off Beat* Jazzfestival kommen amerikanische Musiker, die bekommen viel Geld. Aber hier? Wo willst du hier Jazz spielen? Im ‹Bird's Eye› zum Beispiel, bekommst du etwa 100 Franken pro Abend ... es ist schon ziemlich verrückt. Aber das sind eben die Gigs, die Spass machen, bei denen du dich musikalisch verwirklichen kannst, da bist du nicht einfach nur die Abendunterhaltung. Auf gewisse Weise natürlich schon auch, aber auf eine Art, bei der du ernst genommen wirst und dir die Leute zuhören und du dann auch Lust hast, dich voll ins Zeug zu legen ... Es ist eben ganz anders, wenn du Musik machen willst und die Leute reden, als wenn es ganz still ist.»

Ich frage sie, wie sie sich dann ihr Leben in zehn, fünfzehn Jahren vorstelle. Ob sie für sich überhaupt eine Zukunft als Berufssängerin sehe. Ich verweise auf das Beispiel von Martina Achermann, die als Sängerin, Unternehmerin und allein erziehende Mut-

4
«Ich bin doch nicht einfach nur die Musikerin. Ich bin in erster Linie ich selber.»

ter wohl nicht immer ein einfaches Leben gehabt habe.

«Das möchte ich auch so machen. Ich meine, ich möchte auf jeden Fall auch mal eine Familie. Ich bin nicht der Karrieretyp, der alles aufgibt und vergiftet auf etwas wartet … Das Singen ist eigentlich für mich selber. Es ist gar nicht so, dass ich das jetzt als Beruf ansehe, dass ich singe. Es ist schon eine Art Beruf, klar. Aber mein Beruf wird eher mal so etwas wie Musiktherapeutin, zum Beispiel. Mit einer Weiterbildung. Und Sängerin ist nicht der Beruf, sondern … Natürlich, es ist schon ein Beruf, jetzt. Ich mache ja eine Berufsausbildung. Aber das Konzerte-Geben und das Singen selber, das ist nicht der Beruf für mich. Sondern es ist eben nur dann ein Beruf, wenn ich für Gesellschaften und Vereine singen soll, wo ich dann dieses und jenes bestimmte Lied singen soll, dann ist es ein Job. Aber das ist eben nicht mein Ziel. Diese Gigs will ich nicht das ganze Leben machen, das möchte ich verhindern. Ausser ab und zu mal, aber einfach nicht gehäuft, als Job eben. Ein so eingeengtes Musikerinnenleben, das will ich nicht. Das interessiert mich eben gerade nicht. Und an der Musikschule 20 Kinder haben, die von ‹Mutti› in den Unterricht geschickt werden … das klingt jetzt etwas böse, aber es ist überhaupt nicht böse gemeint. Das will ich einfach nicht. Ich will die Musik einfach nicht als Beruf haben müssen, sondern etwas machen, was mich interessiert und finanziell absichert. Zum Beispiel eben Therapie. Etwas auf dieser Ebene, mit Kindern, Behinderten, Kranken. Und das dann als Teilzeitarbeit. In der Musiktherapie gibt's bis jetzt ohnehin noch keine 100-Prozent-Stellen. Und daneben eine oder zwei Bands pflegen, oder doch eher eine, das reicht ja vielleicht. Verschiedene Projekte …»

Ich dopple nach, dass dann das Singen also klar an zweiter Stelle komme, neben einem Broterwerb, der die finanzielle Unabhängigkeit sichere.

«Ja, genau. Ausser natürlich, du kommst so weit, dass du an eine Karriere denken kannst, oder dass dich jemand unterstützt, eine Plattenfirma zum Beispiel, oder du kommst dazu, mit Musikern spielen zu dürfen, die schon bekannt sind, das wäre zum Beispiel von Vorteil …»

Ich frage Lisette noch einmal, was sie machen würde, wenn genau das passierte. Das meinte ich vorhin, als ich sie fragte, ob sie sich schon Gedanken über das Leben als eine Art «Berühmtheit» gemacht habe.

«Das stelle ich mir nicht vor. Oder wenn ich es mir vorstelle, dann stelle ich es mir nicht einfach vor. Ich meine nicht den Weg da hin, sondern das Dort-Sein. Es zu machen, zu leben! Eben die Frage: Kann ich das? Diese Frage stelle ich mir. Aber die Frage, ob es so weit kommt oder nicht, die stelle ich mir nicht. Denn wenn es kommt, dann schaue ich dann weiter, und wenn es nicht kommt, bleibe ich in der Region, das ist auch ok. Ich habe Kinder und arbeite als Musiktherapeutin … Weisst du, ich kenne auch Musiker und Musikerinnen, die haben Ambitionen, oder fassen so riesige Ziele ins Auge … und dann verfehlen sie genau dieses Ziel, weil sie sich verkrampfen. Und wenn es nicht

5

Wenn es ganz still ist und die Leute zuhören, macht es auch Spass, sich voll ins Zeug zu legen.

eintrifft, sind sie gefrustet, weil sie alles nur darauf gesetzt haben. Ich bin nicht ein Mensch, der so etwas macht. Das ist gar nicht mein Charakter, entspricht nicht meinem Wesen ...»
Ich will etwas fragen, doch sie ist noch nicht fertig.
«Musik alleine macht noch keine Musik, ich meine, Musik alleine macht die Musik nicht. Ich will mein Leben leben, Persönlichkeit entwickeln. Ich bin der Meinung, man muss leben, sich informieren über Dinge, die nicht nur mit Musik zu tun haben, die Gesellschaft, die Natur, die Umwelt, das Universum oder was weiss ich ... dann hast du auch plötzlich etwas zu sagen. Ich bin doch nicht einfach nur die Musikerin. Ich bin in erster Linie ich selber. Bis jetzt gibt mir Musik vor allem Power. Wenn du ein Konzert hast und die Leute hören dir zu und sie sagen dir wie sie es gefunden haben, dann kann dir das recht viel Power geben. Du bekommst Reaktionen und bist happy. Es ist ein schönes Gefühl. Und auch einfach die Emotionen raus zu lassen, so in diesen bestimmten Zustand zu kommen ... den kannst du überall erreichen, sogar beim Putzen! Das ist super, wenn man das erreicht, das therapiert einen ... wie Malen oder Schreiben.»
Dann spricht Lisette noch von den beiden Formationen, in denen sie singt: das *Lisette Spinnler Quartett* und *disconnected*. Als ich sie frage, ob sie in Zukunft eher in Richtung Quartett oder in Richtung Funkband gehen will, kann sie sich nicht so richtig entscheiden.
«Das ist die Frage. Keine Ahnung. Vielleicht eher das Quartett, das war schon bisher der grösste Teil ... Denn diese Gigs an den verschiedenen Jazzfestivals, das war ja alles mit dem Quartett. Obwohl wir mit der Funkgruppe auch schon gut Fuss gefasst haben und schon auch Ambitionen haben. – Bei *disconnected* spielen Joachim J. Flueck Schlagzeug, Beni B. Hägler E-Bass, Frank James Affolter

Gitarre und Oliver Wendt und Chruzi Wyss Alt- und Tenorsaxophon. Vorher spielte noch Thomas Christ Piano, aber der ist nicht mehr dabei. Wir werden vermutlich ebenfalls als Quartett weiter spielen. Das wird den Sound schon ein wenig verändern, denn das ist keine typische Funkband. Es ist mehr, ziemlich eigen … auch Pop … melodiös … Balladen … es ist nicht einfach typischer Funk. Es ist so etwas wie Funk-Soul-Pop.»

Als zum Schluss noch eine CD von Jacky Terrasson zusammen mit Cassandra Wilson läuft, denken wir beide spontan an Oliver Friedli, den Pianisten des *Lisette Spinnler Quartetts*: «Ja, Oli ist gut, und er schreibt ganz unglaubliche Tunes. Oliver hat sehr viel Jacky Terrasson gehört. Das hört man auch.»

Dann schwärmt sie noch von einem neuen Song, den Oliver Friedli und sie zusammen geschrieben haben. «Eine Eigenkomposition, ‹Smile›. Ein Song, der typisch ist für uns. Genau die Richtung, in die wir weiter gehen wollen … Oli hat den Song geschrieben und ich den Text. Ein sehr schöner Song, vermutlich der beste Song, den wir haben … vielleicht neben unserem Arrangement des Stückes ‹Ancient Footprints› von Wayne Shorter. Der Text ist von Dianne Reeves [inzwischen weiss ich, dass der Text von Kitty Margolis stammt, yb].»

Kurz bevor ihr Taxi kommt, das ich unterdessen bestellt habe, kommt Lisette noch etwas in den Sinn, das ihr sehr wichtig ist:

«Ich will noch etwas aufschreiben … über meine Ausbildung! Ab diesem Herbst studiere ich nämlich bei Susanne Abbuehl, weil Sandy Patton geht. Ab Oktober.» Als ich nachfrage, wie sie sich denn schreibe, weiss es Lisette auch nicht und verweist mich auf das Telefonbuch. Das Luzerner Telefonbuch. Ich bin etwas verwirrt und frage nach, wie es komme, dass die *Jazzschule Basel* Lehrerinnen aus anderen Kantonen «einfliegen» müsse. Ob es nur so wenige gebe …

«Es gibt tatsächlich nur sehr wenige. Das heisst, Susanne Abbuehl kommt einfach auch nach Basel, um zu unterrichten. Sandy Patton hat eigentlich auch mehr Stunden in Bern gegeben als in Basel.»

Als ich nach Martina Achermann frage, antwortet Lisette: «Martina Achermann hat, so viel ich weiss, nie gewollt. Oder ich weiss nicht … Sie gibt wohl Stunden an der allgemeinen Jazzschule, nicht an der Berufsschule. Und ich mache ja die Berufsabteilung.»

Ich hake noch schnell ein und frage, was sie denn am Ende dieser Ausbildung sein werde.

«Dann bist du diplomiert. Diplomierte … Lehrerin. Und Sängerin, glaube ich. Am Ende habe ich das Lehrdiplom. Ich mache Pädagogik, lerne, wie man an einer Schule unterrichtet, habe aber auch sehr viel Praxis, also Gesang, was auch sehr wichtig ist. Aber die Pädagogik spielt eben auch eine grosse Rolle. Das ist alles. Jetzt muss ich ins Bett, denn ich muss genügend schlafen. Das ist so ein Faktor bei mir – ich weiss nicht, ob das bei dir auch so ist – wenn ich weiss, ich habe nur noch sechs Stunden Schlaf, dann bekomme ich Stress. Da muss ich darauf achten. Wegen der Stimme auch.

Das ist auch etwas, das mich ein wenig ärgert: dass ich als Sängerin nicht einfach so leben kann wie ich will. Ich kann nicht rauchen, zu wenig Schlaf liegt nicht drin, kein Alkohol und überhaupt gesunde Ernährung, und wegen der erhöhten Schleimproduktion sollte ich nicht zu viele Milchprodukte essen, das ist schon recht streng. Es hängt eben alles zusammen: schon wenn man ein bisschen angespannt ist, schränkt dies das Singen ein. Ich kann gar nicht mehr das Optimum des Gesanges herausholen, wenn ich verkrampft bin. Ich muss überall ganz entspannt sein, am ganzen Körper. Das ist fast so etwas wie Tai-Chi, etwas wie Religion, etwas Tänzerisches. Erst dann kannst du die Energie voll fliessen lassen. Und es reicht manchmal schon, eine etwas komische Haltung zu haben oder eine bestimmte Bewegung immer zu machen, dann ist schon ein Teil des Körpers angespannt. Wenn man ein Konzert gibt, ist das nicht so wahnsinnig wichtig, aber während des Übens. Man muss zum Beispiel auch darauf achten, beim Atmen genau so viel Luft in die Lungen zu ziehen, wie man braucht, um weiter singen zu können. Nicht zu viel und nicht zu wenig. Denn man braucht gar nicht so viel Luft, um zu singen. Man muss wirklich auf solche Dinge achten: die Haltung, die Bewegung.»

Wir warten gar nicht erst, bis der Taxifahrer klingelt. Wir warten auf der Strasse auf ihn. Es ist eine warme Nacht, und als das Taxi schliesslich mit Lisette davonbraust, bleibe ich noch einen Augenblick stehen und blicke ihm nach.

«Verrückt, wie schnell so ein langer Abend vorbei sein kann!» denke ich. Es ist fast 2 Uhr mogens.

Anmerkungen

Herzlichen Dank an alle, die mir in irgend einer Form bei diesem Artikel geholfen haben: Lisette Spinnler (natürlich!), Joachim J. Flueck, Bernhard Ley, Oliver Friedli und Marianne Sarasin.

Links:
http://www.z-7.ch/
http://www.funky-stuff.com/maceo/
http://www.rhaezuenser.ch/werbung.html
http://www.baselland.ch/index.htm
http://www.cassandrawilson.com/
http://www.jsb.ch/
http://www.rachelleferrell.com
http://www.whitewoodenwebsite.de/v1/s_litone.ht
ml
http://www.songtrellis.com/discuss/msgReader
$1770
http://www.baselland.ch/docs/gemeinden/info/
wittinsburg.htm
http://franklarosa.com/vinyl/Exhibit.jsp?
AlbumID=49
http://personalwebs.myriad.net/nathan/pulp/
lyrics-preacher.html
http://www.planeo.ovh.org/Txt/ericcocaine.txt
http://www.jazzfestivalbern.ch
http://montreuxjazz.com
http://www.birdseye.ch/
http://www.atlan-tis.ch/tis.htm
http://home.t-online.de/home/cubus.regio/
achermann.htm
http://www.terrasson.com/
http://www.ejn.it/mus/reeves.htm
http://www.jazzart.com/Information/Switzerland/
patton.html
http://www.susanneabbuehl.com/
http://www.tai-chi.de/

Bildnachweis

1 Yves Binet, Basel.
2 Bernhard Ley, Basel.
3 Pascal Laube, St. Gallen.
4 Yves Binet, Basel.
5 Christopher Gmuender, Basel.

Rolf Wirz

Rock-Musikszene im Baselbiet

Irrwisch-Gitarrist Peter «Pek» Krattiger: «Eine Achterbahn der Gefühle»

Peter «Pek» Krattiger ist Musiker, Karikaturist, Layouter, Grafiker, Kunstmaler, Musikproduzent und Besitzer des Tonstudios Musictown in Niederdorf. In den 70er und 80er Jahren war er Gitarrist in einer der damals bekanntesten Schweizer Bands: Irrwisch. Krattiger prägte mit seinem virtuosen Gitarrenspiel den unverwechselbaren Irrwisch-Stil mit. Ein Porträt.

Peter «Pek» Krattiger überlegt lange. Er ringt mit Eindrücken und Erinnerungen. Dann hat er sich die passenden Worte zurechtgelegt. Die Zeit mit *Irrwisch*, sei für ihn eine Achterbahn der Gefühle gewesen. Etwas zwischen Ekstase und Irritationen, zwischen Erfolgen und Frustrationen. *Irrwisch* waren Ende der 70er und bis Ende der 80er Jahre neben *Krokus*, *Yello* und *Rumpelstilz* die wohl bekannteste Schweizer Band, und im Unterschied zu vielen anderen feierten sie ihre Erfolge auch im Ausland. Und der Gitarrist Peter Krattiger, der in Waldenburg aufgewachsen ist, war einer von ihnen.

«Pek» Krattiger kam am 4. März 1957 in Waldenburg zur Welt. Nach der Schule besuchte er zuerst die Kunstgewerbeschule, um dann eine Lehre als Typograph zu machen. Als Gitarrist von *Irrwisch* entwickelte er

«Pek» Krattiger als 11-Jähriger mit der ersten Gitarre.

dann jene Musik mit, mit welcher die Gruppe in den 80ern grosse Erfolge feierte. Er liess sich an der Musik-Akademie in Basel in Gehörbildung schulen und besuchte die Jazzschule in Bern.

Der Rest der Band stammte hauptsächlich aus dem Solothurnischen Kestenholz. Zur Formation war Krattiger gestossen, nachdem er den *Irrwisch*-Keyboarder Stefan Bürgi an der Kunstgewerbeschule in Basel kennen gelernt hatte.

Stefan Bürgi hatte *Irrwisch* zusammen mit Christian Bürgi, der Gitarre spielte, 1970 gegründet. Ab 1975 nannte sich die Band *Irrwisch*. Im Saal des Kestenholzer Restaurants *Kastanienbaum* hatten die Musiker einen ihrer ersten Auftritte. 1978 erschien ihre erste Single, «Metronome/Reflections».

1979 holte die Gruppe den 1. Preis am *Nationalen Jazz- und Rockfestival* in Augst. Sie «gewannen» einen Auftritt im Casino während des *Montreux Jazz Festivals*. Ihr Debütalbum «In search of» wurde 1981 veröffentlicht. Eine Konzerttournee durch die Schweiz folgte. Nach der Veröffentlichung von «Living in a fools Paradise» im Jahr 1982 tourte die Band durch die Schweiz und Deutschland. Prompt gelangten *Irrwisch* in die Radio-Hitparade von SWF 3 (heute SWR 3). In den Album-Charts stieg «Living in a fools Paradise» bis Platz sieben. Im selben Jahr wurde ihnen für dieses Werk der Werkpreis des Kantons Solothurn zugesprochen.

«Pek» Krattiger sagt, bei den ersten beiden Platten habe es die Plattenfirma «geschafft», Lieferschwierigkeiten zu bekommen, sobald *Irrwisch* für die Charts gesetzt waren. Dies habe bedeutet, dass die Verkaufszahlen drastisch zurückgingen, und die Band aus der Warteposition flog, weil die Tonträger wochenlang nicht mehr käuflich waren ...

«Pek» Krattiger im Jahre 1992 voll in Aktion.

Mit dem 88er Album «Countdown» schafften es *Irrwisch* zum ersten Mal in die Schweizer LP-Hitparade. «Countdown» war fünf Wochen lang in den LP-Charts und erreichte Platz zehn als Top-Position. Aus dem Album «The Fish came to the surface», welches 1989 erschien, wurden drei Singles ausgekoppelt: «Diamonds in my Heart», «Living for Love» und als Vorabkopplung «Queen of Fire». Mit diesem Song waren *Irrwisch* 1988 drei Wochen lang in der Schweizer Single-Hitparade vertreten. «Queen of Fire» kletterte bis Platz 26.

Schliesslich schaffte auch «The Fish came to the surface» den Sprung in die LP-Charts. 1989 war der Tonträger sechs Wochen in der Schweizer LP-Hitparade und schaffte es bis Position elf. 1990 erschien die CD «Live», ein Jahr später «Forbidden Fruits». Mit diesen «Forbidden Fruits» gelang *Irrwisch* ebenfalls der Sprung in die LP-Charts; das Album hielt sich fünf Wochen und brachte es bis auf Position 21. 1995 veröffentlichen *Irrwisch* ein «Greatest Hits»-Album, 1996 folgte Christian und Steff Bürgis Studiowerk «Chestwood» und im Jahr 2000 erschien ihr vorläufig letztes Werk «Christmas Concerts».

Irrwisch waren auf dem Zenit ihres Erfolgs eine schweizerische Kultband, wie es keine andere gab. Musikalisch waren sie eine Mischung aus *Genesis*, *Yes*, *Gentle Giant* und vielleicht noch einem Schuss *Pink Floyd*. Immer rockig, oft verspielt, manchmal auch etwas schräg, aber immer sehr melodiös. Während ihren besten Zeiten spielten sie im Zürcher *Hallenstadion* und im Lausanner *Palais de Beaulieu* im Vorprogramm von *Marillion*. Sie waren aber auch «Supporting Act» von Roger Chapman, *Uriah Heep*, *Spliff* und *Eloy*.

In Luzern waren sie ein andermal als Anheizer von *Wishbone Ash* engagiert. Es war ihr erstes Konzert auf einer grossen Bühne, mit Riesenanlage und einer über 100-Kilowatt-Lichtshow. Anscheinend hatten sie Anheizen etwas zu wörtlich genommen, denn Krattiger erinnert sich daran, dass die Halle nach ihrem Auftritt eine Viertelstunde lang getobt habe: «Ich stand beim Vorhang und es lief mir kalt und heiss den Rücken hinunter.» Der Veranstalter habe die ganze Zeit versucht den Leuten klar zu machen, dass man keine Zeit habe für eine Zugabe. «In derselben Zeit hätten wir längst zwei Songs gespielt», grinst Krattiger und freut sich heute noch.

Während Krattiger «back to the roots» wollte, hätten andere den Erfolg um jeden Preis gesucht. Darum habe er die Band 1991 verlassen. Um

Irrwisch im Zürcher Hallenstadion.

Irrwisch wurde es ziemlich ruhig. Inzwischen haben sich eine paar «Irrwische» wieder zusammengerauft und die Band auferstehen lassen, doch Krattiger wollte nicht mehr. «Es wäre nicht lange gegangen und wir hätten uns wieder in den alten Verhaltensmustern und Hackordnungen wiedergefunden. Das wollte ich nicht, also habe ich es bleiben lassen», erzählt er nüchtern.

Unterdessen unterhält Krattiger seine eigene Band, die sich *Pekamor* nennt. Mit Florian Schneider, Dominique Palmisano, Andi Jörin, Claudine Haller und Claude Plattner hat er eine Truppe formiert, mit der er – nach eigenen Aussagen – seine musikalischen Ideen besser verwirklichen kann. Krattiger: «Ich befinde mich musikalisch im Aufbruch. Das Element ‹Pek›, das nun bei ‹Irrwisch› fehlt, hält hier nun in Hülle und Fülle Einzug.»

Irrwisch-Discografie

«In search of» (1981/EMI)
«Living in a fools Paradise» (1982/EMI)
«Countdown» (1988/EMI)
«The Fish came to the Surface» 1989/EMI)
«Live» (1990/IRRMUSIC)
«Forbidden Fruits» (1991/IRRMUSIC)
«Greatest Hits» (1995/EMI)
«Chestwood» (1996/ChestwoodMusic)
«Christmas Concerts» (2000 Chestwood Music)

The Bumble Bees

Exotische Beat-Boys aus Sissach

The Bumble Bees: das waren Fritz Wunderlin an der Gitarre, Peter Marbot am Bass, Werner Ritter am Schlagzeug und Mathias Schmied an der Orgel. Der grössere Teil der Band stammte aus Sissach und hatte sich der Beat-Musik jener Zeit verschrieben – die Band formierte sich im Jahr 1965. So spielten sie denn auch in erster Linie Coverversionen der Songs von *Rolling Stones*, *Lords*, *Small Faces*, *The Cream*, der *Spencer Davis Group* und auch *Who*. Interessanterweise spielten sie jedoch nicht die Hits dieser Bands, sondern eher unbekanntere Album-Titel. Allerdings versuchten *The Bumble Bees* es auch mit Eigenkompositionen.

Nachhaltig in Erinnerung blieb ein Auftritt der Band an einer selber organisierten Pop-Show im Januar 1969 in der Sissacher Primarturnhalle. Die Combo zeigte bei diesem Anlass eine selber entwickelte Lightshow, was damals von der Fangemeinde als mittlere Sensation gewertet wurde. So etwas hatte man im Oberbaselbiet noch nie gesehen.

Auch am Dorffest 1968 in Sissach spielten *The Bumble Bees*. Dabei durften sie nur spielen, weil im Gegenzug ihr Probelokal als «Beizli» benutzt wurde. Am selben Abend spielten auch die «Grawe-Stones», wie die Grave-Stones in der *Volksstimme* fälschlicherweise genannt

The Bumble Bees in der Sissacher Primarturnhalle.

wurden. Eintrittspreis für das Konzert übrigens: 1 Franken.
Am 28. Juni 1969 traten die *Bumble Bees* an einem Dance-In in der Turnhalle Hölstein auf. Zusammen mit verschiedenen regionalen Bands konzertierten sie vor gut 400 Beatfans. Ansonsten spielten sie an diversen grösseren und kleineren Festen in der ganzen Region. Auch im *Basler Bebbi-Club* und im *Club 65* hinterliessen die *Bumble Bees* ihre musikalischen Spuren. Einmal traten sie während den Ferien sogar in Italien auf, was ihnen prompt ein Angebot für eine Italien-Tournee einbrachte. Schweren Herzens musste die Combo die Offerte ausschlagen, da alle noch in der Lehre waren und sich solcherlei Eskapaden nicht leisten konnten. Die Band löste sich schliesslich Anfang 70er Jahre auf, weil ihre Mitglieder das Interesse an der Musik verloren, oder aus der Region wegzogen.

The Grave-Stones

Gitarren-Pop aus Oberdorf

The Grave-Stones waren in den 60er Jahren eine eigentliche Kultband im oberen Baselbiet. Felix Gautschin (Rhythmus- und Leadgitarre), Kurt Füllemann (Rhythmus- und Leadgitarre/Gesang), Christoph Müller (Bass), Mike Stäuble (Keyboards) und Ueli Gysin (Schlagzeug) spielten in ihrer Anfangszeit vornehmlich Instrumental-Hits der *Shadows* und der *Sputniks*. Mit der Zeit habe die Band aber auch gängige Rock 'n' Roll- und Beat-Hits von Elvis Presley, den *Bee Gees* bis Carlos Santana gecovert, beschreibt Felix Gautschin den Stil der *Grave-Stones*.

The Grave-Stones, erlangten mit präzis gespielten Coverversionen Kultstatus.

Anlässlich eines Auftritts 1969 an einem Dance-In – vor 400 Personen in der Turnhalle Hölstein – wird die Band richtiggehend gepriesen. Sie seien der «krönende Abschluss gewesen», schwärmt der Chronist in der *Basellandschaftlichen Zeitung*. «Einwandfrei eingestellte Verstärker und ausserordentlich präzise Spielweise sind ihre Prädikate.» Es sei schlichtweg eine «vorzügliche Band», welche ihre Vielseitigkeit bewiesen habe, kommt der Berichterstatter zum Schluss.

Die Gruppe wurde 1963 ins Leben gerufen und in der Originalbesetzung existierten «die Grabsteine» ungefähr bis 1969/70. Felix Gautschin verliess die Band, weil er sich mit dieser musikalisch eher in Richtung Blues weiterentwickeln wollte, was der Rest der Truppe jedoch ablehnte. Die Band wurde 1978 für einen einzigen Auftritt, den Hanspeter Gautschin organisiert hatte, wieder zum Leben erweckt. *The Grave-Stones* spielten an der Eröffnung der neuen Mehrzweckhalle in Oberdorf. Das war eine Reunion, die damals in der Region einiges zu reden gab. Doch es war gleichzeitig der allerletzte Auftritt der Band.

Bildnachweis

Zur Verfügung gestellt.

Race

Kunstrock à la Emerson, Lake und Palmer

Race hiess Ende der 60er und Anfang der 70er Jahre eine recht ungewöhnliche Band aus dem oberen Baselbiet. *Race* spielten bombastischen Kunstrock à la *Emerson, Lake und Palmer*, jedoch beschränkten sie sich auf Eigenkompositionen. Immerhin spielten sie aber in derselben Zusammensetzung wie ihre Vorbilder von ELP; Bruno Eschbach (Keyboards), Lukas Oberer (Bass) und Norbert Jud (Schlagzeug). Das Trio wurde 1969 gegründet und löste sich 1975 auf. Eschbach «versteckte» sich an den Konzerten hinter richtiggehenden Keyboardtürmen aus Orgeln, Synthesizern, E-Pianos und Mini-Moogs, die er sich zum Teil eigens in England besorgt hatte. Seine Auftritte gestalteten sich wie jene von Keith Emerson, den er auch persönlich kennenlernte. *Race* traten in der ganzen Schweiz und auch im benachbarten Ausland auf. Bei einem Schweizer Pop-Festival in Luzern holten sie den 1. Preis. Für die Nachwelt erhalten ist ihre Musik lediglich auf einem *Pepsi*-LP-Sampler mit Schweizer Musik. Darauf finden sich zwei *Race*-Songs: «Mountain King» und «Sublimate». 1975 wurde der *Race*-Schlagzeuger Norbert Jud Profimusiker. Die Luft war draussen – die Band löste sich auf.

Farbenfroher Auftritt der «Kunstrock»-Band Race.

Daniel Aenishänslin

Junge Löwen, alte Hasen – aber nicht viel Neues

Die 90er Jahre brachten in Sachen Pop und Rock musikalisch keine grossen Neuigkeiten. Den Grunge aus Seattle hatte Neil Young bereits Ende der 70er anklingen lassen, der Brit-Pop von der Insel hatte viel eher eine neue Verpackung denn einen neuen Inhalt. Ja, noch nicht einmal die Boygroups gab's erstmals. Natürlich hielt dies die Schweiz und das Baselbiet nicht davon ab, an all dem mitzubasteln.

Eine hübsche Episode in Sachen Boygroup ereignete sich 1997, als ein findiges Management *Code 5* aus der Retorte hob. Dabei überstand ein 17-jähriger Arisdörfer namens Michel Bognar erfolgreich das Casting. Er war mit von der Partie, als es galt, die Portemonnaies und die Mädchenherzen der Schweiz zu entern. Das findige Management war der Ansicht, wer Zahnpasta oder so was verkaufen könne, der schaffe dies auch mit dem Produkt Musik. Doch weil sich Zahnpasta oder so was nicht besonders gut anhört, blieben die Verkaufszahlen im Keller. Trotz Medienpräsenz steuerte das Unternehmen *Code 5* fast unmerklich aber beharrlich ins Abseits, bis sich niemand mehr daran erinnerte.

1

Bernhard Ley vor dem ersten Domizil der Jazzschule Basel: Im Sommercasino wuchs seine Idee zur Institution.

2

Simon Ramseier paukte sich von der Jazzschule in den Pop-Himmel.

Grundsätzlich orientierten sich viele Baselbieter Rock- und Pop-Musiker in Richtung Basel. Ein Grund dafür dürften die Musiklokale sein. Kurze Zeit bot in Liestal die *Angel's Blues Bar* den Bands Gastrecht. Regelmässiger Konzertbetrieb fand im Baselbiet aber vor allem in der Agglomeration Basel statt. Wichtige Adressen waren das *Palais Noir* in Reinach, das *Cabaret Ascot* in Aesch und ab 1994 natürlich die *Konzertfabrik Z7* in Pratteln, die noch heute einen wichtigen Platz im Baselbieter Rock- und Pop-Leben einnimmt. Für die härteren und knallharten Klänge des Rock, gehört das *Z7* inzwischen zu den Tempeln der – nicht gerade expandierenden – Szene.

Auch mit ein Grund dafür, dass sich viele in Richtung Basel orientierten, war und ist die *Jazzschule Basel*. Dort paukt und trifft sich so einiges, was in der Gegend Musik von sich gibt. Auch der Pratteler Simon Ramseier kennt die Klangschmiede von innen. Heute ist er Schlagzeuger in einer der angesagtesten Basler – ja, Schweizer – Bands, den *Lovebugs*, die national und international erfolgreich die Nordwestschweizer Version des Brit-Pop zelebrieren. In zwölf Ländern Europas.

Die *Lovebugs* hatten ihre Band 1993 für den Wettbewerb «Sprungbrett» gegründet, den der *Rockförderverein der Region Basel*, besser bekannt als *erreffvau*, durchführt. Seit 1994 ist der *erreffvau*, der von beiden Basler Kantonen unterstützt wird, Ansprechpartner für viel Musikerinnen und Musiker der Region. Hier gibt's wichtige Adressen, Wissenswertes zu Verträgen oder mal eine Defizitgarantie. Grundsätzlich beabsichtigt diese «Institution» bis heute die Interessen ihrer «RockPopBluesReggaePunk GrungeHip-HopTechnoMundartMetal-Szene» zu wahren, allenfalls durchzusetzen. Sinnigerweise war der *er-*

reffvau im selben Gebäude untergebracht wie die *Jazzschule Basel*: im *Sommercasino*. Versteht sich, dass dieses auch ein wichtiges Konzertlokal beherbergte.

Ein Versuch in dieselbe Richtung, in die der *erreffvau* zielt, gab's auch in Liestal: MPL, *Music Project Liestal*, hiess der Zusammenschluss. Im Umfeld des MPL tummelten sich Namen, die nicht neu waren, im Baselbiet eine Rolle spielten und auch echte Baselbieter Bands waren. Die Rock 'n' Roller *Baby's First Teddybear* waren in den frühen 90er Jahren schwer angesagt und David Rutschmanns *Chicago Dave Blues Band* hält sich immer noch wie ein Fels in der Brandung. 1991 spielte die Band ihr erstes Album «... Nothin' But The Blues» ein. Zum 20-jährigen Bestehen der *Chicago Dave Blues Band* kam 1999 die dritte CD, «Crossroad – Keep Movin' On!», auf den Markt. Rutschmann und seine Band pflegten ausserdem regen Austausch mit dem Ende des Jahrzehnts verstorbenen Blues-Heroen Luther Allison.

Zumindest im weiteren Sinne zur Popmusik dürfen auch zwei ganz unterschiedliche Baselbieter «Oldies» gerechnet werden. Beide sind sie über die 90er Jahre hinaus aktiv geblieben. Das Hersberger Duo Stella Space und PJ Wassermann, unter anderem bekannt als *Matterhorn Project*, liess ihrem Hitparaden-Knüller «Mooh» (Platz zwei in der Schweiz, Top five in Südafrika) aus den 80ern noch einen weiteren Hit folgen. In «I'd Love To Be Your Tampax Now» nahmen die beiden 1993 ein intimes, jedoch heimlich mitgeschnittenes Telefongespräch auf die Pop-Schippe. Darin äusserte der britische Thronfolger, Prinz Charles, gegenüber seiner Geliebten, Camilla Parker-Bowles, den Wunsch, ihr Tampon zu sein. Natürlich war dieses Zitat auch das Herzstück des Songs.

3

Dave Rutschmann (links) und Z7-Schrittmacher Norbert Mandel beglückwünschen sich zur ersten «Blues Night».

Last but not least ist bei den 90er-Oldies die Reihe an Bo Katzman, der sein Domizil, «Katzmusic», in Reinach hat. Er hatte das Jahrzehnt mit dem zehnjährigen Bühnenjubiläum begonnen, wandelte sich vom Rocker zum Gospel-Messias und machte Pop, Volksmusik, im eigentlichen Wortsinn: Musik für jederfrau. Jeder verstand seine perfekt inszenierten Lautspiele mit dem *Bo Katzman Chor* (220 Personen), was seine Tourneen regelmässig mit dem Attribut «ausverkauft» versah. Katzman war einer der Erfolgreichsten der 90er Jahre in der Schweiz. Dies belegen fünf Goldene CDs und über 190 000 verkaufte Tonträger.

Die jungen Baselbieter Löwen der 90er hiessen zum Beispiel *No Comment,* sie gewannen das «Rock-In», den nationalen Talentwettbewerb. *X-rated* aus Liestal dröhnten einem mit deftigem Crossover entgegen. Drei Jahre nach ihrer Gründung ver-

5
Bettina Schelker ist einer der kreativen Köpfe in der regionalen Szene.

4
Bo Katzmann hat sich ein popiges Denkmal geschaffen.

öffentlichte die Band ihr erstes Album, «Drift». Die Promotion-Tour dafür brachte die fünf Baselbieter an die «EuroPopDays» ins badische Freiburg, wo das deutsche Label *High Gain Records* auf sie aufmerksam wurde. Frankreich und Ungarn standen auf dem Tournee-Plan. Die Binningerin Bettina Schelker machte mit ihrer *Polschtergruppe* 1994 erstmals eine breite Öffentlichkeit auf sich aufmerksam, indem sie als Sieger des *DRS 3*-Wettbewerbs «Rock Kids gegen Hass» am *Open Air Lengnau* auftraten. Die musikalische Mischung bestand aus Pop, Rock und Singer/ Songwriter-Material. Drei Jahre später hatte sie eine CD («Rose»), einen Plattenvertrag bei *Polygram* und ihr «Prince de Neiges» wurde zum Song des *Jugendkulturfestivals* in Basel gewählt. 1998 trennte sich Schelker von der *Polschtergruppe* und von *Polygram*, um unter eigenem Namen mit eigenem Label (*foundagirl*) ihre Musik weiter zu entwickeln.

Eine wahrhaft schrille Figur in der Basel-Landschaft ist der Muttenzer Clemens Baschong, der unter dem Namen *EGO-N* sein Unwesen treibt. «*EGO-N* ist Chanson am Rande des Nervenzusammenbruchs», war in der Presse zu lesen. Seinen Erstling Mitte der 90er nannte er «Fuck the Piano» – und etwas in der Richtung zeigte auch das CD-Cover. Die erste Auflage betrug ein einziges Stück, wurde aber dennoch in der Zeitschrift *Music-Scene* abgefeiert. Baschong ist ein musikalischer «Poptivist», einer, der für alle Freunde und Freundinnen des schlechten Geschmacks ein Muss ist.

1997 meldete sich auch noch das Hip-Hop-Baselbiet zu Wort. Basel trat

6
Dröhnende Emotionen, gepowert von X-Rated.

schon ein Jahrzehnt früher als Schweizer Mekka dieser Kultur in Erscheinung. Ein Trio mit dem Namen *Exclusiv* überraschte mit eingängigem Sound. Ihre musikalischen Wege trennten sich aber wieder. *MC Shape* ging zu *Wrecked Mob, DJ Dimos* wurde Produzent und *MC Poet* eröffnete ein eigenes kleines Label mit dem Namen *WB-Tal Records* in Oberdorf. Ein weiteres Lebenszeichen der Hip-Hopper war das Musical «Gleis X», das am 10. September 1997 im Birsfelder Kulturraum *Roxy* uraufgeführt wurde. Es war eine Co-Produktion der Szenen-Mitglieder, was das Stück auch sechsmal auf die Bühne des *Basler Stadttheaters* brachte.

7

EGO-N alias Clemens Baschong ist dafür gefürchtet, kein Glatteis auszulassen.

Bildnachweis

1–3 Daniel Aenishänslin, Frenkendorf.
4 BMG Ariola.
5–7 Daniel Aenishänslin, Frenkendorf.

Daniel Aenishänslin

Als Teddybären noch im sowjetischen Fernsehen rockten

Die Geburt von Baby's First Teddybear, kurz BFT, fand am 23. Mai 1987 in der Turnhalle Reigoldswil statt: die Band heizte den Saal für Polo Hofer an. Anfangs der 90er sind die BFT ein Rockensemble mit Profil geworden. Eigene Songs machen inzwischen zwei Drittel des Repertoires aus. Von DRS 3 als schärfste Partyband der Schweiz geadelt – aber von den Privatsendern übergangen – bricht die Band 1991 sogar zu einer Tournee in der ehemaligen UdSSR auf. Sogar ein Clip – die Band hat ihn nie gesehen – flimmert über die russischen Schwarzweiss-Bildschirme. Doch im Jahr 1996 schliesslich – nach vielen grossen und kleinen Konzerten, kleinen und grossen Erfolgen – sterben die BFT «eines natürlichen Todes».

Da knallt mir doch der Typ mit seiner rechten, notabene schwächeren Hand eine Ohrfeige ins Gesicht. Ich stehe vorne an der Tafel des Physikzimmers und der Typ vis-à-vis ist mein Musiklehrer, der das Ende der grossen Pause nutzte, noch kurz eine offene Rechnung zu begleichen. Ich hatte gestern mit ein paar Kollegen seinen alten *Toyota* in den Wald neben dem Pausenplatz getragen und die Hupe mit Hilfe eines Astes zum Dauerdröhnen gebracht.

Irgendwie war mir Urs Rudin von Anfang an sympathisch. Er trug ähnliche Klamotten wie wir, hatte Turnschuhe, deren Markenlogo er mit schwarzer Farbe überspritzt hatte. Schräg für eine Lehrkraft, nicht wahr? Ich musste mich während seines Unterrichts nicht mehr nur mit antiken Klanghülsen und abgehobenen Theorien herumschlagen. Nein, der Typ brachte all die scharfen Sounds der 50er, 60er, 70er und auch der frühen 80er Jahre mit in die mürbe Schulstube. Und der Typ drückte die Tasten der Mund-Art-Rock-Band *Charysma*.

Drei Jahre später, 1987, nachdem er die Schule noch rockiger werden liess und mit unserer Klasse ein Rockmusical einstudiert hatte, spielte «Ürsel» plötzlich in einer Rock 'n' Roll-Band, die künftig mein Freizeitverhalten – besonders am Wochenende – mitbestimmen sollte. *Baby's First Teddybear*: Das waren Rolf «the Jack» Furler, Gesang, Roger «Rogi» Ineichen am Schlagzeug, Paul «Päuli» Erni am Bass, Jürg «Mösi» Moser und Stefan «Steffä» Jost an den Gitarren sowie mein Musiklehrer Urs «Ürsel» Rudin an den Tasten.

Dass diese sechs zusammenfanden, muss Vorsehung gewesen sein. Rolf erhielt eine Anfrage, ob er im Vorprogramm von Polo Hofer spielen könnte, er hatte aber damals noch keine Band. Da griff er auf jene Kumpels zurück, mit denen er schon locker in Pubs jammte, mit denen er schon ein paar Tage in Paris verbracht hatte. In Paris, an einem Bahnhofskiosk fand Rolf auch den Bandnamen: ein Plüschtier mit der Aufschrift «Baby's First Teddybear».

Rolf: «Die Geburt von *Baby's First Teddybear*, kurz BFT genannt, fand am 23. Mai 1987 in der Turnhalle Reigoldswil statt. Die eigentlichen Stars im ‹Gebärsaal› waren aber nicht wir. Wir waren dazu da, die Fans für den Auftritt des Doktors des Mundartrocks in Fahrt zu bringen: Polo Hofer hatte hinterher leichtes Spiel.

Erstmals spielten Steffä, Päuli, Ürsel, Roger und ich unter dem Namen *Baby's First Teddybear* zusammen. Den Leuten gefiel's, also beschlossen wir, zusammen zu bleiben. Unser Anspruch war vor allem einer: Spass zu haben. Ich und Steffä kamen von den Rock 'n' Rollern *Restless*, die anderen spielten nebenher sogar noch eine Weile weiter Art-Rock mit *Charysma*. Der Grund dafür war Mösi. Päuli, Roger und Ürsel wollten ihren Kumpel nicht hängen lassen und lösten des-

1
Sechs Teddybears mit Anhang machen den Roten Platz in Moskau unsicher.

halb *Charysma* erst auf, als auch Mösi in der Band war.
Dass Mösi erst etwas später dazu stiess, hatte mit mir zu tun. Ich wollte weiterhin Gitarre spielen. Päuli und Ürsel nahmen mich dann in die Mangel, überhäuften mich mit Argumenten für einen weiteren Gitarristen. Ich könne mich voll auf den Gesang konzentrieren oder mit einer akustischen Gitarre die Soundvielfalt von BFT erweitern. Ich willigte schliesslich ein. Zu Beginn wars aber schwer für mich. Ohne Gitarre kam ich mir ziemlich nackt vor und in den 15 bis 30 Sekunden eines Gitarrensolos hatten sich mir bisher Ewigkeiten erschlossen.»

Da steht er also, der Rolf. Links und rechts bellen die Gitarren von Mösi und Steffä an ihm vorbei. Und vor der Bühne des brechend vollen «Tis» – so nennt der Volksmund das Musiklokal *Atlantis* am Basler Klosterberg – branden Wogen ausgeflippter Fans. Der mit Cowboystiefeln bewehrte Rolf kann inzwischen mit seiner Gitarrenlosigkeit umgehen.

Anfang der 90er ist aus der Band, die Chuck Berry hinterherspielt, Drafi Deutschers «Marmor, Stein und Eisen ...» rockt oder mit «Let It Be» den *Beatles* nachtrauert, ein Rockensemble mit Profil geworden. Eigene Songs machen inzwischen zwei Drittel des Repertoires aus.

Rock 'n' rollig lässt sich da Mösis Liebe zu *Pink Floyd* raushören, Rolfs *Beatles*-Mania, Steffäs Südstaatenbrett oder Ürsels Musikstudium. Die Songs erzählen mir in Rolfs Bourbon-Timbre, dass er «geboren wurde», mich «zu lieben» und zum Schluss jeweils, dass «goodbye sagen» nicht leicht sei. Ich hab mich schnell an die neuen Mitsing-Zeilen gewöhnt, aber «Honky Tonk Women» von den *Stones* müssen sie mir nochmals «rollen», weil sich mein Körper dabei wie von alleine schüttelt. Yeah!

Steffä: «Für uns war es das Grösste, als die Leute begannen, unsere eigenen Songs mitzusingen. Erstmals war das mit ‹Born To Love You› so. Die Band funktionierte zu diesem Zeitpunkt wahrscheinlich so gut, weil allen klar war, dass keiner je aus der Band geschmissen würde. Freundschaft stand bei uns hoch im Kurs.

2

Bescheiden machten Baby's First Teddybear den ersten Schritt ins CD-Business.

Letztlich kann man sagen, wir haben uns in der Wahl des Stils auch unseren Möglichkeiten angepasst. Ausser Ürsel waren wir doch immer noch Freizeit-Musiker, das heisst, wir probten einige wenige Stunden pro Woche.»

Päuli: «Zeitweise hängten wir uns bei den Songs mächtig rein. Wir wurden reifer und immer subtiler im Arrangieren unserer Stücke. Auf der Bühne waren wir dann aber oft wieder die ungestümen Rock 'n' Roller – alle gleich laut – jedoch nicht immer gleich schnell. 1989 spielten wir dann unsere erste CD ein, eine Maxi, auf der fünf Songs Platz fanden, die sich in Eigenregie überraschend gut verkaufte.»

Roger: «Aufgenommen haben wir während einer Woche im Berner *Eurotop Studio*, im selben Raum, in dem *Koreana* ihre Olympia-Hymne für Seoul aufgenommen hatten. Wir hofften insgeheim, das würde uns Glück bringen. Wir mussten dann merken, wie steinig der Weg nach oben ist, wieviel Glück es auch braucht.»

Rolf: «Auch von den damals noch neuen privaten Radiostationen hatten wir uns mehr erhofft. Am besten war uns *DRS 3* gesinnt. Die spielten uns – auch live – und nannten uns gar die schärfste Partyband der Schweiz. Das Schaffhauser *Radio Munot* sendete einen einstündigen Special über uns und *Schwarzwaldradio* engagierte uns für einen Playback-Auftritt an der Basler *Muba*. Mösi und Ürsel machten sich einen Scherz daraus, bei dieser Gelegenheit die Instrumente zu tauschen. *Radio Basilisk* waren wir keine Note wert. Das damalige *Radio Raurach* liess uns immerhin kurz anklingen, blendete dann aber liniengetreu das für Raurach-Hörer unzumutbare Gitarrensolo aus. Überhaupt empfand ich die Haltung der privaten Radios als elitär. Hauptsächlich die internationalen Nummern zählten, Leute wie wir wurden nicht Ernst genommen.»

Mösi: «Trotzdem wollten wirs nochmals wissen. 1991 spielten wir wiederum im *Eurotop Studio* unseren ersten und letzten Longplayer ein. Zwölf Songs fanden Platz auf ‹maybe soon›. Im Nachhinein sind wir nicht ganz zufrieden mit dem Endergebnis, wir wollten zuviel. Wir hätten besser nur neun Nummern eingespielt, dafür mehr Zeit in diese investiert.

Wir betrieben ziemlich grossen Aufwand. Fürs Cover arrangierten wir eine Fotosession im Saal des Hotels *zum Wilden Mann* in Frenkendorf. Mein Patenkind Deborah war das Baby-Model – passend zum Bandnamen. Und als Produzent amtete Thomas Gfeller, die rechte Hand von Polo Hofers Produzent, Eric Merz. Immerhin war der zu dieser Zeit Polos Monitormischer und mischte auch bei Andreas Vollenweider ab. Wir kamen beim Label *Zytglogge* unter, den Vertrieb besorgte *Soundservice*. Wir hatten das Pech, dass gleichzeitig *Patent Ochsner* schweizweit abhob. Die Berner hatten denselben Vertrieb wie wir und der hatte von nun an alle Hände voll mit ihnen zu tun. Ich kann mich noch erinnern, wie wir CDs an die Medien verschickten, dem Bandnamen entsprechend waren sie in Windeln verpackt.»

Päuli: «Die wahren Highlights aber spielten sich live ab: Die *Basellandschaftliche Kantonalbank* organisierte in der *St. Jakob-Halle* ein Konzert vor 4000 Zuschauern (am 25. April 1992) – und wir räumten ab. In guter Erinnerung ist mir auch ein Gig in St. Gallen geblieben (vom 23. August 1993). An einem Sommernachtsfest spielten wir auf einem Laster, taten

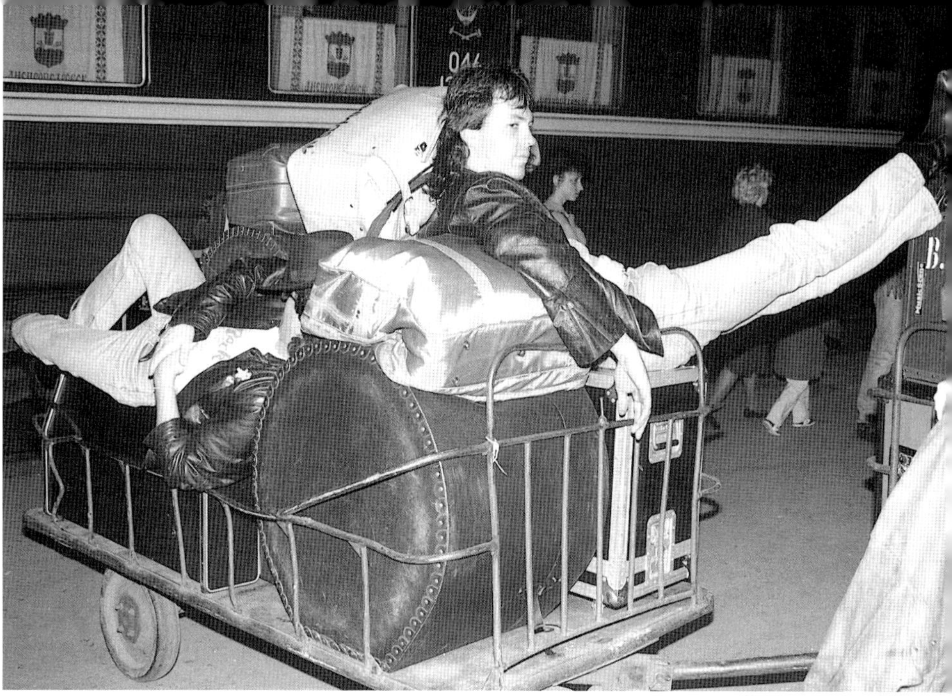

3
Einmal die Beine hochlagern: Jürg «Mösi» Moser.

dies offenbar so gut, dass es plötzlich mordsmässig viele Leute hatte. So gegen MItternacht musste sogar die Polizei einschreiten, um das ausgeflippte Publikum zu beruhigen.»
Ürsel: «Der absolute Hammer aber war unser Auftritt in der Liestaler *Allee* anlässlich des ‹Stedtlifeschts› (am 8. September 1989). Die *Allee* war gerammelt voll und die Leute tobten schon, als wir noch die Gitarren stimmten. Ich habe mich während dieses Konzerts nie selbst spielen hören, so laut war das Publikum. Ich wusste aber, das Konzert war eine Wucht gewesen. Quasi unser endgültiger Durchbruch als Live-Band.»
Die sechs Teddybären haben sich unterdessen zu einem kleinen Unternehmen entwickelt. Nicht dass sie im grossen Stil absahnen, nein, dafür kommt zu wenig in die Kasse. Aber die Band verfügt mit Stephan «Charly» Schweizer über einen eigenen Manager (*Freestyle-Management*), eine eigene Anlage, einen Bandbus mit Stern auf der Kühlerhaube und einen guten Proberaum. Damit besitzt sie mehr als die meisten anderen Bands. BFT sind für Amateur-Verhältnisse hervorragend organisiert.
Obwohl meine Schulzeit bei Ürsel abgelaufen ist und ich mittlerweile in Basel zur Schule gehe, trifft man sich noch. Beispielsweise, um am Frenkendörfer «Grümpelturnier» Fussball zu spielen. Ürsel bringt unsere schwarzen Leibchen mit. Vorne drauf in saftigem Blutrot das BFT-Bärchen, dazu ein paar Kyrillische Lettern. BFT sind im Herbst von ihrer UdSSR-Tour zurückgekommen.
Steffä: «Das wahrscheinlich absolute Highlight spielte sich im September 1991 in der ehemaligen Sowjetunion ab. Ein Typ namens Mike Stengele hatte Beziehungen nach Russland

4

Mösis Patenkind übernahm den Model-Part für den ersten und letzten Longplayer.

und organisierte uns eine Tour. Wir spielten in Kiew, als erste Baselbieter Band, spielten in Leningrad und Moskau.»

Mösi: «Zuvor kam ein russisches Fernsehteam in die Schweiz, um mit uns in Kestenholz einen Clip zu drehen. Keiner von uns glaubte, dass dieser je gesendet würde. Doch es kam anders. Ein Lehrer-Kollege von mir, reiste in seinem Urlaub zufällig durch Russland. Und im einzigen Zimmer, das er mit Fernseher ausgestattet fand, sah er uns über den Schwarzweiss-Bildschirm rocken. Das muss ihm surreal, absurd vorgekommen sein. Fellini pur. Wir selbst haben den Clip nie gesehen.»

Päuli: «Wir haben dann die Reise unter unseren Fans ausgeschrieben. Für 1700 Franken war eine Woche lang alles inklusive. Unsere Helfer-Crew reiste natürlich gratis, das hatten sie sich verdient. Dazu gehörten Barbara ‹Babsi› Schaffner, unser Mädchen für alles, vor allem schoss sie unzählige Fotos. Benno ‹Pfiffi› Fricker als ‹Roadie›, Stephan ‹Charly› Schweizer, unser Manager, dann unser Busfahrer, Reto ‹Lord Helmchen› Grossenbacher, und Jeannette ‹Jeanie› Schlumpf, die an den Konzerten unser Merchandising übernahm, sprich CDs, T-Shirts, Caps und Pins verkaufte.

Rolf: «Wir tourten mit den russischen Punkern *Va Bank* und den Rockern von *Brigada S*, deren Frontmann Igor als Aktivist auf der schwarzen Liste stand. Während wir vor allem ‹Party› boten, benützten die beiden anderen die Musik als Vehikel für ihre politischen Ansichten. In ihrer Bühnen-Show wurden viele Brutalitäten angedeutet. Jedenfalls kam nach einem Gig unsere Anstandsdame – das wurde einem zu dieser Zeit von der Partei noch auferlegt – zu mir hinter die Bühne und bemerkte lobend, ‹Ihr Auftritt war wie ein Schluck kühlen Wassers.›»

Ürsel: «Auch ein Stück Russland war der Auftritt von mir und Mösi in einer Radioshow. Eine Viertelstunde sassen wir einem russischen Goethe-Verschnitt gegenüber. Der quasselte und quasselte und überliess in dieser Zeit jedem von uns genau einen einzigen Satz.»

Roger: «Auch die Bahnhöfe waren voller Geschichten. In Leningrad musterten die Leute uns mit unverblümtem Hass in ihren Augen. Ganz anders im weltoffeneren Moskau. Ein 18-jähriger Strassenverkäufer sah den *Brigada-S*-Sticker auf unseren Jacken

und sprach uns darauf an. Dann ein grosses Wort: ‹Wir sind vor einer Stunde mit ihnen aufgetreten.› Worauf er erwiderte: ‹Dann müsst ihr *Baby's First Teddybear* sein.› Unsere Kiefer hingen drei Stockwerke tiefer – er hatte von uns im Fernsehen gehört.»
Ürsel: «Natürlich bleiben diese Konzerte unvergesslich. In Leningrad spielten wir in einem Eisstadion vor vielleicht 3000 Leuten. Anfangs wurden wir bespuckt, zum Schluss gefeiert. In Kiew – in einem Opernsaal mit Kronleuchter und Samt an den Wänden – schaute ich hinter dem Vorhang hervor, weil ich dachte es sei niemand da, denn es war totenstill. Was ich sah war ein brechend voller Saal. Als dann *Va Bank* das Konzert eröffneten, schwappten die Fans Wellen gleich an die Bühne. Beim allerersten Akkord. Drei Reihen Leiber übereinander. Und alle strahlten. So muss es in der 60ern bei den *Stones* gewesen sein.»
Heute habe ich schon ein paar graue Haare, zwei Kinder und die BFT rocken nicht mehr. Gestorben sind sie 1996, «eines natürlichen Todes», wie Rolf das nennt.
Gelegentlich füttere ich den CD-Player aber immer noch mit einer der beiden BFT-Konserven. Dann muss ich wieder daran denken, wie ich mir mit «Baumi», einem Kumpel, die halbe Nacht um die Ohren schlug, um über den ersten «Silberling» zu philosophieren. Langer Nacht kurzer Sinn war, dass wir einer Meinung auseinander gingen: die Drums klangen zu synthetisch. Aber egal.
Rolf, Mösi und Roger spielen heute in verschiedenen Bands, Steffe malt und malt, während Päuli Vaterfreuden geniesst. Ürsel gibt, wenn er nicht gerade etwas Musikalisches ausheckt, weiterhin Unterricht in Frenkendorf. Und ich bin noch immer der einzige Schüler, der je eine von ihm gescheuert gekriegt hat. Danke, Ürsel.

Bildnachweis

1+3 Paul Ernie, Hölstein.
2 Cover Art by Pat Crowe.
4 Cover design by Karin Widmer.

Philipp Loser

Im Waldenburgertal agiert eine aktive Hip-Hop-Szene

Coole «Flows» und satte «Beats» aus dem «WB-Tal»

Vom Waldenburgertal aus kommend, hat sich in den vergangenen Jahren im Baselbiet eine aktive Mundart-Hip-Hop-Szene gebildet. Einer der Drahtzieher dieser Szene ist Raphael Flury aus Oberdorf, besser bekannt unter dem Künstlernamen MC Poet. Seit den frühen 90er Jahren hat sich Poet mit Baselbieter Mundart-Hip-Hop beschäftigt und mit einer eigenen «Booking»-Firma wird der Jungunternehmer in Zukunft den Baselbieter Hip-Hop-Nachwuchs fördern und 20 Künstler betreuen.

Auf den ersten Blick hat Raphael Flury, 24, alias *MC Poet* rein gar nichts mit dem gängigen Hip-Hop-Klischee am Hut: Er trägt keine extrem breiten Jeans, kein «Baseball-Cap» und hat auch nicht den wippenden Gang der Hip-Hop-Stars aus dem Fernsehen. Fängt er jedoch an zu sprechen, wird schnell deutlich, welchem Lebensstil sich der Poet verschrieben hat. Seine Sätze sind hochgradig mit englischen Ausdrücken gespickt und auch während der normalen Konversation hat man das Gefühl, *MC Poet* rede nicht einfach, sondern singe beinahe.

Das kommt nicht von ungefähr. Seit gut zehn Jahren beschäftigt sich *Poet* intensiv mit der Hip-Hop-Kultur. Begonnen hat alles mit der Entdeckung seiner Liebe zur Sprache. Bereits im Alter von zwölf Jahren begann er kleine Gedichte zu verfassen. Von diesen Versen war es nur ein kleiner Schritt zu den ersten «Rhymes» und seinem späteren Künstlernamen *MC Poet*. 1992 kam er zum ersten Mal mit der Hip-Hop-Kultur in Berührung. Aus New York wurden Tonträger von Rap-Künstlern nach Europa exportiert und Kult-Filme wie «Beatstreet» und «Wildstyle» zeigten die anderen zwei Eckpfeiler der Hip-Hop-Kultur: Breakdance und Graffiti-Kunst.

Aber auch ein lokaler Sänger beeinflusste den jungen Poeten. *Black Tiger*, Mundart-Rapper der ersten Stunde aus Basel, gab seine ersten Tonträger etwa zeitgleich mit dem Boom aus Amerika heraus. «Ich war begeistert von *Black Tiger* und beschloss meine eigenen Texte nur in Mundart zu verfassen.»

Er ist eine der wichtigsten Figuren in der Baselbieter Hip-Hop-Szene: Raphael Flury alias MC Poet.

Mundart statt Englisch

«Die ersten Hip-Hop-Kassetten, die ich hörte waren in englischer Sprache und ich hatte Mühe die Inhalte der Rap-Texte zu verstehen. *Black Tiger* war darum eine Offenbarung für mich.» Man könne seine Botschaft in der eigenen Sprache viel besser an die Leute bringen, so *MC Poet*.

Zudem sei die Baselbieter Mundart für die Rap-Musik absolut privilegiert. Im Gegensatz zu anderen Schweizer Dialekten, welche bereits die unmittelbaren Nachbarn auf der anderen Seite des Rheins nicht mehr verstünden, weise der Baselbieter Dialekt eine hohe Verständlichkeit auf. *Poet* gerät regelrecht ins Schwärmen, wenn er von seiner Sprache redet: Baselbieter Mundart sei warm, habe keine harten Ecken und Kanten und besitze einen guten «Flow».

Das «WB-Tal» als Zentrum der Baselbieter Hip-Hop-Szene

Ebenso entscheidend für den Start seiner Hip-Hop-Karriere war die gemeinsame Schulzeit mit *MC Shape*. Dieser «Master of Ceremony», der ursprünglich aus Pratteln stammt, bildete mit *Defcut, Rei, Five* und anderen Waldenburgern die erste «Crew» OBDP *(One Ball Dog Posse)*.

Zweck dieser Gruppe war es, die Hip-Hop-Kultur in allen Formen zu leben (Rap, Breakdance, Graffiti-Sprayen und Auftritte als Discjockey). Starke Figur in dieser Gruppe war *MC Shape*. Er sei ein Trendsetter gewesen, meint *Poet*, seine Kleidung, sein Verhalten, seine Sprache waren Vorbild für viele Jugendliche aus dem Waldenburger oder eben «WB-Tal». In dieser ersten «WB-taler» «Crew» herrschte eine starke Hierarchie und die Chancen von ihr aufgenommen zu werden waren relativ klein, wenn man keine künstlerischen Talente aufweisen konnte. *Poet* begann deshalb mit dem Schreiben eigener Texte und übte mit seinem «Beat Boxer» *Zeus*, bevor er mit den «DJs» in die ersten Proberäume zog und dort musizierte. Mit der Zeit wurde aus der OBDP die *Langenbrucker Union* kurz LBU. In dieser «Crew» wurden die Leute nicht mehr mit Ziffern betitelt, waren aber immer noch eine geschlossene Truppe gleichgesinnter Freaks. Das Zusammenleben war um einiges weniger hierarchischer organisiert als noch in der OBDP. Eine grosse Anzahl von Jugendlichen aus dem Waldenburgertal machten in der LBU Bekanntschaft mit der Hip-Hop-Kultur. Als «MC», Breakdancer oder Sprayer.

Den Namen erhielt diese Gruppe von ihrem ersten Vereinslokal, oder wie es im Hip-Hop-Slang heisst, von ihrer «Hood». Ein Raum in Langenbruck diente als Gründungsort und später diente ein grosses ausgedientes Holzfass der LBU als «Übungslokal». Hier machte *Poet* zum ersten Mal Bekanntschaft mit dem so genannten «Freestyle». Anstatt geschriebene Texte in der Form eines Rap vorzutragen, entwerfen die «MCs» während des Singens immer wieder neue Verse und spielen sich gegenseitig den Ball zu.

«Freestyle-Sessions» als Initialzündung für erste Veröffentlichungen

Während der Zeit in dieser «Posse» kamen sich *MC Shape* und *MC Poet* sehr nahe und begannen mit ersten Auftritten an Partys von Kollegen. Ausserdem reisten Mitglieder der LBU immer häufiger an Hip-Hop-Festivals und «Jams» in der ganzen Schweiz. An diesen Partys gab es meistens ein «Open-Mic» an dem jedermann sein Können unter Beweis stellen konnte. *Shape* und *Poet* stiegen ein ums andere Mal auf die Bühne und merkten, dass sie mit Sicherheit zu den besten «Freestyle»-Künstlern der Schweiz gehörten. Angespornt durch diese ersten Erfolge begann *Poet* sich noch intensiver mit der Kunst des «Freestyle» auseinanderzusetzen.

Seit 1997 repräsentiert sich die LBU unter dem Namen *WB-Tal-Massiv* nachdem das Duo *Shape-Poet* sich einen guten Ruf in der Schweizer Hip-Hop-Szene erarbeitet hatte.

MC Poet hatte den höchsten Level seiner «Freestyle»-Kunst erreicht. «Ich musste mich einmal an einem Ort umsehen und konnte sofort auf jeden Gegenstand einen ‹Rhyme› dichten», meint er mit einem Lächeln.

Hoch beachtete Veröffentlichungen

Auf dem höchsten Stand seiner Fähigkeiten wurde *Poet* von seinem Partner *MC Shape* verlassen. Der

Einer von vielen aufstebenden Hip-Hop-«Acts» im Baselbiet: die Tafs aus Liestal, v.l.n.r.: Aman, Fink und Taz.

hochangesehene «Master of Ceremony» zog aus dem Waldenburgertal weg in Richtung Innerschweiz und trat der Hip-Hop-Gruppe *Wrecked Mob* bei, die es in der Zwischenzeit zu nationalem Ansehen gebracht hat. «Dies war schon ein harter Schlag für mich und das ‹WB-Tal›», sagt *Poet*. Weil *Shape* in dieser neuen Formation aber viele Kontakte knüpfen konnte, ermöglichte sein Weggang gleichzeitig den ersten Tonträger von *MC Poet*. Gemeinsam mit einem Wettinger Produzenten und Discjockey namens *DJ Dimos* nahmen *Poet* und *Shape* die Single «Exklusiv» auf. Die Single, die nur auf Vinyl und in limitierter Auflage vertrieben wurde, rief in der ganzen Deutschschweiz grosse Resonanz hervor. Dank den kraftvollen «Beats» in guter Aufnahmequalität und den verständlichen Texten sei die Platte zu einem Meilenstein des Schweizerdeutschen Untergrund-Raps geworden, wie in der Biographie von *MC Poet* nachzulesen ist.

WB-Tal Records in Eigenregie

Dank dem Erfolg dieser Single wuchs das Waldenburgertal wieder näher zusammen und *Poet* übernahm die Vorreiterrolle, die vorher *MC Shape* innehatte. Aufgrund schlechter Erfahrungen anderer Rap-Kollegen mit diversen Produzenten von Tonträgern beschloss *Poet* ausserdem sein eigenes Label *WB-Tal Records* zu gründen. Erste Veröffentlichung dieses Labels war die Maxi «Homework», die im Studio vom *DJ Dimos* aufgenommen wurde und die mit diversen Gaststars aufwarten konnte. Neben profilierten Namen wie *Black Tiger, Shape* und dem Basler Pionier *Kalmoo* (TNN), kamen auch Baselbieter Nachwuchskünstler zu Wort. Der *Taf-Squad* aus Liestal lieferte auf «Homework» ein gelungenes Debüt und Poet veröffentlichte in der Folge die Maxi «8i Bahnhof» auf *WB-Tal Records*.

Poet war dies jedoch nicht genug. Weil die Produktionskosten für diese ersten Veröffentlichungen viel zu gross waren und der Arbeitsaufwand für eine Person nicht mehr zu verkraften war, organisierte er seinen Betrieb um und erhielt Unterstützung von zwei weiteren «WB-talern». In Zukunft wird *Poet* neben der Produktion von Baselbieter Hip-Hop-«Acts» auch ein so genanntes «Booking»-Management betreiben. Er organisiert Auftritte für talentierte Baselbieter Hip-Hop-«Acts» und sorgt damit für ausreichend Plattformen für diese Nachwuchskünstler. Über mangelndes Interesse braucht sich *MC Poet* keine Sorgen zu machen. Die Baselbieter Szene ist mächtig am Brodeln. Viele Jugendliche haben Freude am Hip-Hop und greifen immer häufiger auch zum Mikrofon oder produzieren «Beats», so *Poet* und weiter meint der angehende Manager: «Die Zukunft des Baselbieter Hip-Hops ist absolut gesichert. Gruppen wie *Verbalisation* und *Freakanoidz* aus Sissach und Umgebung wie auch die «WB-Tal-Massive» *Zucker & Osveta Vogel* und *Some* werden bald von sich Reden machen. Also Augen und Ohren auf ...

Bildnachweis

Zur Verfügung gestellt von WB-Tal Records, Waldenburg.

Kleines Hip-Hop-Lexikon

Master of Ceremony/MC	Sprechsänger oder «Zeremonien-Meister»
Discjockey/DJ	Mixt die Hintergrundmusik für die «MCs» und «scratcht» mit den Plattenspielern
Posse/Crew	Zusammenschluss von Hip-Hop-Anhängern, ähnlich einer Clique
Hood	Hütte, Ort, wo sich die «Posse» trifft.
Freestyle	Spontaner Sprechgesang ohne schriftliche Vorlage
Rhyme	Zeile eines Raps
Flow	«Fluss» eines Textes
Breakdance	Tanz der Hip-Hop-Kultur
Baseball-Cap	Schirmmütze
Beat Boxer	Erzeuger eines Hintergrund-Basses ohne Instrument (nur Mic und Mund)
Jam	Spontanes gemeinsames Musizieren.
Open-Mic	«Offenes Mikrofon», das Mikrofon (und damit die Bühne) steht allen offen, die es benützen wollen
Act	Gruppe, Band
Scratchen	Mischen von Tonspuren verschiedener LPs; rhythmisches «Kratzen» auf LPs mit Hilfe eines speziellen Plattenspielers
Graffiti	Gespraytes Wandbild
Sprayen	Malerische Ausdrucksform der Hip-Hop-Kultur

Konsumieren

Open Airs im Baselbiet: Meistens kommt das Publikum

Das Sommerau Monster Pop Festival

Der Tonjägermeister

Konsument, Kenner, Kritiker – oder wie einer dazu kommt, Tausende von CDs und Schallplatten zu besitzen

Martin Stohler

Open Airs im Baselbiet: Meistens kommt das Publikum

Ein Streifzug durch die vielfältige Baselbieter Open-Air-Landschaft

Jazz, Pop, Rock, Blasmusik, moderne E-Musik und Techno – die Baselbieter Open-Air-Landschaft ist alles andere als eintönig. Dies dürfte nicht zuletzt damit zusammenhängen, dass ihre Ausgestaltung auch nach mehr als einem Vierteljahrhundert noch immer nicht abgeschlossen ist. So gingen im Jahr 2000 gleich zwei neue Baselbieter Open-Air-Veranstaltungen über die Bühne.

In Sissach hoffte man im Sommer 2000 «uf dr Wiise» an fünf Wochenenden auf Publikum. Geboten werden sollte für fast alle etwas: eine Schaumparty mit diversen «DJs» und «Beach Party Nights» für die junge und auch die nicht mehr so ganz junge «Fun»-Generation, «Bayrische Nächte» mit der *Spider Murphy Gang* und eine «Nacht der Nächte» mit *Manfred Mann's Earth Band* für die etwas angegrauten Rocker sowie – als Ausklang – ein Oktoberfest mit dem Ex-Skirennfahrer und Schlagerstar Hansi Hinterseer für alle seine Fans.
Obwohl sich die *DF Enterprises GmbH* mit diesem Programm bemüht hatte, den Geschmack breiter Schichten zu treffen, lagen die Publikumszahlen und damit die Einnahmen klar unter den Erwartungen. Mit einer Wiederholung des Anlasses ist kaum zu rechnen: Im Januar 2001 wurde gegen die *DF Enterprises* der Konkurs eröffnet. Die Gläubiger werden wohl auf über 800 000 Franken verzichten müssen.
Mehr Besucherinnen und Besucher hatte man sich auch in Eptingen erhofft. Dort waren am 1. und 2. September 2000 im Rahmen des «1. Bölchen-Open-Airs» unter anderem *Patent Ochsner*-Sänger Büne Huber, *Angy Burri and the Apaches* und *Span* zu hören. Trotz gutem Programm und guter Stimmung blieb ein Loch in der Kasse.
Bei einem Gesamtbudget von 74 000 Franken hatten die Veranstalter um Pia Jaberg mit 700 Besuchern pro Tag gerechnet – aber längst nicht so viele waren es schliesslich, die den Weg nach Eptingen fanden. Dennoch wollen die Organisatorinnen und Organisatoren nicht aufgeben – wenn es zunächst auch mit etwas reduziertem

1

Das aus dem Umfeld des Jugendfreizeithauses organisierte Open Air Allschwil bot jungen Popmusikerinnen und -musikern eine Plattform. Bei der Zweitauflage im August 2000 war unter anderem auch die Sängerin Kisha mit von der Partie.

2

Beim Open Air in Titterten konnte sich der besondere Reiz eines Festivals unter freiem Himmel voll entfalten.

Tempo weitergehen wird: Für November 2001 ist ein kleiner Anlass in der Turnhalle geplant, im Jahr 2002 soll dann wieder eine grosse Open-Air-Veranstaltung durchgeführt werden. Im Hinblick auf diese und weitere Aktivitäten wurde im Februar 2001 der Verein *Bölchä Rock Eptingen* gegründet.

Während man in Eptingen weitermachen will, ist die Zukunft des *Open Airs Allschwil*, das am 12. August 2000 zum zweiten Mal durchgeführt wurde, ungewiss. Das Programm mit Auftritten von Bands wie *Airbäg, Stereotype* und *Supernova* sowie der Sängerin Kisha war auf ein eher junges Publikum zugeschnitten. Zwar ging die Rechnung für die Veranstalter in finanzieller Hinsicht insofern auf, als es zu keinem Defizit kam. Die eher ernüchternde Zahl von etwa 200 Besucherinnen und Besuchern reichte indessen nicht aus, den Verein *Open Air Allschwil* zu einem dritten Durchgang im Sommer 2001 zu motivieren. Nicht ganz ausschliessen will man, dass man im Jahr 2002 einen neuen Anlauf nimmt.

Titterten: allzu grosser Erfolg ...

Definitiv dagegen ist das Aus für das in den letzten Jahren immer grösser werdende Open Air von Titterten. Die Ursprünge dieses «exklusivsten Open Airs der Schweiz», wie die Kultursendung *next* dieses Festival einmal bezeichnete, gehen auf ein privates Geburtstagsfest im Jahr 1991 zurück, an dem auf einer kleinen Bühne beim Hof von Hannes Schweizer eine Band auftrat.

Das Ganze machte derart Spass, dass man beschloss, im nächsten Jahr etwas Ähnliches zu organisieren. Das Open Air, das sich daraus entwickelte, hatte zunächst ausgesprochen «familiären» Charakter: Es gab keinen Sponsor, man machte keine Werbung, und so kamen in den ersten Jahren denn auch fast nur «geladene Gäste» nach Titterten, um sich die diversen Gruppen anzuhören, unter denen immer auch eine Cover-Band war, die Musik aus den 70er Jahren spielte.

Trotz dem Verzicht auf Werbung entwickelte sich «Titterten» immer mehr zu einem Geheimtipp: Bei der letzten Auflage im Jahr 2000 zählte man rund 1000 Besucherinnen und Besucher. Der Entscheid, den Anlass nicht mehr durchzuführen, fiel denn auch nicht, weil das Publikumsinteresse

nachgelassen hätte, sondern weil das Ganze dem Organisationskomitee um Hannes Schweizer schliesslich zu gross wurde.

Klang die Festival-Saison 2000 somit auch mit ein paar Moll-Tönen aus, so herrschen doch auch im neuen Jahrtausend die heiteren Klänge vor, wie die Fortsetzung unseres kleinen Streifzugs durch die Baselbieter Open-Air-Landschaft zeigen wird.

3

Zur besonderen Ambiance der Augusta-Konzerte gehören die Ruinen des römischen Theaters. Bis zum Abschluss der Sanierungsarbeiten im Jahr 2007 müssen die Veranstalter zurzeit allerdings auf die Wiese neben dem Schönbühltempel ausweichen.

Augst, wo alles begann

Es lässt sich nicht leicht sagen, wo man die Wurzeln der Baselbieter Open-Air-Szene letzten Endes suchen soll. Ist es der Süden der USA, wo der Blues und der Jazz entstanden sind, ist es das alte Rom, das machtgierige Politiker und Eroberer vom Schlage eines Julius Cäsar hervorbrachte – oder liegen die Ursprünge des Ganzen in Binningen, wo Daniel Tobler zuhause ist? Nehmen wir der Einfachheit halber an, dass all dies zusammenkommen musste, damit Daniel Tobler 1973 in Zusammenarbeit mit der Vereinigung *Pro Augst* und *Coop Schweiz* in den Ruinen des römischen Theaters von Augst das Finale des «1. Nationalen

Jazzfestivals» organisieren konnte und damit die Open-Air-Tradition im Baselbiet begründete. Den Anstoss dazu gab ihm neben seiner Begeisterung für die Musik auch sein Bedauern darüber, dass das traditionsreiche *Zürcher Jazzfestival* nicht mehr durchgeführt werden sollte.

Zweck des *Nationalen Jazzfestivals* war es, talentierten Musikern eine Plattform zu bieten; die Bands, die in Augst zu hören waren, hatten sich zuvor an regionalen Vorausscheidungen durchsetzen müssen. Zum Jazz kam bald einmal der Rock hinzu und aus dem «Jazzfestival» wurde das «Jazz- und Rockfestival». Das Festival, das jeweils im Juni durchgeführt wurde, war ein musikalisches Ereignis, dessen Ausstrahlung weit über die Kantonsgrenzen reichte. Ganz spezielle Spuren hinterlassen haben die Musiker, die am Finale von 1978 auftraten: Sie sind auf drei LPs zu hören, die man auch heute noch gerne auflegt.

1986 erlebte das *Nationale Jazz- und Rockfestival* leider seine letzte Auflage.

Das Ende des Festivals war allerdings nicht das Ende der Open-Air-Konzerte in Augst. Ebenfalls auf Initiative von Daniel Tobler fanden seit den 70er Jahren während der August-Sonntage die so genannten *Augusta-Konzerte* statt, an denen Musik der unterschiedlichsten Stilrichtungen zu hören war. Diese *Augusta-Konzerte* gibt es noch immer, auch wenn sich ihre Gestalt im Laufe der Zeit mehrfach gewandelt hat. So wurden sie von 1987 bis 1999 jeweils am letzten Sommerferien-Wochenende nach folgendem Konzept durchgeführt: Der Freitagabend wurde von regionalen und nationalen Rockgrössen bestritten, am Samstag lockten Oldtime-Jazz-Konzerte, und die Sonntagsmatinée bot Raum für Musik der verschiedensten Stilrichtungen: Chormusik von Pop bis Klassik, Ländler, Country oder Worldmusic.

Das Jahr 2000 wurde von den Veranstaltern dann zu einer neuen Weichenstellung genutzt. Künftig stehen die *Augusta-Konzerte*, die neu zwei Wochen nach den Sommerferien stattfinden, ganz im Zeichen der «Bläsermusik» der unterschiedlichsten Spielarten. Zudem wird in den Sommerferien in Zusammenarbeit mit der Römerstadt *Augusta Raurica* in Augst ein Musiklager mit Jungmusikern aus der Regio durchgeführt. Diese erhalten dann die Möglichkeit, im Rahmen des «Bläsermusiker»-Festivals ihr Können zu zeigen.

Wurden bis 1992 in Augst alle Konzerte im römischen Theater durchgeführt, so musste die Vereinigung *Pro Augst* und das OK um Erwin Veith seit 1993 infolge des kritischen Zustands der Ruinen ins Amphitheater beziehungsweise auf die Wiese neben dem Schönbühltempel ausweichen. Im Jahr 2007, wenn die Sanierung des Theaters abgeschlossen sein soll, kann dann wieder im alten Ambiente musiziert werden.

4

Jazz uf em Platz: Dorffeststimmung zu fetzigem Sound in Muttenz, hier am 15. Juli 2001 mit der Longstreet Jazzband.

Muttenz: vom Defizit zum Jazz-Dorffest

Jazz uf em Platz in Muttenz ist ein Open-Air-Anlass mit einer ganz speziellen Geschichte: 1984 wies die Jahresrechnung des *Muttenzer Turnvereins* ein Defizit aus. Darauf beschloss man unter dem Eindruck des positiven Echos, das in Basel die Stadtkonzerte der Veranstaltung *Em Bebbi sy Jazz* ausgelöst hatten, im Sommer 1985 zusammen mit dem Skiclub in Muttenz einen ähnlichen Anlass durchzuführen.

Als die Sache dann konkret wurde, fehlte es allerdings nicht an skeptischen Stimmen. Stirnrunzeln bereitete weniger das musikalische Konzept – traditioneller Jazz spricht erfahrungsgemäss ein breites Publikum an – als der Zeitpunkt, an dem das Fest steigen sollte. Das zweite Juliwochenende, mitten in den Schulferien: Konnte das gut gehen? Es ging, und zwar so gut, dass *Jazz uf em Platz*, ursprünglich lediglich als einmaliger Anlass geplant, aus dem Muttenzer Dorfleben nicht mehr wegzudenken ist.

Die Konzerte auf dem Dorfplatz, organisiert vom Turnverein, und auf dem Parkplatz des *Mittenza* – hier ist der Skiclub federführend – sind zu einem richtigen Dorffest geworden. Für Jürg Honegger vom OK ist es denn auch keine Frage, dass *Jazz uf em Platz* auch in den nächsten Jahren stattfinden wird. Der Dorffest-Charakter des Anlasses kommt im Übrigen nicht nur im Festbetrieb mit seinen moderaten Preisen zum Ausdruck, sondern auch in der breiten Unterstützung durch das örtliche Gewerbe.

Musikalisch will man sich auch künftig an das bewährte Rezept halten: traditioneller Jazz, gespielt von Bands aus der Region und Gästen aus der übrigen Schweiz, wobei man auch offen ist für Abstecher in «benachbarte» Musikrichtungen, wie das zum Beispiel im Jahre 2000 mit der Rock-'n'-Roll-Formation *Terry & The Hot Sox* aus Zürich der Fall war.

Waldenburg: solider Rock und Nachwuchsförderung

Das *Open Air Waldenburg* wurde erstmals im Rahmen der 750-Jahr-Feier des Städtchens im Jahr 1994 durchgeführt, wobei es in Waldenburg allerdings auch schon in früheren Jahren zu Rockkonzerten unter freiem Himmel gekommen ist. Organisiert wird das *Open Air Waldenburg* vom Verein *Benefiz Waldenburg*. Zweck dieses Vereins ist es, sinnvolle Freizeitbeschäftigungen, insbesondere im Bereich der Musik, zu fördern. Dabei richtet er sich an alle Interessierten, speziell aber an die Jugend. So veranstaltete *Benefiz Waldenburg* 1995 in Zusammenarbeit mit dem Basler Rockförderverein *erreffvau* den Schülerwettbewerb «SchüBAKO», der im folgenden Jahr im erweiterten Rahmen unter dem Namen «Strampolin» durchgeführt wurde. Das «Strampolin» findet seither alle zwei Jahre statt; es wird in Basel und in Waldenburg – hier jeweils als Teil des Open Airs – ausgetragen. Die Sieger und die Zweitplatzierten bestreiten dann das Finale im Basler *Atlantis*. Der Sieger des Wettbewerbes – im Jahr 2000 war dies die Gruppe *Shortcuts* aus Niederdorf – darf eine professionell produzierte CD aufnehmen. Musikalisch liegt das Hauptgewicht des *Open Airs Waldenburg* auf solidem Rock, wiederholt war aber auch Blues zu hören, und auch gegenüber Hip-Hop zeigte man keine Berührungsängste. «Es gibt», so Thomas Tschudin vom Verein *Benefiz Waldenburg*, «keine durchgehende musikalische Richtschnur, aber in jedem Jahr versuchen wir, bei einem respektive bei zwei Themen zu bleiben.»

Durchgeführt wird das *Open Air Waldenburg* jeweils zwei Wochen nach den Sommerferien. Ort des Geschehens ist der «Gerstel», eine Lichtung unterhalb des Waldenburger Schlosses bei der Zivilschutzanlage. Hier gibt es neben einer gedeckten Festwirtschaft auch einen Zeltplatz, Marktstände und Spielmöglichkeiten für Kinder.

Rümlingen: ein ländliches Forum für Neue Musik

Ein nicht nur für Baselbieter Verhältnisse aussergewöhnliches Open Air ist das Festival *Neue Musik Rümlingen*, das seit 1990 jeweils an einem August-Wochenende das kleine Dorf im Homburgertal zu einem grossen «Konzertsaal» für zeitgenössische E-Musik werden lässt.

5

Im Rahmen des Open Airs Waldenburg wird jedes zweite Jahr der Nachwuchswettbewerb «Strampolin» ausgetragen – auf dem Bild die Gruppe Unchained aus Arlesheim im Sommer 2000.

6

Neue Musik Rümlingen: Ulrike Zavelberg, Tobias Moster und Caspar Johannes Walter (v.l.n.r.) «bespielten» 1997 eine Hochebene bei Rümlingen.

Musiziert wird nämlich nicht nur in der Rümlinger Kirche, sondern auch an diversen andern Orten im und ums Dorf. So wurde zum Beispiel 1992 das Dorf nach einer Partitur von John Cage in ein Gesamtkunstwerk verwandelt oder 1997 die Hochebene bei Rümlingen während des Sonnenaufgangs und -untergangs bespielt. Beweglichkeit wird vom Publikum denn auch nicht nur in musikalischer Hinsicht erwartet. Wer etwa am 20. August 2000 «Hornweg – unser Gang weg vom asphaltierten Licht», ein «wandelndes Spiel» von Sylwia Zytynska und Bernhard Batschelet, mitverfolgen wollte, musste in einer Art Prozession den Weg von der Rümlinger Kirche zum Hof Horn unter die Füsse nehmen.

Begründet wurde das Festival *Neue Musik Rümlingen* von Daniel Ott, der in all den Jahren dessen Bestehens auch als musikalischer Leiter wirkte. Im selben Atemzug muss man aber auch Ado Müller nennen, der von 1952 bis 1993 Pfarrer in Rümlingen war, sowie seine Frau Elsa. Nicht zuletzt ihrer Begeisterungsfähigkeit ist es zu verdanken, dass die Neue Musik in Rümlingen und seiner Kirche ein Gastrecht hat.

In jüngster Zeit sind die Veranstalter dazu übergegangen, die Zahl der Spielorte zu vergrössern: 1999 wurde zusätzlich in Gelterkinden musiziert, 2001 kam Liestal als Eröffnungsort der Konzertreihe hinzu. Trotz dieser geografischen Ausweitung wird man aber an Rümlingen als Zentrum des Festivals festhalten.

Mag das Festival dem einen oder anderen «Einheimischen» auch immer noch etwas «exotisch» vorkommen – *Neue Musik Rümlingen* beziehungsweise *Festival Rümlingen Neue Musik – Theater – Installationen*, wie der Anlass seit diesem Jahr heisst, hat dank seiner eigenwilligen Produktionen ein Stammpublikum gefunden und ist ein fester Bestandteil der Baselbieter Open-Air-Kultur geworden.

Gartenbad St. Jakob: zwischen Krach und Kommerz

Neue Töne ganz anderer Art liessen in der Nacht vom 21. auf den 22. August 1999 die Anwohner des *Gartenbads St. Jakob* in einem grösseren Umkreis die Wände hoch gehen. Spitzenwerte bis zu 112 Dezibel wurden gemessen, als an der Mega-Technoparty *Nautilius 99* die «DJs» richtig loslegten.

Die «Raverinnen» und «Raver» – zwischen 8000 und 10 000 sollen es gewesen sein – hatten ihre Freude an den wummernden Bässen; vielen Anwohnerinnen und Anwohnern dagegen war das Spektakel entschieden zu laut. In den Einsatzzentralen der Polizei klingelten denn die Telefonapparate auch «im Minutentakt», wie Hugo Münger von der Sicherheitsabteilung der Polizei Baselland später erklärte. Vor allem aus Aesch und Arlesheim kamen Hunderte von Beschwerden, aber auch in Muttenz und Münchenstein fühlte man sich massiv in der Nachtruhe gestört.

Bei der Zweitauflage des Techno-Events ein Jahr später musste von den «DJs» ein eigentliches Beschallungs-

drehbuch eingehalten werden: Von 20 bis 24 Uhr durfte der Schallpegel 105 Dezibel nicht überschreiten, danach musste er auf 100 Dezibel gesenkt werden. Mit dieser Massnahme konnte nicht nur die Lautstärke, sondern auch die Zahl der Beschwerden reduziert werden. Hatte die Polizei 1999 über 500 Anrufe entgegennehmen müssen, so waren es nun lediglich deren 20.

Damit stand weiteren Auflagen von «Switzerland's biggest pool-dance-openair» nichts mehr im Wege. Bei

7

An der Nautilus im Gartenbad St. Jakob steht der «Event» im Zentrum.

Infos und Kontakte

Allschwil

Open Air Allschwil
Web: –

Jugendfreizeithaus Allschwil
Hegenheimermattweg 76
4123 Allschwil

Augst

Augusta-Konzerte
Web: –

Vereinigung Pro Augst
Erwin Veith
Minervastrasse 6
4302 Augst

Eptingen

Bölchä Open Air
Web: http://www.oberbelchen-openair.ch

Verein Bölchä Rock
Postfach 15
4458 Eptingen

Münchenstein/Gartenbad St. Jakob

Nautilus
Web: http://www.nautilus2001.ch
(2002: http://www.nautlius2002.ch)

Online Entertainment GmbH
Leimgrubenweg 10
4053 Basel

Muttenz

Jazz uf em Platz
Web: http://www.jazzufemplatz.ch

OK Jazz uf em Platz
c/o Jürg Honegger
Johann-Brüderlin-Strasse 11
4132 Muttenz

Rümlingen/Gelterkinden/Liestal

Festival Rümlingen
Neue Musik – Theater – Installationen
(vormals: Neue Musik Rümlingen)
Web: http://www.neue-musik-ruemlingen.ch

Festival Rümlingen
Geschäftsstelle
Postfach 207
4410 Liestal

Waldenburg

Open Air Waldenburg
Web: http://www.openairwaldenburg.ch

Verein Benefiz Waldenburg
Postfach
4437 Waldenburg

der *Online Entertainment GmbH*, welche die *Nautilus*-Partys organisiert, läuft die Planung denn auch mit einem Zeithorizont von vier, fünf Jahren. Ob die Besucherzahlen künftig noch zunehmen werden oder ob die Partyszene ihren Zenit überschritten hat, wird sich zeigen.

Gespannt sein darf man auch, wie sich die Musikszene weiterentwickelt und welche Auswirkungen dies allenfalls auf die Baselbieter Open-Air-Landschaft hat.

Anmerkungen

Dieser Beitrag über die Baselbieter Open Airs beruht auf einer Reihe von Artikeln, die in der lokalen und regionalen Presse erschienen sind, sowie auf zahlreichen Auskünften und Hinweisen, die ich von folgenden Personen erhalten habe: Heini Dalcher, Zunzgen; Philipp Ganter, Basel; Jürg Honegger, Muttenz; Pia Jaberg, Eptingen; Rosmarie Jeker, Muttenz; Jürgen Köhler, Oberdorf; Heinz Kraus, Allschwil; Heinz Lerf, Liestal; Patrick Moser, Anwil; Elsa und Ado Müller, Itingen; Lukas Ott, Liestal; Hannes Schweizer, Titterten; Markus Stauss, Basel; Daniel Tobler, Binningen; Thomas Tschudin, Oberdorf; Erwin Veith, Augst. Ihnen möchte ich an dieser Stelle herzlich danken. Mein Dank gilt auch allen, die mir Fotografien zur Verfügung gestellt haben oder mir bei deren Beschaffung behilflich waren.

Bildnachweis

1 Team Jugendfreizeithaus, Allschwil.
2 Archiv OK, Retschenweidli.
3 Kurt Flubacher, Muttenz.
4 Myrta Wagner, Häfelfingen.
5 Helga Obrist, Uetendorf; Archiv Römerstadt Augusta Raurica.
6 Foto Brigitte Reinhard, Waldenburg.
7 Marc Kaiser, Oberwil.

Martin Stohler

Das Sommerau Monster Pop Festival

Ein Mini-Woodstock im oberen Baselbiet

Die frühen 70er Jahre standen Pop-Music-mässig ganz im Zeichen von Woodstock. Dieser Ort im US-Bundesstaat New York bot im August 1969 während dreier Tage den Schauplatz für ein gigantisches Rockfestival. Der Auftritt von zahlreichen «Supergroups» – darunter *The Who, Santana* und *Ten Years After* – und Rock- und Bluesgrössen wie Janis Joplin und Jimi Hendrix zog mehr als 300 000 Besucher an. Ein Dokumentarfilm, der bald darauf in die Kinos kam, zeigte nicht nur die Bands, sondern auch die «Blumenkinder», die den Protest gegen den Vietnamkrieg und die Suche nach neuen Formen des Zusammenlebens verkörperten.

Verglichen mit *Woodstock* waren die beiden von einigen jugendlichen Musikenthusiasten organisierten *Sommerau Monster Pop Festivals* von 1971 und 1972 mit ihren 100 oder

Aus dem Sissacher Luftschutzkeller-Untergrund an die Sommerauer Sonne: Die Oberbaselbieter Rock-Formation Blaufurz live 1972 auf dem Höhepunkt ihrer Kreativität.

vielleicht 200 Besucherinnen und Besuchern natürlich Kleinstanlässe. Dafür waren sie aber echte «Free Concerts», das heisst, Geld war kein Thema: Die auftretenden Bands erhielten keine Gage und der Eintritt war frei.

Das erste dieser beiden Open Airs fand im Sommer 1971 im Schopf der alten «Sommerau» statt, das zweite im folgenden Jahr unter den Bäumen vor dem ehemaligen Schul- und Heimgebäude.

Im ersten Jahr traten vor allem Adhoc-Formationen auf, die im Laufe des Samstagabends in immer neuen Zusammensetzungen ihren Instrumenten Blues- und Rockklänge entlockten. Die zweite Auflage des Anlasses war demgegenüber zumindest musikalisch klarer strukturiert. Nun spielten Bands wie *Fog* aus Liestal, *Öpfelmues* aus Sissach oder *Blaufurz live* aus dem Homburgertal auf.

War im Schopf noch das gemeinsame Erlebnis im Zentrum gestanden, so zog das Konzert unter den Bäumen auch Publikum an, das vor allem konsumieren wollte, und zwar nicht nur Musik, wie am Sonntagmorgen ein stattlicher Berg leerer Bier- und Weinflaschen zeigte.

Ein dritter Versuch, das obere Baselbiet «Free Concert»-mässig zu beglücken, erlitt im folgenden Jahr in der Turnhalle Diepflingen aus organisatorischen Gründen Schiffbruch – damit war das letzte Kapitel dieser eigenwilligen Veranstaltung geschrieben.

Bildnachweis

Heini Dalcher, Zunzgen.

Die Grenzen zwischen Publikum und Musikern waren fliessend: Jamsession zwischen zwei Auftritten.

Jürg Siegrist

Der Tonjägermeister

Die Geschichte eines Aufnahmestudios

«Heute tönt eigentlich alles gleich. Dank Schlagzeugmaschinen und Synthesizer lässt sich heute alles zuhause in der Küche produzieren. Aus dem wollte ich ausbrechen und gegen den Strom schwimmen.» – So spricht Harald Blobel, der seit rund 40 Jahren in Bottmingen lebt und in dieser Zeit unter dem Namen Inter-Music ein eigenes Aufnahmestudio aufgebaut hat. Er wird in diesem Jahr 70 Jahre alt und kann auf eine langjährige Arbeit zurückblicken, die neben unzähligen technischen Neuerungen im Bereich der Elektroakustik vor allem von viel Experimentierfreude geprägt war.

Traumberuf Tonmeister

In Jena aufgewachsen, hat sich Blobel schon früh für alles, was mit Audiotechnik zu tun hat, interessiert. Parallel zur Lehre als Audioelektriker studierte er am *Konservatorium Erfurt* Klavier. «Aus dem Musikstudium und der Radioelektrikerlehre ergab sich automatisch das Berufsbild Tonmeister», erzählt Blobel. Bis er diesen Traumberuf wirklich ergreifen konnte, sollten jedoch noch einige Jahre vergehen.

In den 50er Jahren verliess Harald Blobel Deutschland und kam als Pianist einer Jazzband in die Schweiz. In Basel fand er im Elektrogeschäft des Tonmeisters Peter Linder auf dem Bruderholz Arbeit. Dadurch konnte er schon bald seinen Traum eines eigenen Aufnahmestudios verwirklichen.

Noch immer mit ganzen Herzen bei der Sache: Harald Blobel an seinem Mischpult.

«Zwei schalldichte Türen, die wir auf der Gant beim *Südwestfunk* erworben hatten, bildeten den Anfang des Tonstudios», erzählt Anita Blobel. «Das Haus haben wir quasi um diese Türen herum errichtet». Die beiden massiven Türen sind heute noch im Keller des Hauses zu sehen, wo sich Harald Blobel ein ansehnliches Aufnahmestudio eingerichtet hat. Das Kernstück der Anlage bildet ein *Studer*-Mischpult. Damit kann der Tonmeister schalten und walten, um alle eingefangenen Klänge optimal abzumischen.

In der Basler Musikszene machte sich Harald Blobels Tonstudio durch Mund-zu-Mund-Propaganda in den frühen 70er Jahren bald einen guten Namen. Auch namhafte Musiker wie Yehudi Menuhin, Su Kramer und Bands wie die *PS-Corporation* standen schon vor seinen Mikrophonen.

Der Klangtüftler

Harald Blobel ist aber nicht nur ein angesehener Tonmeister, sondern auch ein leidenschaftlicher Bastler und Tüftler. Vor allem aus der Zeit nach 1970 weiss er von vielen Experimenten mit Klängen und Aufnahmetechniken zu berichten. Damals waren die Parameter der Aufnahmetechnik und der elektronischen Klänge bei weitem noch nicht so stark vorgegeben, wie das heute durch «General MIDI», «Sampling» und andere neue Methoden des Sounddesigns der Fall ist. Auf die Entwicklung des «Pick-up» für Klavieraufnahmen ist Blobel besonders stolz: «Ich habe damals einen Flügel eigenhändig auseinander genommen und quasi einen ‹Pick-up› (einen elektronischen Tonabnehmer) eingebaut, der den Ton nicht verfälscht», erklärt er. Die Aufnahme klingt bei der Wiedergabe so direkt, als ob das Instrument im selben Raum spielen würde. Für dieses Experiment hat der Klangtüftler den Flügelrahmen ausgebaut und alle Seiten abge-

Harald Blobels meistgespielte Aufnahme: Herbert Rehbeins «Beautiful Morning» aus dem Jahre 1980.

spannt. «Der Klavierstimmer hielt mich für wahnsinnig …», erinnert sich Blobel.

Natürlich interessierten ihn auch synthetische, rein elektronisch erzeugte Klänge, die erst in den 70er Jahren mit der Erfindung des Synthesizers so richtig aufkamen. So entwickelte der eigenwillige Bastler zusammen mit einem Mundharmonikaspieler eine elektronische Mundharmonika, mit der sich ein Synthesizer bedienen liess. Durch das Blasen ergaben sich ganz andere Tonfärbungen als mit den herkömmlichen Tasteninstrumenten. Der Erfindung war jedoch kaum Erfolg beschieden. «Die Mundharmonika-Spieler haben so ihre Eigenheiten», meint der Tonmeister heute dazu. Insbesondere zeigten sie kein Interesse an der Möglichkeit, mit ihrem Instrument Töne wie die einer Posaune oder Geige produzieren zu können.

1980 entstand mit der Single «Beautiful Morning» Blobels meistgespielte Aufnahme. Sie wurde von Herbert Rehbein – dem Arrangeur des Lieds «Strangers in the night» – komponiert. Für dieses Lied benötigte Harald Blobel Vogelgezwitscher, das er in langwieriger Arbeit während vieler Morgenstunden rund um sein Haus in Bottmingen aufnahm.

… und weiterhin auf der Jagd nach Klängen und Tönen

Im Rahmen seiner Tätigkeit knüpfte der Klangkünstler Kontakte zu Musikern aus allen Sparten. So gehen bis heute auch Mitglieder des *Basler Sinfonierorchesters* in seinem Studio ein und aus, falls für eine Produktion pro-

«To Harald and Anita Blobel – all best wishes – Yehudi Menuhin, 1975».

fessionelle Instrumentalistinnen und Instrumentalisten aus dem klassischen Bereich benötigt werden.
Harald Blobel hat jedoch nicht nur in seinem Studio Töne und Klänge gejagt, sondern immer wieder auch auswärts professionelle Aufnahmen gemacht und später im Studio nachbearbeitet. Viele regionale Musikgruppen von der Jazzband bis zum Sinfonieorchester, vom Jodel- bis zum Kinderchor hat der heute 70-jährige auf unzähligen Schallplatten und Compact Discs verewigt.
Besonders erwähnenswert ist die Schallplatte «Z'Bottmige tönts eso», auf der zum 150-jährigen Jubiläum von Bottmingen alle ansässigen, musikalisch tätigen Vereine einen Beitrag liefern konnten. Harald Blobel hat für diese Produktion eigens einen «Bottminger Marsch» komponiert.

Auch wenn Harald Blobel inzwischen bereits in den Ruhestand getreten ist, hat er seinen Beruf noch nicht ganz an den Nagel gehängt. Noch immer werden in seinem Studio in Bottmingen Musik-Alben produziert. Die letzte Aufnahmesitzung mit einer bekannten Dixieland-Band war gemäss seinen eigenen Äusserungen innerhalb von rekordverdächtigen drei Stunden beendet. Als Nächstes steht eine Produktion mit einem Mundharmonikaspieler auf dem Programm.
Harald Blobel ist dank seiner langjährigen Tätigkeit als Tonmeister in der feudalen Lage, nur noch das zu produzieren, was ihm wirklich Spass macht. Seine Leidenschaft und Faszination, Klänge festzuhalten und optimal für die Zuhörerschaft abzumischen, ist ihm dabei bis heute erhalten geblieben.

Bildnachweis

Jürg Siegrist, Basel.

Benno Hueber

Konsument, Kenner, Kritiker – oder wie einer dazu kommt, Tausende von CDs und Schallplatten zu besitzen

Neben den vielen aktiven Musikern, die in diesem Buch zu Worte kommen oder geschildert werden, gibt es im Baselbiet wie überall auf der Welt auch die Musikkonsumenten – die Endverbraucher quasi –, ohne die ja ein Musikerleben nicht denkbar wäre. Peter Bossart hat den Juristen, Ehemann und Musikfreak Benno Hueber besucht, um ihn zu befragen, wie er zu seiner riesigen Tonträgersammlung gekommen sei ...

Benno, bist du der «Onkel Dagobert» der CDs, der Schatzmeister über Tausende von musikalischen Goldstücken?

Das sicher nicht, aber wenn ich nicht ständig von meinen neuen Schätzen an Freunde, Heime und andere Interessierte, die ich aus meinem Beruf als Amtsvormund kenne, weitergeben würde, wäre es vielleicht möglich, in lauter Musikkonserven zu schwimmen wie «Dagobert» in seinem Gold. Auf jeden Fall sind alle Plattenregale unseres Hauses mit meinen «Musikkindern» bestens gefüllt. Ich habe sie aber alle im Kopf, weiss ohne Computerliste, wo ich sie suchen muss und würde es bemerken, wenn eine fehlte. Sie begleiten mich im Auto, liefern oft den Background bei der Büroarbeit und bieten mir und meiner Gattin in der Freizeit regelmässig für viele Stunden Gesprächsstoff und Erholung.

Wie kamst du eigentlich dazu, so viel Musik zu hören?

Das war wohl eher Zufall. Ich wuchs zwar in einer Familie auf, wo Musik zum Alltag gehörte, lernte ab der 2. Klasse ohne grosse Begeisterung Geige spielen und musizierte dann zusammen mit der Schwester, die Flöte spielte – etwa an Weihnachten oder bei Hauskonzerten. Oft war auch die Mutter am Klavier dabei. Einige Zeit war ich Mitglied eines Jugendorchesters. Ich war aber kein Talent und gab das Geigenspiel nach wenigen Jahren wieder auf. Sport war mir wichtiger und so wurde ich Mitglied des Turnvereins und später des *Fussballclubs Zwingen.*

Die Musik interessierte mich aber auch weiterhin sehr. Ich bin fast allen Stilrichtungen zugetan: der Klassik, dem Jazz, Pop, Rock, Blues und Country, aber auch der Volksmusik,

dem Chanson und dem deutschen Schlager.
Dass ich eben auch deutsche Schlager gerne höre, hat dann auch alles Weitere ausgelöst . Es muss so um 1978 oder 1979 gewesen sein, als ich während eines Konzerts von Udo Jürgens im *Stadtcasino Basel* über den Text eines seiner Lieder lästerte. Eine junge Dame in der Reihe vor mir drehte sich um und sagte, sie sei die Tochter von Udo, ich solle dies doch bitte unterlassen. Der Promoter der Plattenfirma *BMG Ariola*, der neben ihr sass, fragte mich, ob ich etwas von Musik verstünde. Nach meiner Antwort lud er mich zu einem Nachtessen mit Udo und seiner Tochter ein und schlug vor, ich sollte doch Plattenkritiker werden. Nach dieser zufälligen Begegnung bot mir auf meine Anfrage hin die Redaktion der Lokalzeitung *Nordschweiz* die Möglichkeit, Plattenrezensionen zu veröffentlichen. Später erschienen meine Kritiken auch in der *Basellandschaftlichen Zeitung*, im *Volksfreund* und im *Anzeiger für das Laufental und Thierstein*, der inzwischen *Wochenblatt* heisst.

Gerät man bei dieser Arbeit nicht unter Druck von Seiten der Plattenfirmen oder wegen der – vielleicht manipulierten – Hitparaden?

Mein Musikgarten war von Beginn an voll der verschiedensten Pflänzchen. Ausser Freejazz höre ich auch heute noch alles sehr gerne. Derzeit arbeite ich ausschliesslich für das *Wochenblatt*. Die Redaktion lässt mir bei der Wahl meines wöchentlichen Musik-Tipps alle Freiheiten. Kürzlich stellte ich beispielsweise eine melancholische CD des Rockpoeten Leonard Cohen und eine Neueinspielung der Oper «Thais» von Jules Massenet vor. Cohen habe ich schon Anfang der 80er Jahre live in Zürich gehört. Als damals die Lichter ausgingen und die Feuerzeuge brannten, flippte ich aus wie alle anderen auch. Auf der vor kurzem veröffentlichten CD «Field Commander Cohen – Tour of 1979» sind Stücke von damals zu hören. Ich spiele dir jetzt «The Window» mit einem durch Mark und Bein gehenden Geigenpart vor …
Auch den Australier Nick Cave finde ich seit Jahren mitreissend. Ich bin aber vor allem ein grosser Fan der Countrymusic. In dieser Sparte kenne ich mich wohl am besten aus.
Dank Presseausweis war ich früher öfters als heute bei Konzerten und

Benno Hueber kennt alle seine 2500 CDs und 1500 LPs und weiss ohne Computerliste, wo jede einzelne zu finden ist.

sende ich der jeweiligen Firma einen Beleg.

Ich begreife, dass dich dieses Hobby packt. Wie aber sieht die praktische Arbeit aus?

Ich erhalte mittlerweile von vielen Firmen regelmässig schriftliche Informationen über Neuerscheinungen. Ich studiere sie, wähle aus, was mich interessiert und bestelle dann die CDs. Von gewissen Lieblingsinterpreten besorge ich natürlich alles Neue. Vieles kriege ich auch, ohne je eine Bestellung gemacht zu haben. Dann höre ich mir das Material zwei, drei Mal an, scheide manches aus und gebe dieses dann Klienten oder Bekannten weiter. Über das, was übrig bleibt verfasse ich Besprechungen von etwa je 20 bis 30 Zeilen Länge. Dabei hinterfrage ich – wo dies Sinn macht – auch die Songtexte. Meine Musik-Tipps sind hier in mehreren Bundesordnern gesammelt. Wenn ich Informationen brauche, habe ich meine eigene Dokumentation, geordnet nach Sachgebieten und Interpreten. Heute allerdings hole ich mir das meiste direkt aus dem Internet. Die Arbeit wird übrigens nicht mit Geld honoriert, aber die vielen CDs, die Kontakte mit Musikern, Firmenvertretern und Redaktoren sind für mich Lohn genug. Andere müssen für ihr Hobby viel Geld bezahlen!

Was sagt deine Frau zu diesem Hobby?

Wir haben keine Kinder und so konkurrenziert es die Erziehung nicht. Und wir lieben eben beide das Musikhören, es ist mit Emotionen verbunden und bleibt immer ein gutes

Festivals dabei. Ja, das waren tolle Zeiten! Beispielsweise im Basler «Tis» (*Atlantis*) mit Polo Hofer, am Zürcher Country-Festival mit Tammy Wynette, Johnny Cash, Willie Nelson und vielen anderen Superstars. Bei den Erinnerungen an die Festivals von Bern und Montreux gerate ich noch heute ins Schwärmen.

Nun will ich aber noch deine Frage beantworten: ich lasse mich von der Hitparade nicht beeinflussen. Wer dort vertreten ist, den kennt das grosse Publikum ohnehin. Deshalb stelle ich ganz bewusst immer wieder weniger «massentaugliche» Interpreten mit originellen und gehaltvollen Neuheiten vor, die es nach meinem Dafürhalten verdienten, vermehrt zur Kenntnis genommen zu werden. Zwar bekomme ich die Platten von den Firmen gratis, aber ich allein entscheide – ohne Auflagen oder gar Druck –, welche ich vorstelle und welche nicht. Von jeder Publikation

Diskussionsthema. Sie hört allerdings vorwiegend Klassik.

Legst du Wert auf alte Schellackplatten, Raritäten und Sammlerstücke?

Nein, ich bin eigentlich kein Sammlertyp und kaufe nur ganz selten Platten, die mir noch fehlen. Im Moment besitze ich rund 2500 CDs und etwas mehr als 1500 LPs – das reicht. Da ich viele Leute aus den Firmen persönlich kenne, erhalte ich auch schon mal bis zu 150 Tonträger aufs Mal – bei Räumungen und so weiter. Vieles davon geht aber – wie ich schon sagte – weiter an Klienten der Amtsvormundschaft oder an Bekannte. Von den Platten, die bei mir bleiben, weiss ich aber, wo sie sich befinden und man kann mich kaum «legen», indem man mir irgendein Musikstück vorspielt, um zu prüfen, ob ich es erkenne. Raritäten habe ich nur wenige, es sind dies einige handsignierte Platten und Skurrilitäten wie zum Beispiel eine Platte fast ohne Töne oder eine Aufnahme der Hochzeitszeremonie von Prinz Charles und Lady Di.

Dies ist ein Buch über das Musikleben im Kanton Basel-Landschaft, mit all seinen Facetten. Kennst du dich auch hier aus?

Ehrlich gesagt schreibe ich selten über lokale Grössen. Ich habe aber Werke von dem in Röschenz lebenden Weltklassepianisten *Krystian Zimerman*, von der Mundart-Rockband *National* aus dem Laufental und Thierstein, von *Bettina Schelker, Aernschd Born, Claudia Bettinaglio, Slimboy*, den *Lovebugs, Supernova* und anderen mehr. Ich werde aber gerne in dieses neue Heimatbuch schauen und sicher viel Neues daraus erfahren ...

Benno, ich danke dir für das Gespräch und die CDs aus der Jazzgeschichte, die ich mitnehmen darf!

Bildnachweis

Benno Hueber, Zwingen.

Würdigung

Finanzdirektor Hans Fünfschilling

Martin Matter

Finanzdirektor Hans Fünfschilling

Ein Magistrat der leisen Töne

Das Baselbiet «produziert» bekanntlich höchst unterschiedliche Charaktere. Es wäre verwunderlich, wenn sich diese Regel nicht auch innerhalb der hohen Regierung wiederfände. Hans Fünfschilling, der Mitte 2000 nach 13 Amtsjahren den Sitz des Regierungsrates mit jenem des Standesherrn getauscht hat, ähnelt weder einem Werner Spitteler noch einem Paul Nyffeler oder einem Edi Belser. Leider oder Gott sei Dank?

Spass beiseite: Der Freisinnige mit dem guten Binninger Namen Fünfschilling suchte oder benötigte keine besonderen Vorbilder. Er ist sich treu geblieben und hat mit seiner eher zurückhaltenden Art nie die Popularität eines Edi Belser erreicht (und sie auch nicht gesucht). Ebenso wenig wird man ihn als Machtmenschen bezeichnen wollen wie seinen Vorgänger Paul Nyffeler oder auch einen Werner Spitteler. Hemdsärmeligkeit, spektakuläre Gesten oder Poltern waren nicht seine Sache, als Magistrat bevorzugte er die leiseren, aber bestimmten Töne und zum Feindbild eignete er sich kaum.

Der Gentleman auf dem Sitz des Finanzdirektors ging ruhig seinen Weg: bedächtig, analytisch-pragmatisch, durchaus mit Humor gesegnet, auf Ausgleich bedacht und als Freisinniger manchmal um etliches liberaler als seine Parteigenossen. Seine Art hat ihn bisweilen als etwas farblos und spröd erscheinen lassen, ein Vorwurf, der ihn sicher traf, ihn aber nicht von seiner Linie abrücken liess. In gewisser Weise folgte Fünfschilling einer derzeit nicht sehr modischen politischen Methode: Analysieren, Ideen aus der Analyse entwickeln, Ordnung in die Sache bringen. Auf diese Weise ist etwa sein Finanzhaushaltsgesetz entstanden, ein unspektakuläres, aber wichtiges Werk mit zeitgemässen Finanzinstrumenten.

Dramatischer Start, turbulenter Abgang

Die Ruhe und Kontinuität, die als Magistrat von ihm ausging, kontrastiert auf fast merkwürdige Weise mit dem Anfangs- und dem Endpunkt seiner Karriere als Regierungsrat. Beide Ereignisse fanden unter aussergewöhnlichen Umständen statt. 1987 war der amtierende FDP-Baudirektor Markus van Baerle wenige Wochen vor den Gesamterneuerungswahlen völlig unerwartet verstorben. Die Partei musste unter grösstem Zeitdruck einen neuen Kandidaten aufbauen. Hans Fünfschilling, seit Jahren Landrat und Finanzfachmann, machte nach einem Eilzug-Wahlkampf das Rennen und trat sein Amt am 1. Juli 1987 an.

Während 1987 tragische Umstände die Wahl begleiteten, handelte sich der scheidende Finanzdirektor die Turbulenzen von 1999 selber ein: Am Sonntag, dem 21. März 1999 wurde er mit dem Spitzenergebnis als Regierungsrat bestätigt – am Montagmorgen kündigte er seine Kandidatur als Ständerat gegen Claude Janiak von der SP an und verursachte damit in seiner eigenen Partei einen Riesenwirbel, weil nur ganz wenige Leute an der Parteispitze über seine Absicht Bescheid gewusst hatten.

Der Erziehungsdirektor

Dass Hans Fünfschilling seine Regierungsratskarriere nicht mit den Finanzen, sondern mit der Erziehungs- und Kulturdirektion begann, hat man schon fast vergessen. Dabei brachte der ehemalige Schulpflegepräsident von Binningen/Bottmingen und Kritiker des Schulgesetzes von 1979 als Erziehungsminister (1987 bis 1989) die Progymnasium-Strukturrreform auf die Schiene, erarbeitete Zielvorgaben für die Diplommittelschul- und die Gymnasialreform und bereitete das Terrain vor für die Übernahme der damaligen Ingenieurschule durch den Kanton Basel-Landschaft. Bei den Schulangelegenheiten floss bei ihm oft und spürbar mehr Herzblut als später bei den eher trockenen Finanzgeschäften.

Der Wechsel in die Finanzdirektion erfolgte im Jahre 1989 eher der Staatsräson gehorchend als dem eignen Antrieb: Der Sozialdemokrat Peter Schmid war neu in die Regierung gewählt worden, und aus bürgerlicher Optik war es undiskutabel, einem «Sozi» und erst noch einem Neuen die Finanzen in die Hand zu geben. So wechselte Hans Fünfschilling den Hut.

Der Finanzdirektor

Nicht dass er für den neuen Job nicht geeignet gewesen wäre – im Gegenteil: Der ausgebildete Mathematiker mit seinen analytischen Fähigkeiten brachte als Landrat und Mitglied der Finanzkommission die nötige Sachkenntnis mit.

Über der kantonalen Finanzlage herrschte damals nach dem Wechsel von Paul Nyffeler in die Kantonalbank eitel Sonnenschein, die Hyperkonjunktur sorgte für vollen Kassenstand. Doch Anfangs der 90er Jahre bescherte die Rezession rasch wieder eine Defizitphase. Fünfschilling äusserte immer deutlichere Kritik an seinem Vorgänger, weil der Kanton vorab durch dauernde Unter-Investitionen die legendären Riesenüberschüsse produziert und damit die nicht minder legendären Steuersenkungsinitiativen von Gewerbedirektor Gysin provoziert hatte. Und als die Steuersenkungen in Kraft traten, hatte der Wind bereits in Richtung Rezession gedreht und wehte weniger Geld in die Kasse – eine höchst unerwünschte Kumulation.

Es war nicht das einzige Mal, da der streitbare Gewerbedirektor dem Finanzdirektor das Leben schwer machte. Denn in Fünfschilling fand Gysin

Hans Fünfschilling, der Gentleman auf dem Sitz des Finanzdirektors, ging ruhig seinen Weg: bedächtig, analytisch-pragmatisch und durchaus mit Humor gesegnet.

nicht den knallharten Gegenspieler wie in Paul Nyffeler und vermochte ihm mit einer ganzen Reihe von Initiativen – Autosteuern, Eigenmiete – immer wieder das Gesetz des Handelns aufzuzwingen.

Das Wort «fremdbestimmt» tauchte in Fünfschillings politischem Vokabular auf – es meinte allerdings nicht nur den Gewerbeboss, sondern in zunehmendem Masse den Bund mit seinen immer neuen Forderungen an die Kantone. Und Fünfschilling beklagte in jenen Tagen immer wieder etwa den Umstand, dass der Kanton und seine Finanzen keine Lobby hätten im Volk: Der Bund «oben» und die Gemeinde «unten» seien im Bewusstsein der Leute viel stärker verankert, sagte er; die Finanzen des Kantons hingegen kaum.

Doch nach einigen Jahren gelang es dem Kanton dank Ausgabendisziplin wieder schwarze Zahlen zu schreiben und mit schöner Regelmässigkeit nachzuweisen, dass Behörden und Verwaltung ihre Hausaufgaben gemacht hatten in all jenen Bereichen, die dem direkten Einfluss des Kantons unterstehen. Eben nach dem Motto: analysieren und beharrlich Ordnung schaffen.

Fünfschillings letzter Auftritt als Finanzdirektor war von einem – allerdings absehbaren – Misserfolg begleitet: Mitte 2000, kurz vor Ende seiner Amtszeit, vertrat er vor dem Landrat gegen seine eigene Partei mit allem Engagement den Gegenvorschlag der Regierung zur Abschaffung der Erbschaftssteuer, weil er die Einnahmenausfälle als zu hoch einstufte. Das Ergebnis ist bekannt. Wie hatte er doch früher immer gesagt: Die Kantonsfinanzen haben keine Lobby.

Der Partner

1987 war Fünfschilling – als engagierter Verfechter der Partnerschaft und Mitglied einer Basler Clique – ein Hoffnungsträger für Basel. Später redete man in Basel etwas weniger begeistert von ihm. Selbstverständlich hatte auch Fünfschilling beim Wechsel in die Regierung den Exekutiv-Kittel angezogen und war «realistischer» geworden, zumal als oberster Baselbieter Kassenherr.

Engagement für die Partnerschaft und Lastenausgleich, ja – aber nicht um jeden Preis und immer von Fall zu Fall. Diese eiserne Baselbieter Grundhaltung hatte auch Fünfschilling verinnerlicht und sie liess ihn nie von seiner Diagnose abweichen: Basel besitze die bessere Einnahmenstruktur – die Finanzströme würden im Falle einer Wiedervereinigung nicht Birs aufwärts, sondern eben Birs abwärts fliessen. Das hatte schon sein Vorgänger genüsslich vorgerechnet.

Der Personalchef

Eine ausgesprochen glückliche Hand bewies Hans Fünfschilling als oberster Personalchef des Kantons: Statt die grosse Revision des Personalrechts (Abschaffung des Beamtenstatus!) mitsamt der schwierigen Neubewertung der Arbeitsplätze von oben zu dirigieren, vereinigte er die Sozialpartner von Anfang an am runden Tisch; er half vermittelnd beim Schnüren eines ausgewogenen Pakets und steuerte mit Hilfe der Personalkommission das schwierige Geschäft unbeschadet durch den Landrat und die Volksabstimmung. Hartes Geben und Nehmen zwischen den Sozialpartnern und zwischen den politischen Parteien waren gepaart mit dem Willen zum Konsens: ein schöner Erfolg.

Weniger eindeutig sind Fünfschillings Erfolge in jenem wichtigen und nebulösen Bereich namens «New Public Management». Die positive Langzeitwirkung scheint noch nicht gesichert. Was die gesetzlichen Grundlagen mit Leistungsaufträgen und Finanzinstrumenten angeht, steht der Kanton gesamtschweizerisch weit vorne. Wie viel davon aber ins reale Leben umgesetzt wurde und wird, ist heute noch nicht recht messbar. Die Langzeitaufgabe «NPM» ist verwaltungsintern wohl ebenso prozess- wie resultatorientiert und etliche mit dem «NPM» verbundene EDV-Probleme versucht(e) man anscheinend auszusitzen.

Gegen Ende von Fünfschillings Amtszeit hat die Finanz- und Kirchendirektion Dienststellen-Zuwachs erhalten. Böse Zungen behaupteten, dort gäbe es nicht genug zu tun, mindestens im Vergleich zu stärker befrachteten Direktionen. So verschob man nicht ganz belanglose Dossiers wie den Flughafen oder die Fürsorge oder das Statistische Amt von der Volkswirtschafts- in die Finanzdirektion.

«Richtigen» Föderalismus stärken

Eine Würdigung Fünfschillings wäre unvollständig ohne die eidgenössischen Bezüge. Inzwischen gehört er der Kleinen Kammer an. Im Wahlkampf hatte er versprochen, sich für die Rechte der Kantone und einen gerechten Lastenausgleich innerhalb der Eidgenossenschaft einzusetzen. Im Rahmen der Konferenz der kantonalen Finanzdirektoren kritisierte er oft, dass die Kantone immer mehr zu Vollzugsorganen des Bundes verkommen. Deshalb setzte er sich bereits als Regierungsrat für Kaspar Villigers Projekt des «Neuen Finanzausgleichs» und für eine innere Aufwertung des Föderalismus ein. Es ist sehr zu hoffen, dass diese Linie zum Erfolg führen wird.

Bildnachweis

Robert Bösiger, Sissach.

Chronik 1999

Legislatur

Regierungsratsentscheide

Landratsbeschlüsse

Wahlen

Abstimmungen

Jubilarinnen und Jubilare

Totentafel

Preise und Ehrungen

Aus der Sportwelt

Kultur- und Naturdenkmäler

Chronik 2000

Legislatur

Regierungsratsentscheide

Landratsbeschlüsse

Wahlen

Abstimmungen

Jubilarinnen und Jubilare

Totentafel

Preise und Ehrungen

Aus der Sportwelt

Kultur- und Naturdenkmäler

Hans Fischer

Chronik 1999

Januar 1999

Basel/Binningen
Kinderspital

1. Das UKBB *(Universitäts-Kinderspital beider Basel)* nimmt an den zwei Standorten in Basel und auf dem Bruderholz seine Arbeit auf.

Therwil
«Sternsingen»

5./6. 16 Buben- und Mädchengruppen aus *Jungwacht* und *Blauring* ziehen als «Sternsinger» von Haus zu Haus und sammeln für krebskranke Kinder und für Kinder im Urwald.

Sissach
Kampf gegen den Feuerbrand

7. An einer Medienorientierung im Schloss Ebenrain erläutert *Regierungsrat Edi Belser* die Gründe, weshalb im Baselbiet sechs Cotoneaster-Arten vorsorglich gerodet werden müssen.

Liesberg
Spektakulärer Doppelunfall

7. Ein von der Strasse die Böschung hinuntergerollter Sattelschlepper muss mit einem Spezialkran geborgen werden. Der REGA-Helikopter, der den verletzten Chauffeur ins Spital bringen sollte, streift bei der Landung einen Baum und ist nicht mehr einsatzfähig, weshalb ein Krankenwagen den Transport besorgen muss.

Laufen
«Spitalstreit» 1. Phase

11.–20. *Sanitätsdirektor Belser* lässt nach spitalinternen persönlichen Spannungen Chefarzt *Arnold Kaiser* per sofort freistellen. Anderntags beschliesst die Baselbieter Regierung seine fristlose Entlassung wegen Bedrohung seines Stellvertreters *Manfred Schmid*. Die Belegärzte des *Kantonsspitals Laufen* protestieren jedoch dagegen.

Der Gemeinderat Laufen wünscht die Rücknahme der Kündigung. Eine mit 700 Unterschriften versehene Petition an *Regierungspräsidentin Elsbeth Schneider* fordert Kaisers Wiedereinstellung.

Der Laufener Spitalverwalter *Martin Buser* tritt nach den gegen ihn erhobenen Beschuldigungen betreffend das Arbeitsklima zurück und übernimmt einen neuen Posten innerhalb der *Volkswirtschafts- und Sanitätsdirektion*. Der Regierungsrat setzt für ihn interimistisch *Hans Bider* ein, den früheren administrativen Leiter des *Kantonsspitals Liestal*.

Liestal
«Mietinitiative»

12. Der *Mieterverband Baselland* reicht eine von rund 2000 Personen unterzeichnete Volksinitiative für «Gerechte Steuern für Mieterinnen und Mieter» ein, worin die steuerliche Gleichbehandlung von Mietern und Wohneigentümern verlangt wird.

Delémont/Liestal
Wertvolles Geschenk

20. Der Stadtpräsident von Delémont, *Ständerat Gentil*, übergibt *Regierungspräsidentin Elsbeth Schneider* zuhanden des *Baselbieter Staatsarchivs* die Birsecker Landvogtei-Akten aus den Jahren 1600–1800.

Allschwil
«Villa Guggenheim»
Verwaltungsbau

20. Der Einwohnerrat entscheidet sich mit 23 zu 10 Stimmen für den Abriss der «Villa Guggenheim» zugunsten eines Veranstaltungssaals und bewilligt einen Kredit von Fr. 9,85 Mio. für ein neues Verwaltungsgebäude. Beide Beschlüsse unterliegen dem obligatorischen Referendum.

Binningen
Bruderholz

21. Die neue rund dreimal grössere Notfallstation des *Bruderholzspitals* nimmt ihren Betrieb auf.

Laufen
«Spitalstreit» 2. Phase

21.–30. Eine siebenköpfige Sonderkommission mit Vertretern aus allen Parteien soll die Vorkommnisse am *Kantonsspital Laufen* und das Verhalten der kantonalen Behörden unter die Lupe nehmen. In Laufen fordern 1000 Demonstranten die Wiedereinsetzung von *Dr. Kaiser* und die Entlassung von Co-Chefarzt *Schmid.* Der Laufentaler Bezirksrat rügt den Regierungsrat wegen seines «Schnellschusses» gegen Chefarzt *Kaiser*, und 4637 Personen verlangen dessen vollständige Rehabilitation.

Liestal
Zone für Fahrende

27. Der Einwohnerrat bewilligt in erster Lesung zwischen den Familiengärten «Gräubern» und dem Wald eine Spezialzone für Fahrende zur Errichtung eines Durchgangsplatzes.

Binningen/Bottmingen
Gemeindezentrum

28. Die *Evangelisch-reformierte Kirchgemeindeversammlung Binningen-Bottmingen* bewilligt einen Kredit von Fr. 3,8 Mio. für ein neues Gemeindezentrum.

Ausserdem ...

... schliesst die BLKB *(Basellandschaftliche Kantonalbank)* das Geschäftsjahr 1998 mit einem neuen Rekordgewinn von Fr. 66,3 Mio. ab.

... bringt das «Sternsingen» in Aesch Spendengelder in der Höhe von Fr. 13 000 ein. Der Betrag geht je zu einem Drittel an Projekte in Rumänien und Südamerika und den Sozialdienst Aesch für Härtefälle.

Februar 1999

Neuer Kanton?

3. In Dornach künden an einer Pressekonferenz zwei Parlamentarierinnen und zwei Parlamentarier aus 4 verschiedenen Parteien der Kantone BS, BL, AG und SO zuhanden ihrer Parlamente Motionen zur «Schaffung eines Grosskantons Nordwestschweiz» an, der die Region nördlich des Jura umfassen soll.

Pratteln
Grünes Bündnis

4. Unter dem Motto «Politik mit Lebenslust» starten sechs Gruppierungen aus dem linksgrünen alternativen Spektrum mit einer Einheitsliste in die Landratswahlen: FGL *(Freie Grüne Liste)*, GBL *(Grüne Baselbiet)*, *Frischluft Arlesheim*, *Kaktus Allschwil*, UFraL *(Unabhängige Frauenliste)* und die Ortsgruppe Pratteln des LdU *(Landesring der Unabhängigen)*.

Bundesgericht
Prüfung für alle

5. Das Bundesgericht hält die Übergangsbestimmung des Baselbieter Notariatsgesetzes, welche Anwälte mit mehrjähriger Praxis gegenüber den jungen Anwälten privilegiert, für wettbewerbsverzerrend, weshalb bereits erteilte Fähigkeitsausweise und Notariatsbewilligungen widerrufen werden müssen.

Ormalingen
Sportplatzkredit

7. In einer Referendumsabstimmung lehnen die Ormalinger mit 281 zu 325 Stimmen einen Kredit von Fr. 1,6 Mio. für einen Sportplatz auf der Bodenmatt ab.

Unterbaselbiet
Schneemenge

7. Starker Schneefall führt zu Behinderungen im privaten und öffentlichen Verkehr. Der Trambetrieb im Leimental und im Raum Dreispitz bleibt zeitweise unterbrochen. Auf den Kantonsstrassen kommt es zu 11 witterungsbedingten Verkehrsunfällen mit Blechschäden.

Liestal
Frauenrat

10. Unter dem Titel «Frauen ins Parlament. Klara!» versucht der *Frauenrat* mit einer überparteilichen Plakatkampagne den 192 Kandidatinnen den Sprung in den Landrat zu erleichtern.

Münchenstein
Jugendhaus

12. Im ehemaligen Restaurant «Tramstation», das die Gemeinde für Fr. 800 000 vom Kanton erwerben konnte, wird das neue *Jugendhaus Münchenstein* eröffnet.

Muttenz
Polizeierfolg

16. Kurz nach einem erfolgreichen Einbruch in ein Einfamilienhaus werden die beiden Täter von einer Polizeipatrouille der «Aktion Wellenbrecher» festgenommen und wegen 17 weiterer Einbruchdiebstähle verhört.

Allschwil
Flughafen

17. Der *Einwohnerrat Allschwil* beschliesst ohne Gegenstimme den Beitritt zum neu gegründeten «Forum» gegen den Ausbau des *Flughafens Basel-Mulhouse*.

Ehrenamt

20. Der scheidende Baselbieter *Volkswirtschafts- und Sanitätsdirektor Eduard Belser* wird neuer Präsident des Bankrates der *Schweizerischen Nationalbank*.

Oberbaselbiet
Hochwasser und Erdrutsche

20.–25. Schneeschmelze und Dauerregen verursachen Hochwasser. In den Gemeinden Tecknau, Buus und Wintersingen kommt es zu Erdrutschen. Die Busverbindung Gelterkinden–Buus muss bis Monatsende über Ormalingen–Hemmiken umgeleitet werden. Am Schleifenberghang in Liestal beschädigt ein Felssturz Gebäude und Liegenschaften, weshalb zur Sicherung des Hanges Auffangnetze und Stahlseile angebracht werden müssen. In Ormalingen wird ein von der Strasse abgekommenes Auto von den Fluten der Ergolz 300 m bachab getrieben, der Fahrer kann sich retten. In 51 Gemeinden ist die Feuerwehr im Einsatz, in 7 Gemeinden sogar der Zivilschutz. Der Gebäudeversicherung werden 1200 Elementarschäden in der Höhe von rund Fr. 3 Mio. gemeldet.

Oberdorf
Firmenfusion

25. Die in der Medizinaltechnik tätige Baselbieter *Stratec-Gruppe* fusioniert mit der Schweizer US-Gesellschaft *Synthes* und wird damit zum weltweit grössten Unternehmen für die operative Behandlung von Knochenbrüchen.

Ausserdem …

… investieren die Baselbieter Parteien gesamthaft gegen Fr. 1 Mio. in die Landrats- und Regierungsratswahlen vom 21. März.

… stellen 3015 Schweizerinnen und Schweizer anlässlich der Sonderaktion des *Verbandes Baselbieter Bürgergemeinden* zum Jubiläumsjahr 1998, bei der die Gebühr auf die Hälfte reduziert wird, ein Einbürgerungsgesuch. Spitzenreiter ist Münchenstein mit über 650 Gesuchen.

März 1999

Hölstein
Golden Dog Food

3. Die Hundefutterfabrik *Golden Dog Food GmbH* kann von Arboldswil auf die «Bärenmatte» in Hölstein verlegt werden, nachdem die Gegner, die Einsprache erhoben haben, ihren Widerstand aufgeben. Die Baubewilligung des Kantons ist an strenge Auflagen geknüpft.

Muttenz
Tunnelbauprobleme

4. In der «Laachmatt» muss die Tunnelröhre der neuen SBB-Linie wieder ausgegraben werden, um ein Absinken zu verhindern. Mit hydraulischen Hebevorrichtungen versehen muss die Betonröhre auf einer Strecke von 130 m ohne Erdüberdeckung durch das Gelände geführt werden.

Liestal
Streit mit den SBB

10. Der Liestaler Einwohnerrat will den von den SBB angedrohten Abbruch der Passerelle im «Burg»-Einschnitt nicht zulassen, sperrt sich aber dagegen, für deren Sanierung Geld lockerzumachen.

Roggenburg
Erschwerte Autoverbindung

11. Aufgrund der französischen Sperre von 10 km der «Route Internationale» ist die Gemeinde Roggenburg tagsüber von Kleinlützel her für Autos einen Monat lang nicht erreichbar. Die Verbindung nach

Laufen muss während dieser Zeit über Movelier–Soyhières, ins Leimental und nach Basel auf längerem Umweg durchs Elsass erfolgen.

Bundesgericht
VP-Einsatz

12. Das Bundesgericht schützt den vorgesehenen Einsatz von V-Personen unter Abweisung einer staatsrechtlichen Beschwerde gegen die vom Baselbieter Stimmvolk angenommene Strafprozessordnung. Der Anspruch eines Angeschuldigten auf ein faires Verfahren darf aber im Einzelfall nicht verletzt werden.

Sissach
Jubiläum

13. Die Firma FHS *(E. Frech-Hoch AG)* feiert ihr 100-jähriges Jubiläum. Damit verbunden wird die Ausstellungsvernissage der Künstlerin *Sandra Yvette Dütsch*. Ein Drittel des Verkaufserlöses geht an die *Schweizerische Epilepsie-Klinik*.

Muttenz
Landverkauf

16. Der im Oktober 1998 abgelehnte Verkauf von 3 Landparzellen an der Gründenstrasse wird auf Antrag der Gemeindekommission neu aufgerollt und von der Einwohnergemeindeversammlung mit 76 zu 57 Stimmen genehmigt.

Liestal
Flughafen-Referendum

16. Das Komitee «Flughafenkredite nein» reicht auf der Landeskanzlei ein Referendumsbegehren mit 2958 Unterschriften gegen den Baselbieter Kantonsbeitrag an den Ausbau des *Flughafens Basel-Mulhouse* ein.

Liestal
Strafverfahren eingestellt

17. Die Baselbieter Überweisungsbehörde stellt das gegen Chefarzt *Kaiser* eingeleitete Strafverfahren wegen angeblicher Morddrohungen ein, da angesichts der Sach- und Beweislage mit Sicherheit ein Freispruch zu erwarten sei.

Reinach
Bürgerhaus

18. Die Bürgergemeindeversammlung Reinach bewilligt Fr. 3,9 Mio. für den Bau eines Bürgergemeindehauses an der Kirchgasse.

Liestal
Kantonalbank

19. Nach umfassenden Umbauarbeiten werden die neuen Räumlichkeiten der *Kantonalbank Liestal* mit einer Feier offiziell eingeweiht und ihrer Bestimmung übergeben.

Muttenz
Gospel-Gesang für wohltätige Zwecke

20. An seinem Benefizkonzert in der *Mittenza* übergibt *Bo Katzman* den gesamten Spendengewinn seines Chores in der Höhe von Fr. 40 800.– zu je einem Drittel dem *Elternverein krebskranker Kinder*, Aids-Projekten in Uganda und Tansania und der Patenschaft für das *Kinder- und Waisenheim Augustow* in Polen. Auch die Einnahmen aus Getränke- und CD-Verkauf (über Fr. 8000.–) werden beigesteuert.

Waldenburg
Tennis-Beitrag

21. In einer Referendumsabstimmung heissen die Waldenburger Stimmberechtigten den umstrittenen Beitrag von Fr. 30 000.– an das neue Clubhaus des örtlichen Tennisclubs mit 149 zu 143 Stimmen gut.

Laufental
Bezirksrat

21. In 11 der 13 Gemeinden des Bezirkes sind die Vertreter in den 26-köpfigen Bezirksrat in stiller Wahl ernannt worden. In Röschenz behaupten sich die beiden bisherigen CVP-Vertreter *Heinz Cueni* und *Gerold Fischer* gegen SVP-Kampfkandidaten. In Roggenburg wird der zurückgetretene *Ernst Gerber* als «wilder Kandidat» neu gewählt.

Ständerat
Demission

22. *Ständeratspräsident René Rhinow* will bei den Erneuerungswahlen im Herbst nicht mehr antreten.

Therwil
Gemeindeordnung

24. Die Therwiler halten auch in der neuen Gemeindeordnung an der Gemeindeversammlung und an der Majorzwahl für den Gemeinderat fest.

Reinach
«Gründerzentrum»
Gemeindeinitiativen

24./29. Der Einwohnerrat beschliesst einen Beitrag von Fr. 500 000.– an das «Regionale Gründerzentrum» im Industriegebiet «Kägen» zur Unterstützung von Jungunternehmern.

Wie Aesch, Birsfelden, Münchenstein, Muttenz und Pratteln schliesst er sich der Gemeindeinitiative, die vom Kanton einen Unterhaltsbeitrag für die von 40-Tönnern befahrenen Gemeindestrassen fordert, an.

In einer eigenen Gemeindeinitiative verlangt er ferner eine Verselbständigung der *Kantonalen Pensionskasse.*

Staatsrechnung 1998

25. Statt des budgetierten Defizits von Fr. 6,1 Mio. kann *Finanzdirektor Hans Fünfschilling* einen Überschuss von Fr. 32,1 Mio. präsentieren. Die Schuldenlast des Staates kann damit wieder unter die Milliardengrenze gedrückt werden.

Muttenz
Jubiläum

26./27. Im Rahmen ihres 100-Jahr-Jubiläums lädt die *Gewerblich-industrielle Berufsschule* Muttenz zu «Tagen der offenen Türen» ein.

Itingen
Hoher Besuch

27. Der *chinesische Staatschef Jiang Zemin* besucht mit einem 135-köpfigen Begleittross unter der Führung von SMH-Konzernchef *Nicolas Hayek* eine Uhrenausstellung in der Batterie-Herstellerfirma *Renata AG*, im Beisein von *Bundespräsidentin Ruth Dreifuss*, der *Bundesräte Couchepin* und *Cotti, Regierungspräsidentin Elsbeth Schneider* und *Gemeindepräsident Felix Imhof.*

Pratteln
«Mitenand-Fescht»

27. Zwischen Einheimischen und zugezogenen «Fremden» kommt es einmal mehr zu einem grossen Begegnungsfest mit kulinarischen Leckerbissen aus Afrika, Italien, Spanien, Kurdistan, Sri Lanka und der Schweiz sowie musikalischen Darbietungen aus verschiedensten Kulturkreisen.

Autobahn A2

27. Wegen Beginn der Osterferien in Deutschland und den Niederlanden kommt es auf der A2 zwischen Weil am Rhein und Härkingen zu einem Rekordstau von 35 km Länge.

Zunzgen
«Bohny»-Haus

30. An Stelle des eingestürzten «Bohny»-Hauses soll ein modern gestaltetes Gemeindezentrum mit Saal, Verwaltungsräumen und Alterswohnungen entstehen. Das Bauprojekt ist mit Gemeinderat, Baukommission und Denkmalpflege abgesprochen.

Grellingen
Schrecklicher Unfall

31. Die Frontalkollision zweier Fahrzeuge fordert zwei unschuldige Todesopfer: eine 47-jährige Lehrerin und ihren 13-jährigen Sohn.

Ausserdem ...

... sind dem Baselbiet im Jahr 1998 aus der interkantonalen Landeslotterie Fr. 6,7 Mio. für soziale, gemeinnützige und kulturelle Projekte zugeflossen. Davon hat der Regierungsrat aus dem *Lotteriefonds* Beiträge in der Höhe von Fr. 5,3 Mio. für 181 Projekte im In- und Ausland bewilligt.

... nehmen die BLT acht modernste Niederflur-Busse in Betrieb.

April 1999

Muttenz Kreuzweg

2. Am heutigen Karfreitag weiht die *Katholische Kirche Muttenz* den von *Paul Düblin*, Ettingen, aus weissem Marmor geschaffenen Kreuzweg mit 7 Stationen ein.

Arlesheim
Ökumene

4. In der Nacht auf den Ostersonntag feiern auf dem Friedhof Arlesheim erstmals evangelische und katholische Christen gemeinsam die Auferstehung von Jesus Christus.

Kantonspolizei
Erfolgreiche Aktionen

4./7. Dank einer aufmerksamen Anwohnerin gelingt es vier Polizeipatrouillen, zwei Einbrecher im *Coop*-Laden Frenkendorf auf frischer Tat zu verhaften.

In den Asylbewerberheimen Münchenstein, Reinach und Pfeffingen beschlagnahmt die Baselbieter Polizei Kokain im Wert von rund Fr. 15 000.– und über Fr. 30 000.– Bargeld und verhaftet 13 mutmassliche Dealer aus afrikanischen Staaten.

Liestal
Banntagschiessen

7. Das *Verwaltungsgericht* hält fest, dass das Schiessgesetz aus dem Jahre 1852 das Banntagschiessen im «Stedtli» Liestal verboten habe. Nach Aufhebung dieses Gesetzes durch den Volksentscheid sei jedoch die Rahmenverordnung massgeblich, wonach die Gemeinden unter Einhaltung der erlassenen Weisungen das Banntagschiessen tolerieren dürften. Demzufolge wird die Beschwerde von *Nationalrätin Ruth Gonseth* gegen den Stadtrat von Liestal und die Kantonsregierung abgewiesen.

Laufen
Einweihung

9. In Laufen wird das neue Marketinggebäude der Firma *Ricola* eingeweiht. Der Glaspavillon der Basler Stararchitekten *Herzog&De Meuron* gilt als architektonische Attraktion.

Frenkondorf
Jubiläum

10. Der *Turnverein Frenkendorf* feiert seinen 100. Geburtstag mit einer Festschrift, einem historischen Programm «Us eigenem Bode» und einer Fahnenweihe.

Liestal
«Cosco»-Prozess

12. Unter dem Vorsitz von *Strafgerichtspräsident Jent* beginnt in Liestal ein 5-wöchiger Monsterprozess gegen die Betreiber der zuletzt in Binningen domizilierten *Cosco Finanz und Treuhand AG*. Die auf rund 36 000 Seiten Gerichtsakten fussende Anklage lautet auf gewerbsmässigen Betrug über mehrere Millionen Franken mittels vorgetäuschter Kreditvermittlungen an rund 200 Firmen in Deutschland. Die Verteidigung plädiert auf Freispruch.

Brislach
Wahlsystem
Kindergarten

13. Bei der Beratung der neuen Gemeindeordnung wünscht die Gemeindeversammlung im Stimmenverhältnis von 2 zu 1 die Rückkehr zum Majorzsystem für die Wahl aller Gemeindebehörden und beschliesst eine zweite Kindergartenklasse.

Bubendorf
Bachem-Gruppe

14. Die auf dem Gebiet von Biochemikalien und pharmazeutischen Wirkstoffen tätige *Bachem-Gruppe* hat im Jahr 1998 ihren Umsatz um 29% auf Fr. 96 Mio. und den Reingewinn um 39% auf Fr. 32,4 Mio. gesteigert.

Liestal
Letzter Einsatz

16. Das auf freiwilliger Basis rekrutierte *Entlassungsspiel* (74 Bläser und Tambouren im Alter von 25–75 Jahren) löst sich nach 38-jähriger Existenz auf.

Anwil
CD-Taufe

17. In der Mehrzweckhalle Anwil präsentieren die «Ammeler» Schulkinder mit zahlreichen regionalen Stars ihre CD-Lieder. Pro verkaufte CD gehen Fr. 5.– als Spende an das Schulheim Leiern für behinderte Kinder in Gelterkinden.

Liestal
«sälbverständlich»

17. Die junge Bewegung «sälbverständlich» beteiligt sich mit einer vollen Liste an den Nationalratswahlen und nominiert im *Palazzo Liestal* sieben Kandidaten und Kandidatinnen im Alter von 20–28 Jahren, wobei eine Listenverbindung mit der *SP* und den *Grünen* angestrebt wird.

Allschwil
Volksentscheide

18. Für die künftige Wahl des Gemeinderates sprechen sich die Allschwiler in einer Urnenabstimmung nach fast 80 Jahren Proporz- für die Rückkehr zum Majorzsystem aus, beschliessen einen Verwaltungsneubau für Fr. 9,85 Mio. und lehnen aber trotz der Ja-Parole aller grossen Parteien den Abbruch der «Villa Guggenheim» mit 2466 zu 2819 Stimmen ab.

Binningen
Steuersenkung

19. Angesichts des Rekordüberschusses von Fr. 13,8 Mio. senkt der Einwohnerrat Binningen rückwirkend auf den 1.1.1999 den Gemeindesteuerfuss von 48% auf 45%.

Laufen/Liestal
«Soko»-Bericht

20. Die siebenköpfige Sonderkommission zur Untersuchung der Vorfälle am *Kantonsspital Laufen* bezeichnet die Suspendierung von Chefarzt *Kaiser* auf Grund der Vorgeschichte als verständlich, rügt aber Vorgehen und Verhalten des Sanitätsdirektors. Sie empfiehlt, auch den Co-Chefarzt und den Chef des Pflegedienstes zu entlassen.

Münchenstein
Nominationstag FDP

21. Die FDP nominiert an ihrem Parteitag in der Kultur- und Sporthalle Münchenstein *Finanzdirektor Fünfschilling* als Ständeratskandidaten und setzt neben dem «Bisherigen» *Hans Rudolf Gysin* vier Frauen und zwei weitere Männer auf die Nationalratsliste.

Gelterkinden
«Vision 2000»

23.–25. An der Gewerbeausstellung «Vision 2000» präsentieren sich 115 Aussteller bei einem riesigen Publikumsaufmarsch mit vielen Attraktionen für Jung und Alt und reichhaltigem kulinarischem Angebot.

Reinach
Gemeindezentrum

26. Der Reinacher Einwohnerrat stimmt einmütig einem Kredit von Fr. 20 Mio. für den Neubau des Gemeindezentrums zu. Die Vorlage umfasst ein Gemeindehaus, ein Laden- und Bürohaus, die Sanierung der Gewölbekeller sowie zwei Wohnblöcke.

Waldenburg
«Brückenschlag»

27. Mit einem Startkapital von Fr. 25 000.–, gestiftet von einer anonymen Spenderfamilie aus Hölstein, wird die Stiftung «Brückenschlag» gegründet. Sie will Langzeitarbeitslosen, Ausgesteuerten und jungen Arbeitslosen im Waldenburgertal ideell und materiell Hilfe leisten. Der Stiftungsrat arbeitet ehrenamtlich. Er setzt sich aus Vertreterinnen und Vertretern von Industrie und Gewerbe, Behörden, der Ärzteschaft und Kirchen zusammen.

Bundesgericht
SP-Beschwerde
gutgeheissen

28. Das Bundesgericht erklärt die Vorschrift im neuen Baselbieter Landratsgesetz, wonach die vom Kanton entlöhnten Landräte bei Vorlagen über Besoldung, Pension, Ferien oder Arbeitszeit generell in den Ausstand treten müssten, für verfassungswidrig, da es nicht angehe, für diese Gruppe strengere Ausstandsvorschriften anzuordnen als für die übrigen Parlamentarier.

Pratteln
Ausstellung

28.4.–1.5. Mit dem Slogan «Tierisch gut» präsentiert die Landwirtschaft zusammen mit weiteren Organisationen auf einer Ausstellungsfläche von 4 ha ihre Erzeugnisse.

Langenbruck

30. Der abtretende *Gemeindepräsident Daniel Jenni* wird zum Ehrenbürger ernannt.

Ausserdem ...

... finden Seniorinnen und Senioren dank der grossherzigen Stiftung der verstorbenen *Emma Sonntag-Buser* in der gemischten Wohnsiedlung am «Zytglogge-Hübel» in Sissach preisgünstige Alterswohnungen, zusammen mit 12 jungen Familien, die ihren Traum vom Einfamilienhaus verwirklichen können.

... werden in Anbetracht des hohen Ausländeranteils an der Generalversammlung des Pratteler Quartiervereins «Längi» zwei türkische Mitglieder in den Vorstand gewählt.

Mai 1999

Birsfelden
Jugendberatung

6. Im 1. Jahr der Jugendberatungsstelle «Wie weiter?» konnten 64 Jugendliche nach Absolvierung des Beratungsprogramms eine Lehrstelle oder eine andere Anschlusslösung finden.

Reinach/Pratteln
Nominationstage CVP und SVP

6. Die CVP Baselland steigt mit 2 Frauen und 5 Männern in die Nationalratswahlen im Herbst. Spitzenkandidat ist der «Bisherige» *Rudolf Imhof*. Die SVP Baselland bestätigt den bisherigen *Nationalrat Caspar Baader* mit Akklamation und ergänzt die Liste in drei Wahlgängen mit 3 Frauen und 3 weiteren Männern.

Liestal
Banntag

10. Am *Liestaler Banntag* wird ein 11-jähriges Mädchen von einem abgefeuerten Pyroknaller am Bein getroffen und muss im Kantonsspital ambulant behandelt werden. Im übrigen verläuft das umstrittene Banntagschiessen ohne schädliche Folgen.

Arboldswil

11./13. Die Arboldswiler Gemeindeversammlung beschliesst, die Fahrkosten für die Primarschüler, die in Titterten zur Schule gehen, zu übernehmen.

Am «letzten Auffahrts-Bannumgang im 20. Jahrhundert» pflanzen der älteste und der jüngste teilnehmende Arboldswiler Bürger auf dem Banntagsplatz «Rütti» gemeinsam eine Eiche.

Hochwasser

13./14. In der Nacht auf den Auffahrtstag erreicht der Rhein in Basel einen Jahrhundertrekord-Pegelstand von 8,75 m. Am Birskopf stehen die Bäume, in Rheinfelden Teile der Altstadt bis zu 1,50 m unter Wasser. Im Baselbiet führen rund 250 Meldungen über Wassereinbrüche in Häusern und überflutete Strassen zum Aufgebot vieler Feuerwehrleute.

Liestal
Kantonalbank
Versteigerung

19. In der Schalterhalle der BLKB *(Basellandschaftliche Kantonalbank)* werden 15 grossformatige Bilder des Malers und Karikaturisten *Christoph Gloor* versteigert. Der Ertrag von Fr. 120 000.– geht an die *Rehabklinik* in Basel.

Strafgericht
«Cosco»-Prozess

21. Das Baselbieter Strafgericht verurteilt den Hauptangeklagten *Raffael Klages* wegen gewerbsmässigen Betrugs in einer Vielzahl von Fällen zu 5 Jahren Zuchthaus. Die Mitangeklagten erhalten Freiheitsstrafen zwischen 1 Jahr 10 Monaten und 3¾ Jahren. Die *Cosco Treuhand und Finanz AG* habe nur Scheingeschäfte betrieben und ihren Kunden Beträge in zweistelliger Millionenhöhe ohne eine einzige Kreditvermittlung abgenommen. Die Verteidiger wollen gegen die Urteile appellieren.

Waldenburg
Waffenverbot

25. Der Gemeinderat Waldenburg verbietet Waffen jeder Art auf dem Schulareal und ordnet deren Konfiskation an.

Lausen
Überbauung «Stutz»

25. Trotz optimaler Nutzung des Areals hat die *Pensionskasse Baselland* Mühe, für ihre Lausener Wohn-Überbauung «Stutz» Käufer oder Mieter zu finden, weil der von den Architekten gewählte Baustil keinen Gefallen findet.

Liestal
Hallenbad

26. Der Einwohnerrat nimmt Kenntnis vom Bericht zur Auslagerung der Bäder in eine AG und fordert den Stadtrat auf, binnen 6 Monaten eine Beteiligung der Nachbargemeinden und des Kantons zu erwirken oder das Hallenbad zu schliessen.

Sissach
Umfahrungstunnel

27. Der Bau des Umfahrungstunnels verzögert sich um 4 Monate, weil die bei der Vergabung nicht berücksichtigte Bündner Firma *Pitsch AG* beim Verwaltungsgericht eine Beschwerde wegen Verletzung des Binnenmarktgesetzes eingereicht hat.

Grellingen
Tunnelfest

28.–30. Nach 8 Jahren Bauzeit wird der 2,8 km lange «Eggflue»-Umfahrungstunnel 10 Tage vor der offiziellen Eröffnung für drei Tage zur längsten Festhütte der Schweiz mit über 30 «Tunnelbeizli» und einem vielseitigen Unterhaltungsprogramm der Dorfvereine.

Ausserdem …	… wird die Cotoneaster-Rodungsaktion nach 3 Monaten erfolgreich abgeschlossen mit Beseitigung von 15 390 hochgewachsenen Cotoneaster-Pflanzen und 12 660 m² niederwachsender Arten.

Juni 1999

Liestal Nominationen der FGL	1. Die FGL *(Freie Grüne Liste)* portiert an ihrer Mitgliederversammlung *Ruth Gonseth* als Kandidatin für die Ständeratswahlen. Sie kandidiert gleichzeitig wiederum für den Nationalrat (Siebnerliste mit 5 Frauen und 2 Männern).
Ziefen Kindergarten	2. Die Gemeindeversammlung von Ziefen verwirft den gemeinderätlichen Antrag, die Pensen der Kindergartenlehrkräfte auf 75% zu reduzieren.
Langenbruck Noble Geste	4. Die *Waldner-Bachmann Stiftung* in Muttenz übernimmt die auf Fr. 35 000.– veranschlagten Kosten für Pflegemassnahmen zur ökologischen Waldrandgestaltung der «Wanne» in Langenbruck.
Sissach *Frauenverein*	4. Der *Frauenverein Sissach* feiert im «Schloss Ebenrain» sein 150-jähriges Bestehen. Die derzeitige Präsidentin, *Gemeinderätin Alice Leber*, würdigt in einer Festbroschüre dessen vielfältiges Wirken zum Wohle der Dorfgemeinschaft unter dem Motto «Pflegen, helfen und nicht auffallen».
Buus Einweihungsfest	5./6. Nach 14-monatiger Bauzeit können die Buuser ihr neues Schulhaus samt integriertem Doppel-Kindergarten einweihen.
Waldenburg Platzprobleme	6. Die Gemeindeversammlung genehmigt einen Kredit von Fr. 55 000.– zur Schaffung eines Schulzimmers für eine Realklasse im Dachgeschoss der Stadtkirche.
Grellingen «Eggflue»-Tunnel	9. Der «Eggflue»-Tunnel der J18 wird von der *Bau- und Umweltschutzdirektorin Elsbeth Schneider* dem Verkehr übergeben. *Gemeindepräsident Georges Thüring* gibt seiner Freude über die Befreiung Grellingens vom Durchgangsverkehr Ausdruck.
Liedertswil Dorfschule	9. Nach rund 30 Jahren schliesst die Gemeinde auf Ende Schuljahr provisorisch ihre Dorfschule. Die verbliebenen fünf Primarschüler werden in Oberdorf unterrichtet.
Pfeffingen Asylbewerberheim	9. Die Gemeindeversammlung heisst den vom Gemeinderat beantragten Kauf einer Liegenschaft zur Einrichtung einer neuen Asylbewerberunterkunft mit 137 zu 102 Stimmen gut.
Gelterkinden Zonenplan	9. Im Interesse der Ortsbilderhaltung beschliesst die Gemeindeversammlung eine Beschränkung der Gebäudelänge in der «W2-Zone» auf 23 m.
Liestal Galerie «Rotstab»	11. *Elsy Anselment-de Smit*, früher während 30 Jahren Gemeindeschwester in Liestal, stellt anlässlich ihres 80. Geburtstages in der Galerie «Rotstab» während zwei Wochen über 70 von ihr als Malerin geschaffene Kunstwerke aus.
Kunstverein Baselland	12. *Richard Hersberger* tritt nach 25-jähriger Tätigkeit als Präsident des *Kunstvereins Baselland* zurück. Höhepunkt seines Wirkens war der Kauf des *Kunsthauses* in Muttenz, wo er jetzt die Ausstellung von Werken *Niklaus Hasenböhlers* (1937–1994) eröffnen kann. Die Generalversammlung wählt *Siegfried Bläuer*, Architekt in Sissach, zum neuen Präsidenten.

Urnenentscheide:	13. Am heutigen Abstimmungssonntag kommt es zu folgenden wichtigen kommunalen Entscheiden:
Allschwil	Die Allschwiler lehnen den Gemeindeanteil von Fr. 1,6 Mio. an einen Hochwasserdamm im «Mülitäli» ab und erhoffen sich damit vom Kanton ein akzeptierbares neues Projekt.
Binningen	Die Binninger wünschen in der neuen Gemeindeordnung die Rückkehr zum Majorzsystem für die Wahl des Gemeinderates, die Übertragung der Wahl von Fürsorge- und Vormundschaftsbehörde auf den Einwohnerrat, eine Amtszeitbeschränkung auf 16 Jahre für alle Gemeindebehörden und Einwohnerräte sowie die Beibehaltung der Volkswahl für die Schulpflege.
Reinach	Das neue Gemeindezentrum wird gutgeheissen und damit das Verschwinden des Glockentürmleins auf dem alten Dorfschulhaus und die moderne Glasfassade in Kauf genommen.
Liestal	Zustimmung zum Teilzonenplan Rebbaugebiet «Elbis» und zur Zonenplanänderung «Rotacker».
Brislach	Auf Antrag des Gemeinderates wird die neue Gemeindeordnung auf Grund der darin vorgesehenen Rückkehr zum Majorzsystem für die Gemeinderatswahlen knapp abgelehnt.
Hersberg	Die Anschaffung eines neuen Computers für die Gemeindeverwaltung wird knapp verworfen.
Binningen/Bottmingen Kirchgemeinde	Die reformierten Stimmbürgerinnen und Stimmbürger sagen nein zum Fr. 9,8 Mio.-Kredit für das umstrittene Kirchgemeindezentrum. Wintersingen Als Nachfolger von *Regierungsrat Straumann* wird *Heini Bachmann* neuer Gemeindepräsident.
Liestal «Frauenstreiktag»	14. Sechs Baselbieter Frauenorganisationen (*Frauenrat, Frauenzentrale, Vereinigung für Frauenrechte, Kirchliche Frauenstelle, Kantonale Fachstelle für Gleichstellung, Kontaktstelle Frau und Arbeit «professionELLE»*) führen bei Regenwetter im Zentrum von Liestal eine Wäscheleinenaktion durch, die mit Slogans wie «Wäsche- und Büroklammern für alle», «Männer gehören in die Küche, in die Waschküche» für eine – gerechte – Verteilung der Haus- und Berufsarbeit zwischen den Geschlechtern wirbt. Als stummer Protest und Trauersymbol gegen das Volks-Nein zur Mutterschaftsversicherung steht vor dem Regierungsgebäude ein Ständer mit schwarzen Kleidern.
Münchenstein «Tempo 30»	15. Die Gemeindeversammlung genehmigt mit grossem Mehr die Einführung von «Tempo 30»-Zonen in den Quartieren «Wasserhaus/Zollweiden» sowie «Berg/Hintenaus».
Hölstein Widerstand	15. Die Hölsteiner wehren sich gegen das Vorhaben der Denkmalpflege, ausser dem Gasthaus «Rössli» auch noch dessen eingestürzten Schopf unter Denkmalschutz zu stellen, weil das «Rössli» nur dank Umwandlung jenes Areals in einen Parkplatz als Restaurant eine Existenzchance hätte.
Zunzgen Widerstand	15. Die Aktion «Wohnliches Zunzgen» erhebt beim Bauinspektorat Einsprache gegen das vom Gemeinderat Zunzgen eingereichte Baugesuch für den geplanten Neubau des eingestürzten «Bohny»-Hauses und beim Regierungsrat Beschwerde gegen den Zunzger Gemeinderat wegen Umgehung der Gemeindeversammlung bei der Neuprojektierung.
Bern Gerichtsverfahren	16. Ein langes Seilziehen zwischen National- und Ständerat nimmt ein Ende. Entgegen dem zweifach bekundeten Willen des Nationalrates,

den SD-Präsidenten und Baselbieter *Nationalrat Rudolf Keller* wegen seines Aufrufs zum Boykott amerikanischer und jüdischer Waren, Restaurants und Ferienangebote einer Rassismus-Strafverfolgung auszusetzen, beharrt der Ständerat mit 25 zu 11 Stimmen definitiv auf Kellers parlamentarischer Immunität.

Allschwil
Referendum

17. Gegen den Beschluss des Einwohnerrates zur Erhöhung der Sitzungsgelder von Fr. 75.– auf Fr. 100.– wird das Referendum ergriffen.

Pratteln
Strassenfest

18. Mit einem Strassenfest weihen die Pratteler ihre erneuerte Hauptstrasse zwischen dem «Engelbrunnen» und dem «Lilienhof» ein, als künftigen Lebens- und Bewegungsraum für Fussgänger und den nichtmotorisierten Verkehr.

Liestal
Kantonalturnfest

18.–20. 4400 Turnerinnen und Turner aus 240 Vereinen messen sich in Einzel-, Vereins-, Riegen-, Gruppenwettkämpfen und Spielen auf 65 verschiedenen Anlagen der Sportplätze «Gitterli», «Frenkenbündten», «Zollschule», «Schauenburg», «Rotacker», «Gymnasium» sowie in der Militärhalle. (Organisatorische Vorprobe für das «Eidgenössische» 2002)

BLT

21. Die Generalversammlung der BLT wählt *Bau- und Umweltschutzdirektorin Elsbeth Schneider* zur neuen Präsidentin des Verwaltungsrates. Sie löst *Eduard Belser* ab, der nach 10 Jahren aus dem Amt scheidet. Die BLT erwirtschafteten 1998 einen Gewinn von Fr. 1,56 Mio.

Biel-Benken

22. Die Gemeindeversammlung bewilligt Fr. 3,2 Mio. für ein Feuerwehrmagazin mit Mehrzweckräumen, lehnt aber den Verkauf von Land zur Teilfinanzierung dieses Projekts ab.

Muttenz
Pionierprojekt
«E Lehr mit Kick»

22. Für Jugendliche, die auf Grund schulischer, sprachlicher oder sozialer Defizite eine Berufslehre ohne Betreuung kaum durchstehen würden, bietet Baselland als erster Kanton in der Schweiz ein spezielles Stützprogramm mit Förderkursen vorwiegend am Samstag an.

EVP
Nominationstag

23. Die EVP Baselland wird mit einer vollen Siebnerliste zu den Nationalratswahlen antreten (3 Kandidaten, 4 Kandidatinnen) und keine Listenverbindung mit anderen Parteien eingehen.

Liestal
Überweisungsbehörde

25. Das Strafverfahren gegen einen baselstädtischen Kriminalkommissar und einen Detektiv infolge angeblicher Preisgabe von Informationen an die «V-Person» *Graziella Klages* ist auf Grund offensichtlicher Unschuld der beiden Beamten eingestellt worden. Sie erhalten eine Entschädigung für die absolvierte Untersuchungshaft.

Bundesrat
«Spitalliste» BL

29. Die Halb- und Privatabteilung der *Ergolzklinik Liestal* darf neu auf der Spitalliste figurieren, nicht aber deren allgemeine Abteilung. Nicht zugelassen bleibt ferner das Bucktener Entbindungsheim «Storchenäscht», weil dieses laut Bundesrat «keine Heilanstalt im Sinne des KVG» darstelle.

Ausserdem ...

... halten sich derzeit im Baselbiet 4234 Asylsuchende auf. Die Hälfte von ihnen stammt aus dem Kosovo.

... hat der Bundesrat auf Betreiben der Aargauer Regierung, die eine Konkurrenzierung fürchtet, den Antrag der *Fachhochschule beider Basel* (FHBB) abgewiesen, in Muttenz einen Hauptstudiengang in angewandter Informatik anzuerkennen. Wegen der grossen Nachfrage nach dieser Studienrichtung will der Fachhochschulrat trotz allem mit der Ausbildung der ersten 30 Studierenden beginnen.

… wird die Fünftagewoche an den Baselbieter Schulen immer beliebter. Nach den Sommerferien besteht bei der Primarschule nur noch in Gelterkinden der Samstagsunterricht. 38 der 46 Realschulen und 14 der 21 Sekundarschulen kennen den schulfreien Samstag. Nur die Gymnasien machen noch nicht mit.

Juli 1999

Dittingen

1. In einem Festzelt auf dem Gelände des Dittinger Segelflugplatzes wird unter Teilnahme der *Stadtmusik Laufen*, der gesamten Baselbieter Politprominenz und viel Publikum der neue *Landratspräsident Walter Jermann* gefeiert.

Buckten
Entbindungsheim

1. Hebamme *Heidi Thommen* will das von ihr seit 1966 geführte Entbindungsheim «Storchenäscht» trotz der negativen Stellungnahme des Bundesrates weiterführen und strebt eine positive Lösung mit der *Volkswirtschafts- und Sanitätsdirektion* Baselland und dem *Krankenkassenverband* an.

Liestal
Gruppe *ProsokuZL*

3. Nach ergebnislosen Verhandlungen mit der Firma *Rosenmund AG* besetzen 15 Mitglieder der *ProsokuZL* eine baufällige Liegenschaft dieser Firma an der Kanonengasse, um ihrem Wunsch nach einem «soziokulturellen Zentrum in Liestal» Nachdruck zu verschaffen. Dank der Vermittlung durch *Stadtrat Karrer* räumen die jugendlichen Besetzer nach 3,5 Stunden das Gebäude freiwillig, nachdem die Firma *Rosenmund* zugesichert hat, die Bewohnbarkeit durch einen Vertreter der Gebäudeversicherung prüfen zu lassen und bei positivem Befund die Verhandlungen über eine Zwischennutzung wieder aufzunehmen.

Oltingen
Ehrenvolle Wahl

7. Die Primar- und Reallehrerin *Charlotte Christ-Weber* aus Oltingen, Präsidentin der *Pfadibewegung Schweiz* (PBS), ist in Dublin anlässlich der Weltkonferenz der Pfadfinderinnen in das «World Board» (deren oberste Behörde) gewählt worden, als erste Schweizerin seit über 40 Jahren.

Finanzausgleich

8. Die Baselbieter Gemeinden erhalten 1999 knapp Fr. 60 Mio. im Rahmen des ungebundenen Finanzausgleichs aus der Staatskasse überwiesen. Wegen ihrer hohen Steuerkraft gehen bei der Verteilung die 16 «reichsten» Gemeinden leer aus. Die übrigen 70 Gemeinden profitieren von grösseren oder kleineren Beiträgen. Den höchsten «Zustupf» pro Einwohner im Kanton Baselland erhalten Bretzwil, Lauwil, Roggenburg, Wahlen und Zeglingen.

Ettingen Verlust von Arbeitsplätzen

8. Weil Banken die Kredite gekündet haben, verlieren in der Metallwarenfabrik *Jordan* 20 von 52 Beschäftigten ihre Arbeitsplätze.

Lausen
Plastohm AG

8. Die Verpackungsfirma *Plastohm AG* schliesst auf Jahresende ihre Produktion, so dass die meisten der 35 Mitarbeiter mit ihrer Entlassung rechnen müssen.

Unwetterschäden

9. Seit dem 27. Juni sind wegen intensiver Regenfälle, Hagel und Sturm im Baselbiet 650 Überschwemmungsschäden in der Höhe von insgesamt Fr. 1,3 Mio. gemeldet worden.

Heftige Gewitter

10.–13. Die Polizei erhält 130 Notrufe aus dem Laufental, dem mittleren Kantonsteil und dem Waldenburgertal. In Hölstein steht das WB-Trassee unter Wasser. In Giebenach sind in der Hälfte der Häuser Überschwemmungen gemeldet. Die Strasse Laufen–Breitenbach ist mit

Schwemmgut bedeckt. Ein Wolkenbruch bewirkt, dass der «Hemmikerbach» in Ormalingen 32 Keller überflutet und die Kantonsstrasse verwüstet. In Eptingen setzt der «Feldbach» die Kantonsstrasse auf einer Breite von 150 m bis zu 1 m tief unter Wasser. In der Pratteler Rheinebene legt ein Blitzschlag drei Trafo-Stationen der EBL *(Elektra Baselland)* über 2 Stunden lang lahm und zerstört eine vierte Station gänzlich. Zwischen Schönenbuch und Waldenburg sind 22 Feuerwehren im Einsatz gegen die Wasserfluten.

Liestal «Falkennest»

15. Nach 3 Jahren schliesst das *Kinder- und Jugendwerk des Blauen Kreuzes* wegen mangelnder Nachfrage seine Jugendwohngruppe «Falkennest». Dafür soll in jenen Räumen per 1. September eine begleitete Wohngemeinschaft für junge Erwachsene zwischen 18 und 30 Jahren eröffnet werden.

Oltingen Wasserfest

17./18. Die Oltinger Dorfvereine veranstalten zur Finanzierung des Unterhalts der ältesten noch mit Wasserkraft betriebenen «Sagi» des Kantons ein Wasserfest.

Läufelfingen Baumfällaktion

20. Beim «Adlikerrank» am Unteren Hauenstein sind 12 Bäume gefällt worden, um die Sicht für die Strassenbenützer zu verbessern und weitere schwere Unfälle zu verhindern.

Brislach «Feldmausen»

21. Die alte Tradition des «Feldmausens» wird in Brislach neu erweckt. Alle «Jungmauser», welche dieser Freizeitbeschäftigung nachgehen, erhalten pro abgelieferte Maus ein Sackgeld von 80 Rappen, das im folgenden Februar ausbezahlt wird.

Arlesheim Grossbrand

21. Das historisch wertvolle Ökonomiegebäude des «Badhofs» im Ortskern von Arlesheim fällt einem von spielenden Kindern ausgelösten Grossbrand zum Opfer.

Therwil Heimatkunde

22. Mit der neu erschienenen Therwiler Ortskunde, verfasst von über 60 Autoren und mit einem Rekordumfang von 655 Seiten, hat die letzte der 15 Gemeinden des Bezirks Arlesheim ihre Heimatkunde erhalten. Es ist der 44. Band der von René Salathé präsidierten Arbeitsgemeinschaft zur Herausgabe von Baselbieter Heimatkunden.

Eptingen «Poscht-Lädeli

31. Postwirtin *Heidi Plattner* schliesst ihren während 45 Jahren geführten ehrwürdigen Einkaufsladen, wo die Kundschaft noch nach alter Väter Sitte bedient wurde. Den Eptinger Frauen bleibt in Verbindung mit ihrem Stammsitz im Restaurant «Pöschtli» jetzt nur noch das «Milchlädeli» für die Tageseinkäufe.

Läufelfingen Kinder aus Tschernobyl

31. An der Bundesfeier beim Waldhaus «Seppenweid» tritt eine russische Kindertanzgruppe auf. Geleitet von sieben russischen Betreuern und finanziert vom *Verein «Hilfe für Tschernobyl-Kinder im Brjansker Gebiet»*, dem *Verein Freundinnen junger Mädchen*, der *Evangelischen Frauenhilfe Baselland* und Spendengeldern aus Läufelfingen verbringen 17 AKW-geschädigte Buben und Mädchen aus Tschernobyl im Freizeitheim «Walten» zwei Erholungswochen.

Ausserdem …

… bezeichnet das Bundesgericht den Fähigkeitsausweis für Wirte, wie ihn das Baselbieter Gastwirtschaftsgesetz vorschreibt, als verfassungskonform und weist die Beschwerde eines Solothurners ab, dem in Ettingen das Führen eines Restaurants mangels Fähigkeitsausweis verweigert worden ist.

… greift auf Grund der feuchtwarmen Witterung allenthalben die Krautfäule um sich. Sie gefährdet vor allem die Tomatenernte.

Liestal
Überweisungsbehörde

4. Das Verfahren gegen den von *Graziella Klages* beschuldigten Polizisten wird mangels Beweisen eingestellt. Nach erfolgter Einsprache bestätigt das Obergericht diesen Entscheid, weil bei einem Strafprozess angesichts der Indizienlage ein Freispruch sicher sei.

Augusta Raurica
Störenfried Orkan

6. Wegen eines orkanartigen Unwetters muss im römischen Theater ein Open-Air-Konzert der Sängerin *Marla Glen* und ihrer 8-köpfigen Band vor 1500 Zuschauern nach 35 Minuten abgebrochen werden.

Vernebelte Sonnenfinsternis

11. Das für 12.30 Uhr erhoffte Naturschauspiel einer fast totalen Sonnenfinsternis kommt wegen der Regenwolkendecke über dem Baselbiet nur schlecht zur Geltung. Üble Begleiterscheinung ist eine 20 km lange Autoschlange auf der A2 und ein totales Verkehrschaos auf den Kantonsstrassen.

Sissach Vernissage

13. Im alten «Druckhäuschen» wird das *Henkermuseum* eröffnet.

Maisprach
Dorffest

13.–15. Unter dem Motto «Drey zauberhafti Dääg» veranstaltet Maisprach ein grosses Dorffest mit über 20 Beizen, vielen Attraktionen und kulturellen Aktivitäten, 500 Helferinnen und Helfern und rund 20 000 Besuchern. Ziel des Fests ist, Mittel zur gastfreundlichen Ausrüstung und Sanierung der Mehrzweckhalle zu beschaffen.

Locarno
«Sutter»-Film

14. Am Schlusstag des «52. Internationalen Filmfestivals von Locarno» erfolgt im Beisein einer 300-köpfigen Baselbieter Delegation mit *Regierungsrat Schmid* die Weltpremiere des ohne Bundesgelder finanzierten dokumentarischen Dialogfilms über *General Sutter*. In der Hauptrolle erzählt *Hannes Schmiedhauser* (letzte Filmrolle vor seinem Hinscheiden) in einer Rückblende das schillernde Leben des Baselbieter «Goldkönigs».

Kirschen und Zwetschgen

16. Weil im Juni und Juli wegen der starken Regenfälle viele Früchte platzten und faulten, konnten im Baselbiet nur rund 500 t (letztes Jahr über 1200 t) Tafelkirschen geerntet werden. *Hansruedi Wirz*, Präsident der kantonalen *Obstproduzenten-Vereinigung*, äussert die Hoffnung auf eine gute Zwetschgenernte von rund 2000 t.

SD
Nominationstag

16. Die *Schweizer Demokraten* bestreiten den Nationalratswahlkampf mit einer vollen Siebenerliste und portieren ihren Spitzenkandidaten, den bisherigen *Nationalrat Rudolf Keller*, gleichzeitig auch als Ständerat.

Liestal
Psychiatrische Klinik

16. *Baudirektorin Elsbeth Schneider* übergibt dem neuen *Sanitätsdirektor Erich Straumann* die nach zwei Baujahren vollendete dritte Akutstation der *Kantonalen Psychiatrischen Klinik* (KPK), welche mehr Raum für die Patienten schaffen soll.

Nenzlingen
Heu-Spende

17. Die Nenzlinger Bauern spenden 21 grosse Rundballen und 50 Kleinballen Heu an lawinengeschädigte Berufskollegen im Oberwallis.

Liestal
Stadtkirche

19. Auf Wunsch der *Kantonalen Denkmalpflege* und im Einverständnis mit der Eigentümerin (*Stiftung Kirchen- und Schulgut*) wurde die Stadtkirche Liestal bei der Aussenrenovation mit einer rotbraunen Farbe, der originalen Bemalung des 17. Jahrhunderts, versehen. Diese Lösung erntet in der Öffentlichkeit viel Kritik.

Reinach
Protest

19. Der Reinacher Gemeinderat protestiert in einem offenen Brief gegen den Landratsbeschluss, die Vermögensfreibeträge für Alters- und Pflegeheime zu verdoppeln. Er will alle möglichen rechtlichen

Schritte unternehmen, um die kommunale Selbständigkeit und die Gemeinde-Steuergelder vor dem Zugriff des Kantons zu schützen.

Rümlingen
Jubiläum

20./21. Die Dorfkirche Rümlingen steht zum 10. Mal im Mittelpunkt des Festivals «Neue Musik Rümlingen» mit 5 Konzerten, darunter 3 Uraufführungen.

Dittingen
Flugtage

21./22. Zu den «Dittinger Flugtagen», die einen Querschnitt von der nostalgischen Flugepoche bis zur Gegenwart darbieten, strömen 20 000 Schaulustige.

Pratteln
«Tempo 30»

23. Der Einwohnerrat bewilligt einen Kredit von Fr. 10 000.– für die Ausgestaltung der «Tempo 30»-Zone im Dorfkern.

Allschwil
Kirchenfest

27.–29. Die *Evangelisch-reformierte Kirchgemeinde* Allschwil–Schönenbuch feiert den Abschluss der Kirchenrenovation mit einem grossen Fest rund um die «Christuskirche» unter dem Motto «Drey himmlischi Dääg».

Laufen
Keramik

30. Die *Keramik Laufen Holding* wird vom spanischen Sanitärhersteller *Companìa Roca Radiatores SA* übernommen. Mit dem Zusammenschluss entsteht der zweitgrösste Sanitäranbieter der Welt, mit Werken in 16 Ländern. Am Standort Schweiz wird festgehalten. Ein Stellenabbau ist nicht geplant.

Liestal
ProsokuZL und
Rosenmund AG

31. Der fehlende Brandschutz bei den *Rosenmund*-Gebäuden an der Kanonengasse bringt die Verhandlungen über deren Zwischennutzung vorläufig zum Scheitern.

Sissach
«Tempo 30»

31. 500 stimmberechtigte Sissacher verlangen in einer Petition «Tempo 30» auf allen Quartierstrassen.

Ausserdem ...

... weist die Birs nach der Vergiftungstragödie vom Vorjahr wieder die frühere Artenvielfalt an Fischen auf.

... hat Pratteln mit 34,11% den höchsten Ausländeranteil, Roggenburg mit 1,57% den niedrigsten.

September 1999

Ständerat
5. Kandidat

2. *Manfred Reist*, ehemaliger Binninger Einwohnerrat und «wilder» Bewerber aus dem grünen Lager, kandidiert als Ständerat und figuriert gleichzeitig auf einer eigenen Nationalratsliste unter dem Titel «MIR 21 – rote Liste der vom Aussterben bedrohten Arten».

Fachhochschule beider Basel

2. Alle 13 Nationalräte und die 2 Ständeräte beider Basel fordern in einem Protestbrief an den Bundesrat die Rücknahme des Entscheides gegen die FHBB *(Fachhochschule beider Basel).*

Frenkendorf
Jubiläum

3.–5. Die Gemeinde Frenkendorf feiert ihr 750-jähriges Bestehen mit 30 Beizen, Dorfmarkt, Lunapark und Attraktionen. Als Auftakt zum Dorffest gelangt unter der Leitung des Textdichters und Komponisten *Urs Rudin* die sinfonische Rockdichtung «Der Schauenburger» zur Aufführung. Das *Orchester Liestal*, verschiedene Chöre und Solisten präsentieren mit Liebesliedern, Gospels und Blues-Songs eine Legende aus der Ritterzeit, von Schülern in heutiger Sprachfassung erzählt.

Reigoldswil
Autofreier Sonntag

5. Zu Fuss, per Velo, mit Rollschuhen, in Kutschen oder per Bus kommen 5000 Besucher nach Reigoldswil an den ersten autofreien Erlebnistag der Schweiz und vergnügen sich am Badeplausch in der

«Hinteren Frenke», die von der Feuerwehr für diesen Zweck gestaut wurde, und anderen Attraktionen.

Wahlallianzen

6./16. SP, *Grüne* und «sälbverständlich» beschliessen für die Nationalratswahlen eine Listenverbindung, desgleichen FDP, SVP und CVP, ferner SD und FPS *(Freiheitspartei Schweiz)*.

Bottmingen
Jugendforum

11./12. 25 Jugendliche nehmen am Jugendforum teil und formulieren in Workshops folgende Postulate: ein obligatorisches Schulfach «Staatswissenschaft», eine kantonale Koordinationsstelle für Jugendgruppen, Ökologie samt Umwelteinsatz als Pflichtfach, Verbilligung der öffentlichen Verkehrsmittel, Belohnung des Energiesparens.

Bad Bubendorf
Neuer Verband

16. Es wird ein *Verband Basellandschaftlicher Gemeinden* (VBGL) gegründet. Er soll in Vernehmlassungen, kantonalen Kommissionen und bei der Ausarbeitung von Reglementen für eine Verstärkung der Gemeindeposition innerhalb des Kantons besorgt sein. Organe sind die Generalversammlung (1 bis 3 Mitglieder pro Gemeinde) ein 9-köpfiger Vorstand, eine Geschäftsstelle sowie 7 verschiedene Fachgruppen. Erster Präsident der VBLG wird *Peter Meschberger*, Gemeindepräsident von Birsfelden.

Grellingen
Vernissage

17. Als erste Laufentaler Gemeinde präsentiert Grellingen im Beisein von *Ständerat Rhinow* und *Nationalrat Imhof* anlässlich einer Vernissage in der Turnhalle eine Heimatkunde, verfasst von *Adrian Schmidlin*, unter Mithilfe von 80 Autorinnen und Autoren. Gleichzeitig wird erstmals eine Dia-Schau über die Gemeinde gezeigt.

Häfelfingen
Postbüro aufgehoben

18. Poststellenleiterin *Elisabeth Nebiker* geht in Pension. Nach 125 Jahren schliesst die Häfelfinger Post ihre Schalter. Die Gemeinde wird inskünftig von Rümlingen aus postalisch versorgt.

Liestal
«ProsokuZL»

22. Die Besetzung einer seit 16 Jahre leerstehenden Liegenschaft an der Langhagstrasse durch Jugendliche der «ProsokuZL» endet mit der Räumung durch die Antiterror-Einheit der Polizei, nachdem die vom Stadtrat durch *Annemarie Maag* organisierten Gespräche zwischen Besitzern und Besetzern ergebnislos abgebrochen worden sind.

Muttenz
Informatik-Lehrgang

24. Das *Bundesamt für Berufsbildung* will den 25 Studenten des Studienganges «Angewandte Informatik» an der FHBB in Muttenz eine Ausnahmegenehmigung für den Empfang des Informatik-Diploms besorgen.

Gemeinden
Rüge an Landrat

25. Der *Verband der Gemeindepräsidenten* und der *Verband der Gemeindeverwalter* protestieren in einem scharfen Brief an den Landrat gegen den Beschluss auf Verdoppelung der Vermögensfreibeträge von Fr. 50 000.– auf Fr. 100 000.– im Alters- und Pflegeheimdekret.

Diegten

26. Die Diegter lehnen in einer Urnenabstimmung die von der Gemeindeversammlung beschlossene Amtszeitbeschränkung mit 219 zu 113 Stimmen ab.

Häfelfingen
Hersberg
Läufelfingen

26. In den Gemeinden Häfelfingen, Hersberg und Läufelfingen werden an der Urne neue «Preesis» gewählt: in Häfelfingen ist es *Eugen Strub*, in Hersberg *Willy Hofstetter*, in Läufelfingen die Theologin *Margrit Balscheit-Cleis* (als Nachfolgerin von *Hans Itin*).

Liestal
Felssturz

30. In der oberen «Brunnmatt» lösen sich von der «Schleifenberg»-Felswand rund 30 m³ Gestein. Ein Hausbewohner der Arisdörferstrasse muss seine Liegenschaft vorübergehend verlassen. Zur Sicherheit wird das Gebiet weiträumig abgesperrt. Als provisorischer Schutz vor wei-

teren Steinschlägen sichert ein riesiges Netz die 15 m hohe und 40 m breite Felswand.

Ausserdem …

… will die *Basellandschaftliche Gebäudeversicherung* (BGV) als einmalige Aktion «Spray away» allen Versicherten für die Säuberung verunzierter Hausmauern einen Beitrag von bis zu Fr. 2000.– leisten.

… übersteigen im kantonalen Budget 2000 die Mehrausgaben die mutmasslichen Einnahmen nur wegen der Begehrlichkeiten des Bundes um Fr. 13,5 Mio.

Oktober 1999

Burg
Postbüro aufgehoben

1. Die Gemeinde Burg verliert ihr Postbüro und wird fortan von Metzerlen aus postalisch versorgt.

Verwaltungsgericht
«Chienberg»-Tunnel

4. Obwohl beim Vergabeverfahren Mängel zu registrieren seien, lehnt das Verwaltungsgericht eine Beschwerde ab, weil es beim Abwägen der beiden Offerten im Ermessen der Regierung liege, welcher der Bewerber zum Zug kommt.

Allschwil
Referendum

13. Der Einwohnerrat verdoppelt die Gemeindepolizei von 2 auf 4 Stellen. Gegen diesen Beschluss lanciert die Gruppe *Kaktus* ein Referendum.

Liestal
Initiativen

13. Mit je rund 5600 Unterschriften versehen, werden auf der Landeskanzlei eine «Beschleunigungs-Initiative» und eine «Sperrfrist-Initiative»eingereicht. Beide Begehren wollen die Volksrechte modifizieren.

Aesch
Umstrittener Niveauübergang

16. Die von den BLT gewünschte und vom Landrat projektierte Schliessung des Tramüberganges beim Aescher Postareal wird vom Gemeinderat und den Geschäften vehement bekämpft.

Pratteln
Polizeierfolg

16./17. Der Polizei gelingt es, mit Hilfe von Polizeihunden zwei flüchtende Täter aufzuspüren, die ins Restaurant «Saline» eingebrochen sind.

Allschwil
Nachtbus

20. Die Initiative der Jugendorganisation JUMP auf Beibehaltung des Wochenend-Nachtbusses Basel–Allschwil findet beim Einwohnerrat Zustimmung. Sollte der bisherige Sponsor, die BLKB *(Basellandschaftliche Kantonalbank),* aussteigen, würde die Gemeinde für den Kostenbeitrag von Fr. 7000.– pro Jahr aufkommen.

Pratteln
Berufsschau 1999

20.–24. Auf 1300 m^2 Ausstellfläche stellen sich an 51 Ständen 120 Lehrberufe vor. 26 000 Besucher aus der ganzen Region, darunter über 7000 Schülerinnen und Schüler mit ihren Lehrkräften, zeigen ihr Interesse.

Arlesheim
Bezirksgericht

24. Zum Nachfolger des verstorbenen CVP-Richters *René Wild* wählt der Souverän an der Urne in einer Kampfwahl den auch von SP und FDP unterstützten CVP-Kandidaten *Rudolf Kiefer*. Er siegt mit 12 100 zu 7419 Stimmen gegen den SVP-Kandidaten *Paul Wenger*.

Liestal
Quartierplan «Benzbur»

24. Die Liestaler genehmigen mit 2611 zu 541 Stimmen den Quartierplan «Benzbur», der die zukünftigen Bauvorhaben auf dem *Hanro*-Areal regelt.

Wenslingen
Knappes Nein

24. In Wenslingen wird an der Urne die neue Gemeindeordnung mit 123 zu 122 Stimmen abgelehnt, offenbar wegen der massiven Erhöhung der gemeinderätlichen Finanzkompetenzen.

Birsfelden
Turnhalle

25. Die Gemeindeversammlung entscheidet sich mit 55 zu 52 Stimmen gegen einen Kredit von Fr. 180 000.– zur Sanierung der alten Turnhalle anlässlich des 125-jährigen Bestehens der Gemeinde.

Gelterkinden
Sporthalle

26. Die Gemeindeversammlung bewilligt ohne Gegenstimme den Bau einer Dreifachsporthalle und von 6 Schulzimmern.

Eptingen
Pausenplatz

29. Die Gemeindeversammlung beschliesst auf Antrag eines Stimmbürgers, die Strasse im Bereich des Schulhauses zu sperren und in den Pausenplatz einzubeziehen.

Allschwil
Demonstration

30. Auf dem Dorfplatz Allschwil demonstrieren 2000 Personen in einer Grosskundgebung gegen den Fluglärm, mit Ansprachen der Präsidentinnen von Allschwil und Binningen, des «Preesi» von Schönenbuch und eines Vertreters des *Quartiervereins Neubad*. In einer Resolution wird die Ausdehnung der Nachtflugsperre auf die Zeit von 23–6 Uhr verlangt.

November 1999

Sissach
«Weidenbodensteg»

4. Der «Weidenbodensteg» über die Ergolz, eine 24 m lange Fussgängerbrücke aus Lärchenholz, wird offiziell eingeweiht. Sie soll den Bewohnern des Altersheims als sicherer Spazierweg und der Jugend als direkter Zugang zum «Bützenen»-Schulhaus dienen sowie den Bewohnern eines ganzen Quartiers den Gang ins Dorfzentrum erleichtern.

Bottmingen
«Schloss Bottmingen»

5. Nach abgeschlossener Sanierung bezeichnet *Baudirektorin Elsbeth Schneider* bei der Einweihungsfeier das «Schloss Bottmingen» als «neu erstandenes Märchenschloss des Kantons».

Liestal
Versteigerung

6. Die Versteigerung von 15 grossformatigen *Gloor*-Bildern ergab den von der BLKB *(Basellandschaftliche Kantonalbank)* aufgerundeten Erlös von Fr. 120 000.–. Er kommt dem neuen Zentrum für Querschnittgelähmte und Hirnverletzte der Stiftung *Rehab Basel* zugute.

Giebenach
Bürgerwehr

6. 50 Personen haben sich unentgeltlich zur Verfügung gestellt, beim Einnachten als Bewachungstrupps mit Hund und Lampe in den Giebenacher Wohnquartieren zu patrouillieren, um Einbrecher abzuschrecken.

Zunzgen
Gemeindezentrum

9. Die Gemeindeversammlung Zunzgen stimmt dem Projekt für das neue Gemeindezentrum auf dem Areal des «Bohny»-Hauses zu. Dabei ziehen die Stimmbürger entgegen der Empfehlung der *Kantonalen Denkmalpflege* die um Fr. 600 000.– teurere Variante mit einem Satteldach und drei zusätzlichen Wohnungen der Pultdach-Lösung vor.

Pratteln
ADtranz-Skandal

12.–26. Die *Daimler Chrysler Rail Systems AG* möchte wegen «weltweiten Überkapazitäten» die beiden Standorte des deutschen Bahntechnik-Konzerns *ADtranz* in Pratteln und Zürich-Oerlikon schliessen. Für Pratteln würde dies den Verlust von 710 Arbeitsstellen bedeuten.

Mit Empörung und Demonstrationen reagieren sowohl die Gewerkschaften als auch die Wirtschaftskammer des *KMU-Gewerbeverbandes Baselland*. Die Baselbieter Regierung arbeitet Strategien für die Aufrechterhaltung des Werkes aus und versucht, die *ADtranz*-Konzernleitung mit überzeugenden Argumenten dazu zu bewegen, den Schliessungsentscheid rückgängig zu machen. Diese entschuldigt sich zwar für die katastrophale Kommunikation, will aber höchstens über die Weiterarbeit der Schweizer Produktionsstätten als selbständige Zulieferer für die *ADtranz* diskutieren. Gemeinderat und Einwohnerrat Pratteln fordern die SBB zu einem Boykott der *ADtranz* auf , bis die Produktion in der Schweiz sichergestellt sei, und sprechen sich für die Gewährung eines zinslosen Darlehens über Fr. 1 Mio. zugunsten einer Auffanggesellschaft aus.

Sissach
Zunzgen
«Stängelibiegi»

13. Die BEMAG *(Basler Eisenmöbelfabrik AG)* feiert ihren 100. Geburtstag mit einem «Tag der offenen Tür» im Sissacher Gewerbehaus «Flash». Der derzeitige Verwaltungsratspräsident *Martin Tschan* ist ein Urenkel des Firmengründers *Theodor Breunlin*.

Arisdorf
«vorzügliche» Polizeihunde

13./14. Bei der diesjährigen Schweizerischen Polizeihundeprüfung im Gebiet Homberg erreichen 6 der 7 Baselbieter Prüfungshunde das höchste Prädikat «vorzüglich».

Ettingen
Einbrecher gestellt

16. Nach einem Einbruchdiebstahl in ein Sportgeschäft nimmt der Ladeninhaber die Verfolgungsjagd auf, stellt mit Hilfe zweier Kollegen den im Tram geflohenen Dieb bei der Station Bottmingen und übergibt ihn der Polizei.

Laufen
«Spitalstreit»

17. Der neue Baselbieter *Sanitätsdirektor Erich Straumann* strebt im Rahmen des «Spitalstreits» einen gerichtlichen Vergleich an.

Liestal
Neuer *SP*-Präsident

18. Die SP Baselland wählt an ihrer Delegiertenversammlung *Landrat Eric Nussbaumer* (Frenkendorf) zum neuen Parteipräsidenten, als Nachfolger für die zurückgetretene *Elisabeth Nussbaumer*.

Arlesheim
Jugendhaus

24. Die Gemeindeversammlung erhöht den Kredit fürs Jugendhaus von Fr. 200 000.– auf Fr. 295 000.– und erweitert dessen Öffnungszeiten auf Samstag und Sonntag. Dieses Jugendhaus bietet auch eine Velo-Werkstatt, einen Aufgabenhort und ermöglicht das Surfen im Internet.

Muttenz
Gemeindeversammlung

24. Die Muttenzer stimmen der Aufnahme der Binninger Schützen in die Schiessanlage «Lachmatt» zu. Sie lehnen einen Landverkauf im «Gründen»-Quartier erneut ab.

Fürsorge
Lastenausgleich

24. Elf von Fürsorgeleistungen stark belastete Gemeinden unterbreiten dem Regierungsrat zwei Vorschlagsvarianten für einen solidarischen Lastenausgleich. Bei den einreichenden Gemeinden handelt es sich um: Allschwil, Birsfelden, Laufen, Liestal, Pratteln, Frenkendorf, Füllinsdorf, Gelterkinden, Grellingen, Lauwil und Waldenburg.

Anwil
«Tempo 30»

24. Die Gemeindeversammlung stimmt mit 43 zu 23 Stimmen einem Kredit über Fr. 8000.– zur Vorprüfung einer flächendeckenden Tempobeschränkung auf 30 km/h durch ein Ingenieurbüro zu.

Allschwil
Negativer Urnenentscheid

28. 66,61% der stimmenden Allschwiler sagen Nein zur vorgeschlagenen Anhebung der Entschädigungspauschalen für Gemeinderäte von Fr. 21 448.– auf Fr. 25 000.– und Nein zur Sitzungsgelderhöhung für die Einwohnerräte von Fr. 75.– auf Fr. 100.–, trotz der Ja-Parolen von CVP, FDP und SP.

Liestal
Positive Urnenentscheide

28. Die Liestaler nehmen mit 1846 zu 767 Stimmen eine neue Gemeindeordnung an, welche die Finanzkompetenzen der Behörden erhöht und für Schulpflege und Fürsorgebehörde neu die Proporzwahl vorsieht. Mit 1646 zu 1017 Stimmen sprechen sie sich ebenfalls für eine Spezialzone für Fahrende im «Gräubern»-Gebiet aus.

Ausserdem …

… hat das Weinjahr 1999 nach einem regenreichen Sommer und den föhnigen Oktobertagen die grösste Weinmenge der letzten 50 Jahre gebracht. Qualitativ sind Oechslewerte von 88,5 Grad (Blauburgunder), 74,4 Grad (Riesling und Silvaner) und 66 Grad (Gutedel) zu verzeichnen.

Rünenberg Kilchberg Zeglingen	1./7./9. Die Gemeinden Kilchberg, Rünenberg und Zeglingen beschliessen an ihren Gemeindeversammlungen mit Wirkung ab 1.7.2000 einen Verwaltungsverbund, dessen Leitung den drei Gemeindepräsidenten obliegt. Die Verwaltungen sollen zusammengelegt werden.
Laufen	2. Die Laufener stimmen einem neuen Parkreglement zu, welches das Langzeitparkieren einschränkt und das Parkplatzangebot für «Stedtli»-Kunden verbessert. Gegen den Willen des Gemeinderates wird an der «Budgetgmeini» der Beitrag von Fr. 58 000.– an die *Stadtbibliothek* auf Fr. 108 000.– erhöht.
Liestal «Hunde-Initiative»	6. Die Initianten für ein «minimales Wegrecht für Hunde in der Reinacherheide» überreichen der Landeskanzlei ein diesbezügliches Volksbegehren mit 1903 Unterschriften.
Bottmingen	7. In Verbindung mit der gegen den Willen des Gemeinderates beschlossenen Steuersenkung von 56% auf 54% wird an der Gemeindeversammlung das vorgelegte Defizitbudget mit 151 zu 58 Stimmen zur Überarbeitung zurückgewiesen.
Duggingen	7. An der Gemeindeversammlung beschliessen die Dugginger mit 23 zu 22 Stimmen, in der neuen Gemeindeordnung für den Gemeindeverwalter die Urnenwahl vorzusehen.
Biel-Benken Oberwil Radroute	9. Die *Bau- und Umweltschutzdirektion* sieht auf Grund des Widerstands der Bevölkerung gegen Baumfällungen zugunsten des geplanten Radweges einen Kompromiss vor, damit das Landschaftsbild im «Löliwald» erhalten bleibe.
Titterten Dorfladen	9. Die Titterter stimmen dem Kauf der Liegenschaft zu, in welcher die Dorfladengenossenschaft das einzige Verkaufsgeschäft innerhalb der Gemeinde betreibt.
Itingen Sporthalle	9. Mit der Bewilligung eines Kredits in der Höhe von Fr. 25 000.– für Kostenberechnungen, Detailpläne und Baugrunduntersuchungen erteilen die Itinger grünes Licht für den Bau einer neuen Sporthalle.
Muttenz *Kunsthaus*	11. Von 360 Bewerberinnen und Bewerbern dürfen 81 Kunstschaffende aus der Region ihre Werke an der «Selektion 1999» ausstellen. Obwohl die Jury diesmal mehrheitlich aus regionalen Sachverständigen zusammengesetzt ist, bleiben die Baselbieter Künstler krass untervertreten.
Liestal Demonstration	11. Rund 1500 Personen demonstrieren im «Stedtli» bei Regenwetter für die Weiterführung der *ADtranz*-Werke in Pratteln und Zürich-Oerlikon. Als prominenteste Rednerin tritt SMUV-*Zentralpräsidentin Christiane Brunner* auf. *Regierungspräsident Fünfschilling* verspricht Unterstützung und mahnt zur Geduld.
Orkan «Franz»	14. Sturmböen verursachen im Baselbiet hohe Sachschäden: abgedeckte Dächer, umgeworfene Gerüste, entwurzelte Bäume. 24 Feuerwehren stehen im Einsatz, vor allem zum Wegräumen von Baumstämmen.
Hemmiken	13. Um den Finanzhaushalt im Gleichgewicht zu halten, streicht die Gemeindeversammlung von Hemmiken die Beiträge für künstliche Besamung beim Vieh und stimmt einer Kadavergebühr zu. Damit wird gleichzeitig die Absicht verfolgt, dem «Kadavertourismus Auswärtiger» ein Ende zu bereiten.

Känerkinden
Mehrzweckhalle
Feuerwehrverbund

14. Die Känerkinder bewilligen an ihrer Gemeindeversammlung mit 30 zu 16 Stimmen einen Kredit von Fr. 30 000.– für eine Projektstudie über den Bau einer Mehrzweckhalle. Sie stimmen dem von der Nachbargemeinde bereits sanktionierten Feuerwehrverbund Buckten–Känerkinden zu.

Lupsingen
«Bärengatter»

14. Die Gemeindeversammlung beauftragt den Gemeinderat, alle rechtlichen Mittel auszuschöpfen, um die von der Schliessung bedrohte Gründeponie «Bärengatter» zu erhalten.

Liestal
Rücktritt

15. *Finanzdirektor Hans Fünfschilling* erklärt seinen Rücktritt aus der Regierung auf Ende Juni 2000.

Ettingen
Deponie «Hinter Schlatt»
Steuerfuss

16. Entgegen dem Antrag des Gemeinderates auf «halbe Zusage» beschliesst die Gemeindeversammlung von Ettingen einstimmig, die vom Kanton geplante Deponie «Hinter Schlatt» mit allen Mitteln zu bekämpfen. Mit 108 zu 93 Stimmen wird auf eine Senkung des Steuerfusses verzichtet.

Aesch Eiswein

17. Erstmals im Baselbiet werden in den Rebbergen der «Aescher Klus» Trauben geerntet, die zu Eiswein verarbeitet werden sollen. Die in gefrorenem Zustand gepressten Beeren ergeben einen fruchtigen Süsswein.

Liestal
BLKB

21. Die BLKB *(Basellandschaftliche Kantonalbank)* erwirbt die *ATAG Asset Management AG* in Basel. Durch diesen Kauf erhöht sich das von der BLKB verwaltete Kundenvermögen von 10 auf 19 Milliarden Franken.

Gelterkinden
Abschied

24. An diesem Freitag fährt der von *Ernst* und *Elisabeth Inniger* geführte«Cheesi-Wagen» zum letzten Mal.

Orkan «Lothar»

26. Der Orkan «Lothar» verursacht zwischen 11 und 14 Uhr riesige Schäden. Er rast über Westeuropa und die Schweiz hinweg und erreicht im Baselbiet Geschwindigkeiten bis zu 145 km/h. Er rasiert ganze Waldteile ab, umgekippte Bäume blockieren Strassen und Eisenbahnlinien, und vielerorts gibt es Stromunterbrüche. Im Baselbiet sind alle Feuerwehren im Einsatz, in Reinach auch der Zivilschutz. Wie durch ein Wunder kommt es in unserem Kanton im Gegensatz zu anderen Landesteilen weder zu Verletzten noch zu Toten. Dafür liegen nach dem Orkan in den beiden Basel rund 130 000 mittlere Bäume am Boden, was dem Doppelten der üblichen Jahresnutzung entspricht. Flächenschäden gab es vorab in den Wäldern des Oberbaselbiets und des Laufentals. Wohl am schlimmsten betroffen sind die Wälder von Brislach und Rothenfluh. Für das Baselbiet wird mit einer Schadensumme bis zu Fr. 20 Mio. gerechnet, wobei Schäden an Industriekomplexen, wo Dächer, Fassaden und Storenkonstruktionen zerstört sind, neben den Baum- und Waldschäden stark ins Gewicht fallen.

Ausserdem ...

...fordern die Kreisschulgemeinden Anwil, Kilchberg, Oltingen, Tecknau, Wenslingen und Zeglingen den Erhalt der Kreisrealschule Wenslingen.

... ist für die BGV *(Basellandschaftliche Gebäudeversicherung)* das Jahr 1999 wegen des Orkans «Lothar» das schlimmste Schadenjahr in ihrer über 160-jährigen Geschichte gewesen.

... hat die in der Medizinaltechnik tätige *Straumann-Gruppe* (Waldenburg) im Jahre 1999 ihren Umsatz um 35 % auf Fr. 149,6 Mio. gesteigert.

... tritt CVP-*Nationalrat Rudolf Imhof* nach 40 Jahren Dienst per Jahrtausendende als Direktor der Bonbon-Fabrik *Ricola AG Laufen* zurück.

31.3.
Bundesrichter Heini Weibel aus Gelterkinden tritt nach 12 Jahren von seinem Amt zurück. Zuletzt wirkte er als Präsident der *Schuldbetreibungs und Konkurskammer.*

1.7.
Als neuer Regierungsrat in der Nachfolge des zurückgetretenen *Eduard Belser* wird *Erich Straumann* (SVP, Wintersingen) angelobt.

Neben 67 wiedergewählten «Bisherigen» werden für die Amtsperiode 1999-2003 insgesamt 23 neue Landräte angelobt. Dies sind:

SP: *Beatrice Fuchs* (Allschwil), *Ruedi Brassel* (Pratteln), *Elsbeth Schmied* (Liestal), *Franz Hilber* (Gelterkinden), *Roland Plattner* (Reigoldswil);

FDP: *Judith Van der Merwe* (Bottmingen), *Anton Fritschi* (Arlesheim), *Juliana Nufer* (Laufen), *Daniela Schneeberger* (Thürnen), *Christine Mangold* (Gelterkinden);

SVP: *Fredy Gerber* (Binningen), *Jörg Krähenbühl* (Reinach), *Helen Wegmüller* (Münchenstein), *Monika Engel* (Laufen), *Hanspeter Wullschleger* (Rümlingen);

CVP: *Esther Gallacchi* (Bottmingen), *Elisabeth Schneider* (Biel-Benken), *Peter Zwick* (Münchenstein), *Hans Jermann* (Laufen);

SD: *Roland Bächtold* (Reinach), *Mirko Meier* (Birsfelden), *Margrit Blatter* (Reigoldswil), *Pascal Wyss*, (Liestal – als Nachfolger für den wiedergewählten, aber per 30.6. zurückgetretenen *Ludwig Mohler*).

2.9.
Liz Rytz (FDP Sissach) wird als Landrätin angelobt. Sie ersetzt den auf Grund seiner Wahl zum BUD-Sekretär zurückgetretenen *Hansruedi Bieri*.

11.11.
Marc Joset (SP Binningen) wird als Landrat angelobt. Er tritt an die Stelle des in den Nationalrat gewählten *Claude Janiak*, der per 31.10. aus dem Landrat zurückgetreten ist.

Der Landrat wählt:

11.2.
... Regina Schaub zur a.o. Präsidentin, Dieter Troxler als a.o. Mitglied der Überweisungsbehörde (für 6 Monate, mit späterer Verlängerung bis 30.6.2000), als Ersatz für den erkrankten *H.R. Kuhn.*

25.3.
... *Beatrice Grieder* zur Vizepräsidentin, *Andreas Faller* zum neuen Mitglied des Strafgerichts.

... *Meinrad Zumwald* zum Vizepräsidenten, *Doris Blattner* zum neuen Mitglied der Überweisungsbehörde.

24.6.
... *Silvan Ulrich* zum a.o. Vizepräsidenten des Versicherungsgerichts (1.7.1999–30.6.2001).

... *Boris Sokoloff* zum Staatsanwalt für den Rest der laufenden Amtsperiode (1.9.1999 bis 31.3.2002).

1.7.
... *Walter Jermann* (CVP, Dittingen) zum Parlamentspräsidenten und *Peter Brunner* (SD, Pfeffingen) zum Vizepräsidenten des Landrats für das kommende Amtsjahr.

... *Hans Fünfschilling* (FDP) zum Regierungspräsidenten und *Andreas Koellreuter* (FDP) zu seinem Stellvertreter.

... *Heinz Aebi* (SP), *Rita Kohlermann* (FDP) und *Matthias Zoller* (CVP) zu Mitgliedern, *Peter Holinger* (SVP) zum Ersatzmitglied des 71-köpfigen «Oberrheinrates».

15.12.
... *Regina Schaub* zur Präsidentin, *Doris Blattner* zur Vizepräsidentin, *Hans Lagger* und *Meinrad Zumwald* zu weiteren Mitgliedern des neuen Verfahrensgerichts, das ab 1.1.2000 seine Tätigkeit aufnehmen soll.

Der Regierungsrat ...

5.1.
... wählt für 2 Jahre geeignete Vertrauenspersonen (7 Frauen, 3 Männer) zur Beratung von Menschen, deren sexuelle Integrität am Arbeitsplatz gefährdet ist.

19.1.
... wählt Oberarzt *Mario Bianchetti* (*Bruderholzspital*) an die neugeschaffene Stelle eines Chefarztes der Inneren Medizin am *Kantonsspital Laufen*.

26.1.
... erlässt eine neue Verordnung über die Investitionshilfen in der Landwirtschaft.

4.2.
... revidiert die Verordnungen über Tierzucht, Viehabsatz und Pflanzenbau.

11.2.
... verabschiedet die neue Verordnung zum Polizeigesetz.

2.3.
... beantragt dem Landrat einen Kredit von Fr. 12 Mio. zur Behebung der gefährlichen Verkehrsverhältnisse in Oberdorf.

... gewährt der *International School of Basel* aus dem *Wirtschaftsförderungsfonds* ein Darlehen von Fr. 1 Mio., rückzahlbar in 20 Jahren.

... fordert von den SBB den Ausbau des «Bahn 2000»-Knotens Liestal, damit nach der Eröffnung der «Adlertunnel»-Strecke der Liestaler Bahnhof nicht zum Engpass werde.

9.3.
... wählt *Regula Meschberger-Weiss*, Birsfelden, als Vorsitzende der beratenden Kommission zum Schutz der sexuellen Integrität am Arbeitsplatz.

23.3.
... hat in den Monaten Januar und Februar 1999 aus dem *Lotteriefonds* Beiträge an 35 Projekte für rund Fr. 1,5 Mio. bewilligt.

30.3.
... verstärkt das Polizeikorps um 40 Personen.

... genehmigt den Bau einer Mensa am *Gymnasium Liestal*.

... widerruft aufgrund des Bundesgerichtsentscheids vom 5.2.1999 zu den Übergangsbestimmungen des Notariatsgesetzes 19 bereits erteilte Notariatsbewilligungen.

... erklärt das 1955 erlassene Verbot von motorrennsportlichen Veranstaltungen für nichtig, da ihm die gesetzliche Grundlage fehlt.

6.4.
... stellt den Flüchtlingen aus dem Kosovo als Soforthilfe einen Betrag von Fr. 100 000.– aus dem *Lotteriefonds* zur Verfügung.

13.4.
... überträgt dem neugewählten SVP-*Regierungsrat Erich Straumann* die *Volkswirtschafts- und Sanitätsdirektion*. Die vier «Bisherigen» behalten ihre Ressorts.

20.4.
... ist der Meinung, dass die Wiedereinführung der Kapitalgewinnbesteuerung bundesweit Platz greifen sollte, und schlägt dem Landrat vor, den Bundesgesetzgeber mittels Standesinitiative zur Ausarbeitung entsprechender Bestimmungen aufzufordern.

27.4.
... ändert die Verordnung über den Zahlungsverzug von Krankenversicherten. Die Fürsorgebehörden sollen nur noch auf begründetes Gesuch hin Prämien von säumigen Zahlern begleichen müssen.

11.5.
... wählt per 1.9.1999 *Prof. Werner Zimmerli* (Ordinarius für Allgemeine Innere Medizin an der *Universität Basel*) zum neuen Chefarzt der *Medizinischen Universitätsklinik Innere Medizin* am *Kantonsspital Liestal*. Er wird Nachfolger des verstorbenen *Prof. Amadeus Rosenmund*.

18.5.
... genehmigt 2 Verordnungen über die Prämienverbilligung in der Krankenversicherung sowie die Verordnung über den Tarif für medizinische Leistungen der kantonalen Krankenanstalten.

25.5.
... regelt in einer neuen Verordnung über den schulärztlichen Dienst die Schulgesundheitsuntersuchungen neu (1. Untersuchung im Kindergartenalter, im 7. Schuljahr Fragebogen).

1.6.
... wählt den Oberwiler *Gemeindepräsidenten Rudolf Mohler* zum neuen Verwalter des *Kantonsspitals Laufen*. Er löst im Laufe dieses Sommers den interimistischen Verwalter *Hans Bider* ab.

... wählt ETH-Architektin *Marie-Theres Caratsch* in der Nachfolge von *Alfred Oppikofer* zur Vorsteherin des Hochbauamts.

8.6.
... vermisst in der Vernehmlassung zum eidgenössischen Landesversorgungsgesetz Grundsätze über den Umfang der Lagerhaltung von Grundnahrungsmitteln.

15.6.
... wählt in den Universitätsrat für die Amtsperiode vom 1.1.2000–31.12.2003 *Jacqueline Guggenbühl* (Allschwil), *Dr. Franz Blankart* (Muri) und *Regierungsrat Peter Schmid*.

22.6.
... beantragt dem Landrat, in einer Schulgesetzänderung ab Schuljahr 2000/01 Beiträge zugunsten von Eltern zu leisten, deren Kinder eine Privatschule besuchen, als Kompensation für den wegfallenden Schulgeldabzug gemäss bundesrechtlicher Steuerharmonisierung.

... wählt die Bankratsmitglieder der *Basellandschaftlichen Kantonalbank* (BLKB) für die Amtsperiode vom 1.7.1999–30.6.2003: *Werner Degen* (Liestal), *Regierungsrat Hans Fünfschilling*, *Paul Hug* (Ziefen) und *Günther Schaub* (Muttenz) und in den Kinderspitalrat der *Universität Basel: Dr. Robert Lejeune* (Pratteln).

29.6.
... hat in den Monaten März bis Mai aus dem *Lotteriefonds* an 40 Projekte insgesamt Fr. 761 530.– bewilligt.

6.7.
... beantragt dem Landrat einen Projektierungskredit von Fr. 1,5 Mio. zur Sanierung der *Psychiatrischen Klinik* in Liestal.

... beantragt dem Landrat, der Volksinitiative der *Jungfreisinnigen* für die Errichtung von «Mittagstischen» an den öffentlichen Schulen der Primar- und Sekundarstufe im neuen Bildungsgesetz Folge zu leisten, sofern Bedarf vorhanden ist.

3.8.
... schickt den Entwurf zu einem kantonalen Spielbankengesetz in die Vernehmlassung, das im Kanton maximal 2 Casinos mit tiefen Einsätzen tolerieren will.

17.8.
... befürwortet im Vernehmlassungsverfahren des EJPD *(Eidgenössisches Justiz- und Polizeidepartement)* ein auf 1 Jahr befristetes Arbeitsverbot für noch nicht erwerbstätige Asylsuchende.

... beantragt dem Landrat, ab Sommer 2000 für 4 Jahre auf der Sekundarstufe I versuchsweise eine Sportklasse zu führen für Spitzentalente im Fussball, Kunstturnen, Schwimmen und Tennis. Sie soll bei einer Stundentafel von maximal 25 Lektionen Raum für ein tägliches Training gewähren.

24.8.
... handelt mit der Aargauer Regierung ein vom Landrat abzusegnendes Spitalabkommen aus, demzufolge als Gegenleistung für die Zulassung der Fricktaler zu den Baselbieter Spitälern Bruderholz, Liestal und Laufen der Baselbieter Bevölkerung im Grundversicherungsbereich die Regionalspitäler Laufenburg und Rheinfelden offen stehen.

... bewilligt gleich der Basler Regierung Fr. 100 000.– aus dem *Lotteriefonds* für die Erdbebenopfer in der Türkei.

31.8.
... erteilt der *Christlichen Bekenntnisschule Liestal* die Bewilligung, ab Schuljahr 2000/01 auch Schüler der Sekundarstufe I zu unterrichten.

7.9.
...bewilligt Fr. 400 000.– für die ausländische Entwicklungszusammenarbeit, verteilt auf 8 verschiedene Institutionen.

14.9.
...verlängert die Interimsverträge mit baselstädtischen Privatspitälern um 1 Jahr.

21.9.
... erteilt der *Bau- und Umweltschutzdirektion* einen Planungsauftrag für den Bau eines neuen Römermuseums in *Augusta Raurica*.

19.10.
... erteilt der SIB *(Swiss School of International Banking and Finance)* in Münchenstein ein zinsfreies Darlehen von Fr. 250 000.– aus dem *Wirtschaftsförderungsfonds*.

26.10.

... legt für die Staatssteuer 2000 den Vergütungszins auf 2,5% und den Verzugszins auf 5% pro Jahr fest (also Erhöhung um je 0,5%)

9.11.
... beantragt dem Landrat, die Vermögensfreibeträge für Heiminsassen bei den alten Ansätzen zu belassen, dafür aber bei der Berechnung ihrer finanziellen Leistungskraft auf die Erhöhung des Steuerwertes nicht mehr selbst bewohnter Liegenschaften zu verzichten.

... gibt seine Vorschläge für die Standorte künftiger Inertstoffdeponien in die Vernehmlassung: «Höli» (Liestal), «Elbis Nord» (Füllinsdorf/Liestal), «Hinterm Schlatt» (Aesch).

16.11.
... bezeichnet in seiner Vernehmlassung zum neuen Finanzausgleich zwischen Bund und Kantonen dessen Konkretisierung als das «innenpolitisch wichtigste Reformvorhaben der Schweiz für das nächste Jahrtausend».

30.11.
... beschliesst, das Schulprojekt des Schulverbandes Surana (GR) und die Sanierung der Schulanlage von Simplon-Dorf (VS) mit je Fr. 300 000.– aus dem *Lotteriefonds* zu unterstützen.

7.12.
... schlägt dem Landrat eine Beschleunigung des Einbürgerungsverfahrens ausländischer Staatsangehöriger vor.

... stellt ein 20-köpfiges «Forum für Integrationsfragen» unter dem Präsidium von *alt Landrat Oskar Stöcklin* (Binningen) zusammen. Des weiteren sollen dem Forum Vertreter ausländischer Bevölkerungsgruppen und verschiedener Organisationen (z.B. KIGA, Fremdenpolizei, Kirchen) angehören.

... schlägt der *ADtranz*-Konzernleitung drei Alternativen zur Schliessung des Werks Pratteln vor: «Komponentenbau» (nur noch Zulieferbetrieb), «Endmontage» (kein eigentlicher Fahrzeugbau mehr) oder «Verkauf» (Übernahme des Betriebs durch einen anderen Rollmaterialhersteller). Bis zum Lösungsentscheid soll die Produktion in Pratteln fortgesetzt werden.

... möchte die steuerliche Benachteiligung von Ehepaaren gegenüber Konkubinatspaaren verringern durch Erhöhung des Teilsplitting-Abzuges von Fr. 16 000.– auf Fr. 20 000.–.

14.12.
... hat in den Monaten Juni bis September für 68 Projekte rund Fr. 1,2 Mio. aus dem *Lotteriefonds* bewilligt.

21.12.
... ernennt *Werner Baumann* zum neuen Rektor des *Gymnasiums Oberwil*.

... beschliesst eine Kostenbeteiligung von 49% an die Hangsanierung in der Gemeinde Buus.

... unterstützt im Vernehmlassungsverfahren das Anliegen, die Rechtsstellung gleichgeschlechtlicher Paare in Form einer «registrierten Partnerschaft mit weitgehend ehegleichen Wirkungen» zu verbessern.

Landratsbeschlüsse

Der Landrat ...

14.1.
... beschliesst einen Investitionsbeitrag von Fr. 33 Mio. an den *Flughafen Basel–Mulhouse*.

... diskutiert 3 dringliche Interpellationen zur fristlosen Entlassung von Chefarzt *Kaiser*.

28.1.
... überweist ein Postulat, zwischen Auffahrt und dem folgenden Sonntag auf Schulunterricht zu verzichten.

... überweist ein Postulat, im Informationsbereich sei ein grösseres Lehrstellenangebot zu schaffen.

11.2.
... bewilligt einen Zusatzkredit von Fr. 18 Mio. für die massive Kostenüberschreitung beim Um- und Neubau des *Kantonsspitals Liestal*.

... beschliesst in 2. Lesung des Fischereigesetzes einen Zusatz, wonach die Fischer bei Gewässerverschmutzungen Schadenersatz fordern dürfen.

... verabschiedet die Änderung des kantonalen Ergänzungsleistungsgesetzes zu AHV und IV.

... genehmigt einen Projektierungskredit von Fr. 11,68 Mio. für Sanierung und Ausbau der

Kaserne Liestal sowie einen Baukredit von Fr. 12,5 Mio. für eine Dreifach-Sporthalle bei der Kaserne.

... genehmigt einen Verpflichtungskredit für den Neubau einer Abwasserreinigungsanlage in Burg. Damit wird Burg als letzte Baselbieter Gemeinde an eine Kläranlage angeschlossen.

4.3.
... heisst eine FDP-Motion gut, welche die Regierung zu dringlichem Einsatz für den «Wisenberg»-Tunnel und zu Druck betreffend der Erfüllung der Lärmschutzvorschriften beim Ausbau der bestehenden Strecke Liestal–Olten verpflichtet.

... überweist eine SP-Motion, die noch ausstehenden Entscheide zum Ausbau des Bahnhofs Liestal beim Bund voranzutreiben.

... lehnt ein Postulat auf Entrichtung von Staatsbeiträgen an Schullager ab.

11.3.
... verabschiedet in 2. Lesung die Einführung der einjährigen Steuerveranlagung mit Gegenwartsbemessung ab Jahr 2001, wobei alle Präzisierungsvorschläge der Finanzkommission für faire Bedingungen beim Systemwechel Annahme finden.

... beschliesst in 2. Lesung eine Teilrevision des Kantonalbankgesetzes. Die BLKB darf fortan auch im Ausland Geschäfte tätigen, soweit dadurch die Befriedigung der Geld- und Kreditbedürfnisse im Kanton nicht beeinträchtigt wird.

... überweist gegen den Willen des Regierungsrats ein SP-Postulat, demzufolge die Justizreform auch auf das verwaltungsinterne Beschwerdeverfahren auszudehnen sei.

... lehnt ein SD-Postulat ab, das Präventivmassnahmen gegen Korruption und Amtsmissbrauch in der Staatsverwaltung anregt.

... lehnt alle acht SD-Vorstösse für eine strengere Einbürgerungspraxis ab.

... lehnt eine Motion zweier FDP-Landrätinnen ab, vom Verkaufserlös der *Kantonalbank*-Zertifikate an das neue *Basler Schauspielhaus* einen separaten Investitionsbeitrag zu leisten.

25.3.
... tritt nach Ablehnung eines SP-Rückweisungsantrags auf die Vorlage zur revidierten Strafprozessordnung ein. Weichenstellungen: Beibehaltung des zweistufigen Verfahrens mit Statthalteramt als Untersuchungs- und Staatsanwaltschaft als Anklageinstanz, Erhöhung der Dreiergerichts- und Einzelrichterkompetenzen, Verfahrensgericht statt Überweisungsbehörde, Anwalt der 1. Stunde für den Angeklagten, hingegen kein Haftrichteramt wie in Basel.

... verabschiedet in 2. Lesung das Gesetz über Arbeitsvermittlung und Arbeitslosenversicherung.

... heisst den Gegenvorschlag der Regierung zur nichtformulierten SD-Initiative «Hilfe für Arbeitslose» gut.

... sieht bei der Änderung des Dekrets über die Wohnbau- und Eigentumsförderung strengere Bedingungen für Staatsbeiträge vor.

15.4.
... heisst in 1. Lesung ein neues Submissionsgesetz für die Vergabe von öffentlichen Aufträgen gut.

... führt die Debatte über die neue Strafprozessordnung in 1. Lesung zu Ende. Alle links-grünen Änderungsanträge gegenüber der Kommissionsvorlage werden verworfen.

... unterstützt Postulate für einen Schnellzugshalt in Dornach–Arlesheim, für Vereinfachung der Baselbieter Gesetzgebung und für Veröffentlichung bundesgerichtlicher «Überprüfungsergebnisse» zu kantonalen Gerichtsurteilen.

29.4.
... bewilligt einen Kredit von Fr. 9,2 Mio. für die Abwassersanierung im Auhafen Muttenz und von Fr. 400 000.– für ein 5-jähriges Pilotprojekt zur Gesundheitsförderung im Vorschulalter.

... diskutiert den Bericht der «Soko» (GPK-Sonderkommission) zur Behebung der Krise am *Kantonsspital Laufen* und nimmt von deren Empfehlungen an die Regierung zustimmend Kenntnis.

... überweist ein CVP-Postulat zur ersatzlosen Abschaffung der Billettsteuer.

... überweist gegen den Willen der Regierung ein CVP-Postulat, das im Zusammenhang mit dem Stabilisierungsprogramm des Bundes vom Kanton eine finanzielle Entlastung der Gemeinden verlangt.

20.5.
... bewilligt für einen 9 m hohen Erdwall im «Mülital» Allschwil einen Bruttokredit von Fr. 5,32 Mio. und verwirft Anträge von SP, SD und *Grünen*, das Resultat der Allschwiler Referendumsabstimmung abzuwarten, mit der Begründung, dass der Kanton verpflichtet sei,

gegen drohende Überschwemmungen Massnahmen zu ergreifen.

... bewilligt mehrere Massnahmen zum Schutz der Römersiedlung *Augusta Raurica*, darunter den Kauf zweier Grundstücke.

... genehmigt erfreut den Jahresbericht der *Basellandschaftlichen Kantonalbank* (BLKB) mit einer Gewinnsteigerung von Fr. 16 Mio. auf Fr. 19 Mio. zugunsten der Staatskasse.

... bewilligt einen Kredit von Fr. 6 Mio. zur Finanzierung der Zusatzkosten für Internet an der Sekundarstufe I, den Berufsschulen und den Gymnasien und erklärt sich einverstanden mit einer flächendeckenden Einführung des Computers an Primarschulen.

... lehnt eine SP-Motion ab, mittels einer Standesinitiative die Position der Wohneigentümer bei der Bundessteuer zu verschlechtern.

3.6.
... stimmt in 2. Lesung dem «Gesetz über das öffentliche Beschaffungswesen» (Submissionsgesetz) zu. Er beharrt auf dem partnerschaftlich erarbeiteten Entwurf und hofft, der *Basler Grosse Rat* werde eine das Baselbieter Gewerbe benachteiligende Änderung der Vergabekriterien rückgängig machen. Gleichzeitig wird der Beitritt zur entsprechenden Interkantonalen Vereinbarung beschlossen.

... verabschiedet in 2. Lesung die revidierte Strafprozessordnung mit 38 zu 19 Stimmen (viele Enthaltungen).

... beschliesst eine befristete Aufstockung verschiedener Gerichte, um den Pendenzenberg abzubauen.

23.6.
... sagt bei zahlreichen Enthaltungen mit 40 zu 19 Stimmen Ja zum «Gesetz über die Gewaltentrennung». Demzufolge sind ausser den Richtern auch alle Mitglieder der kantonalen Verwaltung, die dem direkten Weisungsrecht eines Regierungsrates unterstehen, nicht mehr in den Landrat wählbar. Ein SP-Antrag, auch noch die Aufsichtsräte der BLT, *Fachhochschule* und *Kinderklinik* vom Landrat fernzuhalten, findet knappe Zustimmung.

... beschliesst Erweiterung der *Fachhochschule beider Basel* (FHBB) um die Studiengänge der *Schule für Gestaltung* und die Integration der trinationalen Ingenieurausbildung.

... erhöht in Alters- und Pflegeheimen auf Antrag von FDP/SVP/EVP die Vermögensfreigrenze für Pensionäre von Fr. 50 000.– auf Fr. 100 000.–. Dieser Beschluss stösst in der Folge bei den Gemeinden auf heftige Opposition.

24.6.
... bewilligt einen Nachtragskredit zum Budget 1999 von Fr. 2 Mio., davon Fr. 230 000.– für die Aufstockung der Polizeischule.

... bewilligt Kredite von insgesamt Fr. 21,8 Mio. für Strassenkorrekturen in Oberdorf, Lausen und Seltisberg.

... verabschiedet *Regierungsrat Eduard Belser* nach 12 Jahren Amtstätigkeit.

1.7.
... nimmt nach Anlobung durch den Alterspräsidenten *Alfred Zimmermann* (Schönenbuch) alle für die Legislaturperiode 1999–2003 notwendigen Wahlgeschäfte vor.

2.9.
... eröffnet die neue Legislaturperiode mit einer Besinnung in der Stadtkirche Liestal.

... verlängert die Amtsdauer der Überweisungsbehörde bis zum 30.6.2000, damit sie vor der Auflösung alle Pendenzen erledigen kann.

... überweist eine SP-Motion auf Schaffung eines Konzepts für die familienergänzende Kinderbetreuung.

... überweist eine SP-Motion, durch Änderung des Staatsvertrages mit Solothurn den Laufentaler Primarschülern den prüfungsfreien Übertritt ins Progymnasium zu gewähren, damit ihre Diskriminierung gegenüber den andern Baselbieter Alterskollegen beseitigt wird.

... heisst mit 43 zu 35 Stimmen eine FDP-Motion gut, den Regierungsrat zu verpflichten, für Lehrkräfte an der künftigen Sekundarstufe I eine ihrer Aufgabe entsprechende Ausbildung zu gewährleisten, um ein Absinken der Baselbieter Sekundarschulen auf das Niveau der Basler Orientierungsstufe zu verhindern.

16.9.
... beauftragt den Regierungsrat mit einer dringlichen Motion, sich für gleichlautende Verordnungen zum Beschaffungsgesetz in den beiden Basel zu verwenden.

... bewilligt den Kauf von 2 Liegenschaften an der Hammerstrasse in Liestal für das Kantonslabor samt Planungskredit für deren Sanierung (total Fr. 2,56 Mio.).

... überweist ein CVP-Postulat, die J18 Basel–Delsberg ins erweiterte Nationalstrassennetz oder ins Hauptstrassennetz von überregionaler Bedeutung aufzunehmen.

... überweist gegen den Willen der Baudirektorin ein Postulat, von einer Schliessung der Tramübergänge auf der Linie 11 in Reinach und Münchenstein ganz oder teilweise abzusehen.

... lehnt aus finanziellen Gründen ein CVP-Postulat für ein attraktives Familien-Sonntagsabo knapp ab.

14.10.
... lehnt auf Antrag der Finanzkommission mit 45 zu 29 Stimmen die von der Regierung ausgearbeitete Standesinitiative für eine bundesweite Kapitalgewinnsteuer ab, da eine solche weder ergiebig noch praktikabel sei.

... stockt auf Antrag der Justiz-und Polizeikommission das überlastete Bezirksgericht Liestal auf 160 Stellenprozente auf, was ein zweites Präsidium erfordert.

... lehnt eine Motion der *Grünen* ab, eine Standesinitiative für Besteuerung von Flugtreibstoff zu lancieren.

28.10.
... überweist nach zustimmender Stellungnahme von *Regierungsrat Straumann* mit 39 zu 37 Stimmen eine SP-Motion, den Landratsbeschluss vom 23.6.1999 auf Verdoppelung der Vermögensfreibeträge für Altersheimpensionäre rückgängig zu machen und im Interesse der Gemeinden bei den früheren Ansätzen zu bleiben.

... lehnt eine Motion der *Grünen* ab, gesetzliche Grundlagen für ein generelles Verbot von motorsportlichen Veranstaltungen zu schaffen.

... genehmigt ein als Übergangslösung gedachtes Dekret zum neuen eidgenössischen Scheidungsrecht, wobei ein SP-Antrag gutgeheissen wird, im Dreiergericht müssten in Scheidungsangelegenheiten beide Geschlechter vertreten sein.

... lehnt eine Motion von *Esther Maag* (Liestal) zugunsten eines «Grosskantons Nordwestschweiz» ab. Auf Empfehlung von *Justizdirektor Koellreuter* wird auch auf die Einsetzung einer von SP-Seite empfohlenen Expertenkommission zur Prüfung aller damit verbundenen Fragen verzichtet, da dies von den klar negativ eingestellten Nachbarkantonen Aargau und Solothurn als unfreundlicher Akt empfunden würde.

11.11.
... bewilligt einen Kredit von Fr. 5,3 Mio. für ein neues Fahrgast-Informationssystem in den BLT-Trams.

... überweist ein dringliches Postulat für Staatsbeiträge an Privatschulen mit einem sozial abgestuften Beitragsreglement.

... lehnt eine Motion von SD-*Landrat Steiger* ab, das Hochwasserschutzprojekt Allschwil zu redimensionieren.

... lehnt ein Begehren von etlichen Oberbaselbieter Vertretern ab, am bereits bewilligten Radwegprojekt Gelterkinden–Rickenbach Korrekturen vorzunehmen.

25.11.
... appelliert in einer einstimmig gefassten Resolution an die Konzernleitung der *ADtranz*, auf den Schliessungsentscheid zurückzukommen, unterstützt den Kampf der Belegschaft, erwartet von den SBB eine Einflussnahme auf das Unternehmen und unterstützt den Regierungsrat in seinen Anstrengungen, die Zukunft der *ADtranz-Werke Schweiz* zu sichern.

... überweist im Zusammenhang mit der *ADtranz*-Krise drei Postulate: kantonales Krisendispositiv (FDP), aktivere Industriepolitik des Kantons (SP), ständiger Wirtschaftsausschuss (CVP).

... bewilligt einen Vorprojektkredit von Fr. 1,43 Mio. zur Sanierung des ursprünglichen Gebäudes der *Kantonalen Psychiatrischen Dienste* (KPD) Liestal.

15./16.12.
... beschliesst einheitliches Rentenalter 64 für weibliche und männliche Staatsangestellte. Ferner sei allen Staatsangestellten eine Vorpension (mit Einbussen) ab 60 Jahren zu ermöglichen.

... stimmt dem Budget 2000 mit einem Fehlbetrag von Fr. 25,5 Mio. in der laufenden Rechnung zu.

... folgt dem Antrag der Erziehungskommission, als Kompensation für den in Zukunft gestrichenen Steuerabzug allen Eltern, die ein Kind in eine Privatschule schicken, eine jährliche Kopfprämie von Fr. 2000.– zu gewähren.

... stimmt dem Kompromissvorschlag der Regierung betreffend Vermögensfreibeträgen der Altersheimpensionäre zu: keine Anhebung nach oben, dafür Verzicht auf Erhöhung des Steuerwerts von nicht selbst bewohnten Liegenschaften. Diese «Beibehaltung der alten Lösung» in beiden Bereichen ist als Übergangslösung bis zum Erlass eines neuen Alters- und Pflegeheimgesetzes gedacht.

... lehnt auf Empfehlung von *Regierungsrätin Schneider* einen von der Finanzkommission befürworteten Projektierungskredit für eine J18-Umfahrung Laufen/Zwingen ab.

... bewilligt einen Teilkredit von Fr. 2,45 Mio. für das kulturelle Grossprojekt «Basel 2001».

... bewilligt einen Beitrag von Fr. 50 000.– an die Beratungsstelle des Basler *Frauenhauses*.

Wahlen

21.3.
Bei den Baselbieter Regierungsratswahlen erobert *Erich Straumann* (SVP, Wintersingen) den Sitz des demissionierenden *Eduard Belser* (SP). *Andres Klein* (SP, Gelterkinden) übertrifft zwar das absolute Mehr gleichfalls, scheidet aber als Überzähliger aus. Die bisherigen Regierungsratsmitglieder werden alle bestätigt.

Resultate:	Stimmen
Hans Fünfschilling (FDP)	33 780
Elsbeth Schneider (CVP)	33 647
Andreas Koellreuter (FDP)	31 743
Peter Schmid (SP)	28 051
Erich Straumann (SVP)	26 033

Nicht gewählt werden:	
Andres Klein (SP)	24 001
Peter Brunner (SD)	7 600
Brigitte Müller (SD)	3 811
Andere (total)	7 613

Wahlbeteiligung: 32,42%
Absolutes Mehr: 19 628 Stimmen

Bei den Landratswahlen gewinnen SVP, SD und SP Mandate, während FDP, CVP, EVP und das *Grüne Bündnis* Verluste erleiden. Die SP löst die FDP als stärkste Kraft ab. Die Zahl der Frauen steigt von 21 auf 29, wobei nun jeder Wahlkreis mindestens eine Landrätin stellt.

Sitzverteilung Landrat (1999–2003):	
SP	25 Sitze (+1)
FDP	22 Sitze (–3)
SVP	14 Sitze (+3)
CVP	12 Sitze (–1)
SD	9 Sitze (+2)
Grünes Bündnis	5 Sitze (–1)
EVP	3 Sitze (–1)

Der 90-köpfige Landrat erhält 22 neue Gesichter. 5 der 74 zur Wiederwahl angetretenen «Bisherigen» werden nicht mehr bestätigt. Im Wahlkreis Sissach tritt *Daniela Schneeberger* an die Stelle ihres demissionierenden Vaters.
Wahlbeteiligung: 31,33 %

24.10.
Bei den Nationalratswahlen erzielen die im Baselbiet konkurrierenden Listen die folgenden Parteistimmenzahlen:

Liste 2	SP	117 978	(2 Sitze)
Liste 1	FDP	111 517	(2 Sitze)
Liste 3	SVP	91 099	(1 Sitz)
Liste 5	CVP	60 529	(1 Sitz)
Liste 9	SD	51 014	–
Liste 7	FGL	46 719	(1 Sitz)
Liste 4	EVP	12 233	–
Liste 21	SÄLB	11 710	–
Liste 13	FPS	1 558	–
Liste 20	MIR 21	1 118	–

Wahlbeteiligung: 41,79 %

Gewählt sind:
Hans Rudolf Gysin (FDP), Pratteln
(bisher) 26 740 Stimmen
Claude Janiak (SP), Binningen
(neu) 23 972 Stimmen
Caspar Baader (SVP), Gelterkinden
(bisher) 23 699 Stimmen
Susanne Leutenegger (SP), Muttenz
(neu) 20 022 Stimmen
Ruth Gonseth (FGL), Liestal
(bisher) 18 317 Stimmen
Rudolf Imhof (CVP), Laufen
(bisher) 17 256 Stimmen
Paul Kurrus (FDP), Reinach
(neu) 15 746 Stimmen

Nicht mehr gewählt ist der bisherige *Nationalrat Rudolf Keller* (SD), obwohl er seine Stimmenzahl (17 945) gegenüber 1995 um 1618 Stimmen zu steigern vermochte. Dank der diesmaligen Geschlossenheit der FDP und dem starken Stimmenzuwachs der SVP fällt der bürgerlichen Listenverbindung FDP/SVP/CVP schon bei der ersten Verteilung ein 4. Mandat zu, von welchem bei der internen Verteilung die FDP profitiert, die damit den vor 4 Jahren verlorenen 2. Sitz zurückgewinnt. Das linke Lager (SP, FGL, «sälbverständlich») vermag bei der 2. Verteilung dank der Listenverbindung seine bisherigen 3 Sitze zu behaupten, wobei die beiden neu gewählten SP-Nationalräte an die Stelle der nicht mehr kandidierenden *Theo Meyer* und *Angeline Fankhauser* treten.

24.10.
Die Ständeratswahl endet im 1. Wahlgang resultatslos.

Es erhalten Stimmen:

Hans Fünfschilling (FDP)	28 315
Claude Janiak (SP)	21 857
Rudolf Keller (SD)	5 908
Ruth Gonseth (FGL)	5 889
Manfred Reist (MIR)	67
Andere (total)	2 985

Absolutes Mehr: 35 511
Wahlbeteiligung: 39,05%

28.10.
Im 2. Wahlgang der Ständeratswahl siegt von den beiden im Rennen verbliebenen Kandidaten *Regierungsrat Hans Fünfschilling* (FDP, Binningen) knapp vor *Nationalrat Claude Janiak* (SP, Binningen).

Stimmenzahlen:

Hans Fünfschilling (FDP)	29 486
Claude Janiak (SP)	28 816
Andere (total)	402

Wahlbeteiligung: 34,08%

Abstimmungen

7.2.
Resultat zur kantonalen Vorlage:

Amtszeitbeschränkung für Gemeindebehörden
60 305 Ja 8 510 Nein
Stimmbeteiligung: 40,43%

Kantonale Resultate zu den eidgenössischen Vorlagen:

Änderung der Voraussetzungen für die Wählbarkeit in den Bundesrat
56 382 Ja 14 876 Nein
Stimmbeteiligung: 41,48%

Verfassungsbestimmung über die Transplantationsmedizin
62 267 Ja 8 634 Nein
Stimmbeteiligung: 41,51%

Volksinitiative «Wohneigentum für alle»
32 368 Ja 39 945 Nein
Stimmbeteiligung: 41,82%

Gesetz über die Raumplanung
34 640 Ja 35 773 Nein
Stimmbeteiligung: 41,47%
(gesamtschweizerisch mit 55,9% Ja-Stimmen angenommen)

18.4.
Kantonales Resultat zur eidgenössischen Vorlage:

Neue Bundesverfassung
36 998 Ja 19 087 Nein
Stimmbeteiligung: 32,44%

13.6.
Resultate zu den kantonalen Vorlagen:

Investitionsbeitrag an den binationalen *Flughafen Basel-Mulhouse*
50 045 Ja 31 311 Nein
Stimmbeteiligung: 47,76%

Fischereigesetz
64 688 Ja 9 863 Nein
Stimmbeteiligung: 46,85%

Änderung des Gesetzes betreffend Ergänzungsleistungen zu AHV und IV
59 534 Ja 16 433 Nein
Stimmbeteiligung: 46,96%

Änderung des Kantonalbankgesetzes
62 817 Ja 11 208 Nein
Stimmbeteiligung: 46,65%

Einführung der einjährigen Steuerveranlagungsperiode
52 679 Ja 28 135 Nein
Stimmbeteiligung: 47,57%

Kantonale Resultate zu den eidgenössischen Vorlagen :

Asylgesetz
62 269 Ja 20 052 Nein
Stimmbeteiligung: 48,41%

Dringliche Massnahmen im Asyl-und Ausländerbereich
62 485 Ja 19 714 Nein
Stimmbeteiligung: 48,42%

Ärztliche Verschreibung von Heroin
53 912 Ja 29 122 Nein
Stimmbeteiligung: 48,51%

Revision des Invalidenversicherungsgesetzes (Abschaffung der Viertelsrente)
26 511 Ja 55 205 Nein
Stimmbeteiligung: 48,40%

Mutterschaftsversicherung
29 149 Ja 55 309 Nein
Stimmbeteiligung: 48,84%

26.9.
Resultate zu den kantonalen Vorlagen:

Gesetz über Arbeitsvermittlung und Arbeitslosenversicherung
28 505 Ja 2 596 Nein
Stimmbeteiligung: 18,50%

Gesetz über das öffentliche Beschaffungswesen
26 502 Ja 4 339 Nein
Stimmbeteiligung: 18,52%

Beitritt zur interkantonalen Vereinbarung über das öffentliche Beschaffungswesen
26 327 Ja 4 342 Nein
Stimmbeteiligung: 18,48%

Revision des Gesetzes betreffend die Strafprozessordnung (StPO)
26 969 Ja 3 460 Nein
Stimmbeteiligung: 18,47%

Änderung der Kantonsverfassung im Zusammenhang mit der neuen StPO
26 668 Ja 3 565 Nein
Stimmbeteiligung: 18,42%

Gesetz über die Gewaltentrennung
27 076 Ja 3 647 Nein
Stimmbeteiligung: 18,48%

Jubilarinnen und Jubilare

8.1.
Willy und *Päuli Blum-Schreiber*, Muttenz, feiern eiserne Hochzeit.

10.1.
Hans-Joachim und *Ruth Rapp-Moppert*, Muttenz, feiern diamantene Hochzeit.

15.1.
Lina Wälti-Roth, Therwil, feiert im Alters- und Pflegeheim «Blumenrain», Therwil, ihren 100. Geburtstag.

6.2.
Helene und Bruno Serena-Frey, Birsfelden, feiern diamantene Hochzeit.

18.2.
Elsa und *Gottlieb Felber-Berger*, Binningen, feiern diamantene Hochzeit.

24.2.
Margrit und *Robert Greiner-Breitmaier*, Allschwil, feiern diamantene Hochzeit.

17.3.
Franz und *Martha Wyss-Loosli*, Muttenz, feiern diamantene Hochzeit.

8.4.
Emma Mösch-Pflüger, Münchenstein, feiert im Alters- und Pflegeheim «Hofmatt», Münchenstein, ihren 100. Geburtstag.

8.4.
Jakob und *Bertha Fehr-Degen*, Liestal, feiern diamantene Hochzeit.

9.4.
Martha Heyer-Seiler, Biel-Benken, feiert ihren 101. Geburtstag.

10.4.
Emil Eglin-Meister, Sissach, feiert im Alters heim «Mülimatt», Sissach, seinen 100. Geburtstag.

11.4.
Margrit und *Emil Sandmeier-Boll*, Münchenstein, feiern diamantene Hochzeit.

14.4.
Anna und *Daniel Jenni-Rittmann*, Langenbruck (Hof «Dellen»), feiern eiserne Hochzeit.

18.4.
Alois und *Aline Sidler* , Birsfelden, feiern diamantene Hochzeit.

29.4.
Jules und *Emma Baumann-Mohler*, Adliswil (früher Tecknau), feiern diamantene Hochzeit.

1.5.
In Laufen feiert «dr Schorsch vom Haafebeggi Zwai» seinen 66. Geburtstag.

12.5.
Emma Thommen-Rudin, «Birmann»-Spital Liestal (vormals Lampenberg), feiert ihren 100. Geburtstag.

15.5.
Leo und *Luise Cueni-Jeisy*, Blauen, feiern diamantene Hochzeit.

30.5.
Walter Zehntner, Gelterkinden, feiert im Altersheim «Ergolz», Ormalingen, seinen 100. Geburtstag.

12.6.
Martha Roth-Gruber, Reigoldswil, feiert in ihrem vertrauten Eigenheim «Bad» ihren 100. Geburtstag.

13.6.
Frieda Bürgin, Zunzgen, feiert im Alters- und Pflegeheim «Mülimatt», Sissach, ihren 100. Geburtstag.

15.6.
Marie und *Walter Schmidt-Messer*, Sissach, feiern diamantene Hochzeit.

24.6.
Max und *Olga Schwob-Imhof*, Füllinsdorf, feiern diamantene Hochzeit,

2.7.
Sophie Rutschmann-Buess, Sissach, feiert im Alters- und Pflegeheim «Mülimatt», Sissach, ihren 100. Geburtstag.

6.7.
Anna Schaffner-Grass, Therwil, feiert ihren 102. Geburtstag.

7.7.
Ferdinand und *Frieda Mohler-Harr*, Arisdorf, feiern diamantene Hochzeit.

18.7.
Rosa Wolfgang-Steffen, Frenkendorf, feiert ihren 100. Geburtstag.

23.7.
Rosa und *Walter Vollenweider-Capacci*, Lausen, feiern eiserne Hochzeit.

18.8.
Paul und *Emma Stohler-Schneider*, Pratteln, feiern diamantene Hochzeit.

31.8.
Emil und *Olga Wiesner*, Muttenz, feiern eiserne Hochzeit.

26.9.
August und *Gertrud Schweizer-Sager*, Muttenz, feiern diamantene Hochzeit.

30.9.
Alfred und *Emma Schweizer-Schwald*, Pratteln, feiern diamantene Hochzeit.

3.10.
Roland Straumann-Beck, Waldenburg (Landarzt, Unternehmer, Politiker), feiert im *Kantonsspital Liestal* seinen 100. Geburtstag.

5.10.
Fritz und *Elisabeth Stingelin-Mehlin*, Pratteln, feiern diamantene Hochzeit.

20.10.
Fritz und *Emma Meyer-Meyer*, Muttenz, feiern eiserne Hochzeit.

23.10.
Anna-Marie und *Ernst Zimmermann-Baumgartner*, Thürnen, feiern diamantene Hochzeit.

27.10.
Walter und *Rosa Kobi-Tschudin*, Muttenz, feiern diamantene Hochzeit.

28.10.
Max und *Olga Spinnler-Zumbrunn*, Frenkendorf, feiern diamantene Hochzeit.

4.11.
Karl und *Alice Winkler*, Eptingen, feiern diamantene Hochzeit.

9.11.
Josef und *Maria Clara Balmer-Lüthi*, Muttenz, feiern diamantene Hochzeit.

5.12.
Emil und *Clara Schwob-Pierrehumbert*, Pratteln, feiern eiserne Hochzeit.

6.12.
Hélène Fraefel-Biehly, Sissach, feiert ihren 102. Geburtstag.

7.12.
Louise Römer-Gisler, «Jakobshaus» Thürnen (vorher Sissach), feiert ihren 102. Geburtstag.

31.12.
Emma Wüthrich, Sissach (vormals Hof «Limberg») feiert im Alters- und Pflegeheim «Mülimatt», Sissach, ihren 100. Geburtstag.

4.1.
Georges Hueber-Saner (geb. 1945), Zwingen, Chemiker, CVP-Gemeinderat, Gemeindepräsident (1983–1990).

16.1.
Thomas Urs Müller (geb. 1972), Reinach, Präsident der Sektion beider Basel des *Schweizerischen Fourierverbandes*.

21.1.
Fritz Dettwiler-Hölzle (geb. 1911), Liestal, Steuerkommissär, Verwalter des Kirchen- und Schulgutes, Personalchef der Staatsverwaltung, Sekretär der *Finanz- und Kirchendirektion* (1951–1963), FDP-Gemeinderat, vollamtlicher Stadtpräsident (1963–1975).

30.1.
Walter Bisang-Nägelin (geb. 1908), Lausen, Gründer der *Bila AG* (Hemdenfabrik).

11.2.
Helene Bossert (geb. 1907), Thürnen, Mundartdichterin (träfe Lyrik und bildhafte Kurzgeschichten), vom Regierungsrat 1987 mit dem Literaturpreis ausgezeichnet.

18.2.
Paul Studer-Hügli (geb. 1923), Brislach, Meister in den schweizerischen *Isola*-Werken, Garagist, Schützenkönig am «Eidgenössischen Feldschiessen» 1965.

7.3.
Jörg Buser-Flückiger (geb. 1943), Tenniken, ehemaliger Rektor an der Kreisrealschule Bützenen, Sissach, Präsident der *Männerriege* und Ehrenmitglied des *Turnvereins Zunzgen*.

8.3.
Arthur Felix Müller (geb. 1929), ehemaliger Gemeindeverwalter von Läufelfingen.

12.3.
Ernst Stöcklin-Müller (geb. 1918), Burg, Gründer und Seniorchef der *Stöcklin Küchenmöbel AG*, Aesch.

20.3.
René Stubenvoll-Zollinger, «Bartli» (geb. 1930), Allschwil, Experte in der Haltung exotischer Tiere und Mitbegründer des *Verbandes Zoologischer Fachgeschäfte der Schweiz*, Inhaber des «Exotariums Stubenvoll».

28.3.
Werner Herzig-Oppliger (geb. 1936), Oberdorf, Mechaniker, Werkzeugmacher, Lokführer bei der *Lötschbergbahn*, Weiterbildung zum dipl. Wirtschaftsingenieur, Depotchef, Technischer Leiter und Betriebschef bei verschiedenen städtischen Verkehrsbetrieben, Direktor der *Waldenburgerbahn AG* (1988–1997).

29.3.
Oswald Salathé-Schäfer (geb. 1906), Seltisberg, Zeughauswart in Liestal, Gemeinderat und Gemeindepräsident (1942–1950, 1957 bis 1967).

31.3.
Dominique Benone-Bondi (geb. 1926), Geschäftspartner der *Imtech AG*, Muttenz, Verwaltungsrat und Mitgründer der Firma *Glatt Maschinen-und Apparatebau AG*, Pratteln, Firmengründer und langjähriger Leiter der *Benone AG*, Muttenz.

25.4.
Rösli Weisshaupt-Mumenthaler (geb. 1928), Hölstein, ehemalige Oberschwester.

30.4.
Adolf Stöcklin-Kron (geb. 1910), Oberwil, Sektionschef (1940–1972), Bürgerrat (1937 bis 1953), Gemeinderat (1938–1975), Gemeindepräsident (1963–1975).

1.5.
Heini Moser-Egli (geb. 1940, tödlicher Absturz), Langenbruck, Schweizer Meister in der Nordischen Kombination (Langlauf/Skisprung) 1969, Deltaflug-Pionier mit mehreren Distanzrekorden, wiederholt Schweizer Interclubmeister, Europa-Seniorenmeister.

14.5.
Felix Iten-Schaffner (geb. 1927), Anwil, ehemaliger Primarlehrer, Einwohnerkassier seit 20 Jahren.

25.5.
Maurus Imark-Brodbeck (geb. 1934), Laufen, 17 Jahre Spitalverwalter am *Kantonsspital Laufen*.

26.5.
Paul Sacher-Stehlin (geb. 1906), Ehrenbürger von Frenkendorf, Gründer und Dirigent des *Basler Kammerorchesters*, Gründer und Leiter der *Schola Cantorum Basiliensis*, Direktor der *Musik-Akademie der Stadt Basel*, grosser

Kunst- und Kulturmäzen (Auftraggeber von über 200 musikalischen Werken), während vieler Jahre Oberhaupt des Pharmaunternehmens *Hoffmann-La Roche AG*, Gründer und Präsident der *Paul Sacher-Stiftung* bis zu seinem Tod.

27.5.
Max Alt-Glaser (geb. 1912), Binningen, ehemaliger Geschäftsführer der *Backstein AG*, Oberwil, Obmann, Tambourmajor und langjähriger Pfeifer der *«Lälli-Clique Alti Gaarde»*.

12.6.
René Wild (geb. 1954), Allschwil, Bezirksrichter, Einwohnerrat, Vizepräsident des *KV Basel*, Kantonalsekretär der CVP Baselland (1982 bis 1994).

23.6.
Dr. Hans Gürtler-Meyer (geb. 1914), Seltisberg, langjähriger Verwaltungsratspräsident der *Brauerei Ziegelhof*, Liestal.

25.6.
Siegfried Näscher-Roth (geb. 1920), Lausen, Gärtnermeister der *Strafanstalt Liestal* (1957–1965), Leiter der *Zentralstelle für Gemüsebau* (1965–1985), Lehrer für Gartenbau an der *Landwirtschaftlichen Schule Ebenrain*, Sissach.

5.7.
Hans Bando-Karrer (geb. 1937), Röschenz, Schlosserei-Chef der *Meier+Jäggi AG*, Zofingen, Pionier der ersten Stunde in den Sparten Rohrvortrieb und Spezialtiefbau.

13.7.
Pius Steiner-Steiner (geb. 1925), Liesberg, Dorfmetzger.

15.7.
Hans Handschin-Hofer (geb. 1918), Zunzgen, Staatsweibel, Handelsregisterführer, Sekretär der *Volkswirtschafts- und Sanitätsdirektion*, Major und Quartiermeister im Rgt. 22, OK-Chef bei den «Nordwestschweizerischen Militärskiwettkämpfen», Stiftungsratspräsident des *Regionalen Alters- und Pflegeheims Sissach*, Ehrenmitglied verschiedener Schützengesellschaften und bei der *Vereinigung der Baselbieter Sportjournalisten*.

19.7.
Oberst Walter Höhn (geb. 1904), Liestal, Bauingenieur, Berufsoffizier, Kommandant der Rekrutenschulen St. Gallen und Liestal, stellvertretender Waffenchef der Infanterie.

23.7.
Paul Horisberger-Arni (geb. 1918), Sissach, dipl. Maschinen- und Elektroingenieur, technischer Direktor der *Sixmadun AG*, Sissach, (1950–1983).

1.8.
Fritz Hirt-Gerber (geb. 1915), Muttenz, ehemaliger Direktor des Bauunternehmens *Huber/Straub AG*.

2.8.
Hans Heinis-Müller (geb. 1929), Binningen, Verwaltungsratspräsident der *Hans Heinis AG*, Bestattungen, Basel.

2.8.
Frank Siegfried-Cron (geb. 1925), Reinach, ehemaliger Dozent an der *Fachhochschule beider Basel* (FHBB).

4.8.
Fritz Stocker-Lindegger (geb. 1917), während 40 Jahren Betriebsleiter in der *Holzbau AG*, Muttenz.

23.8.
Josef Anklin-Borer (geb. 1914), Arlesheim, Gründer der Firma *J. Anklin AG*, Binningen.

23.8.
Ernst Bürgin-Gehrig (geb. 1932), Eptingen, langjähriger Gemeindekassier, Zivilstandsbeamter und Gemeindeverwalter.

23.8.
Paul Zeller-Wüthrich (geb. 1947, Arbeitsunfall), Diegten, ehemaliger Präsident der *Landwirtschaftlichen Lehrmeistervereinigung beider Basel*.

10.9.
Rudolf Bossert-Gut (geb. 1936), Zunzgen, Ehrenmitglied des *Bezirksturnverbandes Sissach* und des *Nationalturnverbandes Baselland*, Gründungsmitglied der «Büchelgrübler» und der «Alten Garde» Zunzgen.

14.9.
Frieda Krattiger-Bieri (geb. 1914), Liestal, Ehrenpräsidentin und Veteranin des *Frauenchors Liestal*.

18.9.
Niklaus Herzog-Lang (geb. 1961), Reinach, Bürgerrat, Verwaltungsratspräsident der *Raiffeisenbank Reinach*, Präsident *der Energiefachleute beider Basel*, Gründer der Firma *Herzog+Lee AG*.

18.9.
Willy Holinger-Müller (geb. 1921), Liestal, Schlosser- und Sanitärmeister, Seniorchef der *Willy Holinger AG*, Vorstandsmitglied des *Haustechnik-Verbandes Basel-Landschaft und Region*, 15 Jahre lang Mitglied der Gemeindekommission.

18.9.
Toni Salathe-Torelli (geb. 1945), Muttenz, Verwaltungsratsmitglied der *Salathe AG*, Muttenz (Schreinerei), und Vorstandsmitglied des *Schreinermeister-Verbandes Baselland*.

29.9.
Oskar Ehrsam-Meier (geb. 1915), Liestal, Pionier der Hilfsschulen, Vorsteher der *Berufsschule für Detailhandel*, Einwohnerrat, Gründungsmitglied und ehemaliger Präsident des *Gemeinnützigen Vereins für Alterswohnungen* Liestal, Chorleiter und 64 Jahre lang Organist.

2.10.
Fanny Schär-Breitenstein (geb. 1913), Reigoldswil, ehemalige Präsidentin des *Frauenchors Buus*.

10.10.
Hans Dieffenbach-Salathé (geb.1918), Liestal, Adjunkt der Zeughausverwaltung, Zentralkassier und Präsident des *Verbandes Schweizer Sportjournalisten* (1967–1976).

17.10.
Walter Peter Vogt-Wirth (geb. 1920), Sissach, Pfarrer in Rümlingen, Lausen, Sissach und Rothenfluh, Kirchenratspräsident(1966–1985).

22.10.
Max Schmid-Vogel (geb. 1913), Pratteln, Werkmeister in der VSK-*Betriebswerkstatt Pratteln*, Schulpflegepräsident, Initiant der *Jugendmusikschule Pratteln*, SP-Gemeinderat (1956–1971).

22.10.
Ulrich Göldi-Bicker (geb. 1906), Birsfelden, als Gemeinderat (1963–1975) Vorsteher des Schulwesens während der Zeit des starken Bevölkerungswachstums.

3.11.
Jürg Friedli (geb. 1945), Gelterkinden, einer der erfolgreichsten Baselbieter Pferdesportler, Silbermedaillengewinner an den Europa-Meisterschaften in München, Gewinner des «Baselbieter Sportpreises» 1994.

3.11.
Hans Itin (geb. 1931), Ehrenbürger von Läufelfingen, Lehrer (43 Jahre), Rektor (30 Jahre), Gemeinderat (11 Jahre), Gemeindepräsident (1992–1995), Friedensrichter (20 Jahre), Präsident des *Verkehrsvereins* (30 Jahre).

24.11.
Dr.med. Roland Straumann-Beck (geb. 1899), Ehrenbürger von Waldenburg, Landarzt, Verwaltungsratspräsident der *Revue Thommen AG* (1944–1993), der *Waldenburgerbahn AG* (1952–1980), Gemeindepräsident (1935 bis 1942), Landrat während 5 Perioden, Landratspräsident 1951/52.

26.11.
Stefan Hasenböhler-Gutzwiller (geb. 1911), Therwil, Tapezierer, Dekorateur, Flachmaler, Kulissenmaler, Landschafts- und Stillebenmaler, Schöpfer von Stimmungsbildern aus allen Jahreszeiten.

19.12.
Samuel Schweizer-Minder (geb. 1943), Titterten, 13 Jahre lang Heimleiter des Alters- und Pflegeheims «Moosmatt», Reigoldswil, Friedensrichter.

20.12.
Georg Schwörer-Guyer (geb. 1925), Füllinsdorf, dipl. Architekt ETH, Experte für Ortsplanungen, Kantonsplaner, Zivilschutz-Ortschef.

Preise und Ehrungen

Februar:
Der Birsfelder *Urban Spirig* gewinnt in einem Wettbewerb auf dem Puschkin-Platz in Moskau vom *Kulturministerium* für seine Eisskulptur «Innenleben» den «Originalitätspreis», mit dem er sich die Russlandreise finanzieren kann.

März:
Der «Allschwiler Kulturpreis 1998» geht an *Hans Hinz*, Pionier der Farbfotografie, und den Bildhauer *Peter Moilliet*.

Urs Mangold, Rünenberg, erhält den «Goldenen Violinschlüssel 1999» für seine Verdienste als Leiter der *Oberbaselbieter Ländlerkapelle* und der *Sissecher Holzmusig* sowie als Komponist von über 100 Volksmusikstücken.

Reinach verleiht den «Kulturpreis 1999» dem 10-köpfigen Ensemble der *Jugendmusikschule Reinach* für ihre weit über die Landesgrenzen bekannten Konzertauftritte und den «Sozialpreis 1999» *Susi Gaillard* für den langjährigen Einsatz zugunsten brustoperierter Frauen.

Am «Automobilsalon» in Genf wird der Liestaler *Werner Rohrbach* als «Ritter der Strasse» mit Medaille und Urkunde ausgezeichnet, weil er unter Gefährdung seines eigenen Lebens einen Bewusstlosen aus einem brennenden Auto gerettet hat.

April:
Der Böcktener Gymnasiast *Stefan Saladin* erhält am Wettbewerbsfinal in Lenzburg von der *Stiftung «Schweizer Jugend forscht»* für seinen microcontrollergesteuerten Roboter mit Kartennavigation einen der drei Hauptpreise von Fr. 2500.–. Im Herbst verleiht ihm eine Internationale Jury in Thessaloniki (Griechenland) am «EU-Contest for Young Scientists» zudem den «Alumni-Preis» für die originellste Arbeit und die beste Präsentation.

Juni:
Der «Chirsipfäffer»-Preis der *UBS Liestal* in der Höhe von Fr. 3500.– geht dieses Jahr an den Holzunternehmer *Samuel Jenni*, Diegten, für sein Projekt «Die maschinelle und nahezu automatische Aufbereitung von Brennholz zu Stückholz mit einem selbst entwickelten kombinierten Fahrzeug».

An der Schweizerischen Erfinderschau in Aarau gewinnt der Wenslinger Bienenzüchter *Hans Buess* mit seiner «Honigfalle», die mit einem geeigneten Duftstoff die gefährliche Varroa-Milbe auf Leim lockt, eine Goldmedaille.

August:
Der Baselbieter *Regierungsrat* vergibt den «Kulturpreis 1999» von Fr. 100 000.– an *Cornelia Sommaruga*, scheidende Präsidentin des IKRK *(Internationales Komitee des Roten Kreuzes)*. Sie lässt das Preisgeld vollumfänglich dem *Roten Kreuz* zukommen. «Spartenpreise» von je Fr. 15 000.– gehen an den Videokünstler *Renatus Zürcher*, den Violinisten *Volker Biesenbender* und den Komponisten und Dirigenten *Jost Meier*. Der mit Fr. 10 000.– dotierte «Förderpreis» wird dem Künstlerduo *Mauricio Dias* und *Walter Riedweg* verliehen.

An der «SUN 21» in der *Messe Basel* erhält *Gemeindepräsident Peter Meschberger* für Birsfelden das Label «Energiestadt» ausgehändigt, als Auszeichnung für eine vorbildliche kommunale Umwelt- und Energiepolitik.

September:
Der Sissacher *Gemeindepräsident Ruedi Schaffner* zeichnet *Peter Beugger*, den Leiter der technischen Dienste des Alters- und Pflegeheims «Mülimatt», Sissach, mit dem «1. Sissacher Energiepreis» aus.

Der Bürgerrat Allschwil ernennt den langjährigen Sekundarlehrer, Gemeinderat und Lokalhistoriker *Leo Zehnder* zum Ehrenbürger.

Die erstmalige Auszeichnung «Sportliche Schule im Baselbiet» mit Fr. 4000.– und einer Bronzetafel geht an die Landschule «Röserental» in Liestal, als Anerkennung deren aussergewöhnlichen Engagements für den Sport inner- und ausserhalb des Unterrichts.

Oktober:
Den diesjährigen Preis der «Kantonalbank-Jubiläumsstiftung» von Fr. 45 000.– teilen sich die *Theatergruppe «Rattenfänger»* aus Muttenz, die Schauspielerin und Regisseurin *Christine Stöcklin*, Diegten, und *Urs Grütter*, Hauptaktionär der *Stöcklin Logistik AG* in Aesch. Die Honorierung erfolgt auf Grund grosser Verdienste um den Kanton Baselland in kultureller oder wirtschaftlicher Hinsicht.

Die Gemeinde Oltingen erhält den «Heimatschutzpreis 1999» – einen Video-Film – für ihre Leistungen betreffend Erhaltung und Pflege ihres aussergewöhnlich abwechslungsreichen Strassenraumes. Preisverleiher ist der *Verein Baselbieter Heimatschutz*.

Im «Schloss Ebenrain» in Sissach wird der mit Fr. 20 000.– dotierte Chancengleichheitspreis beider Basel «Das heisse Eisen», von den Regierungsvertretern *Tschudi* (Basel-Stadt) und *Fünfschilling* (Baselland) der *Gruppenpraxis Paradiesstrasse Binningen für Frauenheilkunde* überreicht, als Anerkennung ihrer 20-jährigen kontinuierlichen Alltagsarbeit mit überdurchschnittlichem Engagement.

November:
Der mit Fr. 20 000.– dotierte «Innovationspreis beider Basel» wird aufgeteilt zwischen dem Stahlbau-Unternehmen *Cocoon Vision AG* und der Internetfirma *Open Mind Systems*. Die beiden Firmen haben über 100 neue Stellen geschaffen und werden von den *Regierungsräten*

Lewin (Basel-Stadt) und *Straumann* (Baselland) für den unternehmerischen Mut gelobt.

Die Bürgergemeinde Binningen verleiht den diesjährigen «Binninger Kulturpreis» dem 14-jährigen Cellisten *Lorenzo Branca* der *Jugendmusikschule Binningen*.

Die Gemeinde Arlesheim erhält an ihrem «Gewerbetag» auf Grund der erfüllten Anforderungen von *Regierungsrätin Elsbeth Schneider* das Label «Energiestadt» ausgehändigt.

Der von VCS *(Verkehrsclub Schweiz)* und SEV *(Schweizerischer Eisenbahnerverband)* in Bern erstmals verliehene «Innovationspreis im öffentlichen Verkehr» geht an den TNW *(Tarifverbund Nordwestschweiz)* als innovativstes Unternehmen im Regional- und Agglomerationsverkehr der Schweiz.

Die *Universität Basel* zeichnet den 64-jährigen, in Muttenz wohnhaften Appenzeller *Karl Zürcher* (ehemals Leiter des Zentrallaboratoriums von *Coop Schweiz*) mit der Ehrendoktorwürde aus, für seine hervorragenden Leistungen zur Verbesserung und Neuentwicklung analytischer Methoden zur Lebensmittelkontrolle.

Der «Kulturförderpreis 1999» der Gemeinde Allschwil geht mit je Fr. 2000.– an drei Laienschauspiel-Ensembles: das *«Potpourri»*, die *Theatergruppe «Zum Schwarze Gyger»* und das *Senioren-Theater Allschwil*.

Der diesjährige «Naturschutzpreis» der *Pro Natura Baselland* geht an *Beat Feigenwinter*, Forstingenieur im Forstkreis Waldenburg, für seine Verdienste in der Bewirtschaftung der Waldränder.

Dezember:
In Pratteln überreicht Regierungsrat Schmid den mit Fr. 15 000.– dotierten «Sportpreis des Kantons Baselland» dem in Sissach aufgewachsenen Eishockeyspieler *Patrick Sutter*, mehrfach Captain der Nationalmannschaft. Den «Anerkennungspreis» erhält der 80-jährige *Oswald Degen* aus Oberdorf, der seit 1944 für den dortigen Fussballclub als Platzwart tätig ist.

Den «Kultur- und Sozialpreis Aesch» von Fr. 5000.– teilen sich die Freiwilligen-Gruppe des Alters-und Pflegeheims «Im Brüel» und der *Mittags-Club Aesch*, beides Gruppen mit betagten Mitgliedern.

Aus der Sportwelt

10.1.
Die Bottminger Tennisspielerin *Patty Schnyder* holt sich in Brisbane den 6. *WTA*-Turniersieg.

10.1./28.3./26.9.
Gaby Bühlmann, Arlesheim, gewinnt den Luftgewehr-Wettkampf in Luxemburg überlegen. An den nationalen Titelwettkämpfen im Sportschiessen mit Druckluftwaffen in Lyss gewinnt sie auf 10 m Distanz eine weitere Goldmedaille und siegt mit dem Sportgewehr am *Europacup*-Finalschiessen in Schaffhausen im Dreistellungsmatch.

17.1./24.1./28.2.
Martin Feigenwinter, Reinach, gewinnt in Davos seinen 6. Schweizer Meistertitel im Vierkampf der Eisschnelläufer, ferner alle Meistertitel über die Einzeldistanzen 500 m, 1000 m, 1500 m, 5000 m und 10 000 m. In Inzell stellt er beim Rennen über 3000 m einen neuen Schweizer Rekord auf.

21.2./8.8.
Der Ettinger *Ruben Kiefer* erringt an den Schweizer Hallenmeisterschaften in Magglingen und an den Schweizer Leichtathletik-Meisterschaften in Luzern beide Male die Goldmedaille im Dreisprung.

7.3.
Die Snowboarderin *Christine Gutter* aus Itingen holt an den Schweizer Hochschulmeisterschaften in Davos 3 Goldmedaillen.

14.3.
An den Schweizer Meisterschaften im Rhönradturnen in Rothrist gewinnen Goldmedaillen: in ihren jeweiligen Disziplinen und Kategorien: Claudine Müller und Luzian Graber vom *STG Rondo Hölstein*, Corinne Hänggi und Stefan Obrist vom *KGR Liestal* und Cécile Meschberger von *Satus Birsfelden*.

24.3./15.5.
Der 15-jährige Kunstturner *Michael Pletscher* (*TV Ziefen*) siegt beim von 6 Nationen bestrit-

tenen *Heerenveen-Cup* für Junioren und an den Schweizer Juniorenmeisterschaften in Niederlenz im Mehrkampfprogramm P5. Hier erringt er ferner die Goldmedaille am Reck und an den Ringen.

24.4./1.5./15.5./20.6./24.10.
Der 14-jährige Seltisberger Kunstturner *Roman Gisi* gewinnt das Mehrkampfprogramm P4. am Genfer Kunstturnertag, an den Aargauer Kunstturnertagen in Merenschwand, an den Nordwestschweizer Kunstturnertagen in Liestal, an den Schweizer Juniorenmeisterschaften in Niederlenz und am von 8 Nationen bestrittenen Junioren-Grand-Prix-Turnier in Prag. Hier holt er die Goldmedaille auch an den Pferdepauschen.

15.5.
Der 15 Jahre alte Kunstturner *Marco Jäggi* (*TV Ziefen*) wird in Niederlenz Junioren-Schweizermeister an den Pferdepauschen.

12./13.6.
Markus Wiesner, Seltisberg, wird in Neuenburg wiederum Schweizer Meister im Trampolinturnen.

20.6./16.10.
Simone Aschwanden, Arlesheim, holt in Wald den Schweizer Meistertitel im Duathlon bei den Juniorinnen und verteidigt in Huntersville (USA) im Duathlon-Kurzstrecken-Wettkampf ihren Juniorinnen-Weltmeistertitel überlegen.

4.7./7.11.
Der 18-jährige Eptinger *Dominik Koch* wird im Gebiet «Pfannenstiel» zwischen Zürichsee und Greifensee Junioren-Schweizermeister im Kurzstrecken-Orientierungslauf. An den Schweizer Meisterschaften im Team-OL in Dintikon läuft er im Team Basel/Baselland mit, das den Juniorentitel holt.

11.7.
Die 18-jährige *Alexandra Zurbrügg* aus Biel-Benken gewinnt in Bättwil die Schweizer Meisterschaft in der Dressur der Jungreiter.

1.8.
Ronald Heigl, Niederdorf, holt an den Schweizer Mountainbike-Meisterschaften in Wil (SG) bei den Junioren die Goldmedaille.

8.8.
In Müntschemier wird Profireiter und Pferdeausbildner *Hansueli Sprunger*, Bubendorf, im 12. Anlauf erstmals Schweizer Meister im Springreiten.

8.8./28.11.
Der Giebenacher *Philipp Gilgen* holt an den Schweizer Schwimm-Meisterschaften in Genf über 200 m Crawl die Goldmedaille und erzielt an den Vereinsmeisterschaften in Baar über 200 m Rücken einen neuen Schweizer Rekord.

5.9.
An den Schweizer Leichtathletik-Meisterschaften des Nachwuchses in Regensdorf und Zug holen 3 Athletinnen des *TV Itingen* 4 Goldmedaillen: *Christine Oberer* (Espoirs, 400 m Hürden) und die Juniorinnen *Simone Oberer* (Hoch- und Weitsprung) und *Romana Spitteler* (400 m Hürden).

5.9.
Der Münchensteiner *Christoph Plattner* holt in Alt St. Johann an den Schweizer Meisterschaften der OL-Läufer seinen 3. Meistertitel.

5.9.
An den Schweizer Meisterschaften im Pistolenschiessen in Thun erringt der Kilchberger Junior *Adrian Meier* mit der Freipistole zum 3. Mal den Meistertitel.

12.9.
In Glarus erkämpft sich an den Schweizer Meisterschaften im Sektionsturnen *der TV Gelterkinden* in der Grossfeldgymnastik den 4. Meistertitel in Folge.

12.9.
An den Schweizer Staffelmeisterschaften in Basel holt sich die *LG Oberbaselbiet* mit *Claudine Müller*, *Romana Spitteler*, *Simone Oberer* und *Nathalie Frey* in der 4x100 m Konkurrenz der Juniorinnen den Meistertitel.

12.9.
Marcel Summermatter und *Gabriella Jazurto* (*RV Adler Frenkendorf*) werden in Genf zum 6. Mal Schweizer Meister im Tandem-Zeitfahren.

24.10.
Im Final der Schweizer Pistolen-Sektionsmeisterschaft in Luzern holt sich das Sextett des *Pistolenclubs Buus* (wie bereits 1997) in der 2. Kategorie die Goldmedaille und den Schweizermeister-Titel.

28.11.
An den Schweizer Meisterschaften in Wettingen/Baden holen folgende Baselbieter Judokas in ihrer jeweiligen Gewichtsklasse den Titel: *Sandrine Roditscheff* vom *Judo Sport Birsfelden, Markus Wellenreiter und Reto Tschan* vom *Budokai Liestal*.

Kultur- und Naturdenkmäler

In das Inventar der geschützten Kultur- und Naturdenkmäler werden aufgenommen:

- Die Gebiete «Richtiflue», «Rehhag», «Hinteri Egg», «Esel» und «Chapfflüeli» in Waldenburg und Oberdorf
- Das «Choche Emil Huus« (17. Jh.), Kirchgasse 4, Ziefen
- Feldscheune «Weihermatt» (1731), Bennwil
- Teilfläche der Parzelle «Badrain», Oberdorf; das Naturschutzgebiet «Edlisberg–Meiersberg» wird dadurch von 27,46 auf 28,15 ha erweitert
- Erweiterung des Naturschutzgebietes «Schanz–Walten», Eptingen, um 15,53 ha auf 80,85 ha durch angrenzende Waldflächen des Hofgutes «Witwald» und der Bürgergemeinde Eptingen (mit Magerwiese)
- Feldscheune «Säge» (18. Jh.), westlich von Rothenfluh
- Ehemaliges Bauernhaus (1643/44), später erstes Schulhaus, Hauptstrasse, Oberwil
- «Buchhüsli» (Anfang 19. Jh.), Hauptstrasse 82a, Pratteln
- Hofgut «Arlesheim» (1641) beim «Andlauerhof»
- Parklandschaft «Ermitage» (1785), Arlesheim
- Primarschulhaus (1908, Jugendstilbau), Grellingen
- Wappenfelsanlage im «Chessiloch» (bemalt seit dem 1. Weltkrieg), Grellingen
- Futterscheune «Stockehüsli» (Beginn 19. Jh.), Zeglingen
- Gasthof «Rössli» (1680), mit Schopfgebäude (1672), Hölstein
- Die Waldgebiete «Rutenrain», «Ränggen» und«Wasserfalle-Roti Flue», Diegten und Eptingen
- Das Gebiet «Rebhalde-Rehhag», Diepflingen und Gelterkinden; total 34,29 ha, davon 33,67 ha Wald
- Kleinbauernhaus (18. Jh.), Möhlinstrasse 13, Maisprach
- Das Gebiet «Rüti», Wittinsburg; Waldlichtung 53 a mit seltenen Orchideen
- Aarauer Kachelofen (1850), Herrengasse 37, Oltingen
- Wohnhaus (englischer Landbau), Bildstökliweg 5, Arlesheim
- Bewaldete Bergkuppe «Chastelenflue» (670–740 m ü.M.), Arboldswil

Hans Fischer

Chronik 2000

Januar 2000

Tenniken/Reinach *Marquis AG* *A-Z Ablaufreinigungs AG*	1. Die Tenniker Firma *Marquis AG* schliesst sich mit der *A-Z Ablaufreinigungs AG* Basel/Reinach zusammen unter der neuen Bezeichnung *A-Z Marquis AG* mit Hauptsitz in Reinach und einer Filiale in Tenniken. Sie wird damit zum grössten Kanalreiniger der Region.
Liestal Petition	6. Frauen eines Überparteilichen «Komitees für kantonale Mutterschafts-/Vaterschaftsbeihilfen» reichen eine Petition mit über 300 Unterschriften ein. Sie enthält Lösungsvarianten, um zu verhindern, dass Kinder für Eltern mit kleinem Budget zum Armutsrisiko werden.
Oberwil BLT Personal	8. Das Fahrdienstpersonal der BLT trägt fortan neue sportlich-elegante, praktische und pflegeleichte Uniformen in Dunkelblau mit Rot. Die alten Uniformen gehen als Hilfslieferung nach Zimbabwe in Afrika.
Sissach Baustart	10. Nach einjähriger Planungsphase werden die Umbau- und Erweiterungsarbeiten für das Alters- und Pflegeheim «Mülimatt» aufgenommen.
Birsfelden Muttenz A2	11. Die 700 m langen und 5–6 m hohen Lärmschutzwände entlang der A2 in der Hagnau sind vollendet. Damit sind hier alle Lärmschutzmassnahmen zwischen Birs und Arisdorftunnel abgeschlossen.
Sissach Baustart	16. Mit 9-monatiger Verspätung erfolgt der Startschuss für den Bau des Umfahrungstunnels.
Binningen Arbeitsunfall	17. Der im Dienst der Gemeinde Binningen arbeitende *Donato Signorini* wird während seiner Arbeit von umstürzenden Plakatwänden erdrückt.
Regierungsrat Ersatzwahl	17. Der *Frauenrat Baselland* ruft die Delegierten von SP und FDP dazu auf, für die Nachfolge von *Hans Fünfschilling* in den Regierungsrat Frauen zu portieren.
	17. An der Nominationsversammlung der SP in Frenkendorf siegt unter 5 Bewerbern im dritten Wahlgang *Urs Wüthrich* (Sissach) vor *Eva Rüetschi* und *Regula Meschberger*.
Liestal Hallenbad	18. In Liestal hat sich ein «Patronatskomitee zur Rettung der Bäder» konstituiert. Es will die defizitären Bäder trotz ungenügender Solidarität der Nachbargemeinden durch Überführung in eine AG vor der Schliessung bewahren.
Regierungsrat Ersatzwahl	19. An der Nominationsversammlung der FDP in Münchenstein setzt sich nach *Urs Steiners* Verzicht im dritten Wahlgang *Adrian Ballmer* (Liestal) gegen seine Mitbewerberin *Sabine Pegoraro* durch.
Allschwil	19. Der Einwohnerrat bewilligt Fr. 90 000.– zur Unterstützung des Forums «Flughafen nur mit der Region».
Kantonspolizei Fahndungserfolg	19. Im Rahmen der BUR-Ermittlungen verhaftet die Baselbieter Polizei in Zusammenarbeit mit deutschen Behörden drei per Haftbefehl

gesuchte Personen, die nach deutschen Angaben gutgläubige Kunden um DM 83 Mio. betrogen haben.

Birsfelden
VBLG

22. Der am 16.9.1999 gegründete VBLG *(Verband Basellandschaftlicher Gemeinden)* trifft sich im Kirchmattschulhaus unter dem Präsidium von *Peter Meschberger* zur ersten Generalversammlung, in Anwesenheit der *Regierungsräte Fünfschilling* und *Schmid.* 85 Gemeinden (alle ausser Reinach) beteiligen sich.

Reigoldswil
Entzugsklinik «Cikade»

24. *Andres Horn*, neuer Leiter der Sozialtherapeutischen Entzugsklinik «Cikade», nimmt seine Arbeit auf, gestützt auf ein neues Betriebskonzept. Dieses sieht ein individuelles Entzugsprogramm nach dem Grundsatz «so wenig Methadon und Medikamente wie möglich» vor.

Reinach
Schutzmassnahme

26. Wegen der markanten Zunahme der Einbrüche setzt der Gemeinderat in den kommenden Wochen 10 bis 20 von der Polizei instruierte *Securitas*-Wächter in den Wohngebieten ein.

Itingen
Dankbare Patengemeinden

29. Die Itinger Patengemeinden Fuldera, Tschierv und Lü schicken ein vierköpfiges Forstteam aus dem Münstertal ins Baselbiet, um den Itingern bei den «Lothar»-Aufräumungsarbeiten zu helfen (gefällte Bäume im Ausmass von 4 Jahresnutzungen).

Ausserdem ...

... hat die BLKB im Geschäftsjahr 1999 den Betriebsertrag um 7,4% auf Fr. 278,7 Mio. gesteigert, so dass sich die Gewinnausschüttung an den Kanton von Fr. 19 Mio. auf Fr. 22 Mio. erhöht hat.

... hat die *Kantonsbibliothek* im Jahr 1999 rund 304 000 Bücher und Medien ausgeliehen und ist damit die am stärksten frequentierte Kulturinstitution des Kantons.

Februar 2000

Rickenbach
Dorfladen

1. Rickenbach hat nach langem Unterbruch wieder einen Dorfladen, und zwar in den Räumlichkeiten des «Bistro».

Reinach
Polizeierfolg

2. Dank einem aufmerksamen Anwohner gelingt es der Polizei mit Hilfe eines Diensthundes, einen Einbrecher unmittelbar nach erfolgtem Diebstahl zu verhaften und das Raubgut sicherzustellen.

Pratteln
Einsprachen

4. Gegen die «Multiplex-Kino»-Pläne sind über 70 Einsprachen eingegangen.

Liestal
Bezirksgericht

6. Beim Wahlkampf um das zweite Bezirksgerichtspräsidium siegt der SP-Kandidat *Christian Erbacher* mit 5422 zu 4122 Stimmen gegen den SVP-Kandidaten *Dieter Eglin*, bei einer Wahlbeteiligung von 31,7%.

Liestal
Winter-RS

7. 379 Rekruten aus 11 Kantonen rücken in die Rekrutenschule ein, wo sie zu Territorial-Infanteristen ausgebildet werden. Auf dem Weg in Ausgang oder Urlaub fahren sie erstmals mit allen öffentlichen Verkehrsmitteln gratis.

Zunzgen
Protest

9. Der Gemeinderat Zunzgen protestiert gegen das Vorhaben des Sissacher Tunnelbauunternehmens, den Tunnelaushub ohne Bewilligung vorübergehend in einem stillgelegten Zunzger Steinbruch zu lagern.

Grellingen
Entlastung

15. Seit der Eröffnung des «Eggflue»-Tunnels durchqueren 86% weniger Fahrzeuge das Dorf als vorher.

Aesch
Widerstand

15. Der entschlossene Widerstand gegen die vom Kanton als geeignet empfohlene Bauschuttdeponie «Hinterm Schlatt» manifestiert sich in

negativen Stellungnahmen der Gemeinderäte Aesch und Reinach und durch Petitionen der SP und des Komitees «Keine Bauschuttdeponie in Aesch» (1300 Unterschriften).

Kantonspolizei und Dealer

17. Die Baselbieter Polizei kann in Zusammenarbeit mit den Basler, Berner und Zürcher Polizisten 1,3 kg Heroin sicherstellen und in Frenkendorf zwei Haupttäter einer Dealer-Bande verhaften. Dank dieser Zusammenarbeit gehen in der Region insgesamt sieben Dealer ins Netz.

Liestal «Züglete»

21. Die *Volkswirtschafts- und Sanitätsdirektion* zieht ins Gebäude der ehemaligen *Schweizerischen Bankgesellschaft* (SBG, heute UBS) um.

Pratteln Jugendarbeit «Multiplex-Kino»

21. Der Einwohnerrat Pratteln beschliesst eine 70 Prozent-Stelle für präventive Jugendarbeit, ferner ein Jugendforum als Sprachrohr der Pratteler Schüler und Schülerinnen mit Gemeinderat und Einwohnerrat. Eine Motion der *Grünen*, die für das «Multiplex-Kino» eine Quartierplanung verlangt, wird abgelehnt.

Giebenach Schulhaus

28. Nach nur einjähriger Bauzeit beziehen die Giebenacher Schulkinder das neue Schulhaus, das Fr. 3,16 Mio. gekostet hat. Die Kindergärtner rücken in den provisorischen Schulpavillon nach.

Ausserdem ...

... senken 9 Baselbieter Gemeinden im Jahr 2000 ihren Steuerfuss, 3 Gemeinden erhöhen ihn, die übrigen nehmen keine Änderung vor. Biel-Benken ist mit einem Steuerfuss von 46% die günstigste, Waldenburg mit 67% die teuerste Steuergemeinde. Grosse Unterschiede zeigen sich bei den Wasserzinsen (50 Rp. bis Fr. 2.50 pro m^3), den Abwassergebühren (Fr. 1.02 bis Fr. 5.28 pro m^3) und der Hundesteuer (Fr. 25.– bis Fr. 130.– pro Hund).

März 2000

Bedrängte Frauen

1. Nach Aussage von *Ariane Rufino*, Leiterin des «Interventionsprojekts gegen häusliche Gewalt», ist jede fünfte Frau zwischen 20 und 60 Jahren, die in einer Beziehung mit einem Mann lebt, Opfer von physischer oder sexueller Gewalt ihres Partners.

Lausen Kredite

1. Die Gemeindeversammlung bewilligt Kredite in der Höhe von Fr. 1,15 Mio. für die Mehrzweckhalle «Stutz», Fr. 290 000.– für die Sanierung der «Grammont»-Brücke und Fr. 500 000.– für eine neue Sauberwasserleitung.

Münchenstein Petition

2. In einer Petition bitten 2294 Einwohner, derjenigen Variante der Buslinie 63 den Vorzug zu geben, bei welcher die Feinerschliessung von Münchenstein und Muttenz erhalten bleibt.

Zunzgen Deponiestop

2. Die Deponie «Flüehli» zwischen Zunzgen und Tenniken bleibt für Aushubmaterial des Sissacher Umfahrungstunnels vorläufig geschlossen. Das Material wird jetzt nach Niederbipp gefahren oder anderswo gelagert.

«Herrenfasnacht»

5. Die «Herrenfasnacht»-Umzüge im Birseck, Leimental, Laufental und in Allschwil finden bei kaltem, aber schönem Wetter statt.

Ständerat Betäubungsmittelgesetz

7. Der Ständerat heisst mit 26 zu 12 Stimmen eine Baselbieter Standesinitiative gut, die die Streichung von Cannabis aus dem Betäubungsmittelgesetz fordert.

«Bauernfasnacht»

12. Bei den «Bauernfasnacht»-Umzügen im mittleren und oberen Baselbiet herrscht prächtiges Wetter.

Pratteln
Vernissage

18. Die Kulturkommission zeigt während 3 Wochen im «Schloss Pratteln» die Gemälde der bald 80-jährigen Augster Künstlerin *Lucretia Berger* sowie Mosaiken, Zeichnungen, Lithographien und Radierungen des 1983 verstorbenen Prattelers *Albert Weisskopf*.

«Augen auf» protestiert

21. In einer breit unterstützten öffentlichen Erklärung protestiert die Bewegung «Augen auf« gegen die drohende Ausweisung einer Kurdenfamilie, die auf Grund eines Arbeitsunfalls des Vaters unschuldig in Fürsorgeabhängigkeit geraten ist.

Pratteln
«Tempo 30»

21. Das Komitee «Tempo 30 im Wohnquartier Längi» übergibt dem Gemeindeverwalter eine mit 850 Unterschriften versehene Volksinitiative. 400 ausländische Quartierbewohner unterbreiten eine gleichlautende Petition.

Allschwil
Konsensprojekt
«Accordo»

22. Unter der Leitung von *Bernhard Fröhlich*, dem Direktor der *Basellandschaftlichen Gebäudeversicherung* (BGV), sucht eine über 20-köpfige Arbeitsgruppe mit Befürwortern und Kritikern des «Mülitäli»-Damms nach einer für alle akzeptablen Lösung für den Hochwasserschutz.

Frenkendorf
Brückensanierung

22. Nach hitziger Diskussion beschliesst die Gemeindeversammlung auf Antrag des Gemeinderates, bei der Sanierung der «Baslerstrassen»-Brücke über die Bahngeleise die Fahrbahnbreite zugunsten zweier Trottoirs von 5,5 m auf 4,8 m zu reduzieren.

Birsfelden
Jugendpolitik

22. Die 11-köpfige Gruppierung «Jugendpolitik von und für Jugendliche» wünscht keine «Jugendkommission», sondern eine «Jugendversammlung», an der alle in Birsfelden lebenden Jugendlichen im Alter zwischen 15 und 27 Jahren teilnehmen können.

Liestal
SOL

25. Die Alternativschule SOL *(Schule für offenes Lernen)* hat nach einem Pratteler Übergangsjahr in einer alten Villa an der Sichternstrasse in Liestal ein neues Domizil gefunden und neu staatliche Anerkennung erhalten.

VBLG
Billettsteuer

25. Der *Verband Basellandschaftlicher Gemeinden* (VBLG) bezeichnet die ersatzlose Streichung der Billettsteuer als gravierenden Eingriff in die Gemeindeautonomie.

BLT
neue Buslinie

27. Die BUD *(Bau- und Umweltschutzdirektion)* plant eine BLT-Linie 60 Schweizerhalle–Muttenz–Neue Welt–Bottmingen–Oberwil–Biel-Benken. Sie soll die Linien 63 (Muttenz–Bruderholzspital) und 64 (Arlesheim–Biel-Benken) ergänzen.

Staatsrechnung 1999

29. *Finanzdirektor Fünfschilling* legt zum sechsten Mal in Serie schwarze Zahlen vor: statt dem budgetierten Defizit von Fr. 1,6 Mio. einen Überschuss von Fr. 25,5 Mio.

Pratteln
Bürgeraufnahmen

30. 6 der 21 von der Bürgergemeindeversammlung Pratteln abgewiesenen Bewerber beharren auf ihrem Wunsch, Pratteler Bürger zu werden. Sie bekommen vor dem Verwaltungsgericht Recht: Die Bürgergemeinde Pratteln muss ihre Aufnahmegesuche erneut prüfen.

Laufen
Kantonsspital

31. Am *Kantonsspital Laufen* schliesst der seit den Januarferien dort nicht mehr tätige Chefarzt *Manfred Schmid* per 1. April offiziell ab. Damit endet der im Januar 1999 begonnene «Spitalstreit».

Ausserdem ...

... hat die Baselbieter Polizei im Rahmen einer mehrmonatigen Untersuchung vier afrikanische Drogenhändler verhaftet und dabei 550 g Kokain, Bargeld im Wert von Fr. 120 000.– und einen Personenwagen konfisziert.

… sind im Jahr 1999 aus dem Lotteriefonds insgesamt 199 Projekte mit rund Fr. 7,5 Mio. unterstützt worden.

April 2000

Pratteln
«Mitenand-Fescht»

1. Einige Tausend Gäste geniessen im Kirchgemeindehaus die musikalischen und kulinarischen Attraktionen des «Mitenand-Feschts». 200 freiwillige Mitarbeiter (Schweizer und Ausländer verschiedener Nationen und Kulturkreise) leisten einen wertvollen Beitrag zum Abbau von Vorurteilen und Ausgrenzung. Der Festerlös geht je zur Hälfte ans *Jugendhaus Pratteln* und an die Flutkatastrophen-Opfer in Moçambique.

Oberwil
Jubiläum

1. Zur 100-Jahr-Feier des *Musikvereins* wird im «Sprützehüsli» während der ersten Monatshälfte eine historische Ausstellung mit Text, Bild und Ton von der Gründung bis zur Gegenwart durchgeführt.

Binningen
Uraufführung

1. Zum 35-jährigen Bestehen der Jugendmusikschule Binningen-Bottmingen führen über 100 Kinder im «Kronensaal» vor einem begeisterten Publikum als Uraufführung das von der JMS-Lehrerin *Rosmarie Inone-Wyss* komponierte Singspiel «Der kleine Prinz» auf.

Sissach
Ökumene

1. Die *Chrischona-Gemeinde*, die *Gemeinde für Urchristentum*, die *Evangelisch-methodistische Kirchgemeinde*, die *Heilsarmee*, die *Evangelisch-reformierte Kirchgemeinde* und die *Römisch-katholische Pfarrei* pflanzen gemeinsam am Fussweg zwischen dem «Bützenen»-Schulhaus und dem «Weidenbodensteg» unter Begleitung der *Blaukreuzmusik Känerkinden* einen Apfelbaum als Symbol der Ökumene.

Lausen
Rekord

1. Am 11. Lausener «Frondiensttag» leisten 140 Lausner und Lausnerinnen im Wald freiwillig einen gemeinnützigen Einsatz zum Wohl von Natur und Umwelt.

Birsfelden
Brisante «Gmeini»

3. Die Gemeindeversammlung Birsfelden lehnt den Vorschlag des Kantons, auf der Hauptstrasse einen durchgehenden, 1,5 m breiten Radstreifen einzurichten, deutlich ab. Nach heftigen Diskussionen wird der Antrag des Gemeinderates auf Erhebung einer Nachtparkgebühr von Fr. 30.– pro Monat mit 199 zu 98 Stimmen angenommen, der CVP-Antrag auf Amtszeitbeschränkung verworfen.

Laufen
Überschuss

4. Die Jahresrechnung 1999 von Laufen schliesst nicht wie budgetiert mit einem Defizit von Fr. 68 000.– sondern einem Überschuss von Fr. 1,3 Mio. ab.

Münchenstein
Blechpolizist im «Heiligholz»

5. An der Ecke Heiligholzstrasse/Ahornstrasse wacht eine Radar-Messkabine zum Schutze der Fussgänger und Velofahrer darüber, dass in diesem Quartier die Raserei ein Ende nimmt.

Diegten
Kürzerer Schulweg

5. «Zwärgliwäg» und «Schlychwägli» werden von den Kindergartenkindern mit einem Wettrennen eingeweiht.

Frauenrat
Fachstelle für Gleichstellung

7. Der *Frauenrat* und die *Fachstelle zur Gleichstellung von Mann und Frau* verfechten das Postulat der «Chancengleichheit für Frau und Mann» im Regierungsgebäude mit der gemeinsamen Veranstaltung «Punkten mit Gleichstellung» beharrlich weiter. *Regierungsrätin Elsbeth Schneider* versichert, dass bei Wiederbesetzung von Stellen in ihrer Direktion bei gleicher Qualifikation Frauen den Vorrang hätten.

Laufen
Auflösung

7. Der Presseverein «Nordschweiz» löst sich an seiner 32. Generalversammlung auf. Der Name bleibt als Untertitel der *Basellandschaftlichen Zeitung* (BZ) erhalten.

Birsfelden Jubiläumsakt	8. Nach dem traditionellen «Bannumgang» findet in der alten Turnhalle die Gedenkfeier zu Birsfeldens Trennung von Muttenz vor 125 Jahren statt. Die Geschichte Birsfeldens von der Urzeit bis zur Gegenwart, mit Schwergewicht auf den Loslösungsbestrebungen zwischen 1830 und 1875, wird in einer grossen Doppelausstellung dokumentiert.
Grellingen «Skater»-Rampe	10. Die Jugendlichen von Grellingen erhalten, gestützt auf ein Gesuch mit 310 Unterschriften, eine eigene «Skater»-Rampe, zu deren Finanzierung sie auch Eigenleistungen erbringen.
Nenzlingen/Zwingen Schiessanlage	10. Die beiden Gemeinden Nenzlingen und Zwingen einigen sich auf eine gemeinsame Benützung der Schiessanlage «Usserfeld» in Nenzlingen und über die damit verbundenen Konditionen.
Liestal Sparmassnahmen	12. Gegen den Widerstand der Linken segnet der Einwohnerrat das Sanierungspaket des Finanzausschusses ab: Personalabbau von 10%, Erhöhung der Fürsorgesteuer von 15% auf 18%, Beschränkung der Investitionen. Der Überführung der Liestaler Bäder in eine AG wird in erster Lesung zugestimmt.
Bottmingen UKBB	14. Auf dem Bruderholz wird nach einjähriger Sanierung das UKBB *(Universitätskinderspital beider Basel)* eingeweiht.
Muttenz Erfreulicher Rechnungs-abschluss	18. Die Einwohnerkasse schliesst statt mit dem budgetierten Defizit von Fr. 221 000.– mit einem Einnahmenüberschuss von über Fr. 1,3 Mio. ab, hauptsächlich dank unerwarteten Steuereingängen.
Sissach «Tempo 30»	18. Die Gemeindeversammlung stimmt der «versuchsweisen freiwilligen Einführung von ‹Tempo 30› in allen Wohnquartieren» für 1 Jahr zu und bewilligt einen Kredit von Fr. 25 000.– für Plakate und Öffentlichkeitsarbeit. Eine spezielle Arbeitsgruppe mit Messgerät wird an Stelle der Polizei als Kontrollinstanz eingesetzt.
Allschwil Asylpraxis	27. In einer Petition an *Justizdirektor Koellreuter* wehren sich Allschwiler Eltern und Lehrer gegen die geplante Ausweisung einer integrierten Bosnier-Familie mit Kindern, die einwandfrei Schweizerdeutsch sprechen.
Ausserdem ...	... verzeichnen die vier *Kantonsspitäler Bruderholz, Liestal, Laufen* und die *Kantonale Psychiatrische Klinik Liestal* im Jahr 1999 ein Defizit von insgesamt Fr. 95,3 Mio.

Mai 2000

Liestal Manifestation	1. Hauptforderung an der «1. Mai»-Kundgebung, vertreten durch *Gewerkschaftsbundpräsident Urs Wüthrich* und *Nationalrätin Susanne Leutenegger*: Fr. 3000.– Mindestlohn pro Monat für alle Arbeitnehmer.
Lupsingen «Milchhüsli»	1. Wegen massiven Rückgangs des Offenmilchverkaufs wird das «Milchhüsli» Lupsingen geschlossen.
Muttenz *Kunsthaus*	2./3. Kurz nach Mitternacht dringen Vandalen ins *Kunsthaus* Muttenz ein und beschädigen mehrere Gemälde und Objekte.
Lausen Schulareal	3. Wegen überhandnehmendem Vandalismus erklärt der Gemeinderat das Areal der Gemeindeschule ab 22 Uhr für Jugendliche gesperrt.
Seltisberg Schulhaus	3. Die Gemeindeversammlung bewilligt Kredite über insgesamt Fr. 1,33 Mio., davon Fr. 450 000.– für die Schulhaussanierung.
Liestal «Banntag»	3. Das Bundesgericht weist die Beschwerde von *Ruth Gonseth* gegen das Baselbieter «Banntagsurteil» ab. Das Schiessen im Kantonshaup-

tort verstosse nicht gegen Bundesrecht, da die «Böllerschüsse» in der Innerstadt von Liestal zumutbar und die Schutzmassnahmen ausreichend seien.

Itingen
Renata AG

4. Die zur *Swatch* gehörige Batterie-Herstellerfirma *Renata AG* weitet ihre Produktion aus, dank Entwicklung einer wieder aufladbaren Batterie für den schnell wachsenden Mobiltelefon-Markt. Das neu erbaute Fabrikgebäude schafft 200 zusätzliche Arbeitsplätze.

Anwil
«Steinenweg»

5. Die Gemeindeversammlung billigt mit 31 zu 24 Stimmen den gemeinderätlichen Antrag, den «Steinenweg» mit Schotter und einer Deckschicht zu sanieren, und bewilligt dafür einen Nachkredit von Fr. 50 000.–.

Liestal
Jugendforum

6. Knapp 30 Jugendliche diskutieren das neue Bildungsgesetz. Sie wünschen eine Ausweitung des Schüler-Mitspracherechts, zusätzliche Computer und finanzielle Erleichterungen für «Privatschule-Eltern». Eine Arbeitsgruppe wird diese und weitere Postulate im Vernehmlassungsverfahren einbringen. Ferner soll eine Petition zur Ausdehnung des Nachtbus-Betriebs auf das Laufental und das Oberbaselbiet lanciert werden. Sie kommt in der Folge mit 1757 Unterschriften zustande.

Musikvereine feiern

6. Der *Musikverein Arisdorf* feiert den 100. Geburtstag. Der *Musikverein Buus* weiht nach 99 Jahren seine fünfte Uniform ein, der *Musikverein Oberdorf* die vierte Uniform in der 132-jährigen Vereinsgeschichte.

Dittingen
Heimatkunde

8. Die Gemeindeversammlung bewilligt einen Kredit von Fr. 120 000.– für eine Dittinger Heimatkunde.

Itingen
Turnhalle

9. Die Gemeindeversammlung bewilligt mit 133 zu 13 Stimmen einen Kredit von Fr. 6,5 Mio. zum Neubau einer unterirdischen Turnhalle und für die Sanierung der bestehenden Mehrzweckhalle. Zur Finanzierung des Projekts verkauft die Gemeinde Land für Fr. 2,1 Mio.

Aesch
«Pionierwein»

10. Der erste «Tschäpperli-Eiswein» (Jahrgang 1999), ein Süsswein mit 14% Alkoholgehalt, wird in 3,75 dl-Fläschchen abgefüllt.

Pratteln
RailTech AG

10. Die heute ins Handelsregister eingetragene Firma *Rail Tech AG* mit Sitz in Pratteln soll bestimmte Aktivitäten der Schweizer *ADtranz*-Werke weiterführen: Entwicklung, Produktion und Verkauf von Fahrzeugen und Wagenkompositionen.

Liestal
Jubiläum

12. Die GIBL *(Gewerblich-industrielle Berufsschule Liestal)* feiert ihr 125. Jubiläum in einer Festhalle im Oristal. Vor 400 Gästen sprechen Rektor *Josua Oehler*, *Regierungsrat Peter Schmid* und *Gewerbeverbandsdirektor Hans Rudolf Gysin*.

Binningen
Jubiläum

13. Der *Männerchor Binningen* begeht in Anwesenheit von *Landratspräsident Walter Jermann* seinen 100. Geburtstag mit einer geselligen und gemütlichen Feier.

Lärmschutz

17. Die Gemeinden Allschwil, Binningen und Schönenbuch ersuchen gemeinsam mit dem «Schutzverband der Anwohnerinnen und Anwohner» und dem Forum «Flughafen – nur mit der Region» den Bundesrat in einem offenen Brief, die unzureichenden Lärmschutzbestimmungen der neuen Luftschutzverordnung durch Vorschriften zu ersetzen, welche die Rechte der vom Flugverkehr betroffenen Bevölkerung besser schützen.

Arlesheim
Polizeierfolg

17./18. Dank dem Polizeihund «Dock vom Urnerland» können zwei Einbrecher in einer Gartenbaufirma auf frischer Tat verhaftet werden.

Rothenfluh
Dachterrassen

18. Gegen den Willen der Gemeinde Rothenfluh bestätigt das Verwaltungsgericht den Entscheid der Kantonsregierung, demzufolge in einem national geschützten Ortsbild Dachterrassen und Dacheinschnitte grundsätzlich nicht erlaubt sind.

Nenzlingen
Schützenerfolg

22. Der Versuch eines Komitees, die Schiessvereinigung mit Zwingen durch eine Referendumsabstimmung zu Fall zu bringen, scheitert. Bei einer Stimmbeteiligung von 83,7% genehmigen die Nenzlinger mit 128 zu 82 Stimmen den Kredit zum Ausbau der Schiessanlage im «Usserfeld», mit 127 zu 82 Stimmen deren Mitbenützung durch die Zwingener Schützen und mit 129 zu 79 Stimmen das Schiessplatzreglement.

Liestal
Parteiauflösung

23. Die GBL *(Grüne Baselbiet)*, Nachfolgepartei der POCH, beschliesst mangels Nachwuchs ihre Auflösung. Die verbleibenden Aktivisten beteiligen sich nun ganz an der FGL *(Freie Grüne Liste)*.

Aesch
Parteitag FDP

24. Als Nachfolge des demissionierenden *Urs Spornitz* wird am Parteitag *Landrätin Sabine Pegoraro* zur neuen FDP-Präsidentin gewählt und die Parteileitung durch 5 neue Mitglieder verjüngt.

Liestal
FGL

25. Bei der FGL *(Freie Grüne Liste)* übernimmt als Nachfolgerin von *Lukas Ott* wiederum *Landrätin Esther Maag* das Parteipräsidium.

Rünenberg
Einweihung

26./27. Nach zweijähriger Planungsphase und einjähriger Bauzeit kann Rünenberg sein neues Schulhaus mit Kindergarten feierlich einweihen, nachdem das alte Schulhaus über 170 Jahre lang seinen Zweck erfüllt hatte.

Muttenz
Schulhaus «Breite»

28. An der 100-Jahr-Feier des Schulhauses «Breite» in Muttenz wird hinter dem Basketballfeld eine junge Linde gepflanzt, zwischen deren Wurzeln in einer gelben Büchse die Wünsche der Schulkinder vergraben werden. Höhepunkt des Fests ist eine Sonderschau von im Textilunterricht von den Jugendlichen angefertigten Produkten.

Arboldswil
Dorfladen

29. Eine neu gegründete «Dorfladengenossenschaft» will den Arboldswiler Dorfladen als Gemeinschaftswerk für die Dorfbevölkerung sichern.

Ausserdem ...

... wird Gelterkinden wieder zum Weindorf: Es werden 1700 Flaschen «Gelterkinder» (2/3 Rot-, 1/3 Weisswein) aus einem 1 ha-Rebgebiet bei der «Unteren Allersegg» und 800 Flaschen «Allersegger» (Weisswein) aus einem 45 a-Rebberg auf der «Oberen Allersegg» verkauft.

Juni 2000

Liestal
Vereinsauflösung

1. Der *Gemeindestubenverein* Liestal löst sich im 79. Jahr seines Bestehens auf. Sein Vermögen geht an die *Schweizer Stiftung für alkoholfreie Gastlichkeit* in Zürich über.

Pratteln
ADtranz AG
RailTech AG

2. Die *ADtranz Schweiz* und die neu gegründete *Rail Tech AG* haben sich über die Aufgaben der Nachfolgegesellschaft geeinigt. Deren Arbeiterzahl hängt von den künftigen Aufträgen der *Rail Tech* ab.

BL/BS
Pressekampagne

5. Die Regierungen beider Basel starten eine 3-jährige Informationskampagne mit Grossinseraten zum Thema Integration unter dem Slogan «Tatsachen gegen Vorurteile».

Muttenz
Friedhof

5. Der Muttenzer Friedhof wird wegen zunehmendem Vandalismus ab sofort von einem professionellen Sicherheitsdienst überwacht. Vor allem soll die Friedhofmauer vor weiteren «Graffitis» geschützt werden.

Pratteln
Bürgeraufnahmen

6. Die Bürgergemeindeversammlung genehmigt in geheimer Abstimmung alle 16 Einbürgerungsgesuche, darunter auch jene von Bewerbern aus der Türkei.

Lausen
Geld für Bäder

7. Die Lausener wollen den Liestalern Fr. 40 000.– Kapital und jährlich Fr. 20 000.– an die Betriebskosten der Bäder leisten, sofern Bubendorf, Frenkendorf, Füllinsdorf und Seltisberg sich ebenfalls beteiligen.

Muttenz
Chrischona

7. Die Delegiertenversammlung der *Schweizer Chrischonagemeinden* wählt den Muttenzer *René Winkler* zum Leiter dieser evangelischen Freikirche (total 104 Gemeinden).

Lampenberg
Musikverein

14. Als Geburtstagsgeschenk zum bevorstehenden 125-Jahr-Jubiläum bewilligt die Gemeindeversammlung von Lampenberg einen Beitrag von Fr. 20 000.– an die Neuuniformierung des *Musikvereins.*

Frenkendorf
Überschuss

15. Dank über Fr. 5 Mio. Erbschaftssteuer in Folge des Hinschieds von *Paul Sacher* verwandelt sich das budgetierte Defizit von Fr. 70 000.– in einen Überschuss von Fr. 4,5 Mio.

Maisprach
Schulbauten

17. In Maisprach wird der 100. Geburtstag des alten Schulhauses «Obermatt» gefeiert und der Neubau «Linde» eingeweiht.

Liestal
«Tag der Begegnung»

17. Die Gruppe «Gastfreundliches Liestal» organisiert eine kulturelle Begegnung mit tamilischen Flüchtlingen aus Sri Lanka. Diese bieten auf einem Markt Kleider und Handwerksarbeiten an und zeigen ihre Kochkünste.

Ettingen
«Musiktage»

17./18. und 24./25. Der 75 Jahre alte *Musikverein Ettingen* organisiert das 10. Jugendmusikfest (über 500 Jugendliche in 14 Formationen) und eine Woche später das 19. Kantonale Musikfest, an dem sich 46 Vereine im Wettkampf messen.

Nenzlingen
Bürgergemeinde

19. Die Bürgergemeinde von Nenzlingen weigert sich mit 27 zu 5 Stimmen, den aus Heimiswil BE stammenden *Gemeindepräsidenten Heinz Aebi* als Ortsbürger aufzunehmen. Der Antragsteller will diesen Entscheid beim Regierungsrat anfechten.

Bretzwil
Reigoldswil
Schiessanlage

19. Die Gemeindeversammlung von Bretzwil stimmt einem von den Reigoldswilern bereits akzeptierten Vertrag zu, demzufolge die Bretzwiler Schützen fortan auf der Anlage «Widentäli» in Reigoldswil schiessen dürfen, und genehmigt für diesen «Einkauf» in die Schiessanlage einen Kredit von Fr. 60 000.–.

Wintersingen
«Meliorations-Projekt»

19. Die Gemeindeversammlung bewilligt einen Kredit von Fr. 730 000.– für ein Meliorationsprojekt im Rutschgebiet «Matt-Chienberg». Dank Beiträgen von Bund, Kanton und *Gebäudeversicherung* bleibt der Gemeinde noch eine finanzielle Belastung von Fr. 140 000.–.

Lausen
Beschwerde
gutgeheissen

21. Das Verwaltungsgericht erklärt mit 3 zu 2 Stimmen die Erschliessung des Lausener Industriegebiets über das Wohnquartier «Langmatt» für rechtswidrig, weshalb der Firma *Surer Kipper Transport AG* keine Bewilligung für eine Bauschutt-Recycling-Anlage hinter dem Lausener Bahnhof erteilt werden könne.

Pfeffingen
Sonderfest

21. Es wird ein Landratspräsidentenfest veranstaltet für *Peter Brunner*, den ersten SD-Politiker in der Schweiz, der für 1 Jahr ein kantonales Parlament präsidiert.

Oberwil
Jugendpolitik

22. Die Gemeindeversammlung genehmigt einen Nachtragskredit von Fr. 25 000.– für eine 70%-Stelle in der Jugendarbeit und einen «Jugend-Zweifränkler» für alle Oberwiler Einwohner zur Förderung spezieller Projekte der Jugendlichen.

Birsfelden
Jubiläum

23.–25. Unter dem Motto «Mir hän Pfuus» feiern die Birsfelder trotz Regenschauern auf einem weiten Festgelände die 125 Jahre alte Selbständigkeit ihrer Gemeinde. Die Feier gliedert sich in 5 Sektoren: Historisches und heutiges Birsfelden, Freizeitleben, Kids, Visionen. Es finden sich in jedem Sektor Attraktionen und kulinarische Angebote.

Tecknau
«Tag der offenen Tür»

24. Die Gemeindebauten an der Dorfstrasse werden mit einem «Tag der offenen Tür» offiziell der Bevölkerung übergeben: ein Doppel-Kindergarten, Werkhof, Gemeindeverwaltung und ein neuer Gemeindesaal.

Bubendorf
Première

25. Über 2200 Mädchen und Knaben bestreiten ein begeisterndes 1. Kantonales Jugendturnfest mit Riegenwettkämpfen.

Leimental
Altersheim

26. Nach zustimmenden Entscheiden der Gemeindeversammlungen von Therwil und Biel-Benken stellt sich auch Ettingen hinter die geplante Erweiterung des Alters-und Pflegeheims «Blumenrain» in Therwil. Die Kosten belaufen sich auf Fr. 10,7 Mio. Die drei Gemeinden beteiligen sich am Betriebskapital im Verhältnis ihrer Einwohnerzahlen.

Reinach
Heroinabgabe

26. Das Pilotprojekt für das ärztlich kontrollierte Heroin-Abgabeprogramm mit 10 bis 15 Plätzen ist in einem «Container-Anbau» untergebracht, in direkter Nachbarschaft zur Drogenberatungsstelle.

Aesch
Keine Deponie

27. Die BUD *(Bau- und Umweltschutzdirektion)* verzichtet angesichts des starken Widerstandes auf die ins Auge gefasste Bauschutt-Deponie «Hinterm Schlatt».

Sissach
«Chienberg»-Tunnel

28. Das *Bundesgericht* weist die Beschwerde des in der Bauvergabe trotz seines günstigeren Angebotes unterlegenen Baukonsortiums ab. Dieser Entscheid bewahrt den *Kanton Baselland* vor Schadenersatzforderungen.

Giebenach
Umbau

28. Die Gemeindeversammlung beschliesst in geheimer Abstimmung mit 47 zu 37 Stimmen den Umbau des alten Schulhauses in eine Gemeindeverwaltung mit Feuerwehrmagazin.

Ausserdem …

… verleiht die Bürgergemeindeversammlung Seltisberg *alt Ständerat René Rhinow*, dem prominentesten Einwohner, das Ehrenbürgerrecht.

Juli 2000

Zeglingen
Kilchberg
Rünenberg

1. Ab sofort tritt der gemeinsame Verwaltungsverbund für Zeglingen, Kilchberg und Rünenberg in Funktion. Aus drei nebenamtlichen Kanzleistellen ist es ein Vollzeitamt mit Sitz in Zeglingen geworden, betreut von *Franziska Bider*. Die Protokollführung an Gemeinderatssitzungen erfolgt in Kilchberg und Rünenberg durch eigene Funktionäre. Für die Rünenberger gibt es ab 1.10. im alten Schulhaus einmal pro Woche eine eigene Bürostunde.

Binningen
Grossbrand

8. Bei einem Grossbrand in den frühen Morgenstunden an der Dorenbachstrasse brennt die Lagerhalle der *Stamm Bau AG* gänzlich nieder. 50 Personen in den Nachbarliegenschaften müssen evakuiert werden.

Reinach
Umstrittener Quartierplan

15. Die Anwohner beim «Mausacker» wehren sich mit einem Referendum gegen den vom Einwohnerrat abgesegneten Quartierplan, welcher der *Novartis-Pensionskasse* eine homogene Gesamtüberbauung ermöglichte.

Gelterkinden
Referendum

17. Es wird ein mit 465 Unterschriften versehenes Referendum gegen den Quartierplan «Allmend» eingereicht.

Liestal	Finanzausgleich 18. Im Rahmen des ungebundenen Finanzausgleichs schüttet der Kanton im Jahr 2000 an 71 Gemeinden knapp Fr. 60,9 Mio. aus. «Zustüpfe» über Fr. 1000.– pro Einwohner erhalten auf Grund geringer Steuerkraft die Gemeinden Bretzwil, Eptingen, Langenbruck, Lauwil, Nenzlingen, Roggenburg, Rothenfluh, Rümlingen, Wahlen und Zeglingen.
Liestal Kaserne	19. Die GSoA *(Gruppe für eine Schweiz ohne Armee)* reicht ein Referendum mit 2642 Unterschriften «gegen den Neu- und Ausbau der Kaserne Liestal» ein. Unterstützt wird das Referendum von FGL *(Freie Grüne Liste)*, SP BL, *Juso (Jungsozialisten)* BS und BL, der *Neuen PdA, Frischluft Arlesheim, Unabhängiges Pratteln, Unabhängige Frauenliste, Frauen für den Frieden* und der *«Globalen Initiative für sofortige Abrüstung aller Länder»*.
«Tour de France»	20. Die Passage der «Tour de France» durchs Baselbiet auf ihrer 18. Etappe Lausanne–Freiburg im Breisgau hat auf der Strecke Langenbruck–Liestal–Füllinsdorf–Rheinfelden zwischen 11 und 16 Uhr auf Grund gesperrter Strassen massive Verkehrsbehinderungen im privaten und öffentlichen Verkehr zur Folge. Das Velorennen bringt dem Kanton nur Kosten ohne konkrete Einnahmen.
Sissach Fischsterben	25. Eine Gewässerverschmutzung unbekannten Ursprungs im «Diegterbach» fordert das Leben von 150 Fischen und unzähligen Kleinlebewesen.
Diegten Schonzeit	27. Dank einem Jägerstreit – 3 Jäger verlangen die Aufteilung des Reviers in Diegten-Ost und Diegten-West – geniessen die Füchse, Rehe und Wildschweine im Diegter Gemeindebann bis zur Austragung des Rechtsstreits absolute Schonzeit.
Liestal Sachbeschädigung	28./29. Während der Nacht werden 20 Schaufensterscheiben durch Einritzen des Wortes «Free» beschädigt. Der Sachschaden wird auf rund Fr. 100 000.– geschätzt.
Ausserdem …	… weist die Baselbieter Polizei von allen Polizeikorps der Schweiz mit 12% die höchste Frauenquote auf.

August 2000

Bundesfeier	1. An der Bundesfeier 2000 herrscht strahlendes Wetter. Als Organisatoren stellen sich wie gewohnt neben Einwohner- und Bürgergemeinden auch Vereine zur Verfügung, der Schwerpunkt liegt auf Geselligkeit bei Speis und Trank. Die eine Hälfte der Gemeinden feiert mit, die andere ohne Redner. 16 Gemeinden feiern am sonntäglichen Vorabend, Brislach mit *Regierungsrat Schmid* bereits am Samstag. *Regierungsrätin Schneider* spricht in Muttenz, *Regierungsrat Straumann* auf «Schloss Wildenstein» im Rahmen der Bubendorfer Feier. In Röschenz spricht USA-*Botschafter Richard Fredericks*, Urenkel einer Röschenzerin. An der Läufelfinger Feier auf der «Seppenweid» tritt wie im Vorjahr eine Kindertanzgruppe aus Tschernobyl auf. 5 Gemeinden beschränken sich auf ein Höhenfeuer, in 27 Gemeinden wird gar nichts organisiert. Dafür bieten 12 Bauernhöfe ein «Zmorge-Zmittag» an.
Von *ADtranz* zu *Bombardier*	5. Um sich auf das Kerngeschäft «Auto» zu konzentrieren, verkauft der *Daimler Chrysler*-Konzern seine «Bahntochter» *ADtranz* an den kanadischen *Bombardier*-Konzern. Die Hoffnung, den Produktionsstandort Pratteln halten zu können, steigt. *Regierungsrat Straumann* erwartet

eine positive Wende, da *Bombardier* der weltweit grösste Eisenbahnwaggon-Hersteller ist.

Oberbaselbiet
Unwetter

6. Acht Gemeinden oberhalb Gelterkinden werden von einem schweren Unwetter betroffen. Die Strasse Gelterkinden–Tecknau ist verschüttet und muss mit schwerem Gerät gesäubert werden. Viele Keller und Tiefgaragen sind überflutet.

Oberwil
Liestal
Jubiläen

12./13. Der *Musikverein Oberwil* feiert sein 100-jähriges Bestehen mit einem Volksfest. In Liestal lädt der Verkehrs- und Verschönerungsverein (VVL) zur 100-Jahr-Feier des Aussichtsturms ein.

Schuljahresbeginn
«Sportklasse»

14. 2800 Kindergarten-Neulinge, 2500 ABC-Schützen, 825 Realschüler und 1800 Sekundar- und Progymnasium-Schüler «starten» in neuer Umgebung. 4 Mädchen und 16 Knaben im Alter von 11 bis 16 Jahren setzen ihre Schulausbildung in Pratteln in der ersten Baselbieter «Sportklasse» fort. Es sind Jungtalente in den Sportarten Fussball, Kunstturnen, Rhythmische Gymnastik, Schwimmen, Tennis und Tischtennis. Drei Lehrkräfte unterrichten acht unterschiedliche Niveaus. Die jungen Sportlerinnen und Sportler absolvieren neben durchschnittlich 25 Schullektionen pro Woche 14 bis 30 Trainingsstunden unter professioneller Leitung.

Zunzgen
Demission

17. *Gemeindepräsident Thomas Fiechter* erklärt im «Zunzger Mitteilungsblatt» auf Grund von Verunglimpfungen in den vergangenen Wochen seinen Rücktritt.

Liestal
«Skinhead»-Marsch

17. Am 13. Todestag des Hitler-Stellvertreters *Rudolf Hess* sorgen am Abend 20 grösstenteils vermummte «Skinheads» mit einem Marsch durch den Kantonshauptort für Aufsehen, ohne Sachschaden anzurichten und unbehelligt von der Polizei.

Liestal
Gegenreaktion

19. Auf Initiative von *alt Landrat Andreas Oetterli* wird ein Komitee «Liestal schweigt nicht» gegründet. Es legt im Rathaus ein Buch auf, worin alle Leute ihre Besorgnis angesichts rechtsextremen Handelns zum Ausdruck bringen können.

Liestal
Jubiläum

19. Im Rahmen der Jubiläumsfeier «150 Jahre Brauerei Ziegelhof» lassen sich 10 000 Personen zum Jubiläumspreis von 150 Rappen für das Eintrittsticket mit Attraktionen, Gratisverpflegung und Glückspreisen verwöhnen. Der Erlös geht an eine wohltätige Institution.

Spektakulärer Gelderwerb

20. Mit Blaulicht und gefälschten Polizeiausweisen haben zwei arbeitslose Deutsche während der vergangenen Wochen auf Schweizer Autobahnen bei ausländischen Rasern Bussengelder zwischen Fr. 200.– und Fr. 700.– kassiert. Mindestens 25 nichtsahnende Opfer zahlten schuldbewusst sofort in bar oder liessen sich von den zwei Pseudo-Polizisten zum nächsten Bancomat führen. Als die selbsternannten Ordnungshüter am *Euro-Airport* ihr Mietfahrzeug wechseln wollen, gelingt es der misstrauisch gewordenen *Kantonspolizei Baselland*, der unlauteren Konkurrenz ein Ende zu bereiten.

Bottmingen
«Open Air» abgesagt

26./27. In Bottmingen demolieren Vandalen – trotz Bewachung rund um die Uhr – eine Kino-Anlage, worauf die geplante «Open Air»-Veranstaltung abgesagt werden muss. Der Sachschaden beträgt rund Fr. 20 000.–.

Reinach
Grossbrand

26./27. Ein nächtlicher Grossbrand verwandelt die *Buchbinderei Grollimund AG* in ein Flammenmeer. 130 Feuerwehrmännern aus Reinach, Arlesheim, Münchenstein und Muttenz gelingt es gegen 4 Uhr früh, den Brand unter Kontrolle zu bringen. Der Schaden liegt in Millionenhöhe.

Bretzwil
Dorffest

26./27. Unter dem Motto «Brätzbel – ä saagehafts Dorf» verwöhnt ein grosses Dorffest die Besucher in kultureller und kulinarischer Hinsicht.

Sissach
Ökumene

26./27. Erstmals in der langjährigen Geschichte der «Pfarrei-Chilbi» führen die *Römisch-katholische* und die *Evangelisch-reformierte Kirchgemeinde* Sissach das Fest gemeinsam durch.

Diegten
Hitzige «Gmeini»

29. Die Diegter stimmen nach harter Diskussion mit 40 zu 17 Stimmen dem Zonenplan «Siedlung» zu und bewilligen für die Planung einen Kredit von Fr. 85 000.–, 10 ha Bauland werden zurückgezont. Die betroffenen Landeigentümer sagen sämtlichen Beschlüssen das Referendum an.

Laufen
Frecher Überfall

29. Zwei maskierte Männer überfallen um 15.30 Uhr die Laufener Filiale der BLKB und verschwinden unter Waffendrohung mit einer Beute von knapp Fr. 500.– auf einem gestohlenen Motorrad.

Pratteln
IKEA

30. Nach 15-monatiger Bauzeit eröffnet die *IKEA* in Pratteln ihr sechstes Schweizer Einrichtungshaus, mit 9000 Artikeln für den Wohnbereich.

Ausserdem …

… kommen beim Aushub für das neue Gemeindezentrum in Reinach Reste einer frühmittelalterlichen Grosssiedlung zum Vorschein.

September 2000

Muttenz
Première

1. Die drei Baselbieter Landeskirchen führen erstmals eine gemeinsame Synode durch. Theologieprofessor *Hans Küng* appelliert an alle, die eigene Identität zu bewahren und trotzdem für Neues offen zu sein.

Liestal
Jubiläum

3. Die *Stadtmusik Liestal* feiert unter Beteiligung von 16 Musikvereinen ihr 125. Jubiläum.

Muttenz
«Weg der Hoffnung»

3. Nach einem gemeinsamen Gottesdienst im *Mittenza*-Saal weihen *Evangelisch-Reformierte, Römisch-Katholiken, Christkatholiken, Methodisten* und *Mennoniten* als Symbol der Ökumene den «Weg der Hoffnung» von der Dorfkirche zum Wartenberg ein. Die 6 Stationen sind von 5 einheimischen Künstlerinnen und Künstlern gestaltet worden.

Roggenburg
«Motocross»

3. Im Grenzgebiet zwischen Roggenburg und Ederswiler wird unter misslichen Wetterbedingungen bei einem Publikums-Grossandrang das traditionelle «Motocross»-Rennen durchgeführt, als Weltmeisterschaftsrunde mit den letzten Läufen in der Viertel- und Halbliterklasse.

Titterten
Sieg über die Malaria?

8. In der zum Bersten vollen Turnhalle Titterten orientiert die Reisegruppe von *Christian Miesch* über das Projekt von *alt Regierungsrat Spitteler*, in Tansania aus der Beifusspflanze ein wirksames Medikament gegen die Malaria zu entwickeln. Die in der Klinik des Klosters «Uwemba» verabreichten Pastillen dürfen aber vor ihrem «klinischen Test» nicht vermarktet werden.

Liestal
GIBL

9. Die Geburtstagsfestlichkeiten zum 125. Jubiläum der GIBL *(Gewerblich-industrielle Berufsschule Liestal)* werden im «Stedtli» mit einem Jazz-Konzert der «Steppin' Stompers» auf einem alten Liestaler Feuerwehrauto eröffnet. Die Ausstellung «Berufe machen Schule» gibt einen umfassenden Einblick in die Berufsbildung.

Sissach
Schenkung

9. Die 12 *Kiwanis Clubs* in BS, BL und im Fricktal übergeben im «Schloss Ebenrain» dem *Kinderspitexdienst Baselland* für das geplante 3-jährige Pilotprojekt einen Check von Fr. 20 000.– als Starthilfe.

Liestal
Demonstration

9. Das Komitee «Liestal schweigt nicht» und die Jugendgruppe «IG gegen Rechts und Co.» organisieren eine von 1000 Personen besuchte Demonstration gegen Rassismus und Rechtsextremismus, mit Ansprachen von *Regierungsrat Koellreuter* und *alt Bundesrat Stich* vor dem Rathaus. 238 Polizisten aus 5 Kantonen sind als Schutztrupp gegen befürchtete Provokationen der Neonazis aufgeboten worden, die jedoch nicht auftauchen. Polizeigrenadiere hindern 4 vermummte «Alternative» aus der linken Szene gewaltsam am Betreten des «Stedtlis».

Zunzgen
Gemeindezentrum

11. Die Gemeindeversammlung bestätigt ihren Beschluss vom 9.11.1999 zum Einbau von acht 2 1/2-Zimmerwohnungen ins neue Gemeindezentrum mit 135 zu 11 Stimmen.

Ormalingen
Gemeindezentrum

13. Die Gemeindeversammlung bewilligt mit 50 zu 4 Stimmen einen Kredit von Fr. 3,4 Mio. für den Bau eines zeitgemässen Gemeindezentrums am Standort des heutigen «Ballmerhauses». Eine Urnenabstimmung folgt.

Liestal
Demo-Verbot

14. Der Liestaler Stadtrat lehnt Demonstrationen rechtsextremer Vereinigungen kategorisch ab und verweigert der «Partei national orientierter Schweizer» die erbetene Demonstrationsbewilligung.

Hölstein
«Rössli»-Schopf

14. Das Verwaltungsgericht hält den «Rössli»-Schopf gleich dem Gasthof für schutzwürdig und weist die Beschwerde der Gemeinde Hölstein gegen dessen Aufnahme unter die geschützten Kulturgüter einstimmig ab.

Wahlen
Mehrzweckhalle

14. Der *Turn- und Sportverein Wahlen* hat für Fr. 800 000.– die bisherige Turnhalle in eine Mehrzweckhalle umbauen lassen. *Sport-Toto*-Subventionen, Fronarbeit (1300 Stunden Gratisarbeit) und Leistungen von jährlich Fr. 20 000.– aus dem Ertrag von Vereinsanlässen helfen, die Schulden zu amortisieren.

Maisprach
Turnhalle

15. Die Gemeindeversammlung zieht mit 60 zu 14 Stimmen die Sanierung der bisherigen Turnhalle einem Neubau vor und bewilligt dafür einen Kredit von Fr. 330 000.–. Zur Hauptsache erfolgt die Finanzierung jedoch durch den Reingewinn aus dem letzten Dorffest.

Rümlingen
2. Reservoir

16. Die Rümlinger nehmen ihr im Gemeindebann von Wittinsburg liegendes zweites Reservoir «Neuweg» in Betrieb.

Bubendorf
Jubiläum

16. Lehrer und Schüler von Bubendorf feiern das 150-jährige Bestehen des Schulhauses mit einem Volksfest.

Pratteln
Rail Tech AG

16. Das holländische Unternehmen *Business Creation* steigt bei *Rail Tech* Pratteln als Investor ein und will damit die ehemaligen *ADtranz*-Arbeitsplätze im Baselbiet retten.

Liestal
Bürgergemeinde

18. Die Bürgergemeindeversammlung von Liestal beschliesst mit grossem Mehr, den Stadtrat damit zu beauftragen, die nötigen Schritte zur Trennung von Einwohner- und Bürgergemeinde einzuleiten. Ferner bietet sie für Einbürgerungswillige einen «Einbürgerungskurs» an.

Therwil
Um- und Neubau

20. Die Gemeindeversammlung bewilligt Fr. 1,91 Mio. für den Umbau des geschützten «Kirchrain»-Bauernhauses zu einem Gebäude für *Spitex*, *Mütterberatung* und *Gemeindebibliothek* und einen Kredit von Fr. 2,68 Mio. für einen neuen Kindergarten, in Kombination mit fünf Wohnungen, im «Witterswilerfeld».

Muttenz
Vereinsauflösung

21. Nach 30-jähriger Tätigkeit löst sich der *Verein «ars mittenza»* auf, da der neue Vorstand sein Ziel, mehr Leute für seine kulturellen Veranstaltungen zu begeistern, nicht erreicht hat.

Liestal Hallenbad Ersatzwahl	24. Die Liestaler stimmen an der Urne der Weiterführung des Hallenbades durch eine AG mit 3201 zu 655 Stimmen zu. Bei der Ersatzwahl in den Stadtrat für den zurückgetretenen *Daniel Seiler* erreicht keiner der offiziellen Kandidaten das absolute Mehr.
Gelterkinden Quartierplan	24. Das Referendum gegen den Quartierplan «Allmend» bleibt erfolglos. Dieser Plan wird an der Urne mit 1062 zu 551 Stimmen angenommen.
Pratteln «Tempo 30»	25. Der Einwohnerrat Pratteln spricht sich deutlich für die Initiative «Tempo 30 im Längi-Quartier» aus.
Bennwil Poststelle geschlossen	30. Mit der Pensionierung von Posthalterin *Verona Heinimann* nach 30 Dienstjahren wird die Poststelle Bennwil geschlossen.
Ausserdem …	… hat die Kirschenernte im Jahr 2000 in der Nordwestschweiz gegenüber 1999 folgende Ertragssteigerung ergeben: – bei den Tafelkirschen von 520 t auf 1325 t – bei den Industriekirschen von 670 t auf 1455 t – bei den Brennkirschen von 1540 t auf 2660 t

Oktober 2000

Sissach «GESI 2000»	6.–8. 105 Aussteller des *Gewerbevereins Sissach und Umgebung* (GESI) zeigen ihr Angebot auf einer Fläche von 2500 m^2 auf der Schul- und Sportanlage «Tannenbrunn». 30 000 Besucher können sich in 14 Beizen verköstigen.
Liestal «Frauenmarsch»	13. Aktivistinnen von *Frauenrat, Unabhängiger Frauenliste, Vereinigung Frauenrechte, Fachstelle für Gleichstellung, Kirchlicher Frauenstelle und Kontaktstelle Frau und Arbeit «professionELLE»* marschieren bei nasskaltem Wetter von Liestal via Frenkendorf nach Muttenz und von dort per Tram nach Basel, um mit rund 10 000 weiteren Frauen aus der ganzen Schweiz am Abschlusstreffen des «Weltfrauen-Marsches» («Marche Mondiale des Femmes») gegen die Frauenarmut und die Gewalt an Frauen zu protestieren.
Bubendorf Sportanlage	16. Die Gemeindeversammlung stimmt dem Bau einer Sportanlage in der «Sappeten» zu und bewilligt hierfür einen Kredit von Fr. 1,5 Mio. Die Kosten werden zu drei Vierteln mittels Verkaufs von 1700 m^2 Bauland gedeckt.
Liestal *Reformierte Kirche*	16.–18. Das ehemalige Pfarrhaus am «Obergestadeck» wird nach erfolgtem Umbau das Domizil für Kirchenrat und -Präsidium, Kirchensekretariat, die Finanzverwaltung und die Fachstelle Kommunikation *der Evangelisch-reformierten Kirche Baselland.*
Münchenstein *Elektra Birseck*	18. Die *Elektra Birseck Münchenstein* (EBM) nimmt die erste grössere Brennstoffzellenanlage der Schweiz in Betrieb. Sie produziert umweltschonend Wärme und Strom.
Birsfelden Petition	20. Eine Delegation aus Birsfelden überbringt der Landeskanzlei 1280 Unterschriften für eine optimierte Buslinie ins Quartier «Sternenfeld».
Liestal Defilee	20. 1777 Wehrmännern aus den 3 Bataillonen des Infanterie-Regiments 21 nach abgeschlossenem WK defilieren gemeinsam mit den Soldaten der Liestaler Rekrutenschule und dem Regimentsspiel durch die Rathausstrasse. Auf dem Kasernenplatz sprechen Regiments- und Schulkommandant *Alex Reber* und *Bundesrat Ogi*.

Tecknau
«Bachputzete»

21. 45 Personen folgen dem Aufruf der Einwohnergemeinde zur «Bachputzete» und sammeln 1360 kg Strandgut.

Liestal
Stadtrat

22. Im Kampf um den vakanten Stadtratsitz siegt im zweiten Wahlgang *Lukas Ott* (FGL) mit 1324 Stimmen gegen *Martin Brack* (SVP) mit 1212 Stimmen. Der Liestaler Stadtrat verfügt jetzt über eine links-grüne Mehrheit.

Reformierte Synode

25. In den reformierten Baselbieter Kirchgemeinden sollen während einer 4-jährigen Versuchsphase gleichgeschlechtliche Paare den «kirchlichen Segen» erhalten können. Der Beschluss wird mit 50 zu 19 Stimmen gefasst, nachdem sich 26 der 35 Kirchenpflegen dafür ausgesprochen haben.

Ettingen
Ausgesteuerte

25. Die Gemeindeversammlung genehmigt zwei neue Stellen mit der Aufgabe, ausgesteuerte und fürsorgeunterstützte Personen wieder in den Arbeitsprozess integrieren zu suchen.

Pratteln
Weiterer Möbelriese

26. Direkt neben *Möbel Pfister* und *IKEA* eröffnet nun das Einrichtungshaus *Conforama* ein grosses Geschäft auf 5600 m^2 Verkaufs- und 7500 m^2 Lagerfläche.

Sissach
Vereinsauflösung

27. Die *Kulturelle Vereinigung Sissach* löst sich auf. Das Vereinsvermögen von Fr. 10 000.– wird in Form eines Fonds Kulturschaffenden zur Verfügung stehen.

Ausserdem ...

... verhalfen die schönen und warmen Monate Mai, Juni, August und September den Weintrauben zu hohen Oechsle-Graden: Riesling-Sylvaner 80 Grad , Gutedel 72 Grad, Blauburgunder 90 Grad.

... führt die Erdgasleitung Rodersdorf–Lostorf (55 km), Teilstück einer Gas-Pipeline Norwegen–Italien und seit dem 5. Juni im Bau, mittels Stollen durch den Blauen und später durchs Oberbaselbiet. Von seinen 10 Mikrotunnels wird einer bei Diegten die N2 unterqueren. Rund einen Drittel des darin zukünftig transportierten Rohstoffes soll die Schweiz «abzapfen» und damit 75% des Eigenbedarfes decken können.

November 2000

Binningen
Initiative«Zentrum»

1. Die «Ökogemeinde Binningen» übergibt der Gemeindeverwaltung Initiativbogen mit 935 Unterschriften, worin ein Dorfplatz unter Einbezug des 140 Jahre alten «Heyer-Hauses» gefordert wird, um damit dessen Abbruch zu verhindern.

Wenslingen
Hochstammbäume

4. Auf Initiative des *Natur- und Vogelschutzvereins* werden unter Anleitung von Baumwärter *Walter Bieri* in den Baumgärten und der Landwirtschaftszone 48 Hochstammbäume verschiedener Art gepflanzt, zur Bereicherung des Landschaftsbildes und zugunsten der Vögel.

Binningen
Schulhaus

6. Der Einwohnerrat genehmigt einen Kredit von Fr. 9,7 Mio. für den Neubau des «Meiriacker»-Schulhauses und die Sanierung der zugehörigen Turnhalle.

Liestal
SD-Initiative

10. Die *Schweizer Demokraten* reichen mit 1751 Unterschriften eine «Volksinitiative für eine vernünftige Einbürgerungspolitik» ein, worin für Neuanwärter der Wohnsitz in der Bewerbungsgemeinde und das Verstehen von Mundart oder einer der 4 offiziellen Landessprachen verlangt wird.

Wenslingen Jubiläum	11. Die SVP Baselland feiert in Anwesenheit von *Ueli Maurer*, Parteipräsident der SVP Schweiz, ihren 75. Geburtstag.
Wildenstein Festsaal	13. Die BLKB *(Basellandschaftliche Kantonalbank)* hat den Dachstockausbau des «Schlosses Wildenstein» finanziert. *Paul Nyffeler*, Präsident der Geschäftsleitung, übergibt das Geschenk, einen Festsaal mit 100 Plätzen für kulturelle und gesellschaftliche Veranstaltungen, offiziell an *Regierungsrätin Elsbeth Schneider*.
Ormalingen Hemmiken Widerstand gegen Deponien	15. Der Gemeinderat Ormalingen wehrt sich gegen den Standort «Weiherhof» als Bauschutt-Deponie und verzichtet bewusst auf eine Informationsveranstaltung. In Hemmiken stösst der Standort «Solztel» für eine dortige Deponie an einer Informationsversammlung auf derart heftige Ablehnung, dass in der Folge 70% der Stimmbürger ein Initiativbegehren gegen diese «Landschaftsverschandelung» unterzeichnen.
Liestal *Gitterli AG*	21. *Stadtpräsident Lüthi* überträgt die Verantwortung für den Betrieb der Bäder per 1.1.2001 einem weitgehend aus Fachleuten zusammengesetzten 9-köpfigen Verwaltungsrat der *Sport- und Volksbad Gitterli AG* unter dem Präsidium von Architekt *Walter Baumann* (früherer SP-Stadtrat).
Münchenstein Auszeichnung	21. Als Lohn für die langjährigen Bemühungen um eine bessere Energie-Nutzung erhält Münchenstein als sechste Baselbieter Gemeinde von *Regierungsrätin Elsbeth Schneider* das Label «Energiestadt» verliehen.
Ziefen Ortsplan Schwimmbad	23. Die Gemeindeversammlung bewilligt mit 45 zu 35 Stimmen einen Kredit zur Erstellung eines Ortsplanes. Sie subventioniert allen Ziefener Sportlern den Eintritt ins Schwimmbad Liestal (40% eines Jahresabos oder einer 10-er Eintrittskarte) bis zu maximal Fr. 10 000.– pro Jahr, beteiligt sich jedoch nicht am Aktienkapital.
Buus/Maisprach Zusammenarbeit	24. Buus und Maisprach beschliessen an ihren Gemeindeversammlungen die Fusion ihrer Feuerwehren.
Ormalingen Gemeindehaus	26. Der Neubau des Gemeindehauses am Standort des baufälligen «Ballmerhauses» wird an der Urne mit 327 zu 290 Stimmen angenommen.
Röschenz Einwohner- und Bürgergemeinde	26. Die Röschenzer begrüssen an der Urne mit 128 zu 23 Stimmen die Vereinigung von Einwohnergemeinde und Bürgergemeinde.
Diegten Zonenplanung	26. In der Referendumsabstimmung heissen die Diegter alle fünf Planungsvorlagen gut und bestätigen damit die Gemeindeversammlungsentscheide: Der Zonenplan «Siedlung» wird mit 224 zu 203 Stimmen bejaht, das Zonenreglement «Siedlung» mit 245 zu 184 Stimmen, der Nachtragskredit über Fr. 85 000.– für den Zonenplan «Siedlung» mit 224 zu 207 Stimmen, der Strassennetzplan «Siedlung» mit 330 zu 99 Stimmen, der Lärmempfindlichkeitsstufenplan mit 229 zu 200 Stimmen.
Junge SVP Schweiz	30. In Liestal konstituiert sich unter dem Präsidium von *Joris Zahnd* (Ettingen) eine Baselbieter Sektion der *Jungen SVP Schweiz*.
Diegten Wenslingen Petitionen	30. In Liestal übergeben im Beisein von *Gemeindepräsidentin Myrta Stohler* und *Gemeindepräsident Alexander Gloor* Schulkinder Petitionen mit 1200 Unterschriften «zur Erhaltung der Kreisschulen in Diegten und Wenslingen».
Ausserdem …	… Seit 1990 haben sich die Fürsorgeleistungen der Baselbieter Gemeinden fast verdreifacht.

Buckten Jugendraum «Homburgertal»	2. Auf Initiative der Kirchenpflege Rümlingen ist unter dem Präsidium von Pfarrer *Markus Enz* ein Verein «Jugendraum Homburgertal» gegründet worden. Ab heute steht den 13 bis 17 Jahre alten Jugendlichen am Freitag und Samstag von 19 bis 22 Uhr ein Raum in der alten Bucktener «Schuelmattenhalle» für Spiele und Bastelarbeiten samt Disco-Betrieb und Küche zur freien Verfügung. Jugendarbeiterin *Jacqueline Ries* (Wittinsburg) ist als Coach tätig. Die Kosten werden zu zwei Dritteln von den beteiligten politischen Gemeinden und zu einem Drittel von den Kirchgemeinden Rümlingen und Läufelfingen übernommen.
Wintersingen WWF-Pilotprojekt	2. In Wintersingen werden 20 hochstämmige Bio-Kirschbäume gesetzt, um deren Chancen gegenüber den mit Fördergeldern unterstützten Niederstammbäumen in Kirschenanlagen herauszufinden.
Anwil Vernissage	2. In der Mehrzweckhalle wird die Herausgabe der neuen «Heimatkunde von Anwil» (mit CD) gefeiert.
Sissach Altersheim	4. Für das um acht neue Einzelzimmer, einen Mehrzwecksaal, Werkräume, Büros und *Spitex*-Räume erweiterte Alters- und Pflegeheim «Mülimatt» wird mit einer Eröffnungsfeier eingeweiht.
Pratteln «Adlertunnel» eröffnet	4. Genau 8 Jahre nach dem ersten Spatenstich wird heute der Fr. 400 Mio. teure «Adlertunnel» zwischen Liestal und Muttenz eingeweiht.
Pratteln Einbürgerungen	7. Die Bürgergemeindeversammlung Pratteln spricht in offener Abstimmung bei nur wenigen Gegenstimmen 19 Bewerbern aus 4 Nationen das Pratteler Bürgerrecht zu, darunter einem 23-jährigen Bewerber aus der Türkei, dem noch vor genau 3 Jahren die Aufnahme verweigert worden war.
Zunzgen Vernissage	8. Die Herausgabe des neuen Heimatkundebuches über Zunzgen, 400 Seiten geschrieben von 25 Autorinnen und Autoren, wird in der Mehrzweckhalle mit Blasmusik, Chorgesang und Ansprachen gefeiert.
Itingen Hausverkauf	11. Im zweiten Anlauf verkauft die Gemeindeversammlung das seit 5 Jahren nicht mehr bewohnte spätgotische «Häfelfinger-Haus» an eine Arztfamilie.
Schweizerhalle A2	14. Die Fr. 65 Mio. teure Sanierung der A2-Galerie in Schweizerhalle, ihre Umwandlung in einen Tunnel, ist vollendet, es sind wieder alle Fahrspuren offen.
Rünenberg Hochstammbäume	14. Die Gemeinde Rünenberg vergütet inskünftig jede Neupflanzung eines hochstämmigen Obstbaumes in der Landwirtschaftszone mit Fr. 30.–.
Böckten Schulglocke	15. Die im Jahre 1828 gegossene Schulhausglocke wird wieder auf dem Schulhaustürmli installiert, fortan aber vollautomatisch geläutet.
Zunzgen Strafverfahren eingestellt	16. Das Strafverfahren gegen den Gemeinderat Zunzgen wegen Abbruchs des «Bohny»-Hauses wurde von der Staatsanwaltschaft eingestellt, da nach dem erfolgten Teileinsturz des Gebäudes aus Sicherheitsgründen ein Totalabbruch gerechtfertigt gewesen sei.
Laufen «Spitalkrise» Nachwehen	18. Der Kanton Baselland und Chefarzt Kaiser einigen sich auf einen aussergerichtlichen Vergleich: Aufhebung der fristlosen Entlassung, Auflösung des Arbeitsverhältnisses in beidseitigem Einverständnis per 15.11.2000, Auszahlung von fast 23 (bereits empfangenen) Monats-

löhnen, Verzicht auf die entgangenen zusätzlichen Einnahmen aus privatärztlicher Tätigkeit in den Praxisräumen des Spitals.

Liestal
Vertrag aufgelöst

19. Die *Bau- und Umweltschutzdirektion* (BUD) und die Firma *Arcoplan Generalplaner AG* Basel haben ihren «Vertrag über Architekturleistungen und die örtliche Bauleitung bei der Sanierung des *Kantonsspitals Liestal*» in gegenseitiger Übereinkunft beendet. Die zweite Sanierungsetappe wird das Hochbauamt in eigener Regie übernehmen.

Laufen
Sozialdienste

19. Die SDL *(Sozialdienste Laufental)* präsentieren sich neu als Zweckverband aller 13 Laufentaler Gemeinden und halten unter der Leitung von *René Merz* (Röschenz) die 1. Generalversammlung ab. Neuer Geschäftsführer ist *Urs Asprion* (Dittingen).

Langenbruck
Historische Dokumente vernichtet

29. Ein Dachstockbrand zerstört historische Dokumente und Bilder über den Flugpionier *Oskar Bider*. Die Sammlung hätte als Grundstock für ein geplantes Dorfmuseum dienen sollen.

Ausserdem ...

... säubern Schüler und Betreuer des Schulheims «Schillingsrain» Rastplätze, Feuerstellen und Waldränder im Liestaler Wald und beseitigen 350 kg achtlos weggeworfene Abfälle.

... beteiligen sich die Gemeinden Bubendorf, Frenkendorf, Füllinsdorf, Lausen und Seltisberg aus Solidarität zu Liestal an der Finanzierung der *Sport- und Volksbad Gitterli AG* mit Beiträgen an das Aktienkapital und die Betriebskosten.

... sind im Baselbiet 4434 Einwohner auf Fürsorge-Unterstützung angewiesen (1,6% der Bevölkerung). Mit fast 60% das grösste Armutsrisiko ist die Arbeitslosigkeit.

... haben im Jahr 2000 insgesamt 205 Gesuchsteller aus dem Baselbieter *Lotteriefonds* Beiträge erhalten. Insgesamt sind etwas mehr als Fr. 6,8 Mio. ausbezahlt worden. Dabei wurden gemeinnützige, wohltätige und kulturelle Projekte innerhalb des Kantons sowie im In- und Ausland berücksichtigt.

27.1.
Simone Abt (SP Binningen) wird als Landrätin angelobt. Sie ersetzt den per 15.1. zurückgetretenen *Philippe Bollinger*.

23.3.
Sibylle Moll (FDP Oberwil) wird als Präsidentin des Bezirksgerichts Arlesheim angelobt. Sie ersetzt den auf Ende März zurücktretenden *Camille Steullet*.

18.5.
Hannelore Nyffenegger (SP Liestal) wird als Landrätin angelobt. Sie ersetzt den am 23.4. verstorbenen *Emil Schilt*.

22.6.
Adrian Ballmer (FDP Liestal) wird als neues Mitglied des Regierungsrates angelobt. Er ersetzt den per 30.6. zurücktretenden *Hans Fünfschilling*.

Christian Erbacher (SP Liestal) wird als Präsident des Bezirksgerichts Liestal angelobt. Er übernimmt ein neu geschaffenes Amt.

19.10.
Urs Hintermann (SP Reinach) wird als Landrat angelobt. Er ersetzt den Ende September zurückgetretenen *Franz Bloch*.

30.11.
Thomas Haegler (SD Gelterkinden) wird als Landrat angelobt, Er ersetzt den am 19.10. zurückgetretenen *Peter Degen*.

Der Landrat wählt/ernennt :

13.1.
... *Daniel Schenk* (FDP Therwil) in den Bankrat, als Nachfolger von *Hansruedi Bieri* (BUD-Sekretär).

18.5.
... *Max Ribi* (FDP Allschwil) in den Verwaltungsrat der BLT.

... *Theo Weller* (CVP/EVP, Muttenz) und *Hanspeter Ryser* (SVP Oberwil) in den Beirat der BLT.

8.6.
... *Caroline Horny* (SP Allschwil) zur Staatsanwältin. Sie ersetzt den zum Präsidenten des Bezirksgerichts Liestal gewählten *Christian Erbacher*.

... *Pia Glaser* (SP Binningen) zur Strafrichterin. Sie ersetzt die zurückgetretene *Caroline Franz*.

22.6.
... *Peter Brunner* (SD Pfeffingen) zum Landratspräsidenten und *Ernst Thöni* (FDP Pratteln) zu seinem Stellvertreter im Amtsjahr 2000/01.

... *Andreas Koellreuter* (FDP Aesch) zum Regierungsratspräsidenten und *Peter Schmid* (SP Muttenz) zu seinem Stellvertreter im Amtsjahr 2000/01.

... *Elisabeth Schirmer-Mosset* (Mitinhaberin der *Ronda AG*, Lausen) in den Bankrat.

... *Daniel Seiler* (SVP Liestal) zum a.o. Strafgerichtspräsidenten der 3. Strafkammer (bis zum 31.3.2002).

7.9.
... *Ursula Roth Somlo* (SP), *Andreas Schröder* (SP), *Monika Roth* (FDP), *Markus Metz* (FDP), *Franz Reiser* (CVP/EVP), *Helene Hess* (SVP) und *André Meier* (FGL) in die neue 3. Strafkammer als a.o. Strafrichter bis zum 31.3.2002.

2.11.
... *Stephan Gass* zum a.o. Vizepräsidenten des Obergerichts für das «Cosco»-Verfahren.

30.11.
... *Hans Vorburger* (FDP) und *Enrico Cantaluppi* (CVP) zu Vizepräsidenten des Enteignungsgerichts.

Die zuständige Anstellungsbehörde (Obergericht, Regierungsrat, Verfahrensgericht) wählt:

27.6.
... *Franz Bloch* (SP Aesch) zum Statthalter des Bezirks Arlesheim. Er wird Nachfolger des Ende Mai zurückgetretenen *Andreas Keller*.

Der Regierungsrat …

4.1.
… erlässt in Absprache mit der Basler Regierung in Anbetracht von 200 000 m^3 Wurfholz ein Holzschlagverbot bis zum 31.12.2000.

10.1.
… schickt seinen Entwurf für ein neues Bildungsgesetz in die Vernehmlassung, die bis Ende Juni dauert.

18.1.
… beantragt dem Landrat die Unterzeichnung der «Interkantonalen Fachschulvereinbarung» und des «Regionalen Schulabkommens 2000».

25.1.
… verabschiedet die neue Beschaffungsverordnung und setzt sie gemeinsam mit dem vom Volk angenommenen Beschaffungsgesetz auf den 1. Februar in Kraft.

1.2.
… genehmigt das KASAK *(Kantonales Sportanlagen-Konzept)* und will hierfür in den nächsten 4 Jahren Fr. 12 Mio. ausgeben.

8.2.
… will den Waldeigentümern zinslose Darlehen in der Höhe von Fr. 10,2 Mio. für Aufräumarbeiten im Baselbieter Wald vorschiessen, damit Unfallrisiken abgebaut werden können, der Borkenkäfer sich nicht ausbreitet und Nutzholz rasch verwertet werden kann.

15.2.
… hat in den Monaten Oktober bis Dezember 1999 aus dem *Lotteriefonds* Beiträge in der Höhe von Fr. 700 000.– für 36 Projekte bewilligt.

… schickt einen Vorschlag zur Abschaffung der Billettsteuer in die Vernehmlassung.

22.2.
… lehnt Beschwerden aus Muttenz, Birsfelden und Giebenach gegen die Gemeinderatswahlen vom 6.2. ab.

29.2.
… setzt auf den 1. März fünf neue Verordnungen in Kraft: über die Vergütungen während der Ausbildung, über die Schulvergütungen an den Volksschulen, über die Löhne der Stellvertreterinnen und Stellvertreter, über die Aushilfsangestellten und über die Vermietung von Wohnungen und Zimmern.

3.3.
… sieht in einer neuen Verordnung über die Maturitätsprüfungen die Möglichkeit einer «zweisprachigen Matur» vor.

… bewilligt aus dem *Lotteriefonds* Fr. 100 000.– als Soforthilfe für die Unwetteropfer von Moçambique und Zimbabwe.

28.3.
… beharrt auf der Beibehaltung der Erbschafts- und Schenkungssteuer, will aber in ihrem Gegenvorschlag zur «Abschaffungsinitiative» den Freibetrag für die Nachkommen auf Fr. 200 000.– anheben.

… wählt *Werner Madörin*, Aesch, stellvertretender Leiter des *Amts für Raumplanung*, zum Vertreter des Kantons Baselland in den *Stiftungsrat «Weg der Schweiz»*.

4.4.
… verlangt bei der Personenfreizügigkeit zwischen der Schweiz und der EU beim Vollzug Bundeshilfe, da den Grenzgängerkantonen ein grosser Mehraufwand erwachse.

11.4.
… wünscht vom Bund eine Revision des Opferhilfegesetzes, wobei die Erfahrungen der Kantone und der Beratungsstellen nach 7-jähriger Praxis möglichst breit einzubeziehen seien.

… erhöht die Kantonsbeiträge an landwirtschaftliche Betriebshelferdienste.

18.4.
… verabschiedet zuhanden des Landrats eine Vorlage über die Weiterführung der Justizreform und schlägt dem Landrat ein umfassendes Sozialhilfegesetz vor, das die Gesetze über Fürsorge, Alkoholfürsorge und Kinder- und Erziehungsheime ablösen soll.

25.4.
… eröffnet das Vernehmlassungsverfahren zum Entwurf eines Archäologiegesetzes.

2.5.
… teilt dem neu gewählten *Regierungsrat Adrian Ballmer* die *Finanz-und Kirchendirektion* zu. Die anderen Regierungsratsmitglieder behalten ihre Direktionen.

9.5.
... verabschiedet zuhanden des Landrats eine Vorlage zur ersatzlosen Abschaffung der Billettsteuer in der Hoffnung, dadurch künftig wieder vermehrt Grossveranstaltungen in die Region Basel zu locken.

16.5.
... beschliesst die Aufhebung der Holzschlagsperre in den Baselbieter Wäldern auf Ende Juni.

... setzt auf den 1. Juli eine neue Verordnung über die *Fachstelle für die Gleichstellung von Frau und Mann* in Kraft.

... beschliesst die Aufnahme von Verhandlungen über den Erwerb des *ADtranz*-Areals in Pratteln mit der Landeigentümerin *Lischac AG*.

... wählt zum neuen Chefarzt der Urologischen Universitätsklinik beider Basel am *Kantonsspital Liestal Prof. Thomas Gasser* und zum neuen Chefarzt der Abteilung Pathologie *Prof. Gieri Cathomas*.

23.5.
... schlägt dem Landrat ein Parteiförderungsgesetz vor, wonach jede Partei pro Wähler an der letzten Landratswahl eine jährliche Unterstützung von Fr. 4.– erhalten soll, sofern sie mindestens zum 2. Mal und in mindestens 4 der 12 Wahlkreise kandidiert hat.

30.5.
... möchte am absoluten Hundeverbot in der «Reinacher Heide» nicht rütteln und beantragt daher dem Landrat Ablehnung der eingereichten Initiative «Heide-Hund und Naturschutz gemeinsam».

12.6.
... hat in den Monaten März bis Mai aus dem *Lotteriefonds* Fr. 1,8 Mio. an 54 verschiedene Projekte bewilligt.

... beantragt dem Landrat einen Verpflichtungskredit von Fr. 810 000.– zur Erstellung eines «Bauinventars Baselland».

... spricht sich im Vernehmlassungsverfahren zum eidgenössischen Kernenergiegesetz gegen neue Kernkraftwerke aus und wünscht für die bestehenden eine Befristung auf höchstens 40 Jahre Lebensdauer.

19.6.
... bewilligt Fr. 808 000.– aus dem *Lotteriefonds* zur Unterstützung von 8 Vorhaben zur Entwicklungsarbeit, darunter für ein Lehrlings-Ausbildungsprojekt an der Elfenbeinküste, für den Wiederaufbau eines vom Unwetter zerstörten südindischen Dorfes, den Wiederaufbau im Kosovo und den Aufbau der Gesundheitsversorgung im Norden von Laos.

26.6.
... spricht sich im Vernehmlassungsverfahren gegen einen Systemwechsel bei der Besteuerung des selbstgenutzten Wohneigentums aus.

4.7.
... beantragt dem Landrat einen Planungskredit von Fr. 3 Mio. für eine Umfahrungsstrasse Laufen/Zwingen und einen Kredit von Fr. 3,7 Mio. für den Bau einer Fussgänger-Bahnunterführung in Grellingen.

18.7.
... wünscht in der Vernehmlassungsantwort eine getrennte Besteuerung der Ehepaare auf Bundesebene, um ihre bisherige Benachteiligung gegenüber den Konkubinatspaaren zu mindern.

... wählt *Regula Nebiker* (Vizedirektorin des *Bundesarchivs*) zur neuen Baselbieter Staatsarchivarin. Sie tritt am 1.11. die Nachfolge von *Matthias Manz* an, der ab 1.9. in Bern als Fachsekretär der SP-Fraktion tätig wird.

8.8.
... begrüsst die *ADtranz*-Übernahme durch den kanadischen *Bombardier*-Konzern und sichert zur Erhaltung des Werkes Pratteln der neuen Eigentümerin konstruktive Unterstützung zu.

15.8.
... beantragt dem Landrat, die Beiträge an die Beratungsstelle «Triangel» von Fr. 83 000.– auf Fr. 150 000.– zu erhöhen, sofern Basel-Stadt in gleichem Sinne beschliesst.

22.8.
... unterstützt die auf Fr. 400 000.– veranschlagten Meliorationsprojekte von Wintersingen aufgrund der Unwetterschäden mit einem Kantonsbeitrag von 40%.

5.9.
... setzt eine verwaltungsinterne Arbeitsgruppe «Rechtsextremismus» unter der Leitung von *Stephan Mathis* ein zur Lagebeurteilung und Ausarbeitung von Massnahmenvorschlägen. Der Arbeitsgruppe gehören ferner an: *Peter Guggisberg*, *Barbara Umiker*, Jugendanwalt *Dr. Thomas Faust*, *Dr. Martin Leuenberger*, Schulinspektorin *Dorothee Widmer* und *Dr. Emanuel Isler* (Chefarzt KJFD).

12.9.
... unterstützt das Vorhaben der *Pro Natura Baselland*, innert 10 Jahren den Biber an Birs, Er-

golz und Frenke zurückzuholen, mit einer Unterstützung von Fr. 465 000.– aus dem *Lotteriefonds*.

19.9.
... bewilligt Fr. 200 000.– aus dem *Wirtschaftsförderungsfonds* für die geplante Imagekampagne des *Verkehrsvereins Baselland* aus Anlass des «Eidgenössischen Turnfests» 2002.

26.9.
... verweigert der von der Gemeinde Bennwil beschlossenen Zonenplanänderung «Siedlung» und «Landschaft» im Bereich des Friedhofs die Genehmigung.

17.10.
... empfiehlt die Ablehnung der «Beschleunigungsinitiative» und der «Sperrfristinitiative», deren Ausdehnung auf Verfassungsrecht ohnehin bundesrechtswidrig wäre.

24.10.
... schlägt aus Anlass der 500-jährigen Zugehörigkeit des Baselbiets zur Eidgenossenschaft eine Einbürgerungsaktion für Ausländer vor, unter Verzicht auf Erhebung einer Kantonsgebühr und Beschränkung der Gemeindegebühr auf maximal Fr. 1000.–.

... möchte am Lotteriemonopol unbedingt festhalten und die fehlende entsprechende Gesetzesgrundlage schaffen.

31.10.
... legt für die Staatssteuer 2001 einen Vergütungszins von 2,75% und einen Verzugszins von 5% fest (wie für das Jahr 2000).

7.11.
... verschärft auf Empfehlung des Erziehungsrates die Übertrittsregelung aus dem Progymnasium ins Gymnasium (u.a. definitive Beförderung im letzten PG-Zeugnis und Notendurchschnitt 4 in Deutsch/Französisch/Mathematik).

... hat in den Monaten Juni bis September aus dem *Lotteriefonds* Fr. 1,3 Mio. für 36 Projekte vergeben.

14.11.
... beantragt dem Landrat eine Lohnerhöhung in der Kantonsverwaltung um 1,5% für das Jahr 2001.

28.11.
... beantragt dem Landrat, den Gemeinden als Kompensation für den Wegfall der Billettsteuer von der Quellensteuer, welche ausländische Künstler, Sportler und Vortragende zu entrichten haben, die Hälfte zu überlassen.

5.12.
... beantragt dem Landrat, den Beitrag an Fahrten für Behinderte von Fr. 1,9 Mio. auf Fr. 2,1 Mio. zu erhöhen.

... befürwortet die technischen Verbesserungen im neuen eidgenössischen Arbeitslosenversicherungsgesetz, vermisst aber Massnahmen zur Vermeidung von Arbeitslosigkeit und zugunsten von kaum mehr eingliederbaren Arbeitslosen.

12.12.
... beantragt dem Landrat eine Aufstockung des Universitätsbeitrags um Fr. 10 Mio., das heisst von Fr. 79 Mio. auf Fr. 89 Mio. pro Jahr.

19.12.
... weist den Gemeinderat Birsfelden an, *Alfred Duppenthaler* ein Departement zuzuteilen, da das Rechtsgleichheitsgebot die Gleichstellung aller Mitglieder einer Kollegialbehörde verlange.

... weist eine Beschwerde der PNOS *(Partei national orientierter Schweizer)* gegen das vom Stadtrat Liestal verhängte Demonstrationsverbot ab, weil bei einer Demonstration der PNOS mit Verstössen gegen die Antirassismus-Strafnorm und mit gewalttätigen Ausschreitungen gerechnet werden müsse. Dieses Verbot beruhe auf einer genügenden gesetzlichen Grundlage und diene dem öffentlichen Interesse.

Landratsbeschlüsse

Der Landrat ...

13.1.
... sanktioniert den Staatsvertrag mit Basel-Stadt zugunsten einer gemeinsamen *Höheren Fachschule für soziale Arbeit* (HFS).

... überweist gegen den Willen der Regierung ein SP-Postulat für einen «Zeitspenden-Preis» bei Freiwilligenarbeit.

... lehnt ein SD-Postulat auf Schaffung einer Ombudsstelle, die finanziell umstrittene staatliche Arbeiten und Investitionen zu überprüfen hätte, auf Wunsch der Regierung ab.

27.1.
... überweist 4 Vorstösse von *Hans Schäublin* (SVP) zugunsten der durch den Orkan «Lothar» geschädigten Waldbesitzer: Vorfinanzierung der Aufräumarbeiten mit zinsfreiem Darlehen, Unterstützung von Wiederherstellungsprojekten, werterhaltende Lagerung von Sturmholz, Koordination für die Holzvermarktung.

... überweist ein Postulat von *Max Ritter* (SVP) für den Bau einer Holzenergiezentrale zur intensiveren Nutzung von Waldholzschnitzeln.

10.2.
... überweist SP-Postulate zur Lockerung des Wohnsitzerfordernisses bei Einbürgerungen und für eine Einbürgerungsaktion aus Anlass der 500-jährigen Zugehörigkeit des Baselbiets zur Eidgenossenschaft.

... lehnt eine SP-Motion ab, in Bezug auf kommunale Behörden den Ausländern das aktive Wahlrecht zu erteilen.

... lehnt eine SP-Motion für einen Rechtsanspruch auf Einbürgerung nach 15 Wohnsitzjahren ab, desgleichen eine Motion der *Grünen* für eine Rekursinstanz gegen rassistische Willkür bei Bürgergemeinde-Entscheidungen.

24.2.
... bewilligt für einen 4-jährigen Sportklassenversuch auf der Sekundarstufe I einen Kredit von Fr. 1,24 Mio. Jene Klasse soll sportbegabten Jugendlichen offen stehen, die einem nationalen oder regionalen Kader angehören und tagsüber an Trainings unter professioneller Anleitung teilnehmen möchten.

... überweist ein FDP-Postulat, das eine Verlängerung der Tramlinie 14 von Pratteln nach Liestal prüfen lassen möchte.

... lehnt ein SP-Postulat ab, die Bundesgelder zur Verbilligung der Krankenkassenprämien voll auszuschöpfen.

23.3.
... verkleinert den BLT-Verwaltungsrat von 24 auf 9 Mitglieder und ergänzt ihn durch einen Beirat von 29 Personen.

... begrüsst die Initiative der *Jungfreisinnigen*, im neuen Bildungsgesetz «den Mittagstisch» in Primarschulen und auf der Sekundarstufe I einzuführen. Auf Antrag der Regierung soll dies aber nur «bei Bedarf» geschehen.

... erhöht den eigenen Lohn: die Jahrespauschale von Fr. 3500.– auf Fr. 4000.–, die Sitzungsgelder von Fr. 28.– auf Fr. 45.– pro Stunde. Ein Gegenvorschlag von FDP-*Landrat Ribi*, sich mit der Erhöhung des Stundenlohnes auf Fr. 37.– zu begnügen und daneben für begründete Härtefälle Fr. 12 000.– pro Jahr in Reserve zu halten, findet bloss zwei Befürworter.

6.4.
... stimmt in 1. Lesung einem Spielbankengesetz zu. Dieses erlaubt den Bau von 1 bis 2 Spielcasinos, deren Steuererträge für kulturelle Zwecke und die Tourismusförderung einzusetzen sind.

... berät das revidierte Notariatsgesetz. Demgemäss müssen nun alle Anwältinnen und Anwälte zur Ausübung des Notariats eine Prüfung ablegen.

... überweist ein FDP-Postulat für eine Umfahrungsstrasse Allschwil.

13.4.
... verwirft einen SP-Antrag, ein rechtsstaatlich einwandfreies Einbürgerungsverfahren gesetzlich zu gewährleisten.

... lehnt einen Antrag der *Grünen* ab, existenzsichernde Löhne gesetzlich zu garantieren.

... stimmt einem Antrag der *Grünen* auf Förderung der biologischen Landwirtschaft mit 28 zu 26 Stimmen zu.

4.5.
... passt das kantonale Steuergesetz der eidgenössisch vorgeschriebenen Steuerharmonisierung an: Wegfall der Freibeträge für AHV/IV-Rentner, kein Steuerabzug für Bausparer, keine Abzugsmöglichkeit für das Schulgeld an Privatschulen, Neuregelung des Teilsplittings bei Renteneinkommen. Vom Systemwechsel beim Kinderabzug profitieren Eltern mit mittleren und höheren Einkommen. Diese Harmonisierung bringt Mehrerträge von Fr. 12 Mio. Sie sollen durch Entlastungen bei der Familienbesteuerung oder durch Steuersenkungen in anderen Bereichen an die Steuerzahler zurückfliessen.

... beschliesst den Beitritt zum neuen Schulabkommen mit den Kantonen Aargau, Basel-Stadt, Bern, Freiburg, Luzern, Solothurn und Zürich. Dieses regelt den ausserkantonalen Schulbesuch, erhöht die Schulgeldtarife und beschert dem Kanton Basel-Landschaft jährliche Mehrausgaben von Fr. 2,04 Mio.

18.5.
… verabschiedet in 2. Lesung das Notariatsgesetz, das Spielbankengesetz und die damit verbundene Verfassungsänderung.

… beschliesst in 2. Lesung des neuen Steuer- und Finanzgesetzes, den Steuerabzug für das Bausparen beizubehalten.

… übernimmt nach längerer Diskussion zum neuen Bürgerrechtsgesetz die Kommissionsfassung: Straffung des Einbürgerungsverfahrens, für die Verleihung des Kantonsbürgerrechts bleibt der Landrat zuständig, Möglichkeit für die Bürgergemeinden, die Gemeindebürgeraufnahme an den Bürgerrat oder den Gemeinderat zu delegieren.

8.6.
… verlangt in seiner Debatte über die «Initiative für eine vernünftige Erbschaftssteuer» mit 40 zu 38 Stimmen, dass die Finanzkommission zuerst den Gegenvorschlag der Regierung prüfen müsse.

… akzeptiert den Vorschlag der Regierung, im Personaldekret den Baselbieter Staatsangestellten ab dem 10. Dienstjahr Treueprämien zu zahlen, lehnt aber die von SP und *Grünen* beantragte Reduktion der Wochenarbeitszeit von 42 auf 41 Stunden ab.

… verwirft mit 54 zu 22 Stimmen einen SP-Rückweisungsantrag, der sich gegen die Sanierung der Kaserne Liestal richtet. Die Unterlegenen künden gegen diesen Kredit über Fr. 37,4 Mio. das Referendum an.

22.6.
… beschliesst ein ausserordentliches Strafgerichtspräsidium mit der damit verbundenen Neuwahl von Richtern.

… erhöht bei der Ehegattenbesteuerung den Splittingabzug für Verheiratete von Fr. 16 000.– auf Fr. 20 000.–.

… bewilligt Nachtragskredite im Gesamtumfang von Fr. 1,045 Mio., darunter einen Kredit von Fr. 455 000.– zur Finanzierung des Pilotversuchs «Heroingestützte Behandlung» in Reinach.

… schliesst die Revision des Bürgerrechtsgesetzes in 2. Lesung mit 57 zu 17 Stimmen ab. Die Minderheit stösst sich an der Möglichkeit, den Entscheid über die Einbürgerungsgesuche an den Bürger- oder Gemeinderat zu delegieren. Da keine 4/5-Mehrheit erreicht worden ist, unterliegt das Gesetz der Volksabstimmung.

7.9.
… spricht sich in 1. Lesung mit 41 zu 40 Stimmen bei 2 Enthaltungen für den regierungsrätlichen Gegenvorschlag zur Erbschaftssteuerinitiative aus. Dieser begnügt sich beim Entgegenkommen an die direkten Nachfahren mit einem Freibetrag von Fr. 200 000.–, möchte aber grundsätzlich an der Erbschaftssteuer festhalten.

… bewilligt einen Verpflichtungskredit von Fr. 12 Mio. für das kantonale Sportanlagenkonzept.

… lehnt in einer Resolution gegen den Rechtsextremismus mit 68 Stimmen «menschenverachtende Ideologien und jegliche Form von Gewalt» ab.

… will keinen Korridor durch das Naturschutzgebiet «Reinacher Heide» öffnen für Spaziergänger mit angeleinten Hunden und empfiehlt darum die Volksinitiative «Heide-Hund und Naturschutz gemeinsam» mit 55 zu 2 Stimmen zur Ablehnung.

21.9.
… bewilligt einen Projektierungskredit von Fr. 1,195 Mio. für eine neue *Kantonsbibliothek*.

… lehnt eine Motion von *Eric Nussbaumer* (SP) auf «Atomstromfreie Elektrizitätsbeschaffung für den Kanton» ab.

… Überweist mit 39 zu 32 Stimmen ein Postulat von *Max Ritter* (SVP), das Beschwerderecht der *Kantonalen Denkmal- und Heimatschutzkommission* zu überprüfen.

… lehnt eine Motion der *Grünen* auf «Aufhebung der vergünstigten Benzinabgabe ans Staatspersonal» ab.

… Überweist gegen den Willen des Regierungsrates eine FDP-Motion für raschen Bau eines Halbanschlusses der Liestaler Gasstrasse an die H2.

19.10.
… unterstützt mit 40 zu 36 Stimmen die «Initiative für eine vernünftige Erbschaftssteuer», welche für direkte Nachkommen eine gänzliche Befreiung vorsieht, und verzichtet in 2. Lesung mit 40 zu 42 Stimmen auf den Gegenvorschlag der Regierung. Somit wird an der Urne nur über die Initiative abgestimmt.

… befürwortet die Abschaffung der Billettsteuer mit dem Zusatz, dass die Gemeinden zur «Schadensbegrenzung» einen Teil der an den Kanton gehenden Quellensteuer ausländischer Künstler oder Sportler erhalten sollen.

... stimmt in 1. Lesung dem von der Regierung vorgeschlagenen Parteienförderungsgesetz zu: Fr. 4.– pro Landratswähler gegen Offenlegung der Sponsorensummen. Ein Nichteintretensantrag der SVP und ein Rückweisungsantrag der FDP (mit dem Ziel, an Stelle der Parteien die Fraktionen zu unterstützen) werden abgelehnt.

... 52 Landratsmitglieder beschliessen, ihr Sitzungsgeld den unwettergeschädigten Wallisern zukommen zu lassen (Ertrag Fr. 11 700.–).

2.11.
... bewilligt Fr. 810 000.– für ein BIB *(Bauinventar Baselland)*, ein Inventar schützenswerter Bauten im Kanton.

... bewilligt Kredite für Lärmschutzmassnahmen und für eine Lärmsanierung der Birsigtalstrasse in Bottmingen und Oberwil.

... stimmt dem Projektierungskredit für die Umfahrung Zwingen/Laufen in der Höhe von Fr. 3 Mio. zu. Der Antrag der *Bau- und Planungskommission*, mit der Umfahrung erst nach der Realisierung der SBB-Doppelspur zu beginnen, wird abgelehnt.

... stimmt mit 44 zu 34 Stimmen dem Parteienförderungsgesetz in 2. Lesung zu. Es unterliegt wegen des zu hohen Neinstimmen-Anteils der obligatorischen Volksabstimmung.

16.11.
... überweist mit 40 zu 31 Stimmen eine CVP-Motion, im «Gesetz über die politischen Rechte» den Losentscheid abzuschaffen und im Falle von Stimmengleichheit eine Wahlwiederholung vorzusehen.

... lehnt einen Vorstoss der SD ab, für das Verwaltungsgericht die Volkswahl einzuführen.

... lehnt ein Postulat von *Dieter Völlmin* (SVP) ab, die unter Zentrumslasten leidenden Gemeinden am Gewinn der *Basellandschaftlichen Kantonalbank* (BLKB) zu beteiligen.

... überweist ein Postulat von *Bruno Krähenbühl* (SP), einbürgerungswilligen Ausländern Vorbereitungskurse anzubieten.

30.11.
... überweist ein Postulat der *Grünen* für ein striktes Start- und Landeverbot auf dem *Flughafen Basel–Mulhouse* zwischen 22 und 6 Uhr, weist aber eine Motion von *Alfred Zimmermann* auf eine generelle Begrenzung der Flugbewegungen auf dem *Euro-Airport* ab.

13.12.
... bewilligt dem Staatspersonal für das Jahr 2001 einen Teuerungsausgleich von 1,5%.

... stimmt dem Budgetpostulat für ein Pilotprojekt «Internet an den Schulen» in der Höhe von Fr. 260 000.– zu.

... erhöht auf Antrag von SVP und den *Grünen* den Beitrag für den Waldnaturschutz und den ökologischen Ausgleich urn weitere Fr. 600 000.– auf Fr. 3,9 Mio.

... verabschiedet das Budget für das Jahr 2001, das ein Defizit von Fr. 8,9 Mio. vorsieht.

14.12.
... bewilligt die Globalbeiträge an das *Universitäts-Kinderspital beider Basel* (UKBB) und stimmt der neuen Leistungsvereinbarung zu.

... tritt auf einen Verpflichtungskredit zur Aufhebung der beiden SBB-Übergänge in Grellingen nicht ein, da die Kosten in keinem Verhältnis zum Nutzen stünden und man sich in Grellingen über eine vertretbare Lösungsvariante nicht einig sei. Die Fussgängerunterführung beim Bahnhof werde erst aktuell beim Doppelspurausbau der SBB-Linie.

... stimmt einem regionalen Schulabkommen über die Finanzierung der Aus- und Weiterbildung in Gesundheitsberufen mit den Partnern Aargau, Basel-Stadt, Bern, Luzern und Solothurn zu.

Wahlen

6.2.
Bei der Erneuerung der 86 Gemeinde-Exekutiven für die Amtsperiode Juli 2000/Juni 2004 kommt es zu 115 freiwilligen Rücktritten. Darunter sind 17 Präsidenten und 3 Präsidentinnen. 17 Gemeinderäte (4 Frauen und 13 Männer) werden nicht mehr bestätigt. 13 Gemeinden benötigen für total 16 Sitze eine Nachwahl. In Muttenz und Tenniken muss unter 2 Gewählten mit gleicher Stimmenzahl das Los entscheiden.

4 Gemeinden praktizierten die «stille Wahl». In 44 Gemeinden kandidierten die Anwärter ohne Parteibezeichnung, in 38 Gemeinden spielte sie eine Rolle. Die SP erringt hier einen Nettogewinn von 4, die SVP von 3 Sitzen. Die CVP verliert 6 Sitze. Die Wahlbeteiligung schwankte zwischen 21,6% (Niederdorf) und 70,3% (Zeglingen).

Bei den Wahlen in die 40-köpfigen Einwohnerräte von Allschwil, Binningen, Liestal, Pratteln und Reinach kann die SVP 11 Sitze, die SP 3 Sitze zulegen zulasten von 10 anderen Gruppierungen. In den 5 Parlamenten stellt die SP jetzt 58, die FDP 52, die SVP 30, die CVP 28, die *Grünen* und die SD je 10, kleinere Gruppen stellen total 12 Vertreter.

12.3./18.6.
Bei den Nachwahlen in den Gemeinden Bennwil, Böckten, Diegten, Giebenach, Hemmiken, Hersberg, Nusshof, Oberdorf, Oltingen, Rickenbach, Rothenfluh, Schönenbuch und Zeglingen werden mit einer einzigen Ausnahme alle vakant gebliebenen Gemeinderatssitze vergeben, so dass jetzt 85 Gemeinde-Exekutiven (alle ohne Hemmiken) vollzählig sind. In Nusshof werden die 3 abgetretenen Gemeinderätinnen durch 3 Männer ersetzt.

Die Präsidenten werden in 48 Gemeinden durch «stille Wahlen» erkoren (darunter 10 neue Köpfe), in 24 Gemeinden kommt es an der Urne zu unbestrittenen Bestätigungswahlen, in 7 Gemeinden zu unbestrittenen Neuwahlen. Bei den 7 Kampfwahlen um das Gemeindepräsidium siegen:

- in Binningen Bea Fünfschilling (FDP) gegen Marc Joset (SP)
- in Birsfelden Peter Meschberger (SP) gegen Alfred Duppenthaler(SVP)
- in Bottmingen Anne Merkhofer (überparteilich) gegen Urs Berger(FDP)
- in Liesberg Christian Steiner (CVP) gegen Marcel Birrer (FDP)
- in Muttenz Peter Vogt (CVP) gegen Silvia Rapp (FDP)

und erst nach einem 2. Wahlgang:
- in Biel-Benken Urs Büchel gegen Ella Hasenfratz
- in Füllinsdorf Walter Kern (FDP) gegen Willy Egger (SP)

16.4.
In der Regierungsratsersatzwahl für den zurücktretenden Finanzdirektor Hans Fünfschilling gewinnt bei einer Wahlbeteiligung von 29,65% der FDP-Kandidat Adrian Ballmer, Liestal (Vizedirektor der *Elektra Birseck*), mit 25 877 Stimmen gegen den SP-Kandidaten Urs Wüthrich, Sissach (VPOD-Sekretär und Präsident des *Gewerkschaftsbundes BL*), welcher auf 24 972 Stimmen kommt. 229 Stimmen fallen auf andere Personen. Der Sieger genoss die Unterstützung von CVP, SVP und SD, während die *Grünen* und die Gruppe «sälbverständlich» zu Wüthrich hielten.

Abstimmungen

12.3.
Kantonale Resultate zu den eidgenössischen Vorlagen:

Volksinitiative «Beschleunigung der direkten Demokratie»
21 593 Ja 50 997 Nein
Stimmbeteiligung: 42,29%

Initiative «Verkehrshalbierung»
16 438 Ja 57 540 Nein
Stimmbeteiligung: 42,62%

Volksinitiative «Menschenwürdige Fortpflanzung»
20 322 Ja 52 117 Nein
Stimmbeteiligung: 42,43%

Volksinitiative «Gerechte Vertretung der Frauen in den Bundesbehörden»
12 214 Ja 60 932 Nein
Stimmbeteiligung: 42,43%

Justizreform
63 380 Ja 7 950 Nein
Stimmbeteiligung: 42,18%

21.5.
Kantonales Resultat zur eidgenössischen Vorlage:

Bilaterale Verträge Schweiz–EU
59 983 Ja 24 583 Nein
Stimmbeteiligung: 48,66%

24.9.
Resultate zu den kantonalen Vorlagen:

Gesetz betreffend Spiellokale und Spielbanken
51 328 Ja 21 605 Nein
Stimmbeteiligung: 44,14%

Änderung der Kantonsverfassung im Zusammenhang mit dem Spielautomatengesetz
51 619 Ja 20 610 Nein
Stimmbeteiligung: 44,09%

Sanierung und Ausbau der Kaserne Liestal
49 324 Ja 27 803 Nein
Stimmbeteiligung: 44,95%

Änderung des Bürgerrechtsgesetzes
50 027 Ja 23 381 Nein
Stimmbeteiligung: 44,41%

Kantonale Resultate zu den eidgenössischen Vorlagen:

Solar-Initiative
27 331 Ja 51 335 Nein
Gegenvorschlag
36 445 Ja 41 424 Nein

Stichfrage
24 128 für die Initiative
42 281 für den Gegenvorschlag
Stimmbeteiligung: 46,08%

Energielenkungsabgabe für die Umwelt
36 505 Ja 42 160 Nein
Stimmbeteiligung: 46,09%

Volksinitiative «Regelung der Zuwanderung»
30 191 Ja 50 511 Nein
Stimmbeteiligung: 46,53%

Volksinitiative «Mehr Rechte für das Volk» (Konstruktives Referendum)
26 370 Ja 51 058 Nein
Stimmbeteiligung: 46,07%

26.11.
Kantonale Resultate zu den eidgenössischen Vorlagen :

Volksinitiative «Flexibilisierung des Rentenalters»
25 926 Ja 44 868 Nein
Stimmbeteiligung: 40,74%

Volksinitiative «Rentenalter 62 für Frau und Mann»
29 764 Ja 41 420 Nein
Stimmbeteiligung: 40,85%

Volksinitiative «Umverteilungsinitiative»
26 665 Ja 44 568 Nein
Stimmbeteiligung: 40,97%

Volksinitiative «Spitalkostensenkung»
11 137 Ja 59 829 Nein
Stimmbeteiligung: 40,77%

Bundespersonalgesetz (BPG)
50 435 Ja 18 998 Nein
Stimmbeteiligung: 40,61%

Resultate zu den kantonalen Abstimmungen über die Revision der Evangelisch-reformierten Kirchenverfassung (Stimmbeteiligung: 23,45%)

24.9.
Stimm- und Wahlrechtsalter 16
12 387 Ja 5 871 Nein

Verbesserung der Führungsstruktur
15 678 Ja 2 217 Nein

Aufwertung der Diakonie
15 329 Ja 2 404 Nein

Erweiterung des Verfassungsauftrages
15 219 Ja 2 243 Nein

Neubezeichnung der Kirchgemeinde Laufental
Zugehörigkeit zur Landeskirche,
Rekurskommission
16 261 Ja 1 508 Nein

Kirchgemeinden
15 664 Ja 1 759 Nein

Neue Fristen, Rechtsmittel
15 515 Ja 2 038 Nein

Jubilarinnen und Jubilare

10.1.
Die «Heimweh-Baselbieterin» *Olga Berger-Rieder*, älteste Einwohnerin von Brugg, feiert in Rothenfluh und Wenslingen ihren 100. Geburtstag.

16.1.
Reinhard Schaub, Liestal, feiert seinen 100. Geburtstag.

18.1.
Louis Raulf-Schaub, Arlesheim, feiert im Alters- und Pflegeheim «Obesunne», Arlesheim, seinen 100. Geburtstag.

24.2.
Alfred und *Martha Niederhauser-Sacker*, Läufelfingen, feiern diamantene Hochzeit.

17.3.
Helmuth und *Marie Hofer-Fleck*, Pratteln, feiern diamantene Hochzeit.

21.3.
Ateo und *Klara Fortini-Pfirter*, Pratteln, feiern diamantene Hochzeit.

8.4.
Emma Mösch-Pflügger, Münchenstein, feiert im Alters- und Pflegeheim «Hofmatt», Münchenstein, ihren 101. Geburtstag.

8.4.
Hans und *Alessandrina Bürgin-Sartori*, Biel-Benken, feiern eiserne Hochzeit.

9.4.
Martha Heyer-Seiler, Biel-Benken, feiert ihren 102. Geburtstag.

10.4.
Emil Eglin-Meister, Sissach, feiert im Alters- und Pflegeheim «Mülimatt», Sissach, seinen 101. Geburtstag.

10.4.
Elsa und *Emil Fricker-Möhrle*, Oberwil, feiern diamantene Hochzeit.

26.4.
Elsa und *Adolf Dürrenberger-Meyer*, Bubendorf, feiern eiserne Hochzeit.

9.5.
Otto und *Anna Urech-Baumann*, Pratteln, feiern diamantene Hochzeit.

1.6.
Anni und *Ernst Rickenbacher-Rickenbacher*, Oltingen, feiern diamantene Hochzeit.

2.6.
Ernst Koller, Binningen, feiert seinen 100. Geburtstag.

12.6.
Martha Roth-Gruber, Reigoldswil, feiert im Alters- und Pflegeheim «Gritt», Niederdorf, ihren 101. Geburtstag.

13.6.
Frieda Bürgin, Zunzgen, feiert im Alters- und Pflegeheim «Mülimatt», Sissach, ihren 101. Geburtstag.

2.7.
Sophie Rutschmann-Buess, Sissach, feiert im Alters- und Pflegeheim «Mülimatt», Sissach, ihren 101. Geburtstag.

3.7.
Olga Thommen-Meyer, Lampenberg, feiert im Alters- und Pflegeheim «Gritt», Niederdorf, ihren 100. Geburtstag.

6.7.
Alfred und *Margrit Zobrist-Wanner*, Muttenz, feiern diamantene Hochzeit.

12.7.
Maria und *Charles Walter-Weissenberger*, Allschwil, feiern eiserne Hochzeit.

25.7.
Helene Wyss-Schreivogel, Reinach, feiert im Alters- und Pflegeheim «Aumatt», Reinach, ihren 100. Geburtstag.

30.8.
Margarethe und *Alfred Meier-Verheijen*, Frenkendorf, feiern diamantene Hochzeit.

5.9.
Lilly und *Emil Stohler-Singeisen*, Känerkinden, feiern diamantene Hochzeit.

6.9.
Josef Brodmann-Thüring, Ettingen, feiert im Alters- und Pflegeheim «Im Brüel», Aesch, seinen 100. Geburtstag.

7.9.
Jakob und *Frieda Baumann-Jaun*, Liestal, feiern eiserne Hochzeit.

21.9.
Emma Wallbrunn-Steck, Muttenz, feiert ihren 100. Geburtstag.

21.9.
Ernst und *Anna Strub-Zähner*, Läufelfingen, feiern eiserne Hochzeit.

23.9.
Agatha und *Oswald Schnell-Koch*, Münchenstein, feiern diamantene Hochzeit.

25.9.
Margrit und *Jakob Itin-Gunzenhauser*, Hölstein, feiern diamantene Hochzeit.

29.9.
Ernst und *Ella Müller-Gisiger*, Oberdorf, feiern diamantene Hochzeit.

18.10.
Ernst und *Madeleine Heer-Heuberger*, Münchenstein, feiern diamantene Bochzeit.

19.10.
Fritz und *Elsa Miesch-Dettwiler*, Muttenz, feiern diamantene Hochzeit.

23.10.
Walter und *Elisabeth Weber-Kestenholz*, Liestal, feiern steinerne Hochzeit (70 Jahre).

31.10.
Emma Kocher, Aesch, feiert im Alters- und Pflegeheim «Im Brüel», Aesch, ihren 100. Geburtstag.

31.10.
Hans und *Hanna Günthert-Baumann*, Muttenz, feiern diamantene Hochzeit.

7.11.
Klara und *Ruedi Martin-Moser*, Frenkendorf, feiern diamantene Hochzeit.

2.12.
Der aus Rünenberg stammende Flugpionier *Gottlieb Siegrist* feiert in Chur seinen 100. Geburtstag.

14.12.
Elsbeth und *Georg Ommerli-Brunner*, Tecknau, feiern diamantene Hochzeit.

19.12.
Lina Kaufmann-Degen, Maisprach/Buus, feiert im Alters- und Pflegeheim des *Regionalspitals Rheinfelden* ihren 100. Geburtstag.

20.12.
Frieda Schöni, Binningen, feiert ihren 100. Geburtstag.

20.12.
Elisabetha Stöckli, Aesch, feiert im Alters- und Pflegeheim «Im Brüel», Aesch, ihren 100. Geburtstag.

23.12.
Alex und *Trudi Baumgartner-Hertner*, Liestal, feiern diamantene Hochzeit.

28.12.
Friedrich und *Margrith Adele Grossenbacher-Baumann*, Muttenz, feiern diamantene Hochzeit.

31.12.
Emma Wüthrich, Sissach, feiert im Alters- und Pflegeheim «Mülimatt», Sissach, ihren 101. Geburtstag.

Totentafel

9.1.
Prof. Dr. med. Alfred L. Meier (geb. 1923), Tenniken, Chefarzt der Chirurgischen Abteilung des *St. Claraspitals Basel* (1964–1983), Habilitation an der *Universität Basel* (1963), hervorragender Operateur und Verfasser umfangreicher wissenschaftlicher Schriften.

13.1.
Anton Friedrich-Sester (geb. 1926), Aesch, Betriebsleiter der *Christoph Merian Stiftung* auf dem «Schlatthof», ehemaliger Gemeinderat, Gründungs- und Ehrenmitglied der «Volkstümlichen Vereinigung Aesch».

19.1.
Klemens Karrer-Borer (geb. 1919), Röschenz, alt Bäckermeister und «Sternen»-Wirt.

30.1.
Werner Gürtler-Bebber (geb. 1928), Allschwil, ehemaliger Mitinhaber und Verwaltungsratspräsident der *Ernst Gürtler + Co. AG*, Allschwil.

2.2.
Elfriede Imhof-Dreier (geb. 1934), Laufen, Direktorin und Geschäftsgründerin der *Josef Imhof + Co. Basel* (Bedachungen und Bauisolationen).

14.2.
Albert Ziegler-Jermann (geb. 1915), Grellingen, Papieringenieur, Firmenchef und Verwaltungsratspräsident der *Ziegler Papier AG* (seit 1967), *Präsident des Verbandes Schweizerischer Papier-und Zellstoffhersteller*, ehemaliger Bankrat der BEKB *(Berner Kantonalbank)*, Mitglied des *Berner Handelsgerichts*, 10 Jahre Gemeinderat von Grellingen, davon 8 Jahre als Präsident, Ehrenpräsident und Gründungsmitglied des *Pistolenclubs Grellingen*.

17.2.
Peter Martin-Rudin (geb. 1919), Sissach, Drogist, Ehrenmitglied der *Arbeitsgemeinschaft für Natur- und Heimatschutz* und des *Gewerbe-*

vereins Sissach und Umgebung, Kapazität auf dem Gebiet der Pflanzenheilkumde.

17.2.
Gustav Oberer-Schaub (geb. 1908), Zunzgen, über 50 Jahre Schlosser in der *Basler Eisenmöbelfabrik* (BEMAG) Zunzgen, Zivilschutzchef, Ehrenmitglied des *Jodlerklubs «Flüeli»* Sissach, früherer Oberturner, Leiter der *Damenriege* und Gründer der *Männerriege Sissach*.

3.3.
Josef Bloch-Bieli (geb. 1915), Roggenburg, Ehrenpräsident der *Schützengesellschaft Roggenburg–Ederswiler*.

8.3. (Unfalltod)
Hermann Wettstein-Stoll (geb. 1931), Itingen, Betreuer der Pflanzenbau- bzw. Schädlingsbekämpfungsversuche der Firma *Novartis*, Gemeinderat (Vorsteher des Schulwesens), einer der Initianten für den Bau von Alterswohnungen und Präsident der entsprechenden Genossenschaft.

14.3.
Karlheinz Baumgartner-Krauchthaler (geb. 1937), Ramlinsburg, Dienststellenleiter der *Rheinhäfen Baselland*.

17.3.
Fritz Friedli-Hofmänner (geb. 1911), Diepflingen, ehemaliger Gemeindekassier und Gemeindepräsident, Ehrenpräsident der *Schützengesellschaft Diepflingen*.

23.3.
Fritz Häring-Huber (geb. 1909), Pratteln, Verwaltungsratspräsident der *Häring + Co. AG*.

30.3.
Gustav Schaub-Beck (geb. 1913), Sissach, Versicherungshauptinspektor, ehemaliger Friedensrichter, brillanter Handharmonikaspieler mit eigener Schule und eigenen Kompositionen in den Vorkriegsjahren, Gründer der «Kapelle Venedig», Pionier der Sissacher «Fasnachts-Schnitzelbankabende».

1.4.
Dr. Stefan Herbster-Gebhard (geb. 1927), Oberwil, Rechtsanwalt, Verwaltungsratspräsident der Firma *Nyfag AG*, Binningen, Verwaltungsratsmitglied der *Mechanischen Ziegelei AG*, Oberwil, Bankratsmitglied der BLKB *(Basellandschaftliche Kantonalbank)* (1971 bis 1995) und Präsident von deren Jubiläumsstiftung (1986–1995), Bankratspräsident (1985 bis 1993).

2.4.
Dr. Werner Klaus-Schneeberger (geb. 1927), Ehrenbürger von Allschwil, Rechtsanwalt, Gemeindepräsident von Allschwil während 20 Jahren (1972–1992), SP-Landrat (1963–1975 und 1979–1991), Landratspräsident (1973/74), Präsident des *Gewerkschaftsbundes Baselland* (GBL) und des VPOD Baselland, Vizepräsident der *Vereinigung für eine starke Region Basel/Nordwestschweiz*, der Verwaltungskommission der *Basellandschaftlichen Gebäudeversicherung* (BGV), Bankratsmitglied der BLKB *(Basellandschaftliche Kantonalbank)* und Vizepräsident ihrer Jubiläumsstiftung, Gründer und Verwaltungsrats-präsident der *Gewerkschaftshaus AG*, Liestal.

5.4.
Walter Kobi-Tschudin (geb. 1912), Muttenz, langjähriger Präsident der *Ciba*- und *Ciba/Geigy*-Arbeiterkommission, überzeugter Kämpfer für die Emanzipation der Arbeiter, zäher und erfolgreicher Verhandlungspartner, ehemaliger PdA-Landrat.

10.4.
Dr.h.c. Eduard Strübin-Laubscher (geb. 1914), Gelterkinden, Lehrer an der ehemaligen Mädchensekundarschule Gelterkinden (1942–1978), bedeutender Forscher und Verfasser von insgesamt 75 Schriften auf dem Gebiet der Volkskunde und in der Gotthelf-Forschung. Bekannteste Werke: «Baselbieter Volksleben», «Jahresbrauch im Zeitenlauf», «Baselbieter Sagen», «Müschterli us em Baselbiet», «Kinderleben im Baselbiet» (letzte grosse Arbeit, 1998). Initiant der «Baselbieter Heimatkunden» und Preisträger des «Baselbieter Kulturpreises».

12.4.
Lisette Waldner, «s Diegmatt-Lisettli» (geb. 1903), Ziefen, letzte Baselbieter Heimposamenterin, wob 1986 die letzten Bändel auf ihrem Webstuhl, der jetzt im Landesmuseum Prangins/VD steht.

20.4.
Albert Roggo-Wunderle (geb. 1922), Arlesheim, Bürger von Düdingen/FR, Sekundarlehrer in Allschwil, Arlesheim und Reinach, ehemaliger Leiter der *Schweizer Schulfunk-Geschäftsstelle*, Mundartschriftsteller («Seisler»-Dialekt).

21.4.
Hans Waldner-Burgdorfer (geb. 1907), Reigoldswil, Automechaniker, Motorradspezialist, Depotchef der *Autobus AG*, Werkstattchef bei der Transportfirma *Max Stutz*, Liestal.

23.4.
Emil Schilt-Stohler (geb. 1936), Liestal, SP-Landrat (seit 1994), 24 Jahre Einwohnerrat Liestal, Ehrenmitglied des *Kantonalturnverbandes Baselland*, viele Jahre Präsident der *Kantonalen Spielkommission*, leidenschaftlicher «Fasnächtler» und Stadtoriginal «Schilte Miggel».

7.5.
Martin Spänhauer-Thommen (geb. 1942), Muttenz, Firmengründer und Chef des Gipsergeschäfts *M. Spänhauer AG*, langjähriges Vorstandsmitglied des *Gipsermeisterverbandes Baselland*, Ehren- und Vorstandsmitglied des *Schwingclubs Muttenz* und des *Bezirksschwingclubs Arlesheim*.

10.5.
Markus Stohler-Schütz (geb. 1933), Binningen, Chef der *Stohler Rasenpflegemaschinen AG*, Binningen.

25.5.
Jakob Hartmann-Kilchherr (geb. 1922), Frenkendorf, langjähriger Präsident des *Arbeiterschiessvereins Frenkendorf*, ehemaliger Präsident des *Feuerwehrvereins*, Ehrenmitglied der *Trachtengruppe*, Gründer des *FC Frenkendorf*.

28.5.
Otto Hofmeier-Wartbichler (geb. 1924), Liestal, Firmengründer und Seniorchef der *Hofmeier AG Autobetriebe*, Liestal.

31.5.
Pfarrer Paul Hügli (geb. 1913), Brislach, insgesamt 59 Jahre aktiv als Vikar in Trimbach und Niedergösgen, als Pfarrer in Witterswil–Bättwil und Blauen und seit 1989 als Pfarr-Resignat in Brislach.

4.6.
Albert Bembejew-Schürch (geb. 1949), Sissach, Seelsorge-Koordinator der *Römisch-Katholischen Kirchgemeinde Sissach*.

21.6.
Walter Troxler-Schacher (geb. 1928, Unfall), Pratteln, dipl. Maschineningenieur HTL, Direktor der *Mars Uto* Kranfabrik in Pratteln, nach deren Schliessung Betriebsdirektor der *Stöcklin AG Logistik*, Förder- und Lagertechnik, Dornach, FDP-Landrat (1971–1983), Präsident der Finanzkommission, Einwohnerrat, Gemeinderat mit den Ressorts Hochbau/Planung, Verwaltungsratsmitglied der *Elektra Baselland* (EBL), Mitbegründer und Präsident des *Rotaryclubs Wartenberg* Muttenz, mehrere Jahre Mitglied und Präsident im Kirchenrat der *Römisch-Katholischen Kirchgemeinde Pratteln*.

23.6.
Fritz Schwander-Barz (geb. 1941), Diegten, Polizist in Gelterkinden und Buus, seit 1986 Kommissar und Leiter des Polizeistützpunktes Sissach, Hobby-Rebbauer.

1.7.
Dr. med. Cyrill Vogel-Spieler (geb. 1914), Laufen, jahrzehntelang Landarzt in Laufen (bis 1985).

2.7.
Hans-Joachim Rapp-Moppert (geb. 1906), Muttenz, Dr.sc.techn.dipl. Ing.ETH, ehemaliger Seniorchef der *Rapp AG*, Basel, begabter Pianist und Hobby-Komponist, grossherziger Förderer der *Musik-Akademie Basel* (Stiftung zur finanziellen Unterstützung talentierter Schülerinnen und Schüler der Musik-Akademie).

9.7.
Ursula Störi (geb. 1941), Allschwil, Violin-Lehrerin an der Jugendmusikschule Allschwil (seit 1966), während 2 Amtsperioden Kirchenvorstandsmitglied der *Johannesgemeinde* mit grossem Engagement im *Sozialverein*.

10.7.
Silvia Ramseier (geb. 1945), Bottmingen, 20 Jahre Zivilstandsbeamtin-Stellvertreterin von Binningen und Bottmingen, Zivilstandsbeamtin des gesamten Zivilstandskreises Binningen (seit 2000).

13.7.
Werner Burri-Hunkeler (geb. 1921), Liestal, dipl. Bauingenieur ETH, ehemaliger Teilhaber und Seniorchef der *Burri-Mangold + Co. AG*, langjähriger Vizepräsident des *Roten Kreuzes Baselland*, CVP-Landrat (1950–1953, 1967–1978), Mitgründer der *Jungwacht*, 12 Jahre lang Gemeinderat (Vorsteher des Schulwesens) und Mitgründer der Jugendmusikschule Liestal.

15.7.
Dr. Hansjörg Schmassmann-Erb (geb. 1919), Liestal, Dr.phil.II, Geologe, Vorsteher des *Geologiebüros Schmassmann* (seit 1945), später integriert in die *Calenco-Gruppe*, ehemaliger Obmann des *Baselbieter Heimatschutzes* und Präsident der KLN *(Kommission für die Inventarisation schweizerischer Landschaften und Naturdenkmäler von nationaler Bedeutung)*.

19.7.
Helen Studer-Fischer (geb. 1945), Allschwil, Kirchgemeindeschreiberin und Pfarreisekretärin

der *Römisch-Katholischen Kirchgemeinde Allschwil* während 24 Jahren.

21.7.
Dr. med. dent. Claude Luc Hubmann-Stoll (geb. 1949), Ramlinsburg, Leiter der Zahnmedizin an der *Kindertagesklinik Liestal*.

25.7.
Ida Plattner-Grieder (geb. 1908), Münchenstein, von 1940–1971 Hausmutter des Alters- und Pflegeheims «Hofmatt».

27.7.
Otto Kleiber-Leu (geb. 1912), Biel-Benken, 24 Jahre Oberturner des *TV Biel-Benken* mit Turnfestsiegen am «Kantonalen» in Liestal (1950) und am «Eidgenössischen» in Lausanne (1951), Ehrenmitglied des *Bezirksturnvereins Arlesheim* und des *KTV Baselland*, 20 Jahre Obmann der Veteranen-Sektion Biel-Benken.

5.8.
Margrith Fey-Brägger (geb. 1939), Känerkinden, während 16 Jahren Fachleiterin Sport bei der *Pro Senectute Baselland*, langjähriges Mitglied der Fürsorgebehörde Känerkinden, Leiterin der *Seniorenturngruppe* und Vorstandsmitglied des *Spitexvereins Oberes Homburgertal*.

6.8.
Adolf Sutter-Girardet (geb. 1920), Sissach, Landwirt und «Fluh»-Wirt (1946–1960), hernach Pflanzenschutzberater in der Firma *Sandoz*, Vizepräsident und Ehrenmitglied des *Reiterclubs beider Basel*, Gemeindebaumwärter, langjähriger Geschäftsführer des *Baselbieter Weinproduzentenverbandes*, Ehrenpräsident des *Obst- und Weinbauvereins Sissach*, Leiter der örtlichen Brennaufsichtsstelle der *Eidgenössischen Alkoholverwaltung*.

11.8.
Werner Schäfer-Burkhard (geb. 1919), Oberwil, Firmengründer und ehemaliger Seniorchef des *Chemischen Instituts Schäfer AG*, Bubendorf.

25.8.
Christian Dettli (geb. 1938), Hölstein, Mitgründer und Firmen-Mitinhaber der *Dettli + Sahli AG*.

27.8.
Fridel Mayer-Beuret (geb. 1918), Liestal, ehemaliger Rektor der Handelsschulen *KV Baselland* (1960–1983), Ehrenmitglied des *Kaufmännischen Vereins*, TK-Chef der Eishockey-Nationalmannschaft.

29.8.
Emmely Erb-Aenishänslin (geb. 1904), Allschwil, 30 Jahre lang Präsidentin der *Frauenzentrale Baselland*, Ehrenpräsidentin des *«Mattenheims» Ettingen*.

31.8.
Evelyn Gfeller-Gisin (geb. 1943), Liestal, ehemalige Verwaltungsratspräsidentin der *Magnetic Elektromotoren AG*, Liestal.

16.9.
Margrit Berger (geb. 1921), Aesch, Präsidentin des *Gehörlosen-Fürsorgevereins der Region Basel*, Leiterin der *Beratungsstelle für Gehörlose in Basel*, anerkannte Fachfrau des Hörbehindertenwesens.

24.9.
Paul Grieder-Häring (geb. 1923), Eptingen, Sattler- und Tapezierermeister, ehemaliger Präsident des *Schützenvereins* und aktiver Schützenveteran, alt Gemeinderat und Präsident verschiedener Fachkommissionen beim Berufsverband und der Krankenkasse *Helvetia*.

6.10.
Josef Gottfried Hübscher-Jeker (geb. 1917), Laufen, eidg. diplomierter Dachdeckermeister.

18.10.
Willy Schaub-Rickenbacher (geb. 1923), Ormalingen, Bürgerschreiber (1957–1988), Vorstands- und Ehrenmitglied des *Natur- und Vogelschutzvereins Ormalingen*.

27.10.
Peter Ganter-Lang (geb. 1935), Ettingen, Direktor der *Ganter Unternehmungen*.

23.11.
Domherr Josef Schwegler (geb. 1931), Hochdorf, von 1979–1999 Pfarrer und Domherr des *Standes Baselland* in Arlesheim, vorher Vikar in Laufen und Willisau, Kaplan in Grosswangen und Pfarrer in Niedergösgen.

6.12.
Elisabeth Bläuer-Denger (geb. 1910), Sissach, Gründerin des *Seniorentheaters Sissach*, Ehrenmitglied der *Trachtengruppe Sissach und Umgebung* (Mitglied seit 1942).

10.12.
Paul Nägelin-Schweizer (geb. 1918), Reigoldswil, Schriftenmaler mit eigenem Malergeschäft als Familienunternehmen, virtuoser Handorgelspieler der *Ländlerkapelle Ryfenstein*.

16.12.
Hansruedi Völlmin-Studer (geb. 1929), Ormalingen, Firmenmitinhaber der *Emil Völlmin und Söhne AG*, Ormalingen.

18.12.
Dr. med. Kurt Egli-Zysset (geb. 1951), Muttenz, Spezialarzt FMH für allgemeine Medizin.

18.12.
Helene Grauwiler-Strohmeier (geb. 1901), Lausen, ehemalige «Rössli»-Wirtin.

21.12.
Gertrud Flury, genannt «Ochsen-Trudi» (geb. 1916), Liesberg, ehemalige «Ochsen»Wirtin.

22.12.
Ruedi Moser-Bisang (geb. 1945), Pratteln, Bautechniker, Bauverwalter-Stellvertreter, *FDP*-Landrat (seit 1998), Mitglied der *Umweltschutz- und Energiekommission*, Einwohnerrat seit 1991 (Präsident 1998/99), Präsident der *IG Baselbieter Sportverbände*, Präsident des *Schweizer Radsportbundes*, Sektion beider Basel.

25.12.
Prof. Dr. Heinz Huber (geb. 1926), Arlesheim, Ordinarius für Mathematik an der *Universität Basel* (1955–1991).

26.12.
Dr. med. Roswita Blanc-Eidenbenz (geb. 1938), Basel/Binningen, Kinderärztin, 30 Jahre Schulärztin in den *Regionalen Kindergarten und Tagesschulen beider Basel für motorisch, seh- und mehrfach behinderte Kinder* in Münchenstein.

27.12.
Walter Kohler-Tschudin (geb. 1914), Pratteln, SVP-Gemeinderat (1954–1975), davon 16 Jahre als Gemeindepräsident, Präsident des *Verkehrs- und Verschönerungsvereins*, Initiant der *Interessengemeinschaft Ortsvereine Pratteln*, ehemaliger Präsident des *TV Pratteln NS* und Ehrenmitglied der *Musikgesellschaft Pratteln*.

29.12.
Hans-Peter Gutekunst-Fuchs (geb. 1924), Arlesheim, Firmengründer der *Gutekunst AG*, Arlesheim.

30.12.
Hans Peter Bichsel-Sohn (geb. 1932), Lupsingen, Personalchef der Kantonalen Verwaltung (bis 1980), Dienststellenleiter der *Rheinhäfen Baselland* (1981–1992), seit Mai 2000 für die Bearbeitung eines befristeten Projekts von neuem tätig.

Preise und Ehrungen

Januar:
Der «Allschwiler Kulturpreis 1999» geht an Erika Wirz, Präsidentin des *Allschwiler Kunst-Vereins*, und an *Werner Fischli*, Präsident des *Verkehrs- und Kulturvereins Allschwil* seit 1975.

April:
Der mit Fr. 5000.– dotierte «Kulturpreis der Gemeinde Reinach» geht an den Lyriker *Rudolf Peyer*, der «Reinacher Preis für soziales Engagement», ebenfalls Fr. 5000.–, an den pensionierten Lehrer *Albert Güntensperger*, Gründer des Heims für behinderte Menschen. Checks in der Höhe von je Fr. 500.– überreicht *Gemeindepräsidentin Eva Rüetschi* dem Eisschnelläufer *Martin Feigenwinter*, dem Schweizer Juniorenmeister im Judo, *Matthias Stähli*, dem Musiker *Christian Kürsteiner*, den Künstlerinnen *Madeleine Morf* und *Erika Lehmann*, den Künstlern *Harry Steiner* und *Jürgen Pauli*, dem *Gewerbeverein* sowie der *Jungwacht Reinach* (beide 60 Jahre alt), der *«Buurezunft» Reinach* (25 Jahre), den Nationalliga-*Schachclubs «Rössli»* und *«Reichenstein»* und der Primarklasse 5b von *Jürg Bopp* für ihre Fotos auf dem Gebiet der Gemeinde Wenslingen).

Im Rahmen des «Schweizer Film- und Videofestivals» in Meggen werden die Videofilme «Aktives Leben im Alters- und Pflegeheim Gelterkinden» von Walter Buess, Gelterkinden, sowie «Meine Freunde, die Schlittenhunde» von Franz Käslin, Wenslingen, mit einer Bronzemedaille ausgezeichnet.

Mai:
Die *Stiftung «Natur und Wirtschaft»* hat 10 Baselbieter Kläranlagen für ihre naturnahe Umgebungsgestaltung ausgezeichnet: neben der ARA *Ergolz 1* in Sissach (Preisübergabe durch *Regierungsrätin Elsbeth Schneider* und *Natio-*

nalrat Christoph Eymann) die Anlagen von Bennwil, Häfelfingen, Rünenberg Nord, Lampenberg, Hemmiken, Buus, Wenslingen, ARA *Birsig* in Therwil und ARA *Frenke 3* in Bubendorf.

Der Gymnasiast *Sven Straumann* wird am nationalen Wettbewerb «Schweizer Jugend forscht» für seine Semesterarbeit «Archäologische Spurensicherung am Beispiel römischer Brandgräber in Reinach» mit dem Prädikat «sehr gut» ausgezeichnet und erhält als Sonderpreis für seine Laborarbeit einen 4-wöchigen Aufenthalt in Israel finanziert, wo er mit 70 Jugendlichen aus der ganzen Welt an einem Ausgrabungsprojekt des *Weizmann-Instituts* mitarbeiten wird.

Juni:
Der *Schweizerische Invaliden-Verband* (SIV) Sektion Baselland, die *Pro Infirmis* Basel-Stadt und die *Schweizer Fachstelle für behindertengerechtes Bauen* prämieren erstmals die «hindernisfreisten Gebäude des Jahres 2000» in der Region Basel mit einer Urkunde und je Fr. 1000.– an Gemeinde und Architekt. Unter den vier Preisträgern figuriert auf Baselbieter Boden das Gemeindehaus Buckten.

Der diesjährige «Chirsipfäffer-Preis» der UBS in der Höhe von Fr. 5000.– wird an *Urs Mangold*, den grossen Förderer der Volksmusik im Baselbiet, vergeben. Der Gewinner reicht ihn weisungsgemäss weiter. Als Empfänger sucht er sich den *Kantonalverband beider Basel der «Schweizer Volksmusikanten»* aus, wo das Geld in die Jugendförderung investiert werden soll.

Juli:
Als erste Gemeinde der Nordwestschweiz wird Birsfelden vom *Schweizerischen Verein des Gas- und Wasserfachs* mit einem Qualitäts-Zertifikat für seine Wasserversorgung ausgezeichnet.

August:
Der «Theaterpreis 2000 des Hans Reinhard-Rings» wird in Genf an den in Itingen aufgewachsenen Maskenkünstler *Werner Strub* vergeben, der mit seinen Masken der in Vergessenheit geratenen Kunstrichtung «Maskentheater» zu einer Renaissance verholfen hat.

September:
An einer Feier in der österreichischen Botschaft in Bern erhält *alt Ständerat René Rhinow*, Professor an der *Universität Basel*, das «Grosse goldene Ehrenzeichen der Republik Österreich», als Auszeichnung für sein vielfältiges Engagement für gute Beziehungen zwischen der Schweiz und Österreich.

Der «Baselbieter Kulturpreis 2000» geht zu je Fr. 20 000.– an den Maler *Carlo Aloe*, Basel (Spartenpreis «Bildende Kunst»), und an den Pianisten und Dirigenten *Jürg Henneberger*, Basel (Spartenpreis «Musik»). Den «Förderpreis» von Fr. 10 000.– erhält *Sebastian Nübling*, Hausen (Regisseur am *Jungen Theater Basel*). Die drei Preise werden in Verbindung mit einem Fest im *Kulturhaus Palazzo* in Liestal von *Regierungsrat Peter Schmid* übergeben.

Der von der Gemeinde Sissach gestiftete «Umweltpreis 2000» geht an die *Kreisrealschule Sissach* für den beispielhaften Einsatz für Umweltanliegen («Hol- und Bringtage», «Bachputzete», Papiersammlungen).

Der Kanton Baselland vergibt erstmals einen «Preis für angewandte Forschung». Je Fr. 10 000.– erhalten das Projektteam «Abteilung Chemie der FHBB» und ein Team des «CIM-Zentrums» Muttenz.

Der «Umweltpreis der Gemeinde Reigoldswil» geht an die Bauernfamilie *Sax* für die naturnahe Bewirtschaftung ihres Gutes «Unter Batschen». Reigoldswil wird von *Regierungsrätin Elsbeth Schneider* als 5. Baselbieter Gemeinde mit dem Label «Energiestadt» ausgezeichnet.

Im Wettbewerb «Unternehmer des Jahres», durchgeführt von *ATAG Ernst und Young*, Zürich, wird der Waldenburger Unternehmer *Thomas Straumann* in der Kategorie «Industrie/High-Tech» mit der Goldmedaille ausgezeichnet.

Oktober:
Die Kinderärztin *Romy Kindler* aus Arlesheim, Präsidentin des *Pädagogisch-therapeutischen Dienstes Baselland*, erhält im Domhof Arlesheim den «Martin-Birmann-Preis 2000» in der Höhe von Fr. 10 000.– für ihr unentgeltliches soziales Engagement.

Die Jubiläumsstiftung der BLKB *(Basellandschaftliche Kantonalbank)* übergibt im alten Liestaler Zeughaus den mit Fr. 45 000.– dotierten «*Kantonalbank*-Preis» für wirtschaftliche, wissenschaftliche oder kulturelle Verdienste um den Kanton zu gleichen Teilen an die Pratteler Firma *Häring & Co.* für ihre innovativen Bausysteme, an das Team der Römerstadt *Augusta Raurica* unter der Leitung von *Alex Furger* für seine attraktiven Ausstellungen und seine Forschungsarbeit und an die Künstlerin *Claire Ochsner* aus Frenkendorf für ihre Skulpturen, Bilder und Mobiles.

November:
Der Chancengleichheitspreis «Das heisse Eisen» der Regierungen beider Basel in der Höhe von Fr. 20 000.– geht zu gleichen Teilen an die Firma *F. Hoffmann-La Roche AG* für ihr Kinderbetreuungsangebot im Tagesheim «Solitude» und an das *Männerbüro Basel* für sein ehrenamtliches Engagement im Bereich der Gewaltprävention. Die Preisübergabe erfolgt im Refektorium des *Museums «Kleines Klingental»* durch die *Regierungsräte Ballmer* und *Tschudi*. Die Firma *F. Hoffmann-La Roche* leitet ihren Preis weiter an den *Verein Tagesmütter beider Basel* und an *Tiny Todds*, eine Betreuungsstelle für englischsprachige Kinder.

Die *Regierungsräte Lewin* und *Straumann* übergeben den «Innovationspreis beider Basel» in der Höhe von Fr. 20 000.– an die Zahntechniker-Firmengruppe *DCS Dental AG* in Allschwil für die computergesteuerte Herstellung von festsitzendem Zahnersatz.

Anlässlich der in der Halle 3 der Messe Basel stattfindenden «Messe für Umwelttechnik» übergibt die Zürcher *Ständerätin Vreni Spoerri* den mit Fr. 50 000.– dotierten und von der Stiftung «Pro Aqua – Pro Vita»vergebenen «Umweltpreis 2000 der Europäischen Messe für Umwelttechnik» dem *Tonwerk Lausen* für das Projekt Kleinspeicherofen «T-one».

Der «Naturschutzpreis 2000» der *Pro Natura Baselland* geht an die Gelterkinder Biologin *Annemarie Spinnler* für ihren wirksamen und nachhaltigen Beitrag zum Umweltschutz bei lustvoller Vermittlung.

Kurt Häfelfinger wird für seine ausserordentlichen Verdienste während seiner 20-jährigen Wirkungszeit als Bürgerratsschreiber und Bürgerrat zum Ehrenbürger von Diegten ernannt.

Dezember:
An der Sport-Gala im *Kultur- und Sportzentrum Pratteln* verleiht *Regierungsrat Peter Schmid* den mit Fr. 15 000.– dotierten «Baselbieter Sportpreis» dem engagierten Turn- und Sportlehrer *Rico Freiermuth*, Zunzgen, einem der erfolgreichsten Sportler und Trainer im Kanton: Bobsport-Weltmeister 1982, Olympia-Dritter 1984 in Sarajevo, 2 Europa-, 5 Schweizer Meistertitel, heute noch Bob-Nationaltrainer, 42 kantonale Meistertitel in den Wurfdisziplinen, wobei er wohlgemerkt im Kugelstossen und im Speerwerfen noch immer den Kantonalrekord hält.

Den Preis «Sportliche Schule im Baselbiet» 2000 erhält die *Sekundarschule Frenkendorf*, als Anerkennung für das vielfältige und abwechslungsreiche sportliche Jahresangebot.

Der diesjährige «Ormalinger Kulturpreis» geht an *Erika Thommen-Zürcher*, die sich seit ihrer Wohnsitznahme in Ormalingen (1978) urn die Erhaltung und Förderung des kulturellen Umfeldes im Dorf ganz besonders verdient gemacht hat.

Aus der Sportwelt

9.1.
An den Schweizer Radquer-Meisterschaften in Hägendorf erhält der 17-jährige *Daniel Parpan* aus Tenniken bei den Junioren seinen ersten nationalen Titel.

15.1.
Marco Hofstetter, Biel-Benken, siegt bei einem *Europacup*-Wettbewerb in Livigno auf der Buckelpiste.

16.1./30.1.
Eisschnellläufer *Martin Feigenwinter*, Reinach, sorgt für neue Schweizer Rekorde: im Vierkampf an den Europa-Meisterschaften in Hamar (Norwegen) und über 1500 m (1:53,66 Min.) bei den *Weltcup*-Wettbewerben in Calgary (Kanada).

27.1.
In Münchenstein fusionieren der LAV *(Leichtathletik-Verband* BL*)* und der KLV *(Leichtathletik-Verband* BS*)* zum LABB *(Leichtathletikverband beider Basel).*

30.1.
Ernst Buess (*TV Zeglingen*) wird in Marbach in seiner Kategorie Masters-Schweizer-Meister im Langlauf.

13.2./19.8.
Der für den *SC Liestal* startende Gelterkinder *Oliver Amann* holt an den Schweizer Hallenmeisterschaften in Magglingen über 3000 m die Goldmedaille. An den Landesmeisterschaften in Delémont siegt er im 10 000 m-Lauf.

20.2.
Der Schlittenhundesportler *Thomas Schulthess* aus Buus gewinnt in der Vier-Hunde-Klasse an den Weltmeisterschaften im österreichischen Tannheimertal überlegen die Goldmedaille.

12.3.
Beim Finale der Schweizer Einzelmeisterschaften im Luftpistolen-Schiessen in Olten siegt in der Junioren-Kategorie 1980/81 *Stefan Degen* aus Gelterkinden.

12.3./6.8./14.12./17.12.
Philipp Gilgen, Giebenach, schafft an den Schweizer Schwimm-Meisterschaften in Genf über 100 m Rücken mit der Bestzeit von 57,57 Sekunden einen neuen Schweizer Rekord. In Vevey holt er sich über 50 m und 100 m Rücken den Schweizer Meistertitel. Und an der Kurzbahn-Europameisterschaft der Schwimmer in Valencia (Spanien) stellt er mit der Schweizer 4x50 m Lagenstaffel gleich 2 Landesrekorde auf: für sein Team und für seine eigene Startstrecke (25,93 Sekunden). Auch innerhalb der 4x50 m Crawl-Staffel ist er an einer neuen Rekordzeit beteiligt.

26.3.
An den Schweizer Crossmeisterschaften auf der Thuner Allmend belegt der 9-jährige Buusner *Philipp Weber* in der Kategorie «Schüler C» den 1. Rang.

26.3./22.4./7.5.
Die 18-jährige Orientierungsläuferin *Lea Müller* aus Häfelfingen erlebt ihren ersten grossen Sieg im Ausland in der Kategorie D 18 beim Spring Cup-Einzellauf im dänischen Hillered. In Prag gewinnt sie den internationalen 3 Tage-OL in ihrer Kategorie. Ferner siegt sie im Tessiner 2 Tage-OL. Hier setzt sich in seiner Kategorie auch der junge Eptinger OL-Läufer *Dominik Koch* durch.

26.3./1.4./18.6./3.9.
An den Schweizer Meisterschaften im 10 m Luftgewehrschiessen holt sich die Arlesheimerin *Gaby Bühlmann* den 4. Titel in Serie. In Chur siegt sie beim Schützen-*Europacup* im Dreistellungsmatch über 300 m mit dem Sportgewehr. An den Schweizer Meisterschaften in Thun gewinnt sie zum 5. Mal in Serie das Gewehr-Dreistellungsschiessen. Die Generalversammlung des Schweizerischen *Matchschützenverbandes* bestätigt sie in Olten als «Schützin des Jahres».

1.4.
Marco Ottiker, Allschwil, gewinnt an den Schweizer Meisterschaften der Skiakrobaten in Arosa auf der Buckelpiste die Goldmedaille.

4.6.
An den Schweizer Kunstturn-Juniorenmeisterschaften in Genf kommen folgende Nachwuchsturner aus dem Baselbiet in ihrer Alterskategorie zu Siegerehren: *Fabian Emmenegger* (*TV Liestal*) am Reck, *Marco Jäggi*, Oberdorf (*TV Ziefen*), am Reck und *Emanuel Senn* (*TV Lausen*) im Pferdsprung. Im Programm 4 siegt unter den 9 konkurrierenden Verbänden das Team *Nordwestschweizerischer Kunstturn-Verband* mit *Cédric Engler* (*TV Therwil*), *Fabian Leimlehner* (*TV Liestal*) und *Alec Meiller* (*TV Gelterkinden*).

12.6.
Der Seltisberger *Markus Wiesner* (*TV Liestal*) verteidigt in Ecublens/VD seinen Schweizer Meistertitel im Trampolinturnen.

25.6.
An den Schweizer Meisterschaften im Rollkunstlauf gewinnt in Basel die *Füllinsdörferin Evelyn Mohler* die 3 Meistertitel in der Pflicht, der Kür und der Kombination.

30.6.
Christoph Plattner, Dornach, erringt an den OL-Europameisterschaften in Trukawets (Ukraine) mit der Schweizer Staffel die Goldmedaille im Mannschaftswettkampf.

16.7./10.9.
In Bière holt sich der aus Buus stammende *Andreas Schweizer* nach 1995 zum 2. Mal den Titel des Eidgenössischen Schützenkönigs im 25 m Pistolenschiessen. Im 10 m Luftpistolenschiessen der Jugendlichen gewinnt das Baselbieter Team mit *Adrian Meier, Stefan Degen* und *Michael Köhli*. *Adrian Meier*, Kilchberg, darf sich auch in der Einzelwertung als Sieger feiern lassen. In der Folge verteidigt er in Thun seinen Junioren-Meistertitel mit der freien Pistole.

23.7.
Der Münchensteiner Tennisspieler *Roger Federer* gewinnt mit dem *Daviscup*-Team gegen Weissrussland mit 5:0. Die Schweizer Mannschaft bleibt damit in der Weltgruppe.

23.7.
Der für das Radrennteam *Praselios Pratteln* startende *Hubert Schwab* wird im Wallis Schweizer Bergmeister bei den Junioren.

13.8.
An den nationalen Leichtathletik-Mehrkampf-Meisterschaften in Hochdorf *holt Ramona Spitteler*, Bennwil (*TV Itingen*), bei den Juniorinnen den Schweizer Meistertitel.

27.8.
An der 18. Schweizer Handsäge- und Spaltmeisterschaft in Eptingen holen sich bei den Juniorinnen und Junioren die beiden Einheimischen *Angelika Buser* und *Tobias Weber* den Meistertitel

3.9.
Der Läufelfinger *Samuel Strub* wird in Thun Schweizer Meister im 300 m Schiessen mit dem Sturmgewehr 57. Im Zweistellungsmatch über 300 m stellt *Thomas Kohler*, Binningen, mit 590 Punkten einen neuen Landesrekord auf.

3.9.
An den OL-Schweizer-Meisterschaften in Schöfflisdorf wird *Sebastian Hägler*, Hölstein, Meister in der Kategorie H 14.

3.9./24.9.
An den Schweizer Nachwuchs-Leichtathletikmeisterschaften in Sion und Hochdorf kommen in ihren Alterskategorien zu Titelehren : *Simone Ehrsam* (*SC Liestal*) über 1000 m, *Claudio Priano* (*SC Liestal*) im 100 m-Final, *Daniela Wohlgemuth* (*TV Muttenz*) im Diskuswerfen und *Nicole Oberer* (*TV Itingen*) im Hochsprung und im Mehrkampf.

10.9.
In Sursee finden die ersten gemeinsamen Schweizer Meisterschaften im Vereinsturnen statt. Hier holen sich die Turnerinnen und Turner des *TV Zeglingen* unter der Leitung von *Monika Lang* in der Grossfeldgymnastik die Goldmedaille, in der Nachfolge des *TV Gelterkinden*, der nach 4 Triumphen in den Vorjahren auf eine Teilnahme verzichtet hat.

17.9.
Die *Damenriege Maisprach* holt im thurgauischen Kesswil den Schweizer Meistertitel im Steinstossen.

8.10.
Der Lausener Garagist *Roger Fricker* erringt mit seinem Beifahrer *Daniel Ramseier*, Ramlinsburg, in Studen bei Biel zum 4. Mal den Schweizer Meistertitel im 4x4 Geländewagen-Trial.

22.10.
Beim 41. Baselbieter Team-OL im Gebiet «Bloond» bei Bubendorf wird mit 1770 Sportlerinnen und Sportlern ein neuer Teilnahmerekord erreicht.

3.12.
Der Ziefener Eisschnellläufer *Robert Goossen* gewinnt den «Wilfried Jansen-Gedenklauf» in Zürich und verbessert gleichzeitig seinen bisherigen Kleinbahn-Schweizerrekord.

Im Jahre 2000 haben 304 Personen im Alter von 10 bis 70 Jahren, darunter 149 Jugendliche, die Leistungsanforderungen für das Sportabzeichen erfüllt (55 Personen mehr als im Jahre 1999). Eindeutige Spitzenreiterin mit 58 Abzeichen war die Gemeinde Buus.

Kultur- und Naturdenkmäler

In das Inventar der geschützten Kultur- und Naturdenkmäler werden aufgenommen:

- Wohnhaus (1624), Münsterplatz 2, Binningen; beherbergte bis 1836 Schulstuben und eine Lehrerwohnung (erstes Schulhaus von Binningen)
- Drei Birsbrücken: Fussgängerbrücke aus Eisen (1908), Eisenbahnbrücke (1935), Spannbetonbrücke (1963), auf dem Areal der ehemaligen Zementfabrik, Liesberg
- Futterscheune «Vordere Blüemlisalp» (18. Jh.), Waldenburg
- Pfarrkirche «St. Martin», Blauen
- «Imhof-Haus»(1591/92), Schlossgasse 2, Binningen; ein Nebenbau des ehemaligen Weiherschlosses
- Drei Wohnhäuser (14. Jh.), Amtshausgasse 2, Rathausstrasse 1 und 3, Liestal
- Blockspeicher (1539), Oberdorf 2a, Thürnen; im Jahr 1690 Anbau in der Ständertechnik (Zehntenspeicher, später Käserei)
- Kachelofen (1798), Eptingerstrasse 8, Läufelfingen

- Stadtmauerteilstück, Amtshausgasse 9–13, Laufen
- Erweiterung des Naturschutzgebiets «Tal», Rothenfluh und Anwil um 8 ha
- Vier Waldgebiete der Bürgergemeinde: «Oerlenberg», «Brocheni Flue», «Dürrenberg», «Nünbrunnen», Waldenburg
- Gebiete «Teufleten» und «Wisenberg», Häfelfingen
- Gebiet «Steingraben», Hemmiken
- Gebiete «Andil» und «Meistelberg–Bohlberg», Liesberg
- Gebiet «Schöntalfluh–Holznacht», Langenbruck; unter Einbezug der dem Kanton gehörenden «Schattenweid» («Spittelweid»)
- Die Gebiete «Deigsberg», «Muniloch–Aletenfluh», «Bürtenfluh–Arisfluh», «Hundsmatt–Geissberg» und «Schattberg–Hochwacht», Lauwil

Anhang

Abkürzungsverzeichnis

Institutionen

AAEB	Archives de l'ancien Evêché de Bâle, Porrentruy (Fürstbischöflich-baslerisches Archiv)
AGGS	Allgemeine Geschichtsforschende Gesellschaft der Schweiz
AMA BL	Amt für Museen und Archäologie BL
AND BL	Amt für Naturschutz und Denkmalpflege
BAR	Schweizerisches Bundesarchiv, Bern
GA	Gemeindearchiv [folgt ausgeschriebener Name der Gemeinde]
GBH	Gesellschaft für Baselbieter Heimatforschung
KB	Kantonsbibliothek [folgt offizielles Kantonskürzel]
KM	Kantonsmuseum Baselland, Liestal [es gibt keine Institution gleichen Namens in einem anderen Kanton]
LB	Schweizerische Landesbibliothek, Bern
OM	Ortsmuseum [folgt Name der Gemeinde]
SGUF	Schweizerische Gesellschaft für Ur- und Frühgeschichte
StA	Staatsarchiv [folgt Kantonskürzel]
StA BL	Staatsarchiv Basel-Landschaft
StA BS	Staatsarchiv Basel-Stadt
SWA	Schweizerisches Wirtschaftsarchiv, Basel
UB	Universitätsbibliothek [folgt Name der Stadt]
ZB	Zentralbibliothek [folgt Name der Stadt]

Periodica und Reihen

ABl BL	Amtsblatt des Kantons Basel-Landschaft
ABRZ	Augster Blätter zur Römerzeit
AMH	Augster Museumshefte
Arg	Argovia. Jahresschrift der Historischen Gesellschaft des Kantons Aargau
AS	Amtliche Sammlung der Bundesgesetze und Verordnungen der Schweizerischen Eidgenossenschaft
AS	Archäologie der Schweiz
ASHR	Aktensammlung aus der Zeit der Helvetischen Republik
Barth	Barth Hans: Bibliographie der Schweizer Geschichte
BasBeitr	Basler Beiträge zur Geschichtswissenschaft [auch: BBG]
BasC	Basler Chroniken
BasJ	Basler Jahrbuch
BasS	Basler Stadtbuch
BasZG	Basler Zeitschrift für Geschichte und Altertumskunde
BaZ	Basler Zeitung
BBG	Basler Beiträge zur Geschichtswissenschaft [auch: BasBeitr]
BBl	Bundesblatt der Schweizerischen Eidgenossenschaft
BHB	Baselbieter Heimatbuch
BHbl	Baselbieter Heimatblätter
BN	Basler Nachrichten
BVb	Basler Volksblatt
BZ	Basellandschaftliche Zeitung, Liestal
EA	Amtliche Sammlung der ältern/neuern Eidgenössischen Abschiede
FiA	Forschungen in Augst
GS BL	Gesetzessammlung für den Kanton Basel-Landschaft
HK	Heimatkunde [falls das Manuskript von 1863 gemeint ist, z.B.: HK Gelterkinden 1863]
IH	Informationsheft der kantonalen Verwaltung, Liestal
JbAK	Jahresberichte aus Augst und Kaiseraugst
Jbl	Jurablätter
JSG	Jahrbuch für schweizerische Geschichte (Fortsetzung: ZSG)
JSolG	Jahrbuch für solothurnische Geschichte
LS	Landschäftler, Liestal
NblGGG	Neujahrsblatt der Gesellschaft für das Gute und Gemeinnützige, Basel
NFG	Tätigkeitsberichte der Naturforschenden Gesellschaft BL
NoZ	Nordschweiz/Basler Volksblatt, Basel
NSBV	Nachrichten des Schweizerischen Burgenvereins
NZ	Nationalzeitung, Basel
NZZ	Neue Zürcher Zeitung

O	Ortchronik [folgt Name der Gemeinde]
QF	Quellen und Forschungen zur Geschichte und Landeskunde des Kantons Baselland
QSG	Quellen zur Schweizergeschichte
RB	Regio Basiliensis
RP	Recht und Politik
RQ	Rechtsquellen [folgt Kantonskürzel]
SAVk	Schweizerisches Archiv für Volkskunde
SBKAM	Schweizer Beiträge zur Kulturgeschichte und Archäologie des Mittelalters
SJZ	Schweizerische Juristenzeitung
StB	Amtliches stenographisches Bulletin der Bundesversammlung
StJ BL	Statistisches Jahrbuch des Kantons Basel-Landschaft
StJ CH	Statistisches Jahrbuch der Schweiz
SVk	Schweizer Volkskunde
SZG	Schweizerische Zeitschrift für Geschichte
VS	Volksstimme von Baselland, Sissach
ZAK	Zeitschrift für schweizerische Archäologie und Kunstgeschichte
ZGO	Zeitschrift für die Geschichte des Oberrheins
ZSG	Zeitschrift für schweizerische Geschichte (Fortsetzung: SZG)
ZSR	Zeitschrift für schweizerisches Recht

Monographien und Lexika

ADB	Allgemeine Deutsche Biographie
BUB	Basler Urkundenbuch
GLB	Gauss Karl et al.: Geschichte der Landschaft Basel und des Kantons Basel-Landschaft
HBLS	Historisch-biographisches Lexikon der Schweiz
HDA	Handwörterbuch des Deutschen Aberglaubens
Id	Schweizerisches Idiotikon. Wörterbuch der schweizerdeutschen Sprache
KDM	Kunstdenkmäler [folgt Kantonskürzel]
LM	Lexikon des Mittelalters
MLB	Bruckner Daniel: Historische und natürliche Merkwürdigkeiten der Landschaft Basel
ULB	Urkundenbuch der Landschaft Basel

Sonstiges

Diss	Dissertation
Hg.	Herausgeber / Herausgeberin
Jb	Jahrbuch
Liz	Lizentiat
Ms	Manuskript [gilt auch für Typoskript!]
PA	Privatarchiv
SA	Separatabdruck
Tgb	Tagebuch
Zs	Zeitschrift

Autorinnen und Autoren

Daniel Aenishänslin, Journalist, geboren 1968 in Basel, aufgewachsen in Frenkendorf, Schulen in Frenkendorf, Liestal und Basel. Ausbildung zum Journalisten am *Medien Ausbildungszentrum* MAZ in Luzern. Danach Redaktor, Korrespondent, Videojournalist, Videojournalisten-Ausbildner und Kameramann. Seit 2001 Sportredaktor der *Volksstimme*.

Yves Binet, geboren am 25. Juli 1970 in Basel, Franzose und Schweizer, Schulen in Binningen, Rorschach und Basel, Matura B in Basel, 1991 Vorkurs A an der Kunstgewerbeschule Basel, ab Herbst 1991 bis 2000 Germanistik, Romanistik und MGU an der *Universität Basel*. Lektoriert, redigiert, übersetzt, schreibt und zeichnet vor allem in Basel.

Bill Bohn, Jahrgang 1930, wohnhaft in Muttenz, ist mit seiner Freude an Bergen und der Natur allgemein begeistertes Mitglied des SAC. Er war Zeit seines Berufslebens Einkäufer bei der *Migros*. Die Countrymusic hat ihn nicht losgelassen, er hört sie noch immer sehr gerne und zieht sie jeder anderen Musik vor.

Robert Bösiger, geboren 1957, Bürger von Sissach (BL) und Untersteckholz (BE), aufgewachsen in Sissach. Studium an der *Universität Basel* (lic. rer. pol.). Massgeblich beteiligt am Aufbau des Baselbieter Lokalradios *Raurach* (heute *Edelweiss*). Ab 1986 Redaktor der *Basellandschaftlichen Zeitung*, 1990 Wirtschaftsredaktor der *Basler Zeitung*, seit 1993 Chefredaktor der *Volksstimme* in Sissach. Vater von vier Kindern, wohnt in Sissach.

Armin Brenner, geboren 1933, B-Matura, Primarlehrer in Basel 1954 bis 1968, Diplome für Violine und für Schulmusik II, Eishockey-Torhüter Nationalliga A. Ab 1964: Aufbau und Leitung der Jugendmusikschule (JMS) Pratteln, Leiter der Ausbildungskurse der *Arbeitsgemeinschaft der Jugendmusikschulen Baselland* (AGJM BL). Institutionalisierung der Musikalischen Grundschulung in Baselland und in der übrigen Schweiz. 1968: Berufung als Leiter der Abteilung Musik und Musikerziehung und 1984 der Kulturabteilung der EDK BL. Aufbau der 17 JMS im Kanton Basel-Landschaft. Unterrichtstätigkeit (bis 1979) am *Lehrerseminar Liestal*. Aufbau und Leitung des Musikunterrichts. Präsident der erweiterten *Kommission Musikerziehung der Erziehungsdirektoren-Konferenz Nordwest-Schweiz* (AG, BE, BL, BS, FR, LU, SO, ZH). 1975 Gründer und Präsident (bis 1992) des *Verbandes Musikschulen Schweiz* (VMS), Aufbau der Sozialversicherungen für alle Musiker in der Schweiz, Präsidiumsmitglied und Präsident der *Europäischen Musikschul-Union* (EMU). 1977 bis 1985 Organisation und Leitung der Europäischen Musik-Camps in Samedan (unter dem Patronat des *Europarates*) 1985 Europa-Tournee. 1979: Aufbau der *Accademia di Musica* und deren Direktor; ab 1992 *Conservatorio della Svizzera Italiana* in Lugano, seit 1999 eine der sechs Musikhochschulen der Schweiz.

Sabina Droll, 42, Hausfrau und Mutter, «Schreiberin aus Leidenschaft», seit sechs Jahren freie Mitarbeiterin bei der *Volksstimme*. Publikationen: «Schweizer Originale» Band 4, 1998; «Das grosse Abenteuer – Familienwanderung», 1999; beide Bücher sind im *Friedrich Reinhardt-Verlag* in Basel erschienen.

Alfons Eschle, geboren am 27. Mai 1934 in Entlebuch/Luzern, Matura A in Luzern, Medizin-Studium in Fribourg und Basel, Staatsexamen 1961 Zahnheilkunde und Dr. med. dent. Verheiratet, zwei Kinder, 1964 bis 1994 Zahnarztpraxis in Laufen, seither in verschiedenen Bereichen musikalisch tätig.

Hans Fischer, geboren 1934, aufgewachsen in Itingen. Beruflich bis zu seiner Pensionierung als Primarlehrer in Buckten tätig.

Christian Fluri, 1950 in Baden geboren, Matur in Basel 1973, Studium der Germanistik, Geschichte und Philosophie an der *Universität Basel*, Lizenziat/Oberlehrerdiplom

1983. 1975 bis 1989 Lehrer für Deutsch und Geschichte an den *Minerva Schulen* in Basel, ab 1983 in fester Anstellung. 1985 bis 1989 Redaktor beim *Kultur Magazin*. 1988 freier Mitarbeiter bei der *Basellandschaftlichen Zeitung*, Ressort Kultur, seit 1989 Kulturredaktor bei der *Basellandschaftlichen Zeitung*.

Fernando Fontanilles, Bassist, studierte am *Berklee College of Music* in Boston. Seit 1982 ist er in zahlreichen nationalen und internationalen Formationen sowie mit seinem eigenen Trio in Clubs und an Festivals in ganz Europa zu hören. Von 1986 bis 1999 unterrichtete er an der *Jazzschule Basel*, für die er zwei Jahre als Musikalischer Leiter tätig war. Er spielte mit Musikern wie Mark Soskin, Georges Robert, Niels Lan Doky, Gustavo Bergalli, Steve Houben, Wladislav Sendecki, Andi Scherrer und vielen anderen. Heute lebt er zusammen mit Martina Achermann im Oberen Baselbiet.

Georg Frey, aufgewachsen und Schulen in St. Gallen. Musikstudium an den Musikhochschulen von Zürich und Basel. Musikwissenschaft an der *Universität Zürich* (lic. phil.). Viele Jahre Unterricht am *Gymnasium Münchenstein*, Leitung eines Orchestervereins und verschiedener Chöre.

Peter Gisin, geboren am 8. August 1934 in Birsfelden. Von 1959 bis 1999 Zeichenlehrer in Muttenz. Gründung der *Country Pickers* zusammen mit Bill Bohn. Seit bestehen der Regional-Radiostationen (1983) Moderator der Sendung «Country Special» bei *Radio Raurach* (heute *Radio Edelweiss*).

Jörg Gurtner, geboren 1952, nach der Schulzeit Lehre als Buchdrucker. Akkordeonunterricht seit dem zwölften Lebensjahr. Studium an der *Musik-Akademie Basel* (Blasmusikdirektion/ Schlagzeug), Akkordeonausbildung in der Schweiz, Deutschland, Italien. Konzertreisen mit seiner Frau oder verschiedenen Ensembles in Südamerika, Nordamerika, Jugoslawien, Israel. Tätigkeit: Hauptfachlehrer für Akkordeon an der *Musikhochschule der Stadt Basel*, den Gymnasien Liestal, Muttenz und Oberwil und den Jugendmusikschulen Sissach, Muttenz und Gelterkinden.

Peter Gysin, Dr. med., geboren 1944 und aufgewachsen in Gelterkinden. Studium der Medizin in Basel, seit 1978 Allgemeinarzt-Praxis in Gelterkinden. 1962 Beitritt zur *Orchestergesellschaft Gelterkinden* (Violine und Bratsche), seit 1986 deren Präsident.

Benno Hueber, geboren 1951, ist Bürger von Zwingen und dort aufgewachsen. Rechtsstudium an der *Universität Basel*, Abschluss mit dem Lizenziat. Seit 1986 Amtsvormund der 13 Gemeinden des Bezirks Laufen.

Marianne Imhof-Rudin, geboren 1957, wohnhaft in Lausen, verheiratet, drei Söhne. Physiotherapeutin. Seit 1987 Tanzleiterin *Trachtengruppe Liestal*. Seit 1991 Tanzleiterin Kanton Basel-Landschaft. Seit 2000 Mitglied der Volkstanzkommission der *Schweizerischen Trachtenvereinigung*.

Olivier Jaquiéry, aufgewachsen in Birsfelden, hat sich am *Konservatorium Basel* zum Musiklehrer ausbilden lassen. Seit gut zwei Jahrzehnten unterrichtet er als Saxophonlehrer an verschiedenen Jugendmusikschulen und Gymnasien im Kanton Basel-Landschaft. Nebenher wirkt er als Tenorist und Arrangeur in einem Saxophon-Quartett. Einige seiner ehemaligen Schüler haben eine berufliche Laufbahn als Musiker eingeschlagen. Andere sind an Jugendmusikwettbewerben erfolgreich gewesen.

Paul Libsig ist Journalist und Redaktor bei der *Basellandschaftlichen Zeitung*. Jazz spielen ist eines seiner Hobbys.

Philipp Loser, Jahrgang 1980, hat im Winter 2000 in Liestal das Gymnasium abgeschlossen. Seit 1996 arbeitet er als freier Mitarbeiter bei der *Volksstimme*, wo er im Sommer 2001 ein dreijähriges Volontariat begonnen hat.

Urs Mangold, geboren 1954, wohnt in Rünenberg, seit 25 Jahren tätig als Primarlehrer in Tecknau, Leiter der *Oberbaselbieter Ländlerkapelle* (seit 1971) und der *Sissecher Holzmusig* (seit 1976); spielt als Hauptinstrumente Klarinette, «Schwyzerörgeli» und Bassgeige; Komponist und Arrangeur, für seine Förderung des Nachwuchses und der Volksmusik in der Nordwestschweiz geehrt mit dem Anerkennungspreis des Kantons Baselland, dem «Goldenen Tell», dem «Goldenen Violinschlüssel» und dem «Chirsipfeffer-Preis».

Martin Matter, Dr. phil., geboren 1944, wohnhaft in Reinach. Studium der Geschichte und des Allgemeinen Staatsrechts an der *Universität Zürich*. Leiter der Baselland-Redaktion der *Basler Zeitung*.

Jürg Mosimann ist seit der Gründung des *Gymnasiums Oberwil* Musiklehrer, Fachvorstand Musik und Leiter des Chors des Gymnasiums.

Pio Pellizzari, geboren 1954 und aufgewachsen in Rheinfelden. Studium der Musikwissenschaft und der Romanischen Philologie in Fribourg und Lyon. Assistent und wissenschaftlicher Bibliothekar an der Universität sowie Musiklehrer am Gymnasium in Fribourg, seit 1998 Leiter der *Schweizerischen Landesphonothek* in Lugano.

Sibylle Rudin-Bühlmann, 1962 in Olten geboren. Studierte Geschichte und Spanisch an der *Universität Basel*. Arbeitet zurzeit als Historikerin und Bibliothekarin. Lebt mit ihrem Mann und ihren drei Kindern in Sissach.

Alby Schefer, Jahrgang 1947, Kultur- und Naturmaniac, fotografiert, filmt, jazzt, zeichnet, schreibt und «fasnächtlet» (meist nacheinander!) – da kommt keine Langeweile auf!

Charles Schmidlin, geboren 1956 in Wahlen, Primarlehrer seit 1978, vielseitige Tätigkeit als Chorleiter in den Jahren 1976 bis 1999.

Paul Schorno, 1930 geboren und aufgewachsen in Seewen/SZ. Primarlehrerpatent. Lehr- und Wanderjahre als Heimerzieher, Lehrer, Bibliothekar und Organist in verschiedenen Kantonen. Musikstudien an den Konservatorien in Luzern und Zürich. Ab 1959 Lehrer in Basel an der *Knabensekundarschule*. Ab 1961 Theaterkritiker beim *Basler Volksblatt/Nordschweiz*. Seit acht Jahren Musikkritiker bei der *Basellandschaftlichen Zeitung*. Mitarbeiter beim 1. Theaterlexikon der Schweiz.

Jürg Siegrist, geboren 1974, aufgewachsen in Muttenz, studierte am *Konservatorium Basel* Klavier, Chorleitung und Schulmusik. Er ist zurzeit Musiklehrer am *Gymnasium Muttenz*, künstlerischer Leiter des *Kammerchors Munzach* und Vizedirigent der *Knabenkantorei Basel*.

Martin Stohler, geboren am 1. Mai 1955 in Pratteln, aufgewachsen in Buckten. Wohnt seit 1975 in Basel. Altphilologe, Historiker, Korrektor. Anfang der 70er Jahre Gründungsmitglied der Oberbaselbieter Progressive-Rural-Rock-Band *Blaufurz live*, seit Sommer 2000 mit Martin Birchler Kodirektor des *Fritz Bürgin Museums* im Internet (http://www.geocities.com/fritz_buergin_museum).

Rolf Wirz hat die Schulen in Sissach und Basel besucht. Nach einem kurzen Abstecher in die Unterhaltungselektronikbranche verdient er sich seine journalistischen Sporen beim Baselbieter Lokalradio *Raurach* als Moderator und Musikredaktor ab. 1988 Wechsel zu *Radio Basilisk* in Basel. 1989 bis 1991 berufsbegleitender Grundkurs Journalismus am *Medienausbildungszentrum* MAZ in Kastanienbaum bei Luzern. 1992 Rückkehr als Chef vom Dienst zu *Radio Raurach*. Seit 1994 Redaktor bei der Sissacher *Volksstimme*.

David Wohnlich, ist Städter mit Leib und Seele und lebt in der Kleinbasler Altstadt als freiberuflicher Komponist, Musiker und Publizist.

CD-Booklet

Sissecher Holzmusig	**1**	«Läck bin ich tappig!», 3:04
Jodlerklub Liestal	**2**	«Im Wärde», 4:36
Steppin Stompers	**3**	«Waldeburger Tschu Tschu Train», 2:40
Georgy's Big Band	**4**	«American Patrol», 3:21
Andy Martin	**5**	«Different kind of flower», 3:18
The Chicago Dave Blues Band	**6**	«Crossroad», 6:07
Excentric	**7**	«Gimme your love tonight», 3:42
DJ Dimos	**8**	«Universum», 4:34
Scrucialists	**9**	«Dreamer», 4:54
Florian Schneider	**10**	«Keine Grenzen mehr», 3:43
Lisette Spinnler Quartett	**11**	«You don't know what love is», 6:51
Fredy Schär	**12**	«Dr Zug nach Gälterchinde», 1:40
Hati-Hati (A. Gerber, T. Weiss, U. Wiesner)	**13**	«Tadlagi 1», 4:21
Chorgemeinschaft contrapunkt	**14**	«Hinderem Münschter», 2:59
Chor Gymnasium Oberwil	**15**	2. Szene der Oper «En Passant Lenz», 8:47
Orchestergesellschaft Gelterkinden	**16**	«Arlésienne-Suite», 4:00
Hans Wüthrich	**17**	«Chopin im TGV Basel-Paris, die Sonne betrachtend», 6:20
Alfons Eschle	**18**	«Der Schwan», 2:46

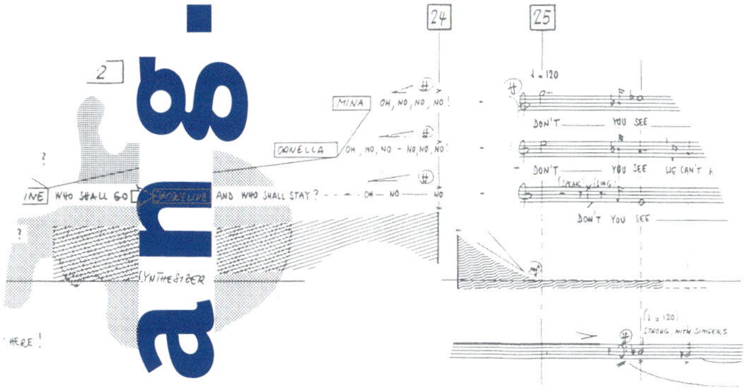

Klang

Musik im Baselbiet in Wort, Ton und Bild

VERLAG des Kantons Basel-Landschaft

Urs Mangold: «Der Ausspruch ‹Läck, bin ich tappig!› stammt vom Bassisten Köbi Mader, nachdem er bei einem Auftritt mit seiner unhandlichen Bassgeige beim Einrichten mehrmals angeschlagen hatte, eine volle Weinflasche von einem Tisch gefegt und ein volles Bierglas über sein Instrument geleert hatte. Der Ausspruch wird im zweiten Teil rhythmisch umgesetzt. Gut hörbar sind bei dieser Aufnahme die drei Klarinetten, welche sich zum Teil miteinander musikalisch in die gleiche Richtung bewegen, dann aber auch wieder mit Gegenbewegungen kontrastieren. Das Stück hat eine Überleitung in den dritten Teil. Bewusst wurde hier die einem Martinshorn ähnliche Melodie gewählt (‹Für-wehr›, ‹lö-sche›, ‹put-ze›).»
Die *Sissecher Holzmusig* wurde 1976 durch Urs Mangold aus Musikschülern gegründet. Gespielt wird in einer «erweiterten» Bündner Besetzung mit drei Klarinetten, zwei bis drei «Schwyzerörgeli» und Bass. Das Repertoire stammt aus der ganzen Schweiz. Die Kapelle hält sich nicht stur an überlieferte Formen. Sie interpretiert mit Vorliebe Kompositionen des Kapellmeisters.

Sissecher Holzmusig
«Läck bin ich tappig!», 3:04
1995, auf der CD «Holzmusikalisch»,
Thomi-Brunner Medien AG, Tscheppach.
Kontakt: Urs Mangold, Hauptstrasse 16,
4497 Rünenberg, Tel. 981 14 23

Das Lied wurde geschrieben von Ehrendirigent Paul Meier und Beat Jäggi.
Der *Jodlerklub Liestal* wurde 1932 gegründet.
Er tritt an den Verbandsjodelfesten, am traditionellen «Jodlerobe» sowie bei anderen Gelegenheiten auf. Zum festen Jahresprogramm gehören ferner Liedervorträge im *Birmannspital* und im *Kantonsspital Liestal*. Besuche in Altersheimen, Auftritte an Empfängen, Schwingfesten und anderen Festivitäten füllen den Vereinskalender aus. Bekannt wurde der Klub auch durch den heutigen Ehrendirigenten Paul Meier, der als Jodelliedkomponist Erfolge feiert und bis 1986 musikalischer Leiter des *Jodlerklubs Liestal* war. Der Klub wird gelegentlich durch die *Oberbaselbieter Ländlerkapelle* begleitet.

Jodlerklub Liestal
«Im Wärde», 4:36
1995, auf der CD «So wie mer sy»,
Thomi-Brunner Medien AG, Tscheppach.
Kontakt: Kurt Bürgin, Kirchbergweg 4,
4415 Lausen, Tel. 061 921 32 32

«Der Song ‹Waldeburger Tschu Tschu Train› begleitet die *Stompers* seit Jahrzehnten. Auch heute noch wird er an Konzerten immer mit riesigem Applaus bedacht. Obwohl er nicht unbedingt typisch ‹Dixie› ist, gehört er einfach zu dieser Band.»
Seit 35 Jahren (Gründungsjahr: 1966) gehören die *Steppin Stompers* im Raum Basel der regionalen Jazzszene an. In über 1200 Konzerten und Auftritten bereiteten die heute sechs Musiker ihrem Publikum unbeschwerte und vergnügliche Stunden. Im Dezember 2001 wird in Liestal der *32. Jazzband-Ball* stattfinden. Bei dieser Gelegenheit werden jeweils auch zwei Gastbands aus der Schweiz oder dem nahen Ausland vorgestellt. Musikalisch haben sich die *Stompers* immer wieder auf «Abwege» begeben: Ausflüge in die Volksmusik, Rockmusik oder in die Klassik bereicherten das musikalische Schaffen. Seit 1989 leistet sich die Band den Luxus, Gitarristen beizuziehen, um das musikalische Spektrum zu vergrössern. Personell zeichnet sich die Band um die drei Gründungsmitglieder Werner Thommen (Schlagzeug), Andi Spinnler (Banjo) und Hansi Rudin (Klarinette) durch erstaunliche Konstanz aus. Trompeter André «Bob» Haegler ist seit 29, Bassist Christian «Chrigel» Grieder seit 26 und Posaunist Louis Bürgin seit 18 Jahren mit von der Partie.

Steppin Stompers
«Waldeburger Tschu Tschu Train», 2:40
1991, auf der CD «remember ...», Eigenverlag.
Kontakt: Werner Thommen, Heidenlochstrasse 56, 4410 Liestal, Tel. 061 921 48 58
Fax 061 921 48 59
E-mail: info@steppinstompers.ch
Web: http://www.steppinstompers.ch

Jörg Rickenbacher: «Diesen Titel, arrangiert von Jerry Gray, spielt die *Georgy's Big Band* seit ihrer Gründung vor 24 Jahren. Er ist damit massgebend beteiligt am Erfolg dieser Band.»
Die Wurzeln gehen zurück bis ins Jahr 1955. Zu zehnt werden Swingnummern gespielt, ab 1966 sind es meist kleinere Formationen. 1973 stösst Reto Borer (alias Bo Katzman) zur Band. 1975 tun sich George Bielser und Heinz Berger zusammen. Aus dieser Zusammenarbeit entstand die Grossformation (12 Mann). Erste Erfolge liessen die Band auf 20 Mann anwachsen. Dann stiess auch die Sängerin Regina Günthard dazu, später ersetzt durch Lilo Aebi. Obwohl zuerst nur Konzerte vorgesehen waren, wurde das Orchester bald auch als Tanzband engagiert. Es folgten zahlreiche grosse Auftritte in Ballsälen der Schweiz, Deutschland und Frankreich. Zwei Drittel der ursprünglich mitwirkenden Musiker sind auch heute noch dabei. Im Jahr 2002 soll das 25-Jahr-Jubiläum gefeiert werden.

Georgy's Big Band
«American Patrol», 3:21
1990, produziert für den Eigenbedarf.
Kontakt: Jörg Rickenbacher, Mattenacherweg 11, 4133 Pratteln, Tel. 061 821 81 32
E-Mail: joerg.rickenbacher@bluewin.ch

Andy Martin
«Different kind of flower», 3:18
2001, auf der CD «Talkin' Teardrops», *AMB Music* und *Koch Music.*
Kontakt: AMB Music, Andy M. Messerli,
Hoeldeliweg 27, 4460 Gelterkinden,
Tel./Fax 061 981 67 55
E-Mail: ambmusic@tiscalinet.ch
Web: http://www.country-music.ch/andymartin/

Andy Martin: «Bei diesem Song aus den 60er Jahren handelt es sich um die Coverversion eines Originals von *Ray Price*. Diesen Titel habe ich seit mehreren Jahren gesucht und leider nie mehr auf Tonträger gefunden. Nun habe ich den Titel selber aufgenommen und bin sehr glücklich mit dem Resultat.»
Andy Martin, mit bürgerlichem Namen Andy M. Messerli, veröffentlichte im Herbst 1987 sein erstes Countrymusic Album («Loving's easy»). Diese Produktion, eigentlich nur ein Fun-Projekt eines Countrymusic-Fans, verkaufte sich so gut, dass die ersten Anfragen für Auftritte nicht ausblieben. Also musste eine Begleitband her. Zusammen mit dem Drummer Marcel Schnyder gründete er im Sommer 1988 die Formation *Andy Martin & the Valley Band*. Von Anfang an hat sich *Andy Martin* der traditionellen Countrymusic verschrieben – zur Freude des Publikums, wie die mehreren hundert Auftritte zeigen. Es entstanden die beiden Produktionen «Honky Tonk Motel» (1990) und «Way down South» (1994). Ende 1996 löste sich die Band auf. Im gleichen Jahr pilgerte *Andy Martin* mit einigen Songs in der Tasche nach Nashville, USA. Dort nahm er mit einheimischen Musikern das Album «Paint me blue» auf. Wieder zu Hause, formierte *Andy Martin* eine neue Band – und 1997 gab er sein Comeback. Der Stein kam ins Rollen, die Auftritte lösten sich ab mit Auszeichnungen und Erfolgen in den weltweiten Country-Charts. 1998 wurde das Album «Where I'm coming from» und 2001 das Album «Talkin' Teardrops» veröffentlicht. Beide CDs wurden wiederum in der Country-Hochburg Nashville mit dort ansässigen Musikern eingespielt.

David Rutschmann: «‹Crossroad› ist ein uraltes Thema innerhalb des Blues, und dieses Thema hat mich schon immer fasziniert. Der gleichnamige Songtitel wurde vom legendären Robert Johnson besungen. Etwa ein Viertel Originalzitate habe ich in diesen Song eingebunden. Die Thematik dieser ‹Kreuzwege› ist sehr unterschiedlich. Haben sie bei Johnson einen sehr persönlichen Hintergrund, so ist mein Kreuzzug eher politisch gewichtet. In den USA haben diese ‹Crossroads› oft auch religiöse Hintergründe und Bedeutungen.»
Gegründet wurde die *Chicago Dave Blues Band* 1979, von David «Dave» Rutschmann. Simon Spinnler (Sax) und David Rutschmann holten ihre ersten Erfahrungen in Chicago. Dort jammten, redeten und philosophierten sie mit schwarzen Bluesmusikern. Der Grundstein für die Baselbieter Rhythm 'n' Blues-Band war gelegt. Nach unzähligen Konzerten entstand 1991 mit «... nothin' but the blues» ein erstes Album. Zu hören waren vorwiegend Eigenkompositionen. Bernard Allison, Sohn der Blueslegende Luther Allison, spielte in einem Song Leadgitarre und Hammondorgel und sang. 1994 entstand ein Live-Album. Zum 20-jährigen Jubiläum 1999 wurde das dritte Album «Crossroad – Keep Movin' On!» aufgenommen.

The Chicago Dave Blues Band
«Crossroad», 6:07
1999, auf der CD «Crossroad – Keep Movin' on!», Eigenverlag, Liestal.
Kontakt: Management jazzandblues.ch Louis van der Haegen, Hauptstasse 28, 4147 Aesch,
Tel. 061 751 54 74, Fax 061 753 89 56
E-Mail: jazz@jazzandblues.ch
Kontakt Band: E-mail: info@chicagodave.ch
Web: http://www.chicagodave.ch

Raff Martin: «Der Song vermittelt durch die eingängigen Gitarren, die Mundharmonika und den Mitsing-Refrain eine gesunde Portion Lebensgefühl und Partystimmung. Ein Song, der durch seinen Ohrwurmcharakter einfach fast allen gefällt.»
Excentric haben ihren Ursprung in Sissach. Seit ihrer Gründung im Jahre 1999 entwickelten sich die fünf Musiker um Sänger James Prayer zu einer starken, ambitionierten Formation, die sich dem guten alten Hardrock – allerdings der melodiösen Version à la *Gotthard* oder *Aerosmith* – verschrieben hat. «Rock at work» ist das Credo der hoffnungsvollen Band. Die Besetzung mit James Prayer (Gesang), Marco Gyger (Gitarre), Boris Gisler (Gitarre, Gesang), Reto Pieren (Bass, Gesang) und Raff Martin (Schlagzeug) besteht seit Frühjahr 2000.

Excentric
«Gimme your love tonight», 3:42
2000, auf der gleichnamigen Maxi-CD, Eigenverlag.
Kontakt: Raff Martin, Gassackerstrasse 28,
4452 Itingen, Tel./Fax 061 971 47 10/61 oder
079 324 58 43
E-Mail: contact@excentric.ch
Web: http://www.excentric.ch

Raphael «Poet» Flury: «Der Titel ‹Universum› setzt neue Massstäbe in Sachen Zusammenarbeit. Zu dieser gemeinsamen Produktion haben sich *MC Poet*, *Shape*, *Tafs* (aus Liestal), *TNN* und *Black Tiger* (Basel) zusammengefunden.»
Treibende Kraft hinter dem Projekt *DJ Dimos*' ist Raphael Flury aus Oberdorf. Als *MC Poet* entwickelte und förderte er die Hip-Hop- und Rap-Bewegung im Baselbiet. Bei verschiedenen Formationen und Projekten hat er seine Hand im Spiel: als Rapper, als Produzent und als Booking-Agent.

DJ Dimos
«Universum», 4:34
1998, auf der Maxi-CD «Homework»,
WB-Tal Records, Oberdorf.
Kontakt: Tel. 079 652 54 81
Fax 061 961 96 37
E-mail: wbtal@hotmail.com

Scrucialists
«Dreamer», 4:54
2000, Single, bei *GVP-records.*
Kontakt: Tel. 061 322 50 93, 061 332 50 91 und Fax 061 273 89 67
E-mail: info@onedrop.ch
Web: http://www.onedrop.ch

Im Juni 1997 erfüllten sich der Drummer Eric Gut, der Gitarrist Luc Montini (beide in Muttenz aufgewachsen), der Bassist Matthias Tobler und der Keyboarder Simon Hänggi (beide in Allschwil aufgewachsen) einen lang gehegten Traum: Sie gründeten zusammen mit dem – aus Barbados stammenden – Sänger Richard White die Roots-Reggae-Band *Scrucialists*. Schon nach den ersten Konzerten schufen sich die fünf einen Namen als vielfältige und schlagfertige Live-Band, auch überregional und im nahen Ausland. Auch auf Barbados, wo die Reggae-Musik stark verankert ist, bestand die Band ihre Feuertaufe. Seit der Rückkehr von Richard White nach Barbados werden die *Scrucialists* bei ihren Liveauftritten unterstützt durch zwei Ragga-Sänger des *Dancehall Vibes Soundsystem* aus Strassbourg. Um den kreativen Bedürfnissen der Musiker mehr Raum zu geben, wurde der Proberaum in Muttenz zu einem semiprofessionellen Recording-Studio ausgebaut. Seit dem Frühjahr 2000 ist dieses Studio in Betrieb; bereits wurden die ersten CDs und Maxi-Singles aufgenommen und unter dem eigenen Label *one drop records* publiziert. Das Label, so Simon Hänggi, sei nicht zuletzt auch aus Unmut darüber entstanden, wie die hierzulande etablierten Major-Labels ihre Künstlerauswahl treffen – nämlich üblicherweise ziemlich willkürlich. Im Leitbild heisst es: «Wir wollen mit unserem Label eine Plattform und eine neue Öffentlichkeitskultur für Musik abseits der Schweizer Pop-Schiene etablieren.»

Florian Schneider: «Ein zentrales Thema des Schauplatzes Tarasp ist sicher das Wort ‹Grenzen›. Grenzen, einst willkürlich gezogen, dann historisch gewachsen, befestigt, bewacht, geschützt, verteidigt, überschritten, überwunden und irgendwann … geöffnet, abgeschafft. Zu dieser Aufgabestellung habe ich ein Lied getextet und vertont. Grenzen stehen hier als Sinnbild für äusserliche ebenso, wie auch für mentale Verhinderungen oder Zwänge.
Es handelt sich dabei um eine Art Hymnus, der nach einem Grundmotiv von Walther von der Vogelweide – ‹Ik saz uf einem steine und tate bein mit beine› – die persönliche Befindlichkeit eines beobachteten Wanderers zwischen Tradition und Moderne poetisch, aber sehr verständlich und durchaus populär beschreibt. Die Musik dazu ist volksliedhaft und melodisch, arrangiert aber mit dem modernen Instrumentarium einer durch Streicher und Chor veredelten Rockband. Das Lied wird mit seiner unterschwelligen Melancholik hoffentlich zu Herzen gehen und ist ein persönlicher Ansatz des Interpreten zum Begriff Heimat.» (Zitat aus einem Schreiben an Beat Antenen, Produzent der Nationalen Feiertagssendung der Fernsehkanäle *SF DRS*, *TSI* und *TSR* am 1. August 2001).
Florian Schneider, geboren 1959 und aufgewachsen im Baselbiet. Gesangstudium und Ausbildung zum Opernsänger in Basel und Zürich. Ab 1983 Engagements als lyrischer Tenor in Frankreich, Deutschland, Italien und der Schweiz. 1990 Wechsel ins Musical-Fach. Bis 1995 zahlreiche Verpflichtungen in Hauptrollen an deutschen Bühnen. 1995 bis 1997 als das «Phantom der Opera» in Basel. Seither freischaffender Sänger, Liederschreiber und Konzertproduzent. Wohnt mit seiner Lebensgefährtin und der gemeinsamen Tochter im Oberbaselbiet.

Florian Schneider
«Keine Grenzen mehr», 3:43
2001, im Eigenverlag. Text von Florian Schneider, Musik von Florian Schneider und Maurizio Pozzi.
Kontakt: Event-Agentur, Dellenweg, 4458 Eptingen, Tel./Fax 062 299 00 77
E-mail: schneider.florian@smile.ch
Web: www.florian-schneider.com

Lisette Spinnler Quartett
«You don't know what love is», 6:51
2001, Live-Aufnahme.
Kontakt: Oliver Friedli, Jurastrasse 41,
4053 Basel, Tel. 061 362 08 61
E-mail: ofriedli@datacomm.ch, LSGroup@gmx.ch

Diese Standard-Ballade von Raye/De Paul ist vom Quartett selbst arrangiert. Es ist einer von *Lisette Spinnlers* Lieblingssongs. Dieses Arrangement war wegweisend für die musikalische und stilistische Weiterentwicklung des *Lisette Spinnler Quartetts* und für dessen charakteristischen «Sound».
Lisette Spinnler, geboren 1976, aufgewachsen in Wittinsburg, lebt in Basel und studiert zurzeit (Sommer 2001) an der *Jazzschule Basel* bei Sandy Patton Gesang. Sie sang und singt in mehreren Funk- und Jazzformationen der Schweizer Musikszene. Nach klassischem Klavierunterricht begann sie im Alter von 18 Jahren mit der klassischen Gesangsausbildung. Im Sommer 1999 formierte sich um *Lisette Spinnler* im Rahmen der Konzertreihe «Em Bebbi sy Jazz» in Basel ein klassisches Quartett mit Oliver Friedli (Piano, Arrangements), Patrick Sommer (Bass) und Michael Stulz (Drums). Mittlerweile stiess Andreas Hoerni anstelle von Michael Stulz zum Quartett. Aus der Adhoc-Formation wurde eine fixe Band. Es folgten diverse Konzerte, und bei der Probearbeit suchten die vier nach Wegen, einen eigenen Bandsound zu entwickeln. Das Eröffnungskonzert am «Jazzfestival Basel 2000» als Vorgruppe von *Omara Portuondo* und *Buena Vista Social Club* war der erste von vielen Höhepunkten für die Band.

Fredy Schär: «Zum einen handelt es sich um ein Stück selbst gemachter Erfahrung, natürlich nicht in dieser überspitzten Form. Zum anderen entstand das Stück unter Druck; ich habe es nämlich geschrieben für eine SBB-CD. Ich bin sehr glücklich mit diesem Stück; es könnte von Mani Matter geschrieben sein.»
Bekannt wurde der Gelterkinder Liedermacher *Fredy Schär* mit seinen Witzen, Anekdoten und Mundartliedern, die Situationen aus dem Alltag und dem normalen Leben schildern. Mit seinem Programm ist er Stimmungskanone an jeder Art von Veranstaltungen. Von Beruf ist *Schär* eigentlich Bauer. Seit seiner Schulzeit investierte er einen grossen Teil seiner Freizeit darein, sich das Gitarrespielen beizubringen und kabarettistische Nummern zu kreieren. Eine weitere Stärke von *Fredy Schär* ist die Parodie – und die Fähigkeit, auch über sich selber lachen zu können. Apropos: «Lachende Menschen sind das Schönste überhaupt!» Diesem (Grund-)Satz ist *Schär* verpflichtet.

Fredy Schär
«Dr Zug nach Gälterchinde», 1:40
1999, auf der CD «unverschä(r)mt!», *Jaxx Records GmbH*, Arlesheim; published by *Belly Button Publishing*, mit freundlicher Genehmigung.
Kontakt: Tel. 062 299 00 72
Web: http://www.jaxx.ch

Hati-Hati
(Andreas Gerber, Thomas Weiss, Urs Wiesner)
«Tadlagi 1», 4:21
1993, auf der CD «Hati-Hati», *Xopfrecords*, Basel.
Kontakt: Hati Hati, Postfach 393, 4410 Liestal
E-Mail: hatihati@gmx.ch

Urs Wiesner: «Das Repertoire von *Hati-Hati* umfasst Eigenkompositionen und traditionelle Stücke aus Bali. Ausgangspunkt der Musik sind die komplexen Klang- und Rhythmuskonzepte der balinesischen Orchestermusik Joged Bumbung. Das Instrumentarium besteht aus 4-Oktaven pentatonisch gestimmter Bambusxylophone (Jegok, Rantang, Tinklit). Weitere Einflüsse kommen aus der afrokubanischen, der koreanischen, der indischen Musik sowie aus dem Jazz und der Minimal Music. Es entsteht eine Art ‹imaginäre Volksmusik› (Peter Rüedi) aus der Verbindung von Traditionellen Elementen und der Auseinandersetzung mit verschiedenen Rhythmus- und Gestaltungskonzepten.»
Die drei Baselbieter Musiker Andreas Gerber, Thomas Weiss und Urs Wiesner haben sich zusammen gefunden zum Projekt *Hati-Hati*. Andreas Gerber ist seit 1985 tätig im Musikatelier für Rhythmuspädagogik, Trommeln und Improvisationen im *Kulturhaus Palazzo* in Liestal und Lehrbeauftragter an der *Musik-Akademie Basel-Stadt* sowie an der *Fachhochschule beider Basel*. Thomas Weiss' musikalischer Hintergrund und Fundus sind Basler Trommeln, Afrikanisch- und Freistil-Congatrommeln, balinesische Bambusxylophonmusik, Batà und Samul Nori. Urs Wiesner ist Lehrer für Vibraphon und Ensemblespiel an den Musikhochschulen Basel und Zürich. Seine Musikprojekte sind geprägt von der Vorliebe für aussereuropäische Musik, Straight-ahead-Jazz und freien Improvisationen.

Georg Hausammann: «Wer kennt ihn nicht, den alten Basler Gassenhauer ‹Hinderem Münschter›, den in Basel sogar die Spatzen von den Dächern pfeifen? Im Arrangement von Lukas Rohner verbinden sich die Melodien und Harmonien mit jenen eines improvisierenden Strassenmusikanten von irgendwo.»
Das Repertoire der 1981 gegründeten Chorgemeinschaft *contrapunkt* umfasst Werke aus den verschiedensten Sparten beziehungsweise Kultur- und Stilbereichen: Motetten, Madrigale, Volkslieder, Kantaten, Oratorien, insbesondere aber Chorwerke und Eigenproduktionen aus unserer Zeit. Der Chor steht unter der langjährigen Leitung von Georg Hausammann. *contrapunkt* ist die Kunst, zu einer gegebenen Melodie eine oder mehrere Gegenmelodien zu erfinden.

Lukas Rohner, der das Stück «Hinderem Münschter» arrangiert hat, lebt in Basel. Er improvisiert und komponiert Musik für verschiedene Ensembles und Soloprojekte, für Lesungen, Theaterstücke, Tanz- und andere Projekte.

Chorgemeinschaft contrapunkt
«Hinderem Münschter», 2:59
1998, auf der CD «s isch äben e mönsch uf ärde»
Zytglogge Verlag, Gümligen.
Kontakt: Erika Schär, Leonhardsgraben 63, 4051 Basel, Tel. 061 263 96 26

Chor Gymnasium Oberwil
2. Szene der Oper «En Passant Lenz», 8:47
2001, auf der CD «En Passant Lenz»,
Thomi-Brunner Medien AG, Tscheppach.

Die Oper wurde von David Wohnlich nach einem Libretto von Michael Kohlenbach und Hubert Thüring (nach einer Novelle von Georg Büchner) geschrieben. Unter der musikalischen Leitung von Jürg Mosimann sind Jean Jacques Knutti (Lenz), Cornelia Wermelinger (Friederike), Sebastian Mattmüller (Oberlin), Christa Mosimann (Mme O.), Cristiana Presutti (Passantin), Facundo Agudin (Passant) sowie der Chor und das Instrumentalensemble des Gymnasiums Oberwil zu hören.
Der *Chor des Gymnasiums Oberwil* ist ein normaler Schulchor, gebildet aus Schülerinnen und Schülern der musischen Abteilung und freiwilligen Sängerinnen und Sängern. Da die Besetzung jedes Jahr ändert, wird ausschliesslich für ein bis zwei Projekte pro Jahr geprobt. Neben geistlicher Musik wird mindestens alle zwei Jahre eine Oper oder ein szenisches Oratorium aufgeführt. Im Chor singen auch einige Lehrkräfte der Schule mit.

Orchestergesellschaft Gelterkinden
«Arlésienne-Suite», 4:00
2000, auf der CD «Sommerkonzert», Eigenverlag.
Kontakt: Martin Hersberger, 4447 Känerkinden,
Tel. 076 586 05 06
E-mail: mhersberger@hotmail.com

Martin Hersberger: «Immer wieder beliebt ist die ‹Arlésienne-Suite› von Georges Bizet. Eine prachtvolle Komposition, dankbar und für Laien gut spielbar, wird sie immer wieder gern von Amateurorchestern gespielt und vom Publikum dankbar aufgenommen.»
Anlässlich der Gründungsversammlung der *Orchestergesellschaft Gelterkinden* vom 26. Februar 1916 wurde Benjamin Gerster zum ersten Präsidenten gewählt. Die OGG hat seither viele Höhen und Tiefen erlebt und viele Dirigenten kommen und gehen sehen. Seit 1986 leitet Peter Gysin als Präsident die Geschicke der *Orchestergesellschaft Gelterkinden*, die heuer ihr 85-jähriges Bestehen feiert.

Hans Wüthrich: «Ein erwachsener Mensch in gesundem Zustand holt etwa achtzehn Mal in der Minute Luft. Der TGV Basel-Paris wird eine Höchstgeschwindigkeit von 260 Km/h haben. Der Reisende wird also bei jedem Atemzug 240 Meter zurücklegen, was ungefähr einer Reihe von 23 Einfamilienhäusern mit Vorgarten entspricht.»
Hans Wüthrich, geboren 1937, war 1971 bis 1985 Lehrbeauftragter für Sprachwissenschaft an den Universitäten Zürich und Basel. Seit dem Frühjahr 1985 ist er Lehrer für Musiktheorie am *Konservatorium Winterthur*. 1991 erhielt er den Anerkennungspreis des Kantons Basel-Landschaft.

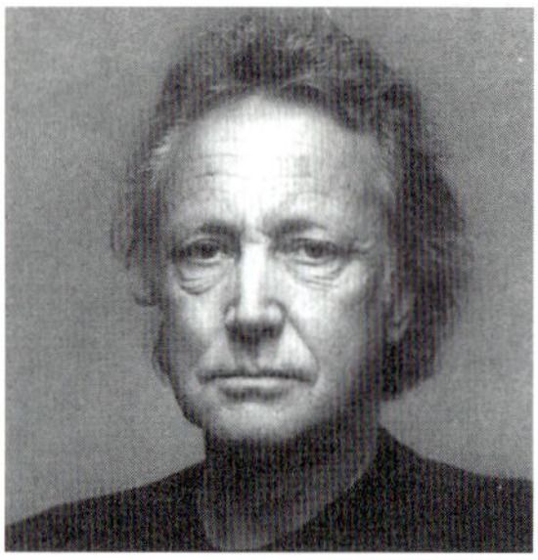

Hans Wüthrich
«Chopin im TGV Basel-Paris, die Sonne betrachtend», 6:20
1997, auf der CD «Hans Wüthrich», CD-Reihe der *Arbeitsgemeinschaft zur Förderung schweizerischer Musik.*
Kontakt: Hans Wüthrich, Kirchgasse 4,
4144 Arlesheim,
Tel./Fax 061 701 68 42,
Studio Tel. 061 701 39 23

Dieses Klangbeispiel soll das Tönen des «berührungslosen Musikinstruments», des Theremins, zeigen. Neben Alfons Eschle (Theremin) spielen Albert Wullschleger (Klavier) und Dorothea Müller-Maurer (Gitarre).
Alfons Eschle beschäftigt sich seit vielen Jahren mit dem so unbekannten wie eigentümlichen Musikinstrument Theremin.

Alfons Eschle
«Der Schwan», 2:46
2001, Eigenproduktion.
Kontakt: Alfons Eschle, Baselstrasse 53,
4242 Laufen, Tel./Fax 061 761 56 56
E-mail: fesch@datacomm.ch